金婚溯心路
我的回憶
My Memoir

✝1968年訂婚時所攝

趙雅書 著

目錄

✝我們三兄弟與父、母合照，約在1960年，我已唸大學，麟書唸初中，台書猶在小學

✝蜜月旅行攝於高雄澄清湖邊

✝結婚時照片

✝1969 年初為人父，祖、父、子三代，亦晨帶給父親極大的快慰

✝1969 年亦晨出生時的全家福

✝1986年7月，與母親、姨父王旌德、姨娘

✝1984年母親第一次來美，我們攝於桃園機場

✝1991年母親七十歲，與兩位岳母合影，後立者為小曼

✝2018年2月在臺灣大學水源會館，與二弟麟書、三弟台書

✝1973年臺大校園

✝亦晨亦曼小時候

✝亦晨亦曼小時候

✝亦晨亦曼小時候

✝2015 年張葳七十歲

✝2015 年與兒、孫們合影

✝攝於2019年於馬尼拉 Hotel，我們三對互賀金婚。五十年前1969年，我與葳最早成婚，穎哥與宜榮嫂，小敉與肇鵬兩對也在同年成婚

✝攝於2019年在馬尼拉黎剎廣場，寇家兄弟姐妹及各自配偶共十六人合照

✝岳母跟圓圓合影

✝2018年孫女立嫄十六歲生日

✝2017年8月，在西雅圖跟兒子、女兒兩家人

✝兒子亦晨與女兒亦曼

✝兒子亦晨與媳婦 Jennifer

✝兒子亦晨一家2010年攝於西雅圖

✝2019年與兒子亦晨一家合照

✝我和大孫子 Dylan

✝小孫子 Tayden

✝孫女圓圓一歲生日

✝外孫女 Chloe & Bella

✝外孫女 Chloe & Bella

✝外孫女 Chloe & Bella

✝五個孫兒女，攝於西雅圖 karry park

✝女兒全家在泰國宣教

✝2019年母親節，與女兒一家在西雅圖合影

✝女兒、女婿、外孫女一家

✝跟五個孫子合攝於 Renton 女兒亦曼家前的門口

✝女兒女婿

+1967 年張家全家福

+葳念中學時，張家全家合照

+1966 年張家全家福

+1969 年結婚時與張家兄弟及妹妹合影，右為內兄、嫂張忠江及張曼麗；左為內弟張繼昊及姨妹張君菡

+葳帶亦晨與亦曼與岳父母及繼昊合影

+2018 年 11 月在烏來瀑布前，右側為內弟張繼昊教授，前空中大學校長

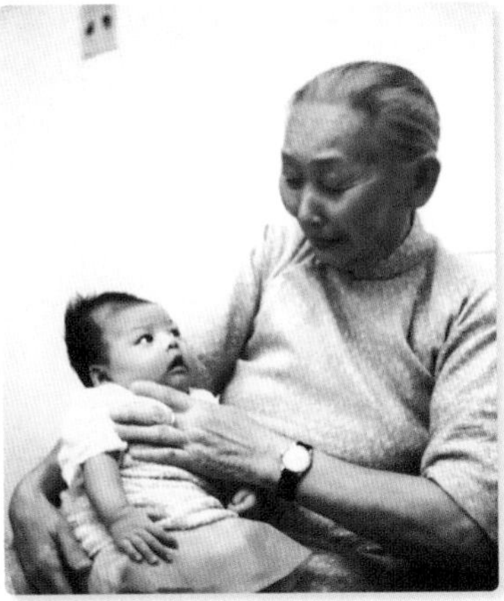

✝1969年外曾祖母穎太抱月子中的亦晨

✝1972年，葳帶兩個小孩跟穎太、岳父、母合影

✝1993年1月，小曼榮獲，全美華埠小姐第二名，在舊金山與岳父母合影

✝四位女婿與敬愛的岳母合影，時間約在1995年以後

✝2009年岳母90大壽，我們彩衣娛親

✝2016年陪岳母遊台北101大樓

✝好友闞至正赴美唸書，當時我在臺大歷史研究所，時間約在1968年前後

✝好友黄長風赴美留學，時間約在1969年

✝1961年10月與友好同學在臺大校園合影

✝1974年7月訪問香港中文大學，與全漢昇教授合影，全老師是治中國經濟史大師

✝中立者杰人老師（方豪教授）是我在臺大的指導教授，是中央研究院院士，後出任政治大學文學院長

✝1973年前後，方師杰人與學生們出遊

✝1976年與查時傑兄相聚於哈佛燕京社前

✝與許師倬雲師合影，背後右起為鄭欽仁教授、王曾才教授、孫鐵剛教授，時間約在1978年

✝1984年在舊金山孫啟瑞老師的家中，右下角孫師母，另兩位是蔣孝瑀、徐泓教授

✝1993年好友逯耀東、陳永發、孫鐵剛

✝1997年與許倬雲老師、逯耀東兄、查時傑、王錦華餐敘

✝攝於2001年6月於台北，高雄科技大學楊德源教授及夫人，楊教授臺大政治系畢業，留美取得經濟學博士，學養俱佳，我忝為其老師

✝2001年11月在香港珠海書院與胡春惠兄聚敘，春惠兄前政大歷史系教授兼主任，時任珠海書院文學院院長

✝2002年3月在巴黎大學附近餐廳，與名漢學家吳其昱先生再聚，吳先生是法國國家博士，時年已90歲

✝2006年10月與好友魏萼教授在天水

✝2006年學生鄧智睿（臺大歷史系、師大歷史研究所）來西雅圖，我們在華盛頓大學校園中 Denny Hall

✝2017年與學生李毓中一家攝於圓山飯店，李毓中為台灣清華大學歷史教授

✝2017年9月，與好友王石補大夫、劉銳在上海

✝我留日時的指導教授佐伯富老師，他是日本京都大學東洋史的主任教授，攝像地點在其住宅前，時間應在1971年稍後

✝1975年偕亦晨、亦曼與佐伯老師攝於台灣獅頭山

✝2016年與好友夏祖焯教授，祖焯筆名夏烈，美國工程博士，並在文學上大放異彩

✝2011年元月與好友羅吉鴻教授及夫人攝於台北，羅教授暨夫人皆留學日本

✝1987年經過東京，拜會西嶋定生教授（東京大學歷史系主任教授），攝於筑波，左旁是西嶋先生的公子

✝孫運璿資政於1994年7月訪問西雅圖，我們曾有愉快的訪談

✝1980年以訪問教授身份至華大，左一為陳學霖教授（普林斯頓Ph.D.）左二為Jerry Norman教授（加州Berkeley Ph.D.，名語言學家趙元任的學生）他也是葳的指導教授

✝1984年在橫濱與張亨道、楊作洲兩位大哥合影

✝1985年冬，渡部武教授訪台，我們在龍山寺合影，渡部武是日本東海大學教授、早稻田大學文學博士，治中國農業史，左側是陳明玉教授及其夫婿洪先生

✝1993年與好友吳中興教授及其夫人，最左為吳的指導教授莊念祖教授

✝1993年2月與河殤作者蘇曉康在西雅圖餐敘

✝1993年在西雅圖，右側是前華盛頓州州長駱家輝

✝1992年6月馬英九（右二）出席西雅圖華美專業協會年會，當時他是陸委會副主任，右三是名作家於梨華

✝1993年我也參加了2月西雅圖的華美專業年會，演員劉明、柏楊跟司馬中原也與會，張葳時任世界日報記者，曾有訪談

✝1994年大陸熱門音樂教父崔健來西雅圖表演

✝Wesley Tao陶錦華先生90華誕，時間約在2012以後，陶先生是上海陶復記建築公司創辦人陶桂林先生的長公子，西雅圖聞人，與老布希總統是好友

†2007年5月，前副總統吳敦義夫婦訪問西雅圖，為馬英九競選總統造勢，時任立法委員

†2014年孫中山先生的孫女孫穗芳博士（中立者）訪問西雅圖僑社

†2016年好友林榮泰、劉安黎夫婦金婚，在西雅圖合影

†2016年在西雅圖與好友陳士翰教授，陳教授為基因學權威

✝2018年與好友汪凱夫婦在舍下合影

✝2001年9月遊西雅圖附近的名勝 Leavenworth，俗稱德國城

✝1985年赴西安開學會，期間曾去法門寺，寶塔下有地宮

✝2002年在凡爾賽宮，背後是太陽王路易十四的銅像

✝西雅圖附近的名山 Mt. Rainier ，我去過很多次，這是2003年夏季所攝

✝2003年第二次遊歐，攝於英國 Stratford 的 Anne Coattage，莎士比亞妻子的娘家

✝2013年12月在蘇州寒山寺旁有名的楓橋夜泊，背後是江村橋

✝2015年10月重回京都大學

✝2015年我們與好友魏兆林攝於慕田峪長城

✝2015年在山西雲岡拓拔珪石像前

✝2016年10月在四川岷江邊，所見到的純白犛牛

✝2016年10月遊野柳

✝2016年10月，四川峨眉山下報國寺，我站立的背後精忠報國扁額是蔣中正所題

✝2016年3月櫻花季在華盛頓大學校園

✝2017年3月在台南七股海邊，這是台灣最西的海邊

✝2017年4月在瑞芳，不是在加拿大，而是加拿大人在台灣開的Pizza店，口味很好

✝2017年在舊金山漁人碼頭

✝2018年4月在無錫寄暢園

✝2018年6月我們搭此郵輪去阿拉斯加

✝2018年3月，杜鵑花盛開時在臺大校園

✝2018年夏季6月遊阿拉斯加，背後是峽谷大冰河

✝2019年內弟張繼昊、弟妹耿立群與葳攝於華大總圖書館前

✝2019年元月遊巴伐利亞，背後山上是新天鵝堡

✝2019年元月遊海德堡，在內卡河上的古橋，背後山上為海德古堡

金婚溯心路——我的回憶

自序

2019年適逢我與葳金婚紀念，我們攜手五十年，這是人生歷程上不容易的事。回憶的緣起該從父親去世時説起，父親去世已有四十七年，回憶當年父親曾留下一份他自己所寫，但並不完整的自述稿，我曾含淚抄錄一遍，並計劃將來自己執筆寫一些自己的心路歷程與補充一些家裏的事情。多年來均因忙碌，或因其他事務而耽擱下來了，也就一直拖了數十年而未繼續提筆，如今自己也已行年七十有七，早已自臺灣大學退休，移居美國西雅圖，深感著述之事不宜再拖延，應趁年事雖已老邁，但頭腦尚未十分昏聵，思慮也尚稱清楚之時，著成記錄。我們這一代多成長於台灣，不曾身歷國共內戰之亂世，台灣居住雖非太平盛世，但亦屬小康之時，平生甚悦「浮生六記」一書中所云:「正值太平盛世，且在衣冠之家，居蘇州滄浪亭畔，天之厚我，可謂至矣！東坡云：事如春夢了無痕。苟不記之筆墨，未免有負彼蒼之厚。」我的成長過程值得記述之事甚多，一時追憶必難周全，平日利用電腦打字，慢慢細述，並不時補充，成書出版是我的願望。人生長短必俟天命，勤力書寫盡其在我，活到老，寫到老。

好友前政治大學歷史系主任教授胡春惠兄2016年因病去世，四月我適經過台北出席其告別式，深有感慨。前一年（2015）六月我們尚在上海同時出席復旦大學一個學術研討會，不意斯人現已作古，故撰寫自述之事，應加緊完成，不可拖延！

一、童年雜憶

我出生於民國三十年（1941）十二月二十八日，這是我在身分證上登載的日期，其實這是陰曆算法的生日，如換算成陽曆，則我應該是生於民國三十一年（1942）的二月十三日，當年陰曆月小，十二月只到二十九日，我是在陰曆年除夕前清晨兩點出生的，是家人最忙碌的時際來到這一個世界，祖母常說我是未過三朝，先增兩歲。成年後，很多朋友都會在陽曆十二月二十八日祝賀我生日快樂，我也常常將錯就錯，其實我自己是過陰曆生日的。由於每年陰曆生日與陽曆上的日子都不同，有時候到了陽曆的二月十三日，我也會再過一次生日，因事實上我也的確是生於陽曆民國三十一年（1942）二月十三日。自1979年之後，每年的寒假，我都會待在Seattle，所以三個生日中，陽曆十二月二十八日我多半在台北過生日，而陰曆的十二月二十八日，則多在Seattle與家人及好友們一同慶賀，至於陽曆的二月十三日，我偶而也會邀請朋友們吃個飯，只是不把過生日的事說出來而已。

我出生時正是中日戰爭打得如火如荼之際，我生於江蘇省興化縣，當時屬淪陷區，父親在外打游擊，祖母、母親則未離開老家。在幼時的模糊記憶中，曾在門縫看到外面持槍著草黃色軍服的日本兵，當時幼小的心靈是好奇多於恐懼。我喜歡在家裏排列椅子、凳子，作爬樓梯的遊戲，當時曾祖母尚在，我叫她老太太，我雖已記不清她的面貌，但印象中，她常臥病在床。祖母與我的關係非常親密，我是她的命根子，我不僅叫她奶奶，更要加一個「好」字，所以從小我就一直叫她「好奶奶」，似乎到了上大學時，我才改口叫「奶奶」。從祖母的口中，我也得知了一些我小時候的故事，她常說在我出生前不久，她曾作夢見到一個眉清目秀的小和尚，在我家天井中徘徊，所以祖母說我就是那一個小和尚投胎的，我當然不相信這一碼事，因祖母信佛教，難免會有一些胡思亂想。倒是這幾年，我獨居台北，與家人分多聚少，生活倒像個和尚了，葳常笑我是個和尚命。

據祖母、母親說我小時候頗頑皮，喜歡打碗，聽碗打碎的聲音，而且動作奇快，口嚷要打碗，大人們還來不及阻止時，我已跑到廚房，手持一個碗用力擲到地上。據母親告訴我，祖母還曾捧一堆碗給我擲，可見此事大人也有責任。那時父親在外，偶而才回家，潛意識中懼怕父親，大人說要將此事告知父親，我才終止了打碗的事情，還賴說是河喜打的。河喜是父親的表弟，也是我的表叔，但年齡與我相仿，他是祖母親妹妹七姨奶奶的兒子，那時寄住在我家，母子寄人籬下，我常欺負他，成年後我聽到這一類事，當然也感後悔，但也深覺小孩子懂什麼呢？這是大人的縱容，他們該好好地管教我才對。祖母的確過於溺愛我，不過有一次，我卻吃了祖母的苦頭，因祖母抽煙，不小心煙蒂燙了我的小手，我大聲哭喊：「好奶奶害我！好奶奶害我！」。當然除了這些事之外，我還是一個很可愛的小孩子，在三歲以前，我知道拿糕餅送給老太太、祖母、母親分享，以笑臉迎人，大家稱我「小鄉鄰」及「小笑佛兒」，父親曾說過有一次帶母親跟我到鄰縣東台去照相，我的獨照曾被放大後，放在照相館櫥窗內作廣告。三歲時老太太去世，家裡作佛事，我跟在和尚後面跑來跑去，並裝模作樣地學和尚的動作，不知道死亡的意義，只覺得家裏少了一個人而已。據母親說當時外婆曾說我這樣鬧和尚不妥，但祖母聞之大怒，直言外婆到我家來鬧喪，其實外婆小題大作，祖母則反應過度。聽二姨母說，在我小的時候，母親常帶我到外婆家去玩，很受他們的歡迎。

約在五歲時，隨家人逃難離開家鄉，印象中先住在揚州，當時沒有幼稚園，我被送到私塾去唸書，年齡實在太小了，那裡懂什麼讀書！倒是跟很多小孩子在一起玩，因我的年齡最小，成了大家照顧的對象，唸私塾的小孩子倒是知書達禮，沒有欺生的情形。在揚州時母親也帶著妹妹，但她長到兩歲時，因肺炎而去世，記憶中，在她生病時，大人不准我接近她，我感覺失掉一個玩伴，但這一件事對父親刺激很深，在他暮年的回憶中，仍在懷念這一個失去的女兒，並悔恨因戰亂而疏忽了照顧這一個女兒。記憶中，妹妹去世時，父親並不在揚州，祖母重男輕女，不聞不問這一個生病的孫女，並大吼道：「讓她死！她死了，她老子就發財了。」聞之跡近殘忍，但我覺得母親也有責任。在揚州住了一段時日之後，舉家遷往上海，還記得從揚州坐船到鎮江，長江的江面遼闊，1999年的夏季，我訪問大陸到南京開學會，會後經揚州的瓜洲古渡口，再坐渡船過長江到鎮江，這一幕場景仍是熟悉的，可見我對渡長江這一件事，記憶是如何地深刻了。

由於年齡增長，對住在上海的三年生活記憶，較為具體了。在上海住祥康里，據父親說經濟情況好轉，家中生活大為改善，我開始唸小學了，校名大華小學，是一所私立小學，記憶中似乎在學校生活並不太愉快，可能碰到欺生情況，我的個性是不甘示弱的，因此常跟同學打架，記得有一個同學，自稱他父親是做警察的，他說要叫他爸爸來抓我，於是下課後我趁他上廁所時，猛然把他推進小便池裏，使他受傷大哭，於是老師處罰我坐第一排，以便就近看管，記憶中級任老師是一位女老師，那時男女同班，我的直覺上是她比較偏女生，我固然野蠻不懂事，但因初入學，不會說上海話，我是一個道地的小江北佬，當然受到差別待遇，等後來我也說得一口溜上海話時，才終結了差別待遇，但從此以後我就不太喜歡女老師，而幸運的是到我高中為止，再也沒有碰到過女級任老師。

在上海的生活是時髦的，十里洋場，是全國最進步的城市，即使對於孩童來說，仍是有極大的吸引力，對於我這一個小江北佬來講，熱鬧的市容，南京路上車水馬龍，有軌電車、無軌電車，各型大小汽車使我眼花撩亂，父母親也常逛街，當然我會跟在旁邊，新新、永安、先施等百貨公司都逛遍了，還有大世界遊樂場，我最有興趣的便是那哈哈鏡，把人形拉長或壓扁，饒是有趣，記得還有一次，我拉著小腳的祖母，坐黃包車去大世界玩。此外城隍廟，豫園都曾隨大人逛過，在幼小的印象中，對於白渡橋前三十幾層樓的百老匯大廈以及南京路上的二十六層國際飯店，尤其深刻，我還記得父親有一次帶祖母、母親到百樂門舞廳去開洋葷，祖母看不慣男女摟抱跳舞，大怒而當場拂袖而去，但我卻看得津津有味，寧願隨父親留下來。江北人鄉下佬看不得大場面，聽父親說有一次外祖父從家鄉來上海，父親招待他吃西餐，當喝咖啡時，外祖父問道，能否不喝這一杯藥？又帶他看電影時，他不曉得椅子可以拉下來，高高地坐在椅背上面，被後面的人噓，父親發現情況不對，才幫他弄妥座位，外祖父竟說怪不得剛剛坐得很不舒服。說起看電影，真是我到上海後的一大享受，也許父親也喜歡看電影的緣故，常帶我去。我還記得常去的兩家電影院名為「大光明」及「卡爾登」，大部分都是放映外國片，但卻有兩部我印象深刻的國片，一是「孔夫子」，另一是「國魂」，我生平初聞孔子及文天祥這兩位偉大歷史人物，卻是從電影上得知的。

我在學校唸書的情況已記不清楚了，但當時上海的小孩都喜歡看漫畫，我每天必看當時「大公報」連載的「三毛流浪記」，小孩子是沒有政治與社會性的感覺，只是覺得三毛很可憐，當時四馬路上的叫花子很多，冬天寒流來時，上海也會下雪，有些叫花子可能飢寒熬不過去，而凍斃在馬路上，我有一次印象是隨大人路過四馬路，我穿著小長袍，看到一個跟我年齡相仿的小叫花子，衣不蔽體，我們四目相望，同情心油然而生，父親施捨了一點錢給他，我直覺上說這就是三毛。還有一種連環畫，是講故事的，舉凡歷史、小說都是題材，例如「三國演義」、「水滸傳」、「西遊記」等等，甚至還有西洋史的，只是他們把羅馬帝國的人，畫成中國人的樣子，一律穿中國服裝，小孩子記文字較難，但看漫畫則易，我的常識多半得自這些連環畫。在八歲以前我已知道「三國演義」、「水滸傳」、「西遊記」、「紅樓夢」、「西廂記」、「七俠五義」等這些故事，甚至我還知道明成祖與靖難之變這些事，而連環畫題材還不只這些，還包括一些時事新聞，當江亞輪被魚雷擊沉不到一個禮拜，事委緣由的連環畫就出來了，故大人們的消息有他們的管道，而我們小孩子也有自己傳遞消息的方式。我記得我們也談時事，只是一知半解，或耳朵長聽大人說過的話。我們兒語也知道共產黨快來了，說他們殺人放火，以後不會有好日子，甚至金元券完了，蔣總統要下野了。我還跟一位鄰居同學經常討論，他的名字叫徐建國，我還記得當時我對他說：「我跟家裏人要去太玩了！」當時我尚不能寫出「台灣」兩字，而寫成太玩，他則回答我說，他要被共產黨殺掉了！直到現在我還感到奇怪，當時兩個七、八歲的小孩子，居然作這樣的聊天，連環畫實在給我們帶來了過多的常識。

我對孩提時居上海的生活回憶，大致是美好的，父親的經濟情況轉好，應是主因，家裏請了佣人，雖不能說是錦衣玉食，但生活舒適，祖母隨姑母一度住在蘇州，我也常在假日到蘇州去玩，虎丘是我記得很清楚曾去過的地方。父母親到杭州去旅行時，也帶著我，我記得遊西湖、岳王廟、靈隱寺等地，還攝影留念，有一張照片攝於飛來峰前的彌勒佛旁，1990年我赴大陸曾舊地重遊，再度在原地攝影，仍依稀記得小時候曾去過那一些地方。上海南京路上靜安寺的素菜很有名，父親過三十歲生日時，曾在此寺廣設素宴，款待親友，1990年、2000年我曾兩度回靜安寺看過，這幾年上海變化很大，南京路、外灘等地都跟以前有很大的不同。1948年大陸局勢逆轉，我雖是小孩子，但大人的憂心也感覺得到，父親天天看報，都在感嘆局勢不好，父親提出到台灣去，本來他也有去香港的打算，但最後還是選擇去台灣，父親曾說他一個人先去看一看，但祖母堅持全家一起走，她逃難逃怕了，祖母在興化被共軍攻陷時，本沒有出來的打算，但她是地主，共產黨準備鬥爭她，鄉下人通風報信，她乃連夜偕同姑母逃出興化，而父親跟國民黨的關係密切而深厚，如留在上海必死路一條，蘇北人多吃過新四軍的苦頭，因而不信任共產黨。但逃難需要本錢，父親的現金儲蓄都買了金元券，而虧光了，幸虧祖母因為不信任國民黨，而預留了一點黃金，全家才得以買到船票去台灣，當時風聲鶴唳，政府發行的鈔票已不管用，一切交易都得用黃金、美鈔、銀元（俗稱袁大頭）來進行，丟棄上海的事業是父親深為心痛的事，很多財產無法變現，但也無可奈何，我很能理會在南、北越戰爭時，南越人沒命地向南逃，毫無目的，跟著人潮走就是了，至於逃到台灣幹什麼？台灣是安全地嗎？都一概不知。母親的大弟弟楊懷年當時在台北建國中學教書，是我們在台的唯一親人，或許是這一個原因，父親就決定往台灣跑吧！我還記得是在過年後不久，全家登上中興輪，那時二弟麟書剛滿月，上海雖有亂象，但還是撐了半年後才淪陷，中興輪是往來滬、台間的定期航輪，相信當時由上海逃來台灣的人，應對中興輪不陌生。對於一個八歲的小孩來說，我已習慣上海生活了，對台灣完全沒有概念。好友徐建國對我說，到台灣去是好事，留在上海會死的，徐建國的父親徐基行後來也逃來台灣，但他並沒有帶兒子來，我唸大學後，還曾見過徐伯父，他看到我就想起他的兒子，不勝唏噓。1990年以後，我多次到上海，也曾動過念頭，尋找徐建國，但毫無線索，如何去找？民國三十八年（1949）的元月，我們一家在人叢中擠上中興輪，但發生了一件小波折，那就是頑皮的我，突然一個人跑到中興輪船頭去，觀看輪船緩緩駛離碼頭，沿黃浦江向外海駛去，我在欣賞兩岸風景，黃浦江水是黃的，直到吳淞口進長江時，水才變成藍綠，我問別人為何如此？得到的回答是海水漲潮，我很悠遊地站在船頭，但急壞了父親，因為到處找不到我，最後當然挨了一頓臭罵。1990年夏季，我再回上海時，曾坐船遊黃浦江，繞到吳淞口一圈而回，我重新經歷了一次八歲時的記憶。

我出生於戰亂之際，1941年12月7日，日本海空軍在山本五十六的指揮與計劃下，動用戰艦三十五艘，飛機二百五十架，越過三千五百哩的太平洋，偷襲美國基地珍珠港時，日本大使野村及特使來栖尚在美談判。美軍不防，主力艦及各式軍艦等被炸沉及損毀者達三十餘萬噸，飛機損失二千餘架，海陸空兵員死亡兩千餘人。美在太平洋上之海空軍力，幾告全滅。日機並轟炸威克島、關島、馬尼拉、新加坡、香港各地。在馬尼拉之美國海空軍基地損害亦重，可以對抗之空軍戰鬥機隊，被毀殆盡。美國朝野大憤，對日宣戰。用陽曆計算，我出生的前一日，1942年2月12日，日軍攻佔新加坡。

二、回憶親人（一）

天下趙氏出於河北天水，殆無疑義，這是所有譜牒都如此紀錄的，也就是說我們興化趙家，是從河北南移過來的。戰國時代的趙國以及趙宋王朝，是我們趙家兩個政治高峰，我們與他們是否有直接的關連？已很難考證，不少姓趙的自謂是趙匡胤的後代，當然有此可能，但我們不敢冒認祖宗，從歷史上來說，自靖康之難後，宋太宗趙光義這一系根本就斷了，或是後裔很少，南宋高宗無後，故以太祖子孫孝宗為嗣，聞光宗時宰相趙汝愚為太宗子孫，但有爭論，而南宋亡國後，連太祖直系也斷了，故現在趙氏即便是宋宗室之後，恐怕也是旁系，且難考證了。

據父親說我們是屬趙氏琴鶴堂，興化趙氏祠堂藏有譜牒，問題是父親並沒有抄錄過備份，我現在是更難找到資料了。父親只能追憶到我的高祖父殿卿公、高祖母徐太夫人這一代，殿卿公有弟式庵公是為三高叔祖父，殿卿公是前清舉人，式庵公則為前清秀才，還有一位高叔祖父銘傳公，曾做過浙江青田縣縣長。式庵公生女無子，故曾祖父奏成公兼祧三高叔祖父家，式庵公生女適戎氏，父親叫其二姑奶奶，極為能幹，生二男四女，其孫戎文國與父親同輩，父親對於二曾祖姑母的先生，戎家曾祖姑父的印象並不太好，認為他未考中秀才，且好論人長短，但戎家有田產，生活小康，曾祖姑母常來我家，是祖母的牌友。

曾祖父奏成公字煥文、號家泰，也是前清秀才，扶養父親長大成人，父親謂其身材矮瘦，留八字鬍，我曾問過父親，他跟我們三兄弟中誰比較像？父親回答說老爹爹（曾祖父）神似二弟麟書。曾祖父逝世於民國二十九年（1940）十月二十一日，享年七十四歲。當時父親與母親已訂親，但尚未迎娶，因曾祖父猝逝，依照家鄉風俗，在辦喪事前，他們必須完婚，否則須等三年後，故父母親當天立即完婚。曾祖母張太夫人是我見過面的親人，她逝世於民國三十三年（1944）十月十二日，享年七十六歲，我對她的記憶是模糊的，僅記得她常臥坐床上，我叫她老太太，跟她分享糕餅，母親說她非常忠厚老實，有一次家人囑其看守桌上一條魚，不要被貓叼走，結果有一隻狗把魚叼走，家人問起為何看不住一條魚？她卻回答說你們只是吩咐我不可讓貓叼走魚，但並未說不可讓狗叼走魚。曾祖母的喪禮鋪張熱鬧，當時我已三歲，記得跟在一群和尚的後面，裝模作樣，我也忙得不亦樂乎！

曾祖父有弟、妹各一人，弟為四曾叔祖父，善於書畫，年輕能幹，不幸患霍亂早逝，四曾叔祖母王太夫人忠厚老實，身材矮小，生有二女，大祖姑母耳聾，適顧氏，生一女，父親討厭祖姑父顧朗，因其為人油滑，嗜好鴉片；二祖姑母適孔氏，為三曾姨祖父孔穎叔的次媳，有子孔繁英是父親的表弟，父親與母親結婚時，便是借用孔家的房屋。四曾叔祖母寡居之後，因生活無著，乃率二位祖姑母，三人住入崇節堂，即寡婦、孤女救濟院，免費供應食住，祖母、父親、姑母都非常照顧她們，家中有三間房屋出租的租金，供她們作零用錢。曾祖父之妹適鄒氏，生三男一女，家境貧窮。

祖父孔吉公早逝，據父親說他生於民前十八年（1894）元月十四日，身材瘦長，忠厚誠實，負責認真，熱心助人，深為親友敬佩，歷任小學校長，後因肺病，應該是肺結核，逝世於民國十八年（1929）六月二十七日，享年三十六歲，當時父親十歲，姑母六歲。我對祖父母的婚姻狀況一直都感到興趣，祖母王寶善生於民前十四年（1898）八月十四日，比祖父小四歲，故祖母三十二歲時就開始守寡，倘使他們於1918年時結婚，則他們在一起僅共同生活了十一年，父親說祖父居家時少，曾隨他叔祖父銘傳公到浙江青田縣，在縣府任職三年。父親對祖父的印象是嚴父，因管教甚嚴，稍一不當，即以面壁罰站，但曾祖父可以講情免罰。祖母喝酒、抽煙、打牌都是在祖父過世以後的事，但祖母也非常堅強，帶領一家老小，度過難關，祖母憑雙手繡花、織網、縫衣等微薄收入，除貼補家用外，並償還債務，她又擅於理財，五年後以積餘錢財租押農田，變成了小地主。父親侍奉祖母非常孝順，從不敢違逆，凡事必定順從，有時祖母跟母親有勃谿時，他必定站在祖母那一邊，故母親常感委曲。祖母逝世於民國七十二年(1983)十月十二日，享年八十六歲，在她的一生中，我跟她相處了有四十二年之久。

祖母個性能幹好強，而且言詞犀利，吵架是一等好手，父親常說親友們都懼怕她，連曾祖父都吃過她的虧，有一次因管教祖母過嚴，外曾祖父吵到我家來，而發生爭論，因外曾祖父身健有力，而曾祖父矮小文雅，結果曾祖父遭外曾祖父痛加毆打，導致兩人互不來往。但祖母對我卻是疼愛有加，從我有記憶起，我們祖孫一直感情很好，我的零用錢來自她，記憶中父親雖常帶我出門玩，但從不固定給我零用錢，逢過年時的壓歲錢是雙份的，父親給一份，祖母必給另一份，父親給的那一份不能隨便動用，但祖母給的這一份則可以自由支配，同時祖母打牌贏錢時，我還可以分紅，好處真是太多了，但祖母的過分溺愛，也養成了我青、少年時的驕縱脾氣，差一點誤入歧路，我小時候自己也知道，即使犯錯，只要好奶奶出面，父親即無法管教，而母親更是不敢管教，祖母護短到了不講理的程度，中、小學時，老師來家庭訪問，只要對我有批評的說法，祖母一概當面頂回，根本不管父親在場時的尷尬，所幸我並未沉淪，這跟父親有關，我還是非常敬愛父親，一直以他為榜樣。在上海時，我常帶祖母上街逛，她是小腳，不良於行，我則招手一呼黃包車，祖母講蘇北話，我則一口流利的上海話，所以我們祖孫二人跟別人溝通毫無問題，只是我口袋空空，而祖母麥克麥克，荷包裏有的是錢，後來到了台灣住台中時，和奶奶出門也是一樣，只是換成了三輪車，而我又會講台語。祖母吃素，但不是常齋，她說是什麼觀音齋，也就是說一年之中有的月份吃素，有的月份吃葷，我不懂她的邏輯，但她能自圓其說，我猜想她當年是許了願，因父親少年時身體不好，有人告訴她吃齋可保兒子健康平安，她也相信了這一種說法，因為後來父親故世後，她也就不再吃齋了，其實祖母並不是一個虔誠的佛教徒，她從不燒香拜佛，也不進寺廟，父親生前一直想勸她皈依基督教，但她怎麼都不肯信基督教，個性堅強，堅持自己的價值觀，是祖母從不動搖的信念，牧師曾對祖母說，你兒子是基督徒，只要你信了基督教，就可以跟你兒子同在天堂了，但祖母仍不為所動。我愛祖母，也愛父親、母親，有一件事情一直很使我很為難，那就是祖母跟母親有時相處不悅，憑良心說母親是孝順的，問題出在祖母對她有成見，我不知問題起於何時？父親生前，母親從不敢對祖母頂嘴，被責備之後只有暗自飲泣，不過母親常跟鄰居訴苦，故祖母虐媳惡名也就到處傳揚了，父親甚至不敢向祖母勸說，只有姑母尚在時，才敢為母親講話，而祖母也就不再計較了，母親確是受了不少的委曲。父親去世後，我搬來長興街，祖母老邁不能下樓，都是母親在侍候她，從煮飯、洗衣，抹身等都是母親的工作，祖母晚年時精神有一點錯亂，常跟母親講一些無厘頭的話，母親也一切擔待，在祖母去世後，母親還自責地問我，是否因她不孝順才導致祖母逝世？我告訴母親說你很孝順！祖母純因年老衰竭所致，而八十六歲也是高壽了。祖母逝世於臺大醫院，按過去我們興化家鄉，人多安息在家中，但今天時代不同了，人有病必須送醫院，喪事按祖母的意願，用土葬方式，在她生前頭腦清楚時，都告訴她了，她不是基督徒，不能在教會舉行儀式，我們三兄弟為她一同立碑，還為祖母舉行了一場隆重的葬禮。（2016-9-2補記：因新北市修路，祖母的墳已被剷除，我們痛心但無奈，麟書處理此事，已移靈至新店公家所設之某處靈骨塔。）

姑母趙元鳳是父親的嫡親妹妹，在父親暮年時，一直都還在思念這一位妹妹，為她的早逝而悲痛，並懷念她遺留下來的一兒一女。我對姑母的印象模糊，據父親說她生於民國十二年（1923）六月九日，比父親小四歲，比母親小兩歲，她於1943年秋後出嫁楊家，我僅兩歲，可能要從揚州說起，1946年祖母偕姑母一同逃出興化至揚州，與父親會合，我叫姑母「孃孃」，一位長得很清秀的少婦，她跟母親處得很好，她的兒子基真是我的玩伴，後來又添了一個妹妹基蘭，現還存有一張當時父親、母親、我跟基真四個人合照的相片，姑父楊本鉌常來陪祖母聊天，印象中姑父說話說得很快，有一隻手不太好。居上海時，姑父母兩人都常常來我家，當時姑父仍在上海立信會計學校就讀，不久姑母移居蘇州，祖母則跟著姑母一同住，我已唸小學，故放假時也常去蘇州玩，今日上海與蘇州只是一個小時的車程，當時兩地也不算太遠，姑父楊家是興化富商，經濟情況不錯，祖母、姑母，真兒、蘭兒尚帶一個女佣同住蘇州，問題出在女佣，她先得了傷寒，再傳給姑母，傷寒雖為可怕疾病，但非絕症，且姑母還年輕，應該可以醫得好，但不能中、西醫同時治療，我聽父親說中醫較有把握治傷寒，且姑母經中醫治療後，已漸轉癒，由於傷寒是傳染病，我也被禁止再到蘇州去玩了。但姑父卻突然把姑母送到蘇州醫院西醫診治，以致病況急速轉惡，父親曾連夜帶上海有名中醫趕到蘇州，但姑母還是不治而去世，在我長大後父親也曾跟我敘述及討論過此事，我的看法是不該到蘇州，因上海醫療設備較好，即令中醫也較好，處於亂世，一家人就該在一起。因姑母的猝逝，導致祖母叱責姑父，其實姑父也很痛心，大家吵作一團，無補於事，姑父從此不來我家，並在政治上走向極端，參與左派學生活動，被遭誤殺，產生了更大的悲劇，我常想如果姑母不死，一定隨父親、祖母一同來台灣，姑父、真兒、蘭兒也一定隨行，這樣一切就圓滿了。姑母的喪禮在蘇州西園寺舉行，我還記得孃孃的遺照，她的後事全由父親料理，棺木為整塊楠木，極為名貴，但未及下葬，我們即匆匆逃來台灣。1990年的夏天，我再度回到蘇州，曾遊西園寺，並特別走到寺後廂房，景觀依舊，但什麼都看不到，我告訴基真說她的母親當年並未下葬，我們離開大陸時，仍停靈西園寺或是蘇州殯儀館。姑母享年二十六歲，回溯她的一生可算是紅顏薄命，六歲喪父，生活坎坷，婚姻倒是理想的婚姻，嫁入富家，且生一男一女，但又逢國事不順，逃難而離鄉背井，結果命喪他鄉。據母親說姑母在病重時，曾對祖母說不能再孝順她，指著大肚子（當時懷二弟麟書）的母親說，嫂子必生兒子，他們會孝順你。姑母去世後，祖母、父親非常傷心，曾有好長時日，祖母都鬱鬱不樂，我那時才八歲，居然跟她講出一句頗有哲理的話，我說人死不能復生，我們過得好一點，孃孃就欣慰了，祖母聽下這一句話，就常對人說雅書告訴我，人死不能復生，我要過得好，元鳳也安心。1949年我們來台灣前，基真、基蘭交由姑母的婆婆大姨奶奶帶回興化，大姨奶奶與祖母係堂姊妹，在車站離別時，真兒哭鬧一定要跟隨婆奶奶，這一幕使得父親刺激良深，經常作夢想念真兒、蘭兒。父親曾說基真、基蘭回興化之後，因大姨奶奶去世，故由大姨祖父楊輯五之妾扶養，母親也說當年姑母初嫁時，楊輯五之妾準備了豐厚的見面禮，只等姑母口喚一聲媽，但姑母硬是不要禮物、不叫媽，個性跟祖母頗相似，母親也感嘆造化弄人，結果還是這個姨娘替她帶小孩。1990年夏天，我在上海會見基真與基蘭時，據他們告訴我，兩個小孩是由他們的祖父帶大，他們的祖父對他們很好，但他們祖父死後，他們被祖父的妾及妾所生的小叔趕出家門，甚至姑父母結婚時的新房也被他們搶奪。基蘭很早就嫁給農夫，而基真也輟學，生活困苦，但都活過來了。我深嘆生於亂世，親人們需相互照應，我憐恤姑母的短暫一生，及她苦命的一兒一女。2004年九月，應該是夏天，我去淮安開會，曾順道回家鄉興化短停，但沒有見到基真，聽表弟王建說他當時在泰州工作，並云基蘭已去世。

我跟基真與基蘭只在1990年夏天見過面，那年我曾在上海的揚州飯店請他們吃飯，飯後我們還在南京路有一家咖啡店喝咖啡，後又同遊城隍廟、豫園等地。次日我離開上海，他們同來虹橋機場送我，基蘭個頭小，但她替我扛箱子健步如飛，使我印象深刻。我除了給他們一些零用錢之外，並把身邊有用之物都送給了他們。

三、追憶小學時代

我一共唸過三個小學，在上海時先唸大華小學，可能唸到小學二年級，對於一個孩童來說，我很滿意當時上海的環境，以那時的情況而言，台灣的教育是遠遠不及上海的，在上海的一些私立小學，從三年級就開始教英文了，在國文方面，四、五年級的小學生已能寫很流利的文言文，我常在想，如果不鬧共產黨，以上海那樣的環境，也許我以後的發展會更為寬闊，當然這一切都是假設性的事了。我當然跟家裡的人來到台灣，這也是毫無選擇的事。民國三十七年(1948)，母親正懷孕，直至陽曆十一月二十七日，二弟麟書終於誕生在上海一家私立的中美醫院，逃難已無牽掛，國共內戰正劇烈，時局趨緊並惡化，我還記得金元券已成一堆廢紙，我曾折成紙飛鏢來玩，我人雖小，但耳朵長，非常注意大人們的談論，舉凡徐蚌會戰失利、蔣先生下野、李宗仁上台、共軍即將渡江、金元券大幅貶值等，我全知道。金元券的價值一日數變，已不能做為通貨，我們家五個人登上中興輪的船票，全用金條購得，所以外省人來台灣，每一家多多少少都帶了一點黃金來台灣的。

民國三十八年(1949)的年初，可能過年後不久，我們才離開上海，記得登上中興輪時，人潮洶湧，我的印象由上海駛向基隆，似乎走了三天兩夜，約下午時刻抵達基隆外海，但輪船一直在打轉，大人云是海上有大霧，直至黃昏時刻，船才泊岸，上陸後，似乎上了一部貨車，不久又開始下雨，父親說基隆是雨港，經常下雨。車行約有一個多小時，終於在晚間抵達建國中學，由於二次世界大戰期間美軍的轟炸，建國中學前面一排大樓，部分遭炸燬，只有操場對面的木造房屋是完整的，這一棟房屋住了部分的教職員。母親的大弟也就是我的大舅父楊懷年，畢業於上海暨南大學數學系，隻身來台擔任台北建國中學的教師，因此成了我們暫時投奔的地方，當時大舅仍是單身，不過安排我們一家短時間在他住的地方居住。大舅是一個非常嚴肅的人，平日不苟言笑，我感覺他並不喜歡小孩，我記得有一次手持一副樸克牌在玩，一個八歲小孩能懂什麼呢？他立即訓斥我說不該玩樸克，我深感委曲，從此就不太喜歡大舅，而且開始懼怕他，內心也有反感，幾個月後我就跟鄰居學玩樸克牌的遊戲，我很早就學會百分及橋牌，甚至梭哈、十點半等無一不玩，確有一種反叛心理，就是我非玩給你看不可。

不久，父親在紹興南街買到一棟日式房屋，當然用金條交易，斯時老台幣也貶得可怕，我好像記得幾萬元老台幣只能買幾根香蕉，當新台幣剛發行時，四萬老台幣只能折合一元新台幣，當時新台幣最高面額紙幣是十元，另有五元、一元、五角（橘色）、一角（藍色）等紙幣，一角硬幣是銅製的，五角是銀製的。我開始上學了，插班進入東門國民小學，可能是唸二年級，離家很近，過馬路就是。東門國小是一所很好的小學，當時二年級只上半天，可能教室不夠，課本都跟上海一樣，只是在上海大華小學是男女合班，而東門國小則是男女分班，我們班上全是男生，連級任老師也是男老師，後來據別人告訴我，我當時說的話是滿口上海腔，所幸當時班上外省同學也不少，人際互動間不覺寂寞，我還記得有一位很談得來的朋友名叫左同文，他後來唸臺大物理系，1964年的夏天，我們在分別了十幾年後，還曾見過一次面，後來他到美國去唸書，大家才斷了音訊。由於我僅在東門國小唸了一年書，故記得的同學並不多，當時老師曾帶我們到鄰旁的東門游泳池游泳，這是我的第一次經驗，在上海時小學並不太重視體育。

住紹興南街時，對門有張姓鄰居，是本省人，但對我們非常友善，我常去他們家玩，他們家的小孩略大於我，我喜歡跟他們玩樸克牌遊戲，以及看日文畫冊，當然看不懂，但張家媽媽會講解，我特別喜歡看日本武士的裝束，穿盔戴甲，多年後我到日本唸書時，在一些舊書店中，似乎也發現了一些眼熟的畫書，可見幼時記憶深刻了。張家也是虔誠的基督教家庭，禮拜天帶我去做禮拜，一個八歲的小孩怎麼坐得住呢？他們有秘密武器，那就是上主日學就可以得到美國印製的聖誕卡片，我記得這些卡片非常漂亮，在那個時代的印刷品，美國是遙遙領先的。張家還說有一個外國牧師，說我們的家鄉話，我不信，跑去聽，果然如此，真覺得奇怪，若干年以後，姨妹夫黃文鴻及姨妹寇紹丹請他們的老師賈嘉美牧師吃飯，賈牧師是當時基督書院的院長，那一天我也忝陪在座，我立刻就記起他是當年那一位外國牧師，賈牧師在揚州傳過教，故學得一口蘇北腔的中國話。我雖然那一個時候就進教堂上主日學了，但目的在拿卡片，還談不上信仰。

搬到紹興南街之後，家中生活漸安定，父親在東門市場開了一間名「小上海」的雜貨舖，生意興旺，但父親還是憂心，因為怕戰爭爆發，共軍攻台，根據小孩子偷聽大人講的話，我也頗憂心的，大人們說如果一旦共軍佔據台灣，他們要到蘇花公路去跳崖，又有人說何必如此麻煩呢？睡到床上吃安眠藥，不是更省事麼！直到韓戰爆發時，父親才稍感安心。當時台北的繁榮遠不及上海，政治也飄搖不定，在1950年六月以前，謠言不斷，共軍放出兩句話，震憾人心，一是「萬船齊發」；另一則是「血洗台灣」，父親的經歷是從抗戰到國共內戰，一直都在不安定的狀況之下生活，他直覺上是認為共軍會攻台，會有轟炸的事情，而台北是不安全的，民國三十九年（1950）六月以後，儘管韓戰爆發了，父親還是把家遷到了台中，我記得祖母當時堅決反對搬至台中，但最後拗不過父親，把家還是搬到了台中，從今天的角度冷靜看來，當時祖母是對的，而父親卻錯了，我們的家已逐漸安定，台北的教育環境對我也比較好，沒有理由搬到台中，從搬到台中後，我們家再度式微，逐漸往下坡路走，皆是父親一念之差。

台中的氣候好，當時人口也不多，以居住環境來講是理想的，有不少從大陸撤退來台的大、小官員以及立法委員、國大代表們，也抱持與父親同樣的看法，而紛紛搬到台中住，故台中也有相當數量的外省人住。父親先與人合夥開「正章」洗衣店，「正章」原是上海一家老字店的招牌，問題是父親不善經營，他不懂這門生意，加之據祖母說，被合夥人吃了，後來父親退出洗衣店之後，又獨資去開飯店，地點很好，就在台中火車站的對面，「老正興」也是原來上海的老字招牌，父親請當時台北好的廚師南下，台中尚有另一家「沁園春」上海菜館，也是口碑不錯的飯店，當年這些年輕的上海師傅，多是跟軍隊撤退跑出來的，一到台灣後，很多人開小差，於是到處抓逃兵，憲兵埋伏車站，看到外省人口音的年輕人就抓，我還記得父親在車站接不到人，焦慮的樣子，後來多方打探，運作了一下，方才把那兩位師傅保出來，開飯店本應該賺錢，但父親也是不善經營，毛病出在沒有管理，養了太多的閒人，最後支撐不下去，再將飯店頂給別人。我們家的人都不善做生意，當時祖母也曾跟另一位老太太合夥養雞，兩個人從孵蛋開始合作，等到小雞孵出來時，祖母分到的竟都是公雞，於是不經一事不長一智，我們家學會了養雞，貼補家用，那時候有一陣子流行養洋雞「來亨雞」，牠的雞蛋比土雞大，我小時候也常作餵雞的工作，甚至於殺雞，我還記得殺公雞較難，須先把牠兩隻腳綁住後，才能動刀，至於殺鴨則更難了，因鴨性強，那時候買雞、鴨不如今日方便，故多是自己動手。家中遭遇困難，我也感覺得出來，剛搬到台中時，我們住模範東巷一棟相當大與豪華的日式房子，這一地區在日據時代是高級軍官的住宅區，名「大和村」，光復後改名「模範村」，又分東、西巷，東巷的房子較大，西巷則普通，其實也都還不錯，獨門獨院，後院還蠻大的，可以養雞、種花、種菜，當時的圍牆都是用竹子作的籬笆，這種竹籬笆最怕颱風，記憶中每一次大颱風過後，家家都得換新的竹籬笆。父親在生意上不順利之後，我們搬到了模範西巷，他也開始尋覓新工作，不斷地找老長官們幫忙，於是回到老本行，再做公務員。

我到台中後，應該是插班小學三年級，我唸篤行國民小學，開始時運氣很差，碰到的老師都不出色，還碰到一位可能有精神病的級任老師，一直到五年級時，才碰到一位好老師胡永順先生，以後六年級時也是由他擔任級任老師，他教得不錯，以後我能考上省立中學他功不可沒，我在唸研究所的時候，曾回台中去看過他一次，那時候他已做另一所小學校長了，我們師生聊談愉快，不過意外的他卻懺悔一件事，他說當時候他剛從師範畢業，經驗不夠，為增加升學率，所以讓我考省立台中二中，其實我的程度應該可以考上省立台中一中的，我很感謝老師的善意，其實影響不大，問題是我在中學時的努力不夠，此外省立台中二中也是一所很好的學校。台灣的國小延續日據時代的作風，重視體育，我的體育成績並不好，但被逼得去重視體育，學打棒球、躲避球以及利用寬大的田徑場，還有勞動服務課，種菜、割草以及挖防空壕，國小也重視精神面的訓練，每天早自習、升降旗典禮等等，都跟上海的私立小學大不相同。我在篤行國小時的成績很好，獎狀拿了一大堆，每學期不離前三名，小學畢業時我的總成績是班上第二名，在六年級時尤其突出，全校的模擬升學會考中我考到第二名（一共六班），甚至與外面五校的聯合模擬考，我得到第五名，一路順利走來，我考上省立台中二中時是全部考生的第二名，那時各中學同一天分別招生，如果是聯考的話，我確信能考上省立台中一中。我在班上也有幾位好朋友，像張天任、袁國俊與我均同時考上台中二中，張天任後來唸政大國際貿易系，我們一直聯絡不斷，袁國俊後來唸師大數學系。在篤行時，有一種兒童的綜合刊物名「學友」出版了，我馬上就發現這是一種益智的刊物，從創刊號開始我就買，我記得一直買到中學時代，不曾停斷，可惜後來搬家時，存書都丟掉了。在小學時我練毛筆字，開始看中國古典小說例如《三國演義》，甚至於讀《古文觀止》，這也是在當時的小學環境中，我能一直保持學業優等的原因。

遠足與旅行是我小學時代難以忘懷的活動，遠足是步行，較近距離的活動，而旅行則是坐火車、汽車出去玩，我唸東門國小時，有一次遠足從學校走到板橋林家花園，以今日看來當然不算遠，但對於八歲的小孩來說，我真是走得累死了。所以我比較喜歡參加旅行，在篤行時代，旅行亦分遠近，像去關子嶺、新竹獅頭山、谷關等地都要過夜的，需花大錢，同學們都喜歡去當日能來回的地方，我仍記得后里的養馬場及毘盧寺、霧峰的林家花園、頭汴坑的吳家花園、彰化的八卦山等，在當時都是蠻好玩的地方。1951-1955那一段時日的台中汽車很少，空氣新鮮，市區的外圍都是農田，好山好水，真是一個美好的時代。

在篤行國小時，每天都步行上學，由於學校建在墳場邊，每天來往都必須經過墳場，當時也不覺害怕。學校還有軍隊借駐，對我們並無影響，但常引起我們的好奇心，我們關心他們的吃住，喜歡看他們出操。那一個時候風氣保守，男女生互不來往。班上本省籍同學較多，至今我能講閩南語，與此不無關連。

四、回憶中學時代

在考上大學以前，我在台中約唸了十年的書，結束了在篤行國小近四年的絢麗時期，我順利地考進了省立台中二中初中部，那一個時候的中學多包含高、初中，當時台中有三個省立普通中學，即台中一中、台中二中、台中女中，前兩個是男校，後一個是女校，以名氣而論，台中一中應該名列第一，但省中都是每個學子想優先選擇的學校，那時候省中是分別報名但同一天考試，以我在小學的實力，應該是可以考上台中一中的，其所以選擇考台中二中，是有下列幾個原因：第一，級任老師胡永順的建議，小學生是最聽老師話的；第二，離家較近，離篤行國小也近，台中二中就在篤行的隔壁；第三，有一位鄰居牟先生是省二中的老師，他一直說省二中比較好。我當時考進省二中是全部約兩千名考生中的第二名，我還記得放榜時，我固然高興，父親則更為興奮，還買了一台全新的腳踏車給我作為獎賞，父親認為我考中的榮耀，給他帶來了極大的面子。在那一個時期，台中尚無有系統的公共交通工具，只有三輪車，所以每個人出門，不得不仰賴腳踏車，父親本身就騎腳踏車，當我開始上中學時，父親認為我已經逐漸長大成人，可以擁有一部腳踏車了，其實當時我依然瘦小，儘管我能騎車，但腳尚不能踩到踏板，我依稀記得在省二中入學檢查身體時，我的身高只有一百四十公分，體重是三十公斤。擁有腳踏車是一件喜悅的事，但偷車賊也猖狂，整個中學時代，我換過五、六部車子，而父親也是經常被偷而換車，那時候最好的腳踏車是英國車，我還記得最好的車種是蘭鈴，其次是三槍、海格力士、菲律普等，日本車是次等貨，至於台灣車是拼裝貨，更次之，因尚有一些零件尚不能自製，擁有腳踏車之後，我就無遠弗屆，一切行動自由多了。

初進中學，生活豐富多了，新生訓練那一天，我全副童子軍裝束，跟好友張天任一同神氣地走到學校去，初中與小學最大的不同，首先表現在上課方面，唸小學時所有的課程全由級任老師一人擔任，但初中則分科，一位老師專門擔任一科。台中二中是一所很有文藝氣息的學校，換一句話來說，它在文科方面的表現較為突出，我在省二中唸初中時的成績平平，但對課外的讀物卻有很大的興趣，我看了相當多的中、外小說，大多是借自學校的圖書館，而很不幸的我卻迷上了武俠小說，胡適曾認為看武俠小說是墮落的，他說他寧願看偵探小說，反而可以增進人們思考某些問題，但我卻有不同的看法，我認為兩者無法比較，因為我的例子是既看武俠小說，也同時看翻譯的英國福爾摩斯偵探小說，我認為兩者並不衝突，問題是出在當時的教育是一種重考試的教育，如果不把教科書唸好，則無法升學，而人的時間與精力都是有限的，顧此則失彼。在所有的學科中，我最喜歡歷史，也跟初二時出了一位好的歷史老師有關，齊治平老師講解生動，真是迷住了每一位同學，我必須承認我今天所以走上歷史這一條路，是受到齊老師很大的影響，他教了我兩年，初中時的中、外歷史都是受其教誨。

記得唐人有詩：「咸陽遊俠多少年，相逢意氣為君飲」;「五陵年少不相饒，雙雙挾彈來金市」。少年時代對於事情總是似懂非懂，當時我們的價值觀是喜交友、重然諾、講義氣，也就是有所謂混太保的問題，狐群結黨，人多勢眾，本來還不算太嚴重，但學校的訓導人員管理失當，造成反效果，古人所謂的官逼民反，太保愈來愈多，跟這一批訓導人員確有關聯。我還記得在初中時代，曾結拜過九兄弟，我是老么，我們多是同學關係，我還記得大哥徐滿洪，老二徐志行，老三陳虎符，老四常江龍，老五蘇光大，老六高雙貴，老七李述德，老八張文才，人一多膽就大，其實以今天的標準來看，也沒做什麼壞事，不偷不搶，騎單車逛逛街，對女孩子吹吹口哨而已，打架是不得已時才動手，如今我對這一段時期的回憶仍然覺得是美好多於懺悔。

省二中的體育不錯，尤其是籃球，居台中各中學之冠，在台灣全省也佔有名次。當然那時候的校隊都是高中生，但我們初中部也很強，在初中的比賽中也居冠軍。風氣如此，我們除當啦啦隊之外，自己也開始打籃球了，籃球一直是我所喜歡的運動。還有初中是童子軍的教育，我最喜歡的活動便是露營，不過有很多次的露營活動都是在學校的大操場上舉行，我記憶深刻的一次，是在台中近郊的頭汴坑舉行，那一夜大家興奮得都睡不著覺，還有人惡作劇，在排骨湯中倒入了煤油，玩笑開得太過火了。初中生是以童子軍軍服為制服，我還唱童子軍歌，歌詞當然頗有政治性，我還記得是這樣開始的：「中國童子軍，童子軍，我們，我們，我們是三民主義的少年兵，年紀雖小，志氣高⋯」。那一個時候台灣海峽兩岸常有軍事衝突，台灣有一艘軍艦名太平艦被對岸打沉了，於是一時風起雲湧，掀起一陣獻艦報國運動，除捐錢之外，大家還簽名從軍，我也上去簽名了，這事還引起祖母一陣子緊張，其實這是好玩的，當然也有少數學生居然就這樣參加海軍了。

在課餘之暇，我們偶爾會玩樸克牌，先是打百分，進而打橋牌，有一次放學之後，我們在教室裡打橋牌，結果被訓導人員抓到，認為我們在賭博，辯解無效，樸克牌被沒收，還要記小過處分，此事給我莫大的刺激，從此深恨訓導處，更移轉到校外去打橋牌了，訓導處找學生的麻煩還不只一端，從頭髮的長短，到童子軍的肩配，無一不管，說這是生活教育，其實沒這麼嚴重，訓導人員本身的心理就不健全，凡事不用愛心。我還記得初中畢業後的那一年暑假，有一天黃昏時，偕同同學張杰兩人把一排教室的玻璃全部打碎，以泄心中的憤恨，張杰是那一年初中畢業第一名，是一個好學生，後來唸臺大電機系。

記得我唸初中時，又搬了兩次家，房子是愈搬愈小，家中的經濟情況轉惡，我心中也有數，三弟台書生於民國四十年（1951），這時我家人口大小共六口，食指浩繁，當時公務人員待遇菲薄，父親兩次做生意的虧空，一直影響著家中的經濟。所幸我唸公立中學，學費較低，且公務人員子弟唸書，一直有補助款項，我必須力爭上游，但我的功課卻日走下坡路，內心也是焦急。初三時，有一次與同學嬉玩時，不慎被同學摔倒，導致左臂折斷，相當嚴重，甚至於有殘廢之虞，西醫除了打石膏之外，亦無他法，我經另外同學介紹，找到一位奇人，用中醫方式診治，經過數月療傷及用藥，果然完全治癒，我對中醫印象良好，還有原因是有一次母親生病，西醫診斷之後，認為非動手術不可，父親且買好了赴台北的火車票，但臨時經友人的介紹，轉請一位胡姓的老中醫師診治，最後也完全痊癒，當然四十年前的西醫遠不如今日，但我依然覺得中、西醫是可以互補的，肺結核當然不能找中醫治，但治療骨折之類，可能中醫較好，又中、西醫同時用藥，也需謹慎，姑母因傷寒去世，即是一例。

我參加高中入學的考試，居然還考進了省立台中二中，自己也有一點意外，後來分析了原因，可能有三點，一是我的底子厚，功課並未全盤崩潰；二是我上大場面不怯場，參加關鍵性的考試時，有時臨場表現勝過平時實力；三是運氣，能唸省二中的高中，在當時也非易事，我本可以一切重新來過，用努力奮發的態度來唸高中，但自己的輕忽，使得噩運更加嚴重。首先，還是混太保的問題，我的確誤會了「義氣」二字的涵義，初中時還只是結拜兄弟而已，到了高中時，更是結幫會了，又是人多勢眾，膽子更大，打架滋事，所在多有，正是唐詩所謂的：「少時壯且厲，撫劍獨行遊。」當然我也必須要解釋一下，我們那時所謂的幹壞事，是無法跟今日相比的，第一，我們那時無槍，也鮮少用刀，頂多只是肉搏相鬥而已，古人云：「年輕人血氣方剛，戒之在鬥。」第二，太保與流氓還是有差別的，我們不偷不搶，不賭不嫖，吃、喝也談不上，嚴格說來只是稍微走上歧路而已，如果學校的訓導處，多想到「愛」這個字，多用一些軟的方法，可能師生和睦，不至於有悲劇發生，不幸的是訓導主任，專事高壓，橫柴入灶，急功近利，專找學生麻煩，以整人為快樂之本，直到今日我也為人師，且曾是大學教授，一想到當年的那一個訓導主任，心中猶憤恨不已。有一次為了一件小事，當眾把我們在初中一年級的一個小兄弟，在朝會上當全校師生面前，毒打一頓之後開除，罪名只因老師罵他時，他曾回嘴，為了這一件事，因要追首腦，我與好幾名同學都被牽連進去，結果陰狠的訓導主任，在翻閱我們的資料時，發現其中有一人的父親是立法委員，而我的保證人也是大有來頭的，結果我們均被飭回，也沒記過，而另一位因他的父親只是一個空軍士官，竟遭到立即退學的處分，前途都毀了。這種方式有用嗎？當然沒有用，只是增加我們用鬥智的方式，跟學校繼續再纏鬥下去，我的高中生活竟是這樣的不愉快。不過要說一句公平話，我高中三年級時卻遇到一位善良的訓育組長，我還記得他的名字叫張斌，他幫我解決了很多麻煩的事，使我能夠安心地唸書，我最後能考上臺灣大學，他是有功勞的，我在高中時代就加入了中國國民黨，張老師還是入黨介紹人，而那一個可恨的訓導主任，因跟另一位同事打架，而不愉快地離開學校，調至他校，我還記得那一天，普校同慶，我們興奮得不得了，比中獎還快樂。我在高中時代的功課危機，自己也並非是不知道，只是不知怎麼辦而已？

我有一次整理父親的遺物時，發現有一本備忘錄，類似日記，時間是1957年的一月至六月，我當時應該是在唸高一，這1957年的備忘錄是僅有的記錄，因我沒有發現其他的日記，而在這一項文件中，他對我們三兄弟有這樣的記述：

「率麟書、台書先到水源地，參觀歡迎省府盛典後，往豐中戲院欣賞成吉斯汗電影；雅書文史興趣頗佳，惟英、數尚有待努力。」

「雅書已趨進步；」

「雅書生日，國華帶往小吃、看電影；」

「雅書英文根基太差，勉勵努力發奮；購連環槍玩具分贈麟書、台書二孩。」

「下午陪妻帶老二、老三往東海看金殿福星影片，極為有趣。」

「台書過生日… 西褲不幸為三輪車夫鞭炮燒壞，晚雅書十時始歸，揍了兩下，以觀後效。」

「雅書往禮拜堂聚會；」

「雅書參加教會冬令聚會，靈性頗有進步，唯祖母極不贊同。」

「帶麟兒往東海觀白鯨影片，麟兒高興，我感平常無味。」

「雅書繳學費180元；」

「下午返台中，乘三等車，六時到達家中，均平安，甚為欣慰！小鶴帶給雅書火腿一隻，我又買兩冊畫書送給麟書、台書。」

「雅書很有進步，甚慰！」

當時英、數是主科，卻是我的罩門弱點，除跟自己努力不夠外，我現在回想起來，覺得老師也有問題，以數學為例，高一的那一位老師根本在亂講，常常演算到一半，就發現錯誤，最後全班同學向學校反映，把老師請走，省二中沒有像樣的數理老師，我唸高三時物理及解析幾何的老師，都是由外面臨時請兼任的方式來教，三年換三個校長，人事不定，影響到學生，第一個校長羅人杰先生是湖南人，我初中進省二中時就是他了，他辦學校辦得很好，每週一的週會，常請一些名人專家來為我們做專題演講，我覺得受益良多，他注意延聘好老師，愛護學生，是一位辦學認真的好校長；第二位韓寶鑑先生是我們蘇北同鄉，他是頂著師範大學副教授的頭銜來的，問題是他只來做了一年，就離開了；接著第三位便是宋鴻域先生，是從當時省政府所在地中興新村的中興中學調來的，宋先生人不算壞，但馭下能力似乎有問題，每一次講話都是亂無頭緒及不知所云。高三時突然給我們來一個命令，就是所有的學生一律剃光頭，這除了傷及自尊外，還打擊士氣，弄得人心惶惶，威權時代的教育都是這麼搞法。

我高中時代的成績一直都是低空掠過，轉機是在唸完高二的那一個暑假。我喜歡交朋友，只問意氣相投，不問良莠，可能不完全對，但我確是如此。其實道上的朋友也有明理者，他們認為還在學校唸書的我，不必每事參與，能唸書者一切以唸書為重，若有事由他們來替我擔待，此輩朋友確是義氣感人。在學校方面，我的人緣也不錯，有不少品學兼優的同學也樂於跟我交往，茲舉幾位好友的例子，第一位黃長風，他的父親黃通先生是立法委員，也一直是我在學的保證人，對我非常照顧，而且也是父親的好友兼長官，對父親也非常照顧。黃跟我從初一開始一直到高三都是同學，長風為人正直、端莊，家教好，無惡習，從不講粗話；第二位涂書詒，功課良好，家教好，我不諱言很多作業是抄他的，他們一門涂氏四兄弟，個個優秀，後來四個人都有 Ph.D. 的學位，甚至於有一次蔣經國還問過涂伯父，聽說他家四個兒子，都很優秀，涂伯父是國大代表，警界前輩。我僅舉二例，其實要好的同學還很多，現在要提對我有關鍵性影響的同學程智慧，他是一個孤兒，在育幼院長大的孩子，在省二中也是品學兼優，屢蒙老師誇獎的好學生，我們在籃球場上是好搭擋，默契很好，他看出我的苦惱，於是表示願意幫助我，我們約定在暑假中，除了週日之外的每一天，都至少要唸書八個小時，數學與英文一起唸，讀書確是講方法的，以數學一科而論，他們這一些高段的人，熟讀各類參考書，當年省立新竹中學的數學成績是獨步全省，這是他們有一位好的數學老師彭商育，一般人那裏會想到這些事呢？高段生會蒐集各類書來演算，果然我對數學不再懼怕，甚而對數學產生了興趣。程智慧是考甲組（理工科），本來我有一點想考丙組（醫農科），因為我的生物及化學尚可，但我們共同仔細分析了一下，可能改考乙組（文法科）較有勝算，因凡事不可好高鶩遠，必須量力而為，程智慧陪我唸了一個暑假的書，的確改變了我的人生觀，而最重要的事是使我恢復了信心，一年以後我終於考上了臺灣大學歷史系。

高中時代雖然是一個苦酒滿杯的時代，但也有一些值得回憶的事，在假日時，我們喜歡飆腳踏車，也就是選一個定點起跑，看誰最先到達另一個定點，我還記得我們很喜歡跑的兩段路，一是由台中的南天門橋為起點，霧峰的省議會大廈為終點，當時省議會大廈新落成，尤其入夜燈光照射大廈，感覺非常美麗；另一段則是由模範村口到東海大學，中港路沿途風景也不錯，尤以爬大肚山，一路上坡，對於我們的體能是一個挑戰，有時候我們到東海大學體育館跟大學生比賽籃球，東海的體育館是室內地板式的，非常現代化；有時我們也會一路衝到沙鹿，享受下坡騎車的快感，再經清水由中清路返回台中，路程雖長，但有一種挑戰成功的快樂。看電影也是少數娛樂之一，我們非常欣賞詹姆斯狄恩，他的三部片子「天倫夢覺」、「養子不教誰之過」、「巨人」都是經典之作，可惜拍完這三部片子，他就出車禍死了，他的崛起就像彗星一樣，來得快，去得快，但他給全世界的年輕人出了一口氣，他塑造了一個標準的叛逆，給了當時我們一個活生生的榜樣。

我唸高中時代，台灣也發生了兩件大事，第一是「八七水災」，民國四十八年（1959）的夏天，我還記得放暑假時，那一天是八月六日，下午時我跟幾位同學及朋友，在台中農林改良場看書，我們簡稱農場，鄰近我們住的模範村，那兒有稻田、花園，森林、草坪等，環境很好，我們經常利用那兒的優雅環境唸書，近黃昏時，突然開始下雨，我們都沒有準備雨傘，於是進入玻璃花房內躲雨，但雨越下越大，閃電交加，毫無停止的跡象，於是不得已，冒雨衝回家，我記得那一晚上，整夜傾盆大雨，完全沒有停過，到了天亮還在下，中午過後才慢慢停止下雨，這是從沒有過的事，我的心中也暗覺不妙，模範村因為地勢較高，所以完全沒有影響，當時父親因病住台中空軍醫院檢查，本約好八月八日這天我要送棉被去，因雨太大，我猶豫了一陣子，直至下午雨停後，我用塑膠紙包妥棉被後，騎腳踏車出門，才知外面一片汪洋，各地損失慘重，我七彎八拐，最後終於還是騎到了空軍醫院，大門已封住，因怕水淹進來，我是繞到後門才走到父親的病房，他驚喜交加，並囑我趕快回家，後來看報紙及收聽廣播，才知昨夜雨量高達八百公厘，前所未有，山河變色，整個中南部災情慘重，但新竹以北卻無礙，那一次八七水災，對於台灣的損害是空前的。第二則是「八二三炮戰」，民國四十七年（1958）八月二十三日，共軍在廈門以大砲五百六十一門，向金門作全面性之轟擊，數日之中，所發砲彈達六十萬發以上，當初轟發時，事起倉促，金門副司令官趙家驤、吉星文、章傑均中彈殉職，若干年後，我去金門遊歷時，曾看過那一個地方，那是一個山洞口，原是死角，但共軍於圍頭設立炮位之後，就可以轟擊到此一死角，共軍有情報云金門有高級官員到達，而事實上前一天老先生（蔣總統）剛巡視後離開，而當天國防部長俞大維，正準備步出山洞，三位副司令官剛走出山洞，準備恭送國防部長離去，倘再過幾秒鐘，恐怕國防部長亦不能免。當時金門全島無一處不落彈，隨後金門炮兵亦以猛烈炮火還擊，戰況慘烈，共軍曾揚言準備登陸金門，其間雙方空戰十次，海戰四次，我們當時得到的消息是台灣佔上風，同時美軍有二十條航空母艦（當時航空母艦噸位較小）接近台灣海峽，美國並宣稱不自台灣海峽撤退，戰到十月六日，毛澤東宣布停火，這一場炮戰我們亦感覺到，因省二中接近台中水湳機場，每天重型運輸機起飛時，我們在教室中是聽得一清二楚。當時並不覺得害怕，反而打勝仗時，心中有欣喜之感。

根據我的受洗證，我是於民國四十七年（1958）四月六日，在台中中華基督教衛理公會受洗，施洗牧師是美國人穆藹仁，他的中文說得很好。雖然早在小學二年級時我就接觸基督教了，但那時是心在卡片，記憶中是我唸小學五年級時，父親再帶我去教會的，那時父親已皈依基督教，帶領他受洗的是沈保羅牧師，當時沈主持台中太平街的思恩堂，我參加主日學，並聽沈牧師證道，1981年我在西雅圖與沈牧師再度見面，我帶亦晨（時唸小學五年級）赴證道堂作禮拜，面見沈牧師時，我說先父曾帶我在台中時聽你講道，當時我正唸小學五年級，現在我帶我的兒子來聽你講道，他也正在唸小學五年級，全場大笑，沈牧師也莞爾。後來思恩堂搬到台中公園附近，我也常跟父親前去作禮拜，並參加團契、詩班等活動，信教的人當然善類較多，也很熱心，暑、寒兩季還有為我們年輕人所設計的夏、冬令營，我覺得都是很有意義的活動，所以我對基督教並不排斥，不過話說回來了，也談不上有虔誠的信仰，我的好友張天任跟我不同，我們在同一教會，他的屬靈性較深。教會之中雖然孝子賢孫較多，但也有不少問題少年，本著基督博愛之精神，教會固然有義人，但也要救罪人，譬如說有一個混字輩的少年，大家均視其為應該少來往之人物，也許我的價值取向不同，這位老弟居然跟我一見如故，非常談得來，這麼一來，我也被大家誤解，最後有一件打架的事情，我被牽進去，但禍首不是我，於是一片誅心論，我也不屑辯白，馬上走路，換個教會，我與好友李述德轉到了台中的中華基督教衛理公會，因該會離五廊巷李家近，而離模範村我家也不遠，衛理公會的全名應該叫衛思理公會，由英國聖公會分出來，台灣的聖公會在自己成立教會之前，也常常借用衛理公會的教堂，衛理公會是一個蠻保守的美國南方教會，當時正開始在台灣傳教，建立分堂，所以牧師多為美國人，它的儀式也跟一般教會稍有不同，譬如它的殿堂擺有鮮花並點蠟燭，禱告多採默禱而不出聲，洗禮也是點水禮，我很敬重當時的穆藹仁牧師，他言簡意賅，一聽就明白，在受洗前，我曾問過他，我說我還不明白基督教的教義，他卻回答說信比明白更重要，基督教是因信而得救，他說你心裏相信我主耶穌基督嗎？我說 Yes，你口裏承認你是一個基督徒嗎？我回 Yes，穆牧師說那就行了，你努力研讀聖經，作一個好基督徒，是以後的事了，多年後我才知穆牧師所根據的應該是，「聖經」羅馬書第十章8、9兩節：「你若口裏承認耶穌為主，心裡信神叫他從死裡復活，就必得救；因為人心裏相信，就可以稱義；口裏承認，就可以得救。」我跟李述德就這樣糊裡糊塗的受洗了，最妙的我還把母親也帶去聽道，從此父親仍在思恩堂聚會，我與母親則改到衛理公會聚會。我很滿意當時衛理公會的環境，每年夏令會是到陽明山舉行，是會同全省的衛理公會，一同舉行，這樣就更熱鬧了，交更多的朋友，以後我到台北唸大學，大家又重新相聚了。教會內的人也很和善，我在衛理公會一直沒有不愉快的事。

唸高中時我已懂得讀書須講究方法，我也明白常識來自課外讀物，我慢慢地不再迷戀武俠小說了，我重讀《三國演義》、《西遊記》、《水滸傳》、《紅樓夢》等古典小說，也看《簡愛》、《俠隱記》、《基督山恩仇記》、《約翰克里斯多夫》等翻譯小說，更重要的是我也開始背《唐詩三百首》、《論語》、《孟子》等正統古典書籍，我還看蔣夢麟的《西潮》、甚至於《胡適文存》等思想性的書了，就一個高中生而言，應屬是奢求，因當時的升學壓力是非常地大。我見過教育部長前清華大學校長梅貽琦，他來過省二中演過講，胡適也來過台中，台中人士宴請胡適時，父親也在座，我曾問過此事，父親說胡適是一個很有學問的老先生，我們僅知道胡適提倡白話文學，也有教國文的老師批評胡，以我們當時的年紀，當然莫所知從。我並未見到過胡先生，但我大四那一年胡先生逝世，在喪禮上我曾幫忙，擔任接待人員。

父親對於平劇是有造詣的，他既會拉胡琴又會清唱，而我則只會聽戲，那時候每年陰曆過年後，均有連續數日的公演，像「玉堂春」、「鎖麟囊」、「四郎探母」都是我喜歡看及耳熟能詳的戲碼，主戲多由名伶馬驪珠擔綱，印象中她的唱做及扮相均佳。康樂晚會及免費電影也是那時受歡迎的節目，康樂晚會多借在各個中學的大禮堂舉行，有歌唱、相聲、雜耍等，很受歡迎，而免費電影都是露天巡迴放映，模範村也是一個放映點，我還記得入夜後，家家戶戶都攜帶椅、凳子前去，節目一開始都是新聞片，然後有益智節目，最後則是劇情片，但多半是國語片。

省二中還有一特色，就是軍人子弟很多，這跟周遭軍眷村很多或許有關，軍眷子弟不乏優秀者，我的學弟陳永發教授即是一例，他是中央研究院院士，美國史丹佛大學 Ph.D.，曾任中央研究院近史所所長，在史學界著有盛名。但唸軍校的人也多，故將星甚多，前國防部部長湯耀明的班次比我高，伍世文則比我低，省二中出過兩個國防部長，將軍更是不計其數。

我在臺大教書時，曾有一次被教育部聘為巡迴講座，到中部四縣市去演講，我曾偷空回了一趟省二中看看！當時蓋了許多新樓，已幾乎不識，且招女生，變成男女同校，之後我未再回過省二中。

五、我的父親

父親生於民國八年（1919）九月八日，幼年喪父，祖父去世時，父親只有十歲，賴曾祖父及祖母扶養長大成人，當時家計落在曾祖父身上，曾祖父為前清秀才，於是重拾教席舊業，受聘教館，担任地方首要、首富子弟的家庭老師，而有微薄的束脩養家，另外祖母也憑雙手繡花、織網、縫衣等些許收入補貼家用。父親幼年時家境貧窮，但祖母克勤克儉，善於管理家務，家境漸於小康，甚而購屋置產。

據母親說父親原名元麟，姑母名元鳳，他們似是元字輩，時中是他的學名，他也用過「時鐘」及「鍇」這兩個名字，但曾祖父一直叫其「時中」。據父親說他讀過興化開元、西寺兩小學，後來進興化縣立初中，但成績一直不好，勉強畢業，再入私立東南高級商業職業中學高商科，父親曾填有上海正風文學院肄業一年的學歷，估計那是抗戰勝利以後的事，他不可能在抗戰之前去唸。父親書雖未唸好，但常識豐富，多才多藝，喜愛國術，平劇、國樂等無一不精，且幼年時也非常頑皮，曾有一次，他戲弄老師，偷在老師所用夜壺的壺口放一個雞蛋，當夜晚老師使用夜壺時，因壺口堵住，結果尿流滿床，此為惡作劇。不過他也因為參加鼓號樂隊，吹小喇叭時，因用力過度，吹出疝氣來，致一輩子都麻煩在身。他商校畢業於民國二十五年（1936），這年十八歲，考入江蘇省地政局派到太倉縣地政局擔任測繪員，不到一年，蘆溝橋七七事變中日戰爭爆發，他奉令留職停薪，回家待命，斯時各地興起救亡圖存抗日運動，他也聯絡同學好友，組織抗日救亡宣傳隊，先在縣內展開宣傳工作，翌年（1938）他與友人任壽年以私奔方式從軍，因為曾祖父母及祖母不會同意他去從軍的，他參加八十九軍駐蘇幹訓班，也就是中央軍校蘇北分校，1939年，父親於參加徐州台兒莊會戰之後，隨軍撤退，被派一一七師擔任排長，隨軍調東台，途經興化，單旅長特許他回家省親，參加抗戰是一件極為光榮的事，父親全副武裝回家鄉，沿途所見親友均表敬佩、欣慰，曾祖父母及祖母、姑母見到父親，以為從天而降，驚喜萬分，但父親只在家中停留片刻，吃了祖母親自炒的一碗蛋炒飯，就立刻表示回營，姑母曾勸父親不要回軍隊，但軍令如山，那是不可能的，父親不願做逃兵，何況父親也另有想法，時處亂世，從軍反而可以出人頭地，同時父親也在試著，看看有否去內地讀書的機會？

不久，父親參加第八軍政訓處話劇隊，因為離家近，後第八軍游擊司令部改編為兩淮稅警總團，司令是陳泰運，升父親為上尉處員。父親在一份備忘錄上曾寫著：「廿七年（1938）七月一日，兩淮稅警局改陸軍第八軍游擊司令部，軍長黃杰（在台）、司令曾錫珪（在美）、副司令李志親（在法）、何參謀長、一支馬祝安、三支候筱民，淮海失守，撤至岡門，廿八年（1939）五月，改編財政部兩淮稅警總團，司令陳泰運、參謀長林敘彝、副楊君實。興化失守後，在東台西溪，廿九年（1940）七月，改魯蘇戰區蘇北游擊指揮部，林敘彝先生升副指揮官，李浩參謀長，我調上尉科員。」故1940年春，稅警團改編為魯蘇戰區蘇北游擊指揮部，駐東台西溪，父親調該部特別黨部工作，經常往來興化、東台、泰縣一帶，從事黨務聯絡工作，當時江蘇省政府、省黨部均在興化，父親有地緣關係，其後興化被日軍攻陷，他常奉命深入敵區，擔任策反工作。同年（1940）秋十月二十一日，曾祖父病逝，父親年幼喪父，而教養成人者，曾祖父最力，1941年，父親調指揮部的政治部，1942年八月間升少校股長，1943年調秘書職，從事敵後工作，1944年，部隊改為長江下游挺進軍副總司令部，父親晉升中校科長，1945年部隊又改編為蘇北挺進軍，同年抗戰勝利，父親榮獲勝利勳章，住在台中時我還看過這一枚勝利勳章，但數次搬家，也就搬丟了。以上是父親參加抗戰的軍職經歷，他是對國家有功的人，父親曾告訴我，他曾多次出生入死，有一年冬季他曾掉入運河中，冬天的運河水寒冷刺骨，他幸而被樹枝勾住，免於淹死，更幸而碰到有兩位小學老師，放寒假坐船回家，而將他救起，並換上乾衣服，又有一次，他偵得日軍撤出興化，隨即率軍進入興化，報紙上還說他率軍攻入興化，真是好笑，他的中校是這樣升上來的，他說興化雖曾為日軍佔領，但駐防偽軍師長、興化縣長、日軍翻譯人員等均為其工作運用上之對象，父親可以出入興化無阻。

抗戰勝利之後，父親離開軍隊，本來戰爭結束後，部隊被編遣是正常之事，問題出在不公平，一部份被編遣的人紛紛出走，投靠共產黨，所謂蔣家不要毛家要，共黨因而坐大，父親則聽從編遣返鄉。1946年共軍攻陷興化，父親、母親帶我先南遷揚州，繼而祖母與姑母也逃來會合，母親在揚州生下妹妹欣欣，父親恢復本行，擔任無錫縣政府地政指導員。1947年春，父親轉任京滬鐵路管理局科員稽查，隨後又在上海擔任中統局兩路室上海實驗站長，並兼營聯華貿易公司、申申土產公司，賺了一點錢，家中生活大為改善。父親在上海服務期間，因建立大功，曾獲蔣介石頒賜獎字第675號獎狀。

父親成為一個虔誠的基督徒，是來到台灣以後的事，他曾說過一個故事，當他十八歲在太倉時，一個人居家在外地，有一次因重病蒙一位神父搭救，神父送他一個有耶穌像的十字架，在我唸高中以前家中還一直掛著這一個十字架，大概父親並未皈依天主教，不過這卻是他開始認識耶穌基督了，在上海時，他並沒有宗教信仰，反而跟和尚來往頻密，他三十歲生日時，曾在上海靜安寺擺設素宴，款待親友。父親個性開朗，喜歡小孩，極重義氣，朋友極多，上從達官貴人，下至販夫走卒，不管三教九流，一律親切對待，當時他的經濟情況不錯，抗戰時一批曾跟過他出生入死的部下，也來到上海追隨他，一時他儼然有小孟嘗君的架式，然好景不長，隨著大局逆轉，共軍逼近京、滬，全家又要準備逃難。

1949年的一月，父親攜家帶眷來到台灣，先在台北經商，1950年再到台中經營「正章」洗衣店及「老正興」飯店，後以經營不善，均先後退出。1951年七月，受聘台中市黨部民運委員兼秘書，當時黃通先生（我的好友黃長風之父）為立法委員兼台中市黨部主任委員，黃伯伯常幫助父親。1952年一月，父親調軍人之友社台中市分社組長職，1953年春，轉任台灣省地政局專員。

父親是忠誠的中國國民黨黨員，他於抗戰時1939年就加入國民黨，介紹人是當時江蘇省省主席韓德勤先生，抗戰時就從事敵後的黨務工作，勝利後也肩負京滬鐵路黨部工作，到了台灣台中時，又恢復與黨部聯繫，歷任小組長、區委員、區常務委員，從事民眾服務工作，成立新膽票社、國文補習班、農民講習班、婦女常識講座、貧民義診及救濟、舉辦敬軍、勞軍義演、推行土地改革、改進農會，政府遷台後，父親從事基層工作，站在國民黨改革的第一線，表現卓著，因而蒙上級黨部多次嘉獎，並被選為基層幹部優秀黨員。

1955年六月，台灣的土地改革告一段落，父親再到內政部調查局工作，以迄於退休，沒有再更動過工作了，調查局後來改隸司法行政部，早期父親在地方工作，服務地點包括雲林，彰化，台中縣、市等地，最後再回到台北。總括父親的一生，大多是停留在基層工作，他沒有做過高官，但卻是執行國民黨統治時期，發布政令的第一線人員，他常說中國大陸的淪失，他也有責任，但我不太同意他的看法，固然勇於負責是一種美德，但他只是一部大機器中的一個小螺絲釘而已，談不上這麼重的責任，造成歷史的逆轉錯誤，有大權力的人須負絕對的責任。好友黃長風有一次曾告訴我一件事，他說我的父親曾有一次跟黃通伯父聊天，談及大陸失敗的原因，情治單位各自為政，相互內鬥，政出多門，也是一個重大的失敗原因，而黃伯父正好不久有一次機會晉見蔣介石，當面提出父親的敘述及看法，蔣非常重視，後來改組情治機構，單一指揮，多依照父親的想法，不過父親一直不知道此事，他的建議曾上達最高當局。

父親工作認真負責，為人親和熱心，講話有幽默感，特別喜歡小孩子，很有愛心。在台中時，偶然結識沈保羅牧師，受其感召，從此皈依基督教，而成為一個虔誠的教徒，1980年以後，我在西雅圖再度見到沈牧師時，沈在聊天中曾告訴我說，父親曾向他表示，原先父親有監視沈牧師的任務，後來常常聽他講道，受到感動，乃受洗成為一個基督徒，在那一個時代，即使是神職人員，也常難免被懷疑，沈牧師後來也成為父親的好友之一。父親在正常情況，每週必去作禮拜，每日至少祈禱三次，我到今日仍無法有此境界。父親勤讀聖經，他在聖經上寫滿了筆記文字，他在1957年所留下的備忘錄中，曾有這樣的文字記錄：「聖經共有三五六六四八〇字母，七七三六九三字，三一〇〇二節，一一八九章，六六書、記「主」字一八五五次。」「舊約記述耶穌教的源流、制度、典章、文物、史蹟、詩歌、箴言等，與五經的尚書、春秋、禮記、詩經、易經，孔子以前記載相似；新約多為基督示誡、傳道、言行記載，與論語孔子門人記述孔子思想、言行的文字是一樣的。」

父親常嘆自己讀書太少，學歷不夠，中年以後他常自疚，所謂：「青春不留白，讀書趁年少。」我看他的身分證上曾記有上海正風文學院肄業的學歷，我一直不太清楚這一件事，後來也是看到他在備忘錄上曾這樣的記：「回憶正風文學院原名正風文科大學，廿三年（1934）暑期由膠州路一號，遷閘北趙家花園西側，改名文學院，院長王西神（溢章），抗戰附汪偽，病故，教務長毛嘯岑已投共，教授胡樸安、胡懷琛、顧實、陳彥通、林徽音、江亢虎、蔣維喬（前江蘇省教育廳長，亦投共，為正風校董，勝利後在滬民國路設誠明文學院，曾為收回正風校址，與伯大尼孤兒院訴訟）。中國文學系、史地系、國學專修科、高等師範專修科，同學六百餘，均不知下落。」以上林徽音（建築師）、江亢虎（社會主義），蔣維喬（佛教史）均為名教授，父親想力爭上游，發憤讀書之心未嘗稍減，但時運不濟，抗戰打斷了他第一段時期的讀書想法，勝利後他在上海又想半工半讀，最後還是礙於時勢，躲共產黨，而中輟學業，逃難來台灣。

父親身體自幼不好，少年時他喜愛國術，也有鍛鍊身體的意味在內，我覺得他的身體變壞，有四個原因，第一，幼年時底子就不好，祖母為他吃素，就是許願；第二，少年時從軍在外，抗戰時期的生活都是非常艱苦的，他曾跟我說過，那時是有一頓沒一頓的，起居極不安定；第三，在台中做公務員時，太過認真，也是熬夜、起居不定，我記憶中1959年時他就因肝病而住過院，肝病是無法根治的，只能用療養方式，於是病也就一直拖下來了，這是積勞成疾；第四，家計負擔太重，雖然他是一個樂觀的人，所謂家無擔石之儲，樗蒲一擲百萬，但壓力還是很大，他雖發過財，但後來窮了，從母親生病到我們唸書，一家六口，食指浩繁，公務人員的收入是一定的，他不偷不搶，一生奉公守法，只有挖東補西，天天過年三十，我印象中，還有朋友來借錢，他不會全拒絕，多少還是會借一點，父親的朋友，祖母大部分都很討厭。

1965年，我們再搬家離開住了十幾年的台中，先搬到北投，這次搬家有兩個因素，一是我在台北唸研究所，覺得住台北較好；二是父親肝病常住醫院診治，台北的醫療環境當然遠勝台中。在北投住了一年多，又搬中和鄉南勢角稍大一點的房子，這一段時期，大體上父親的精神還是愉快的，我唸書很順利，他則到處尋訪名醫，尤其我結婚，葳生下了亦晨，這時父親剛過五十歲，抱得賢孫，他高興得不得了，所以父親晚年的生活是非常歡愉的。

1968年我訂婚，1969年我結婚，可能父親太過忙碌，當我與葳到台灣南部蜜月旅行時，他就病倒，住入馬偕總院，當時我在旅行中並不知道，他也不准別人告訴我，直到我旅行後回到台北，方知他已住院，我偕葳去探望他時，他已渡過了危險期，精神看來還不錯。我面見主治醫師，才瞭解到父親病況的嚴重，他因肝病，而導致靜脈曲張，通常病人會因內臟靜脈破裂而大量失血，會休克死亡，醫師說這一次是從鬼門關撿回命來，但不能再有下一次，我曾問醫生，父親還能活多久？醫生的看法，若注意調養，應還有四、五年的樣子！出院後父親正式辦提前退休，但父親還是閒不下來，每週必出去做禮拜，退休金又拿去做生意，從開醫院到辦工廠，又是慢慢的虧蝕掉，但亦晨陪他過了非常愉快的三年，亦晨叫祖母「老太」，叫父親「爺爺」，叫母親「奶奶」，三個大人侍候一個小孩，每天都玩得不亦樂乎，每逢朋友打電話來，他一定大大誇獎孫子，我想那一個時候，父親每天都非常快樂的。1972年12月10日，時候終於到了，在他去世前，他似乎也有一點預感，他平常是輪流去三個教會作禮拜，中和教會是離家近，同安街聖道堂則有台中思恩堂的老關係，實踐堂的基督之家，則是聽我岳父寇世遠監督的證道。在父親去世前的三個禮拜，他分別造訪了這三個不同的教堂，平常他都會帶亦晨一同去做禮拜，但12月10日這一天，是個主日，亦晨就硬是不肯跟他出門，當時亦晨滿三歲了，最後父親無奈只得一個人去作禮拜，那一天大家都非常忙碌，因為小曼滿月，小曼出生時，父親曾帶麟書到臺大醫院去探望葳，並稱讚小曼是個美女。當天全家準備照相，父親趕回家吃午飯，但飯後感覺胸口不適，開始大量吐血，我立即叫計程車偕二弟麟書扶父親到廣州街三軍總醫院急診，主治醫師也隨後趕來，並安慰他說無礙，他們會努力，但靜脈曲張導致大量內臟出血，最後一吐就是一臉盆，我也感到心慌，並覺不妙，我乃低聲問父親，問有沒有什麼事情要交代我？他談了一些債務的事，以及一些須辦的私事，講完之後安心不少，並云替他禱告，最後終因失血過多，休克後不治，醫生宣佈死亡，並云盡了力，父親過世時，我的頭腦一片空白，因意外與驚恐得無法舉步，在嚎啕大哭之後，還要在醫院辦一些後續的事情，等回家再稟報祖母，祖母也是嚎啕大哭，頻呼父親的名字，從他十歲喪父起開始哭訴，母親也是傷心落淚，我永遠也不能忘記12月10日這一個悲傷的日子。

按基督教的喪事禮儀，父親的追思禮拜定在十天後，十二月二十日由岳父寇世遠證道，主持喪禮，這一切都符合父親的遺願，父親的好友邵賢先生告訴我，說在父親去世前的兩個禮拜，兩人在禮拜後曾稍微聊了一下，邵轉述父親的話說，他表示已無任何遺憾，他說萬一離去，他對身後的家會感到安心，絕無掛念，祖母與母親也會由我們兄弟來照顧，我聽了邵伯父的話之後，心中才稍微釋然。追思禮拜之後，父親安葬於安坑基督教公墓，可能由於我年輕不懂事，經驗不夠，我沒有為父親買雙穴，也就是沒有為母親考慮到她的將來，父親現在的墓位狹小，將來不能把兩人葬在一起，是我的不孝，每思及此，都令我非常憂煩。父親逝世的日子距其上一次發病時的1969年一月，差不多有四年，也真是被醫生不幸而言中，他最後享年五十四歲，父親忠於國，孝於家，熱心侍奉神，我相信他是進了天堂。2001年12月我們三兄弟為父親修墳，煥然一新，並新立墓碑。

我今日早已過了父親當時的年齡，他的愛孫亦晨也已近五十歲，孫媳婦陳惠真，一家住上在海，事業有成，育有一女二子，長女趙立嫄、長子趙立民、次子趙立新；孫女亦曼也已成婚，夫婿上田智世居夏威夷，育有二女，長女上田立美、次女上田立華，先定居夏威夷，一家於2015年12月再自夏威夷搬來西雅圖，並在Renton購屋居住。父親地下有知，應感欣慰！但如今亂世之局未變。祖母、母親都已享天年，我們兄弟三人承父親遺願，會互相照顧！

六、回憶親人（二）

祖母的娘家姓王，祖母姓名王寶善，外曾祖父王公宇庭，但祖母的身分證上，卻記王雨亭，外曾祖母金太夫人。外曾祖母生七女二男，祖母是老大，跟我們家關係密切的僅七姨祖母，因七姨祖母寡居之後，帶獨子河喜寄住我家，河喜是父親的表弟，也是我的表叔，但河喜的年齡跟我相彷彿，父親曾說七姨祖母長年住我家，幫助祖母料理家務，勤儉耐勞，心地善良，雖然其貌不揚，滿臉大麻，又時遭祖母責備，但七姨祖母毫無怨言。父親與祖母先後逃離家鄉後，興化老宅即由七姨祖母居住及管理，側面聽到的消息，1960年以後，七姨祖母被其子河喜鬥爭而死。1990年四月，二弟麟書首次返興化時，曾回老宅探視，在老宅寄居的一位張姓人，他說認得祖母及父親，他曾託麟書帶一句口信給我，那就是河喜已死，與七姨奶奶均於1960年先後過世，原因不詳，我們老宅最後是由河喜居住的。

祖母的娘家後來沒落，但她舅父金家卻很興旺，父親小的時候就常隨祖母到金家玩，觀賞金魚，父親的二表舅父金培芝，在興化是一個有名的人物，他是國民黨興化縣黨部常務委員、縣中校長、二區區長，極為活躍，與祖母的感情也最好，聽說我小的時候，祖母也常帶我到金家去玩。1948年姑母去世後，父親為寬祖母的心，曾陪她去南京散心，並探望當時居住南京的二表舅公金培芝，那次沒有帶我同去的計劃，我還記得曾吵著要跟去，哭鬧一場之後，還是不帶我去，以後到了台灣，父親也常後悔此事，說若帶我去一趟南京，也是無所謂的事。我唱過冬夜夢金陵的歌，但南京離我遙遠得很，直到1999年的夏天，我偕葳同赴南京開會，才正式踏上南京之地，業已晚到了五十一年矣！

母親的娘家姓楊，聽表妹楊愛華（二舅的女兒）說，楊家是明朝御史楊漣的後人，楊因彈劾權宦魏忠賢而遇害。外祖父楊少卿，外祖母沈太夫人，小時候我叫外公為「婆爹爹」，外婆為「婆奶奶」，外公家是開糧行的，故經濟情況不錯，我現在仍記得外公與外婆的樣子，外公戴金絲眼鏡，個性溫和，不善言語，常穿淺灰色長袍，我記得小時候到外公家玩時，最喜歡趁他在睡椅上午睡時，去揪他的鬍子，把他鬧醒之後，我則大笑地迅速跑開。跟外婆則不敢開玩笑，印象中外婆白白胖胖的，對我也算還好，但是彼此不親，外婆也能言善道，但是不敵祖母，外婆是有一點怕祖母，這一對親家母並不相得。我記得外公來過上海，父親曾盛情款待他，並陪他在上海到處玩，可能是鄉下人進城，聽父親說外公曾鬧過不少的笑話，外公來上海除了看女兒、女婿之外，也看兒子，因大舅當時在上海唸暨南大學。外公與外婆後來雖仍居住興化，但二舅與阿姨們都陸續來上海發展。

外婆生二子四女，母親是大姐，其次是大舅，大舅名懷年，年齡比母親略小，是楊家最會唸書的孩子，從小好學，但是脾氣古怪，性情傲慢，不太通人情，聽說他唸大學時，有一次回家鄉，外公、外婆為他請客，客人們都來了，他則關起房門唸書，不肯出來與人打招呼。我們在上海時，他正在上海暨南大學唸數學系，暨南也是名校，大舅在當時興化人中也算是出類拔萃的年輕人，他與母親姐弟當時的感情不錯，唸大學時，課餘也常來我家，大舅不喜歡國民黨，不過也不左傾，同樣也討厭共產黨，他應該是屬於一個傾向自由派的知識份子，他對父親的政治立場未必贊同，但那一個時候郎舅的感情也還不錯，父親也很照顧他。大舅自暨南大學畢業之後，很智慧地選擇了來台灣，他的眼光相當正確，所以他很早就來台灣，並擔任台北建國中學的高中數學教師，聽說他教學認真，不苟言笑，學生們暗地給了他起一個外號叫「楊三角」，建國中學是好學校，所以大舅的高徒遍天下，已故政治大學何啟民教授是我的學長，在他生前，我們有一次閒聊時，他說他是建國中學畢業的學生，被大舅教過，我問他一些事，並求印證，他回答說差不多；好友夏祖焯是建中畢業，也曾被大舅教過。1949年，我們決定來台灣，也多少是因為大舅的因素，而且當時我們第一站就到他這兒，我還記得七歲在上海時，曾寫過一封信給他，一開始稱呼他「大就就」，我當時還分不清楚「就」與「舅」這兩個字，小時候對他的印象是模糊的，來台灣台北後，我們曾在建國中學的宿舍暫時住過，有一次我玩樸克牌，而被他罵了一頓，從此就懼怕他，也對他感到不親。我們後來搬到台中，他也會偶而來探望母親，聽母親說，有一次大舅帶朋友來我家玩，祖母出言不遜，大舅極為不悅，拂袖而去，不過我印象中，他來我家時，每次均稱呼祖母「大媽」（伯母），可能問題沒那麼嚴重。我還記得1957年，他去美國唸書，赴美前曾來台中辭行，後來父親、母親還帶二弟麟書，一同至台北松山機場送行，並攝影照相留念。父親視大舅出國赴美唸書，是一件大事，在他所留下的1957年備忘錄中曾記：「接懷年信，囑往台北整理行裝及籌旅費。（1957-1-6星期日）」「偕琴年、麟書往台北，送懷年赴美，協助整理行裝。（1957-1-7星期一）」「感謝主！大好天氣，上午九時十分，懷年乘機飛東京轉美；帶琴年、麟書遊動物園，晚乘車返中。」可知父親對大舅是如何地關懷了！大舅赴美唸書的學校是Oregon州Corvallis的Oregon State University，1984年，我第一次接母親去美國玩，我們住Seattle，暑假時我們全家開車南下加州玩，我們沿五號州際公路南下，過了省會Salem之後，我帶母親特別彎到Corvallis去看了一下OSU，並告訴她說，當年她的弟弟就是來此學校就讀的。

大舅在OSU唸了一個MA，畢業後先到新加坡南洋大學教書，他在新加坡結婚，舅母是南洋大學化學系畢業的，以當時的情況而論，他們都算是晚婚的人。大舅在上海就讀暨南大學時，就有一相知女友名王國華，是暨大同學，兩人感情很好，已論及婚嫁，曾相偕來過我家，兩人未能成婚，跟戰亂有關，聽表妹楊愛華說，在大陸淪陷初期，王小姐在經濟上還曾照顧過他們一段時間，不久王小姐也另嫁他人。大舅在新加坡時，曾和家鄉外婆聯繫成功，並不斷寄錢回老家，我還記得在那60

年代時，父親也曾透過大舅，寄錢給外婆，但後來傳出消息，大部分的錢都被二姨母私下挪用，外婆並未拿到錢，母女既然失和，而大舅也從此不再跟這一個妹妹來往，而二姨母又騙母親寫了一封信，拿走了我們老家的管理權，這使我也對二姨母一度印象不好，所以我從不回她的信，也不願寄錢給她，固然我不會回家鄉住，也不會再要那一棟老宅，但二姨母這一種做法，當時曾令我相當不悅。外婆不斷地要求大舅回家鄉看她，但大舅硬著心腸不肯回大陸，從世俗的眼光來看，大舅可能不孝，但我完全諒解大舅當時的做法，因為若換了我，我也不會回大陸的，在60年代那一個時候，回去等於是回地獄，大舅固然不喜歡國民黨，但更不喜歡共產黨，以他長期受西方教育的背景，不可能選擇社會主義的，他計劃回台灣教書，倘使那個時候，他只要回大陸一次，也就別想在台灣找到教書的工作了，1990年我在上海面見三姨母、四姨母時，談到此事，說外婆臨死前，都說大舅及母親不孝，為何不肯回來探望她？我曾解釋了一下，但三姨母及四姨母都表示瞭解及諒解。大概在1965年的時候，大舅先一個人回到台灣，受政治大學之聘，擔任教授，並在東吳大學擔任兼任教授，舅母暫時仍住新加坡，這時我也剛進臺大歷史研究所唸碩士。父親一向以這一個內弟為榮，但有一件事情，使得大舅對父親產生了誤解，我想這是緣由於雙方看問題觀點的不同所致，當時我們家剛由台中搬至北投，三弟台書原考上台中一中，只好轉學至台北建國中學，每天通勤上學是非常辛苦的事，當時大舅在台北金華街買了一棟三房兩廳的公寓，父親以為娘舅至親，外甥住在舅舅家是順理成章之事，何況大舅一個人獨居，有外甥陪住也是一件美事，我當時的思路跟父親不太一樣，曾提出反對的意見，主張台書寧可租屋居住，但父親仍囑我向大舅提出請求，並云大舅會答應，我考慮到如由父親親自提出時，沒有轉圜的餘地，萬一被拒，不太好看，如果由我出面講，若弄僵了，父親可以一句小孩子不懂事，當可以化解一切，於是我面見大舅，提出讓台書暫時借住他家，他雖然答應了，但我已感覺出是很勉強的，於是台書就這樣住進了大舅家，住在廚房鄰旁的一間最小房間，但我後來發現台書不太快樂，甚至功課退步，我覺不妙，私下詢及台書，云是常挨大舅的責罵，我說大舅的脾氣古怪，我們要多擔待，但台書說大舅來往的朋友很多，他跟別人都是有說有笑的，脾氣好得很，於是我跟大舅建議讓台書搬回北投，云是我將指導台書的功課。父親雖是不智，當然大舅也有一點小氣，不過在這一件事上，我並不怪大舅，每個人有其生活方式，大舅長期獨自生活慣了，不喜歡有 roommate，他有決定權，而父親只是一廂情願罷了。

台書搬出大舅的家，尚不構成大家不愉快，大舅仍叫我時常去他家坐一坐，甚至他還為我介紹工作，他曾介紹我至中原理工學院夜間部擔任助教，事雖不成，但我仍然感激他，大舅當時有兩家好友常相來往，一位朱先生夫婦，另一位孟先生夫婦，都是彬彬君子，高級知識份子，我常跟他們聊天，也很相投，我感覺得出我是跟他們平等來往，似乎大舅也當我是朋友。但第二件事情又出來了，二姨母的前夫王旌德先生是父親從小一起長大的好友，他們後來又成為連襟，二姨母曾寫信告訴我，云她所以嫁給王，是我父親介紹的，我不確知此事，但二姨父一直很疼愛我，從小就對我很好，因他隻身來台，後來在台再娶，我也稱呼其姨丈不改，稱他繼娶的夫人為姨母及姨娘，但大舅對此事非常不諒解，要我斷絕跟姨丈的來往，這當然是不可能的事，我記得大舅的邏輯是並不怪我，只是責備父親，於是兩人更是交惡，後來父親身體不好，不能爬樓，所以一直無法去探視大舅，當然大舅也不來看父親。大舅常借題發揮責備父親，從母親受祖母的委曲，到我騎摩托車，都是父親的錯，他認為父親不該為我買摩托車，但他不知我是用分期付款自己買的車，由姨丈作保，我當時也有微薄的收入了，除了研究費之外，我也在中學兼課，故需要摩托車，不過大舅並未當面責備過我。

我跟大舅撕破臉是在1968年十二月，我跟葳結婚前，我按規矩兩人親自登門向大舅送上喜帖，請他蒞臨參加，他收下帖子，當面未說話，但打電話給母親云，不能請姨丈來，母親接受了大舅的意見，甚至也講了些不合時宜的話，說是只請姨丈暫避一下，等大舅走了之後，姨丈再回來喝喜酒，我非常生氣母親所講的話，表示決不接受，後來姨丈、姨娘也曾向我建議，說他們可以晚一點來參加喜宴，我對大舅這樣不盡人情，感到非常憤怒，我說這是我結婚，我應該可以做主，於是我堅請姨丈、姨娘必須要到，最後的結果是大舅不來參加我的婚禮，我也是第一次開始不再跟大舅來往。四年後，1972年十二月，父親不幸逝世，當時我也在東吳大學兼課，於是我去找大舅，在東吳大學的校園內找到他，送上父親的訃聞，我正式向大舅報喪，母親也隨後親赴大舅家，告訴他說父親早想來看大舅，但因病不能爬樓，故遲遲不能來，請鑒諒！大舅也回說，以前的事就不必再談了。我曾期望大舅能出席父親的喪禮，不少同鄉也認為大舅會來，也該來出席姐夫的葬禮，但最後大舅沒有來，我也二度決定，從此不再跟大舅來往。但母親卻常往大舅家跑，並懇求我再給大舅一次機會，並云若父親在世，也會原諒大舅的，拗不過母親，我終於低頭，主動到大舅家去看他及大舅母。大舅的女兒楊珍平，跟小曼年齡相仿，同在「臺大幼稚園」就讀，兩人竟成為好朋友，而自父親去世後，大舅的態度也和緩不少，甚至於在台書結婚時，他跟姨丈一同出席喝喜酒，兩人並曾握手，大舅常約我們到他家吃飯，也引薦介紹他來往的一些朋友，譬如我認識汪彝定先生便是大舅介紹的，我又約請汪先生來臺大演講，曾有一次在汪家見過蕭萬長先生，我跟大舅互動頻繁，每次出國後回國，我都會帶洋酒 Cognac XO 送上，大舅練毛筆字，喜愛宋朝黃庭堅的法帖，已經買不到了，我也設法到故宮博物院去為他買到，二弟麟書購屋時，也曾受到他的幫助，1985年他因國科會獎助到美國研究，還曾特別彎到 Seattle 來我家探望我，我也招待他遊 Seattle 各處名勝，並介紹他參觀華盛頓大學。

最近一次，有一件誤會再度使我們翻臉，雖是小事，但很複雜，這要從大陸改革開放開始說起，二舅的最小兒子楊愛國跟我主動取得聯繫，不是我找來的，是他先寫信給我，他要求跟大伯父聯絡，我把問題看得太單純，而幫了這一個忙，但起初大舅也不反對這一件事，也樂意與親姪兒取得聯繫。但大舅母有過多聯想，不悅此事。1990年的夏天，我計劃首度去大陸，尚未成行，因我的行程是先赴美，然後再由美國飛往北京，大概母親多話，大舅叫台書傳話，要我至大舅家一趟，可能因為出發赴美前忙碌，也可能台書傳話太遲，就譬如我明天就要到美國了，今晚才得知你要我到你家來，我已不太記得確實的情況如何？總之，沒有去大舅家，這下他發飆了，母親去見他，他痛罵我，並云趙家皆非善類，母親也很生氣，起而與他爭辯，那是第一次母親生氣了，大舅說母親縱容我，並說不必叫雅書來了，因原先九月我返台之後，有去探視大舅的計劃，並向他報告大陸會親的經過，吵過架後母親也感到後悔，又去大舅家向他道歉，但舅母對母親極不禮貌。當年母親七十歲生日，我們三兄弟宴客，由台書正式送帖子到大舅家，但大舅拒絕收下帖子，台書說大舅可以不來參加，但務請收下帖子，結果不歡而散，大舅與我們家不再來往，有一次我在街上遇見大舅，我也拒絕跟他打招呼，但麟書有一次在中正紀念堂不期而遇見他，卻彼此打了招呼，台書也跟大舅不來往，但弟妹淑靜可以到他家，因她不是趙家人，楊珍平大學畢業時，我們曾送她禮物，她也收了，大舅與大舅母皆已老邁，這場誤會就這樣持續下來了，但我也決定不再跟大舅來往，人生無奈，有些事就是如此。

在三兄弟中，我跟大舅最無緣分，因從小我就不喜歡他。本來舅父是極親的人，但我的邏輯是甥舅關係是建立在母親的關係上，如果弟不認姐，則甥舅關係也就不存在了。我跟大舅所以弄到這種程度，多是誤會，只要當面解說，即可迎刃而解，但我們兩人都有心病，大舅不參加父親的喪禮，一直使我無法釋然，姐姐可以原諒弟弟，但做兒子的則不會忘記。當年順從母命，只是緩兵，並非真的和解！如果不談恩怨，大舅是正人君子，教書認真，他交的朋友也都彬彬有禮。

大舅寫的毛筆字不錯，家中存有他送給我的字。當年大舅九十歲，他的學生鄭三元，前新店市長及立法委員也是我的朋友，曾有意拉攏，但我斷然拒絕！我和舅舅兩人脾氣都不好，而且固執，應都傳承了遠祖楊漣的拗脾氣。

七、回憶親人(三)

母親的二弟名楊順年，為人開朗、溫和，能言善道，在上海時常來我家，我仍有印象，二舅一直居住上海，經營商業，二舅母姓陳，二舅年輕時即病故(2009年10月我赴上海，表妹愛華告訴我說二舅其實是被凌虐而死)，遺有三男一女，皆已長大成人，即愛誠、愛濤、愛國及愛華，1990年我經過上海時曾見過愛誠、愛華及她夫婿趙承榮還有他們的女兒(趙藝敏2009年曾來西雅圖華盛頓大學留學，我們相聚過一段時日)。母親有三個妹妹，二姨母楊香年，排行第三，次於母親及大舅，我對她沒有太多的印象，只看過照片，父親曾說過在母親的姊妹中她最聰明，她也管理楊家的糧行，應該是一位很能幹的女性。二姨父王旌德也是父親的好友，我一直呼為姨丈，他也是影響我最大的人之一。姨丈生於民國九年(1920)陰曆五月五日，他聰明及反應快，畢業於無錫國學專修館，他熟讀經、史、子、集，文章寫得很好，曾在興化縣中教過書，據他說姑母及姑父都被他教過，在縣中時都是他的學生，他一直也是祖母最喜歡的子姪輩，他叫祖母「趙大媽」，非常奉承祖母，但他是真心的尊敬祖母。1949年大陸撤守，他隨軍隊離開上海隻身來到台灣，二姨母卻仍留在大陸，這是一個悲劇，但在兵荒馬亂的逃難時代，也是常有及普通的事，後來他在台灣繼娶陳姨娘陳嫦妹，我一直稱呼為姨娘。姨丈再婚時，我們家已搬到台中，當消息傳來，母親及大舅均發飆，大罵姨丈，祖母及父親倒是認為無所謂，母親不准我再認這一個姨丈，當時我雖是小孩子，但已有自己的主見，我認為姨丈一直對我很好，他是個好人，我不覺得姨丈再娶有什麼不對，何況祖母及父親也不覺得姨丈有什麼罪大惡極！以後姨丈每來台中，祖母及父親仍待之若初，只是母親面有慍色。後來我漸漸長大之後，雖然諒解母親與大舅是基於手足之情，而反對姨丈再娶之事，但我不解的是，為何他們要強迫父親跟我也要與他們採取同一立場，不然就責備父親，我認為這是無理取鬧，尤其自60年代後，我們跟大陸間接通信，得知二姨母也早已改嫁，我認為姨丈更沒有責任了，故大舅不准我喊姨丈，不准我邀請姨丈夫婦來參加我的婚禮，且責備父親，我認為不但是無理取鬧，更使我極為反感，直到今日我仍不解大舅當年的思維邏輯。

1949年，姨丈初抵台北時，父親曾介紹他做家教，學生除了我之外，尚包含了父親朋友的小孩，因姨丈的教導，使我國文進步，能寫簡單的文章，我後來對文史有興趣的基礎，應該是姨丈所為我奠定的，相對於大舅而言，姨丈總是和顏悅色，經常買小禮物給我，在小時候大舅給我的感覺是「嚴厲」，而姨丈帶給我的則是「親和」。在我小學五年級的時候，父親曾經帶我到台北玩過一次，就是住在姨丈家，這是我第一次看到陳姨娘，她也對我非常親切、友善，我毫不猶豫地就叫她「姨娘」，從此我也把她當成真的姨母來看待。姨父是真有程度及本領的人，不會屈身太久，囊錐終必脫穎而出，但剛來台時確作了許多的雜事，譬如他曾為人算過命，道號「神韜子」，他熟研易經，用於卜卦，為人測禍福，生意也頗興隆，姨丈的最大長處是在於他的文筆流暢，精於為人繕改文稿，他最後走上為人幕僚的路子，也就是回到公務員這一行，擔任主官的秘書。當台北第一任民選市長高玉樹擊敗國民黨候選人王民寧，而出任市長時，姨丈就是任高市長的機要秘書，當時高對姨丈是言聽計從，獲得非常的信任，高是無黨派，而姨丈卻是國民黨員，在當時這真是奇怪的組合。之後，姨丈還升任台北市政府主任秘書，並曾代理過短時間的台北市市長，除任職在台北市政府外，還出任過國立台灣歷史博物館主任秘書等職務。

1957年的二月，父親到台北受訓，在2月20日（星期三）的備忘錄上曾這樣地寫：「中午乘對號快車，與原兄嫂同往台北，下榻小鶴（姨丈外號）處，晚餐後隨鶴兄嫂往新生大戲院，觀玫瑰夢，內容尚可，晚宿鶴兄處，暢談至一時始就寢。」2月21日（星期四）：「中午在小鶴處午餐。」父親與姨丈一直都是很親密的朋友，在父親去世時，姨丈不但親送至墓地，而且在父親三週年紀念時，我們兄弟上墳，姨丈也一同來了，父親生前相交滿天下，朋友極多，但故世後，姨丈是唯一來看過他墳的朋友。

我高三那一年，姨丈把台北志成補習班所出乙組考生的全部講義寄送給我一份，並不時寫信鼓勵我。放榜後，我考上臺灣大學歷史系，他立即來函歡迎我北上住他家。雖然我的大學四年都是住學校宿舍，但由於姨丈家就在臺灣大學的對面，所以我也一直把姨丈的家就當成我的家，常常在他家吃飯，飯後才回宿舍，他私下給我零用錢，我在他家開舞會，甚至我也常在他家請客，由姨娘下廚，我就像他家的大兒子，表弟妹們一律稱我哥哥，姨丈、姨娘對我的恩惠憫天罔極。我在臺大唸書期間，也經常參考他的藏書，我的讀書報告及學、碩士論文，在文辭修飾上都曾得到他的幫助，甚至我到臺大任教之後，還常前去請教。後來，他因離開台北市政府，而搬到永和，我卻因常去美國，他也常去大陸探親，才逐漸地不能常去他家請安，但是隔一段時日，我還是會去看他。1989年的夏季，姨丈、姨娘到美國東部探望表妹元宜時，還特別經過西雅圖，來我家小住，我除了盛情款待之外，並陪他們遊歷西雅圖附近名勝，姨丈、姨娘很隨和，甚至還參加我們舉辦的露營大會。

早期姨丈、姨娘並不信基督教，至少我來台北唸大學時，仍看不出他們有信教的跡象，父親曾向他們傳過教，但那不是他們信教的主因，姨娘家有一位親戚，我也跟表弟、妹喚她舅母，她是一位虔誠的基督徒，常來姨丈家，我想可能她的影響比較大，從此姨丈、姨娘改變人生觀，皈依基督教，熱心聚會，姨丈是羅斯福路台北基督教長老會信友堂的長老，並兼任國際基甸會北三支會會長，他潛心研讀聖經，1981年決志追求真理，入東方神學院攻讀神學、哲學，1985年，並在退休之後，獲亞細亞聯合神學院神學、哲學雙料博士學位，他以「聖經無錯誤論證」為論文題目，內容精闢、豐盛，姨丈的兢業奮發精神令人感佩，其後，姨丈又任教該神學院，繼續榮神益人，為信仰作見證。

1980年以後，兩岸開放探親，姨丈偕姨娘，終於回到興化，與元配二姨母見了面，根據我的瞭解，姨丈原有一筆錢要送給二姨母的，此事也經陳姨娘同意，但雙方見面之後，二姨母破口大罵姨丈，除了無法培養氣氛之外，根本言語無法交集，無法談問題，最後姨丈踉蹌而逃，再到姨娘的故鄉江西廬山去探親，姨丈與二姨母有一子名王建，他們父子相認，王建已結婚，夫婦陪同姨丈、姨娘到廬山，廬山之行比較愉快，姨娘的兄嫂親戚都很熱烈的歡迎與接待他們。姨丈這一次回興化不愉快的原因，是出於雙方觀念及想法的不同所致，二姨母原已與姚姓再婚，生有一子姚建，姚姓後來死亡，當時二姨母又再結婚，以當時的情況，只能婉言，不可吵架，這是大時代錯誤所促成的悲劇，已很難去究責了，因為時光不能倒流。以後姨丈回興化不只一次，就不再跟二姨母見面了。王建後來也來過台灣數次，我曾請他吃過飯，王建也曾探訪過母親，母親是他的嫡親大姨母。

姨丈不僅對我好，對我兒亦晨也很愛護，亦晨在台北工作時，他還給零用錢予亦晨花用。姨丈去世於1997年的九月六日，因老邁心肺衰竭而逝，享年七十八歲。當時我仍在美國，聽到訊息之後，隨即訂票趕回台北，參加九月二十日的追思禮拜，並至淡水基督教墓地，向姨丈行禮致最後之敬意。

母親的三妹杏年阿姨，四妹春年阿姨，都定居上海，春年阿姨跟我同年，月份上還比我小，當年，母親跟外婆差不多是同時懷孕。1990年的夏天，我在上海同時見到三姨母跟四姨母，三姨母已無家鄉口音，而是滿口上海話，四姨母則仍有家鄉口音，尚見到許多表弟妹們，以及再下一輩，在所有父族與母族的親戚中，我這一輩，我是最年長者。

2012年我偕葳到上海，再見春年小姨母，同時還有表妹顧谷、顧青，我請他們在蘇浙匯吃飯，葳也是初次見到春年姨母。二舅的外孫女趙藝敏後移居西雅圖，她在波音銀行上班，非常優秀、能幹，我們來往密切。

表弟王台貝是姨丈的小兒子，事業有成，常住上海，為紀念他們的父母，在安徽廣德縣的山區購地建一莊園名「旌嫦莊園」，遍植果木，是以姨丈王旌德的「旌」和姨娘陳嫦妹的「嫦」為名的。2018年四月末，我偕葳應台貝之約，前去「旌嫦莊園」住了兩天，追思姨丈、姨娘恩遇，感懷良久！

八、回憶大學時代

1960年的暑假，我參加大專聯考，我還記得我的考場是在台中女中，經過了高三這一年不斷的努力與衝刺，我已感到稍微有一點把握，只是不知會考到那一所學校而已，為了鎮定考試心情，我要求家裏的人不要來陪考，也就是不希望父親來考場看我，父親也答應了，因我沒有手錶，父親將他的手錶借給我戴。似乎是七月一、二日，一共考了兩天，我自忖考得尚可，但在考完之後也不敢大意，每天仍至家附近農場看書，因萬一考不上時，就要準備來年重考，還得擔心要去當兵，那時還弄不清楚，以為十八、九歲就要被徵調入營服兵役，若考上大學則可以緩召入營。一個多月後終於放榜了，我們住台中，看不到正榜，只能當晚聽收音機播報，我不願聽榜，故跑出去玩，入夜後回家，父親告訴我考上臺灣大學歷史系了，我並不太感到意外，但還是興奮得當晚一夜不能入眠，當然父親及全家也都很高興，鄰居們也都來恭喜道賀，第二天，我再看報紙榜，確定自己的名字在上面，才完全放下心來，這個大專聯考實在是影響我一生最重要的考試。

準備要到台北唸書了，首先必須治裝，高中時代我都是穿球鞋以及黃卡嘰布的褲子，現在要唸大學，父親為我買了新皮鞋及西裝衣褲等，他親自陪我到台北來，當然下榻姨丈家，父親又為我買了一部新腳踏車。我考進臺大，他認為是一件極有面子的事，帶我遍訪他的長官及朋友，我還記得到過安東街季源溥先生家，季先生是老調查局長，當時是內政部次長，在季家我也自覺談吐得宜，並未給父親丟臉，只是看了太多的人，覺得非常疲累，等父親回台中之後，我才感覺如釋重擔。開學前有一天我買了一份當時台北市的地圖，騎著腳踏車繞台北市逛了一圈，台北是我舊居之地，小學五年級時還來過一次，如今是又隔七年了，我首先到東門國小去看了一下，雖經歷1949到1960這一段時間，但東門國小似乎改變不大。當時的台北市內還有很多的稻田，基隆河仍是舊河道，只有中山北路是一條與現在依稀相近的大道，羅斯福路剛拓寬完成，新生南路則是瑠公圳在中央，兩旁是兩條大道，一去一回的單行道。最後逛到師範大學時，巧遇小學同學袁國俊，袁是我在台中篤行國民小學的同學，初中時一同考上台中二中，他在初二時轉到台南唸書，這次重逢使得彼此都感欣喜萬分。這一次騎腳踏車逛台北的記憶深銘我心，直到今日我仍念念不忘！

在正式開學之前，有一場新生訓練，地點是在信義路跟新生南路交叉口的國際學舍，當時有一位胖同學坐在我旁邊，他自我介紹姓名闕至正，我們聊得滿投機的，他唸考古人類學系，這是我進臺大後所認識的第一個朋友。在新生訓練上，還談不到認識本系的新同學，倒是先認識老師，校長錢思亮率三長都來了，當時教務長是張彝尊，訓導長是劉發瑄，總務長是查良釗，各院院長只到了一部份，我印象深刻的是法學院院長施建生老師，他是有名的經濟學者，後來曾跟我是同住長興街的鄰居，那時他已八十多歲，我們經常聊天。接著便是認識臺大，以及一些註冊前要做的事。

正式上課後我很快便發現大學與中學時代有顯著的不同，大學是學分制，分班上課，你根本很難弄清楚誰是你的同班同學，不過大一時，多是必修課，我記得只有中國通史，才是我們大一歷史系共同聚在一起上的課，像西洋通史、地學通論、考古人類學導論等都是跟文學院其他系合班的課，至於英文、國文是按入學分數分班的。在大一的課中跟歷史系有直接關係的，只有中國通史及西洋通史這兩門課，我很快就發現跟中學所學的本國史、外國史不太一樣，中國通史由夏德儀老師教授，一口蘇北口音，敘事清晰，使我大開耳界，西洋通史是高亞偉老師擔任，講解也甚精采。我的大一國文是由陳恩綺老師擔任，陳老師是屈萬里先生的學生，當時剛從臺大中文研究所畢業，她教得很好，我們大一上是唸史記，大一下則唸左傳，我開始有系統地讀史記與左傳這兩部書，便是從這一個時候開始的，1980年，我到西雅圖的 University of Washington 擔任訪問教授時，再度跟陳老師在西雅圖見面，她的夫婿華盛頓大學教授 Dr. Jerry Norman，也是葳在華大唸書時的指導教授。

大一時，我申請到第七宿舍，在距離學校很遠的山邊，當年傅斯年校長，蓋了兩棟木造的學生宿舍，這就是第七、第八宿舍，專供大一的學生居住，為何離學校這麼遠的地方來蓋兩棟學生宿舍呢？有一種說法是，駐軍想徵借臺大的校地，空地上蓋了房子，就可以推搪了，同樣臺大校門口的臨時教室也是這麼蓋起來的。當時是八個人住一間房，床分上下舖，每個人均有書桌及書架，不過除了晚上睡覺時，大家多數時間都是在上課，或是在學校的圖書館內，我比別人還多一個地方，那便是臺大門口的姨丈家，我的主要交通工具便是一部腳踏車。那個時候的物價不是今天所能想像的，坐一次公車學生票僅需四角，吃一頓飯約台幣兩元至三元，僑生宿舍餐廳五元就可以吃到有肉有蛋的炒菜，六元就可以到校外去點客飯了，一元可以吃到一碗陽春麵，曾有一位同學用台幣兩百元撐了四十三天。當時尚無計程車及電視機，只有三輪車及收音機，計程車及電視機要到我大二時才出現，我經常身懷十元紙幣，逛了一趟街之後，錢還未用完。第七宿舍造得並不十分堅固，每遇大風、大雨後，常需修繕，記得有一年有一個大颱風名「波蜜辣」(一個女性的名字)，幾乎刮掉半個第七宿舍，那一次驚險的風雨之夜，至今我仍無法忘懷，而這一個宿舍我竟然住了兩年。大一時還做了一件傻事，就是那一年(1960)雙十節國慶日，我去看閱兵，由前一天的報紙所載，我知道當天總統府前的廣場，實施管制，我清晨三點起床，然後從姨丈家沿羅斯福路步行至總統府前廣場，因清晨五點開始就不許人進入廣場了，我在閱兵台正對面佔了一個好位子，憋尿五個多小時，閱兵開始，見到蔣介石全副戎裝站在閱兵台上，在那一個時候，我真是以看到他為榮，以他為神！只是憋尿實在忍不下去了，閱兵看完分列式之後，我只有擠出人群，先跑到新公園廁所去，於今思之，那一天是做了傻事，次年（1961）有電視了，從此就在電視上看閱兵了，人在十九歲，有些想法總是天真的。

臺大的學風是自由的，我也嚐到了無人管的樂趣，除了份內的唸書事宜之外，大學的校園生活是充實與進取的，我記得我首先就參加了BTU 橋牌社，那時高手雲集，像黃光明、黃光輝兄弟，鄭焜仁等都是國手級的人物，不久我又學會了打撞球，當時大學生流行打撞球，臺大的門口開了許多家撞球店，每一小時台幣十二元，由最輸的人付賬，初學的人輸面較多，謂之付學費，後來技術進步了，就付錢機會少了，學生耳朵長，不久聽說公館的軍營裏福利社較便宜，一個小時才六元，今日臺大到公館數步路就到了，但那時我們還懶得走路，而是跳搭小火車，這樣免費，不久又發現新店溪對岸永和大陳人的聚落，有四元一個小時的撞球台，於是花五角錢連腳踏車帶人，一起坐渡船過去，學生相當會撿便宜。另外還有兩個活動，就是登山健行與划船，通常是冬天多登山，最常去的便是陽明山，夏天划船則常去碧潭。大學生與中學生不同的還有一個新經驗，那便是跳交際舞，每年有兩個高峰，一在12月25日聖誕節前後，多是家庭舞會，另一是夏季打著畢業舞會的招牌，多是租借比較大的場地，人數也較多的畢業舞會，那時候有很多人認為參加舞會不正經，其實這是錯誤的觀念，因為跳舞不完全是為了玩，也是一種社交訓練及生活教育，紳士與淑女翩翩起舞，這是美事，當然後來有一些朋友，沉溺於跳舞，甚至跑舞廳，那又是另外一回事了。

台灣雖然不大，但我居台中十年期間，彰化是近在咫尺，但我從未去過，而台中以北，也只有豐原、后里、新竹等幾個點而已，進了大學之後，當然應到處走一走，利用寒、暑假期間，我的確是台灣南、北走了不少的地方，我印象中比較深刻的是，我去過宜蘭、羅東、礁溪等地，當時有一位好朋友名羅明德，大一唸歷史系，大二轉外文系，家住羅東，我到他家去住了約一個禮拜，羅家很大，他還另外約了一些他的朋友也到他家去玩，我們上山下海，去了不少地方，我還記得有五層瀑布的五峰旗瀑布。還有一次台北的同學結伴南下遊台南、高雄、屏東等地，台南是一個古城，歷史文物甚多，我還記得騎腳踏車，沿著運河到安平探古，三百多年前，安平猶是小島，如今滄海桑田，小島已與陸地相連，歷史系同學中有不少出身於台南一中及台南女中，他們都盛情款待我們這些台北客。好友辛意明大一歷史系，大二外文系，請我們到台南夜市場小吃，我還到她家見她的母親杜孃孃，一位了不起及傳奇性的女性，她是女飛官，任職華航公司，還有辛意雲那時還在唸高中，但已滿腹經綸，談吐不凡了。又有一次是到阿里山，我是跟外文系的劉寧、張博志、李瑞祥以及機械系的林宗文一同偕行，我們為了省錢，坐老火車頭拉的火車上山，弄了十幾個鐘頭才到達山上，這些旅行的確帶來了無窮的樂趣及回憶。

聽名人演講，也是新奇的經驗，在大一時我聽第一場印象深刻的演講，便是聽當時農復會主任委員蔣夢麟先生的演講，中學時已看過他的「西潮」，這是一本我對中國近代入門的書，父親對他非常崇敬，他當時講的題目是有關中國歷史上的土地改革，內容平平，無法有讀他「西潮」一書時的感覺，我確實有一點失望。第二場是謝冰瑩，她是師大教授，我們中學時唸了她很多篇的文章，當時我很佩服她，看到海報貼出她來臺大演講，我非常興奮，不過後來她寫文章罵另一位女作家郭良蕙，因用詞尖酸，理也不怎麼直，我頗不以為然，漸漸對謝冰瑩失望。不過，我對演講還是很有興趣，只要是有時間，總是儘量會去聽的，第一次認識沈剛伯老師，不是在課堂上，而是在專題演講會上，他剛訪問韓國歸來我終於見識到剛伯老師學識淵博，出口成章，妙語如珠的功力了。

大二選課是一種自由學習的開始，那時臺大歷史系是名師輩出，很多都是大陸撤守前各名校的教授，文學院院長沈剛伯老師是原中央大學教授，後來我修習他的希臘、羅馬史，系主任劉崇鋐老師是原清華大學教授，也做過臺大教務長，後來我修習他的西洋近古史，姚從吾老師是原河南大學校長，後來我修習他的遼金元史、史學方法等，方豪老師是原北平輔仁大學教授及上海復旦大學歷史系系主任，後來我修習他的宋史、中西交通史等，其他夏德儀、勞幹、徐子明、張貴永等老師，無一不是望重士林，碩學之士。我在大學時，原本興趣是在中國近、現代史方面，當時是由吳相湘老師教授中國近代史及現代史，他講解精采，尤其是他教導我們如何研讀史料，我原有意跟吳老師繼續唸下去的，我在大四時特別選修學士論文，當時論文已非大學必修，我之所以選修論文，是出於繼續想唸歷史研究所的考量，為了寫這一篇論文，在吳老師的指導之下，先開始讀清實錄及東華錄這兩部史料型的書，我的學士論文題目是「清末楊乃武與小白菜一案的研究」，此文章後來發表於春秋雜誌，約有三、四萬字，我有往清代法制史的方向走。吳老師是當時治中國近、現代史的權威，有一次，他還請到哈佛大學教授研究中國近代史泰斗的費正清，來歷史系演講，我當時也在場。後來吳老師出了一件事，原委是這樣的：吳老師那時為當局所重視，當時中國國民黨經營的正中書局，請吳老師出任總編輯，吳老師又為文星書店編了一套中國近、現代史叢書，其實這是舊書重印，他的目的是方便青年學子讀書，當時我們讀書極不方便，譬如大清實錄及東華錄，整個臺大只有一部，我們必須分別排隊看，那時候風氣未開，不像今日史料多已流布及翻刻。我記得有一本署名謝彬的「民國政黨史」，大概是民國初年的作品，吳老師可能未及詳校，就收入了叢書內，問題出在中國共產黨的領導人條目下，赫然寫著蔣中正是領導人之一，這本是民國初年的觀點，未必正確，但這種疏忽在60年代是大罪，當時有一個常讀書但喜好管閒事的立法委員名胡秋原，立即在立法院糾舉此事，蔣介石聞之大怒，其實誤會了吳老師，是謝彬說當年蔣中正是共產黨的領導人之一，這話不是吳老師說的，結果城門失火，池魚遭殃。這一件事使吳老師惹上不少麻煩，一年後又因系主任余又蓀被摩托撞死之事，被人誤會，吳老師終於辭職離開臺大，此事對我的影響，便是雖然仍對中國近、現代史感到興趣，但卻逐漸地視為畏途了。

大四時，有兩位年輕的老師，對我也深有影響，一位是許倬雲先生，我修習他的「中國上古史」，許先生早年自臺大歷史系畢業，赴美在芝加哥大學取得 Ph.D. 學位，受剛伯老師知遇，返回臺大母校系裏執教擔任副教授，許先生在美國專門擔任指導學生寫博士論文，著有盛名，他帶回來了很多新的觀念及方法，我必須承認受到影響，他的課是我開始認真學習的一門課。許先生那時還是單身，他跟班上的同學處得很好，那一年我們大四，曾到宜蘭頭城畢業旅行，全班到海邊住了一夜，許先生雖然身體不便，但全程參加了我們的畢業旅行，一路上師生聊天愉快，他談了很多在美國的趣事，都是我聞所未聞；另一位孫啟瑞先生，他是韓國華僑，畢業於漢城大學，曾留學東京大學，也是受知於剛伯老師，受邀來臺大擔任韓國史、韓文課程，孫先生比較外向，跟許先生的個性稍有不同，但熱誠、坦率，我修習他的「韓國史」，我必須說孫先生的個性比較勁爆，我們的談話幾乎沒有師生的距離，我從他的身上也學了很多的東西。

我唸臺灣大學正是1960年到1964年這一段期間，1960年大陸發生「百年來所未見」的天災，有農田九億畝被災，億萬人陷於飢饉，80年以後我在美國遇見「河殤」作者蘇曉康時，他曾告訴我60年代的那一場飢荒，一年就餓死了八千萬人，幾乎是八年抗戰死亡人數的三、四倍。1962年2月24日胡適逝世，他是在一場演講之際，心臟病突發而去世的，由於那一場演講話還沒有講清楚，所以胡適逝世後，學界還引發了一場中西文化孰重的論戰。當時文星雜誌是論戰的場地，崛起了一位文界年輕的彗星李敖，他力主中國該全盤西化，並認為這也是胡適的主張，當時他的主要對手胡秋原是主張超越前進的，李敖的文章犀利，胡秋原竟寫文章開始攻擊臺大，李則乾脆一不作二不休，利用黨史會的資料，說胡年輕時曾參加閩變，是叛國行為，胡則認為李寫不出這樣的文章，是陶希聖與吳相湘提供的資料，其實胡看輕了李，而事實真相也不是這樣的。中西文化大論戰，並無明顯的勝利者，但開啟了年輕人的思想，引進不少新觀念，也引發了當時保守國民黨一些頭痛問題，甚至導致文星雜誌被禁，文星書店被迫關門。胡適出殯的那一天，因老師姚從吾（胡適的學生）約我們一些學生去幫忙，我跟幾位同學在告別式門口做招待，那時陳誠是副總統，他親來弔祭胡適，他經過門口跟我們握手，我還記得他個子矮小，當時已滿頭白髮，但臉色紅潤，精神奕奕。1964年，香港邵氏電影公司拍了一部黃梅調電影「梁山伯與祝英台」，意外的這一部電影竟轟動全台灣，當反串演梁山伯的影星凌波自香港抵達台北時，台北萬人空巷地歡迎她，香港人完全不解，竟謂台北變成了狂人城，不少人五遍、十遍，甚至二十遍地看過這部電影，說來很可笑，以今日的眼光看來，這還不能算是一部電影，頂多是拍了一部地方戲劇而已，人們之所以如此瘋狂，或跟那一個時代是一個壓抑時代有關，人們欠缺一份「真」，凌波與樂蒂雙雙演出精采，不少人都迷上了凌波的反串角色，其實這不太正常，有人看此電影三、四十遍，為的就是迷上了凌波，不過也有例外，當時我的歷史系同班同學江金太（現擔任政治大學教授），聽說他看了二十幾遍，目的是看女主角樂蒂，他被她迷上了。1963年11月22日，美國總統甘迺迪在德州達拉斯遇刺身亡，我在宿舍由早報看到此消息，心中震驚，我還記得前一年（1962）10月22日那一天因蘇俄在古巴安置載有核彈頭的飛彈，甘迺迪命令海軍封鎖古巴，堅決要求蘇俄立即撤走飛彈，並照會赫魯雪夫，任何來自古巴對美國的攻擊，都將被視為來自蘇俄的攻擊，將觸發對俄國腹地的核報復，整整一個禮拜，不僅是美國人，我們也跟世界其他人一樣，提心吊膽地注視局勢地發展，有一些同學甚至於想躲到深山裏面去，這一場甘迺迪眼珠對赫魯雪夫眼珠的較量，直到10月28日，赫魯雪夫自找台階，表示願意撤走布置在古巴的飛彈，才告一段落，我也喘了一口大氣，而前一天10月27日的晚上，我參加了臺大法學院由好友沈烈昌所主持的舞會，我曾開玩笑地自謂，這是大家人生的最後一場舞會了。所幸核戰沒有爆發，這是20世紀人類的最大成就，我希望永遠不會有核戰，甘迺迪的被刺，固是疑雲重重，我們當時就不太相信官方的說法。

我在山邊的第七宿舍，住了兩年，就搬到了新生南路的第十二宿舍，這是鋼筋水泥的二樓建築，從此不虞颱風，交通方便，設備新穎，冬天宿舍有熱水澡，上課時越過一個操場即是普通教室，我很滿意這個居住環境，住房也是八個人一間，十二宿舍多僑生，我住一樓，房間內六個僑生，都是來自沙勞越，講福州話，這是一種非常難懂的方言，我跟他們住了兩年，依然聽不懂及不會講，我跟同寢室的室友們都處得很好，在那一個時候僑生的經濟情況較本地生為佳，宿舍外新生南路邊旁入夜都是攤販雲集，晚飯及宵夜都很方便，但的確有礙觀瞻，在我唸研究所之後，這些攤販都被移除，現在新生南路有一家蠻有名的粵菜館「大聲公」，當年即是攤販。

因我住台中時，是在衛理公會聚會，所以剛到台北時，仍舊在新生南路跟濟南路交叉口的台北衛禮堂聚會，牧師是美國人聶樹德，是一個長者及好人，但我覺得他的證道，對於年輕人缺乏力量，不久我就改到同安街的證道堂聚會，原因有二，一是因台北同安街教會跟台中思恩堂有點關系，當時沈保羅牧師主領此堂；二是十二宿舍的僑生室友也在此堂。有一次偶然機會，到天母沈師母所辦的一所孤兒院去參加一場青年聚會，沈師母跟我們說，來講道的是一位很特別的傳道人，說他講道跟一般傳道人不太一樣，叫我們仔細聽一聽，我記得我當時是坐在第一排，傳道人的個子瘦長，皮膚白皙，身穿短袖香港衫，一頭烏黑亮麗的黑髮，口操標準國語，態度文質彬彬。他自我介紹姓名寇世遠，我已記不得他當時的講題，只覺得條理分明，像大學教授在講課，除了引聖經的話，他也引了很多中國古籍的經典之言，我覺得精采極了，事後有人告訴我說他在靈糧堂證道，在大學生中是當紅的講道人，但當時我作夢也沒有想到後來我竟成為他的女婿。由於很欣賞他的講道方式，事後我聽過他很多次的講道，尤其是為大學生的特別佈道。不過我不是一個虔誠的基督徒，蒙恩不夠，感悟尚差一截，我沒有常去靈糧堂，沒有向寇牧師作繼續之交通與請益，而基督徒是要藉不斷的交通與請益，才能達成靈性之增長。

在大學時代，我尚交了幾位外籍人士朋友，第一位是薛瑞敦教授，他用英文寫過一本書「馮玉祥將軍傳」，他是美國人，當時任教美國西北大學，他來臺大作訪問研究，由於不能順暢地閱讀中文資料，我擔任幫忙的角色，我跟他相處約有一年，也學到不少的東西，彼此相處愉快；第二位是日本人吉田重信，他畢業於東京大學，當時已是日本的外交官，那一個時候日本外務省有一個不成文的規矩，就是新考上的外交官，如果是管中國業務的，大致會送來臺灣大學一至兩年，除研習中國歷史及語文之外，也有在台灣實習的意味，我記得吉田擁有一部白色小轎車，以及一臺大的錄音機，這是當時罕見的裝備，吉田為人隨和，不小氣常把他的裝備跟我們分享，他有一次開汽車南下台中來看我，共遊台中，還看了一場日本電影，我已忘記片名，似乎是文藝片，女主角是岩下志麻，他還為我講解。大概在他離開臺大二十年之後，意外的，我們在東京重逢，當時我已是臺大歷史系教授，而他也是日本外務省分析科科長，他請我吃飯，我們用日語聊天，他感到很驚訝，我們少年相交時，我尚不會說日語，彼此是用中文來聊天，如今真是二十年河東、河西了；第三位是韓國人尹源鎬，此公在臺大第九宿舍是出名的，喜飲酒，每醉必要去打日本人，他常說第一流的男人該走在前面，而女人該跟在後面，雖然他的笑話不少，但他對我不錯。他在全州大學唸商科畢業，是弄經濟史，我們大四時認識，但唸研究所時，彼此互動密切，他後來擔任韓國全北大學的教授。

學歷史的人必須依賴大量書籍，我從大學時開始購書庋藏，迄今未嘗停止，最高紀錄我曾擁書萬冊以上，坐擁書城雖是樂事，但搬家時卻是苦事。最大的一次搬動是我從臺大退休時，我丟了不少書，或捐贈、或送人，我只選擇了常用歷史書數千冊，用貨櫃運至美國。我大一唸歷史系，有兩本啟萌書，一本是清趙翼《廿二史箚記》，另一本則是錢穆《國史大綱》，都是我親自購買，在我教書生涯中，一直也都是開給學生規定必須讀的書。2012年我去常州，還特別造訪趙翼故居，我對這一位趙氏史學家存有特別的感覺。

九、我的母親

我的母親名諱是楊琴年，生於民國十年（1921）十一月十六日，據母親說她的祖父也是有舉人身分的讀書人，她的祖母是趙家的姑奶奶，是我的高叔祖父趙銘傳的妹妹，名趙禎三，趙銘傳做過浙江青田縣縣長，曾帶我祖父趙孔吉上任擔任幕僚。趙孔吉是趙銘傳的姪孫，後來高叔祖父在上海病故，還是祖父料理其善後。趙禎三是新式婦女，曾到上海唸過書，中學是上海一所貴族女子中學啟秀女中畢業，母親說她曾留日參加過同盟會，是一個老國民黨員，裹過小腳，但後來放大，這位老高姑祖母一生的的事蹟，恐怕也是蠻傳奇性的，猶待考證。趙禎三嫁外曾祖父（母親的爺爺），但他們沒有小孩，據母親說他們是長房，尚有二爹爹、五爹爹、六爹爹等三兄弟，五爹爹有兩個兒子，二爹爹收養了一個女兒，六爹爹收養一個兒子是外姓人，他們長房必須在同宗堂兄弟的子姪輩中選擇方可，趙禎三很喜歡一個本家楊姓小孩，那就是母親的父親，我的外公楊少卿，外公也本姓楊，於是被趙禎三收養為子。母親只唸到小學畢業，但能識字看書，並能書寫，那時重男輕女，外公沒有讓母親繼續唸書，留在家中學針黹、做衣服，所以母親針線縫紉是一把好手，趙禎三很喜歡母親，他希望母親能嫁到趙家做媳婦，他看中了趙孔吉的兒子，也就是父親，本來在輩份上祖父已是趙貞三的孫輩，而父親更是曾孫輩，所以母親要比父親高一輩，但趙貞三是一個有新觀念的女性，不在乎這些事，祖父被高叔祖父趙銘傳重用，猶如子姪輩，而父親又比母親大兩歲，所以這門親事，就在趙禎三做主下決定了。

母親與父親雖訂親，但未訂迎娶日子，1940年10月21日，曾祖父突然病故，因祖父早逝，父親是由曾祖父一手帶大，父親以承重孫身分守孝，依照家鄉風俗，必須馬上完婚，否則須待三年後，名為沖喜，於是父親與母親馬上成婚，據母親說時值抗戰，他們大部分時間都住在鄉下，躲避日本人，偶而日本人撤出興化縣城時，他們才敢回家，母親對於日本人的印象很壞。1984年的秋天，我帶母親自美經東京返台，因所搭的美國西北航空公司，出發誤點，必須在成田機場停一晚，由航空公司安排在機場旁的旅館住宿一晚，所以意外地有一次機會，我帶母親遊了一趟東京，因次日的晚上飛機才起飛，我們清早到東京去，逛了一整個白天，母親才稍微改變了對日本人的印象，她說那時的日本人不似今日的日本人。

母親一共生過四個孩子，我是老大；1944年冬生妹妹欣欣，云是父親當時心情快慰而得名，但這個妹妹只活了兩歲，在揚州突患肺炎、急性腸炎合併症，於1946年六月二十日不治病故，父親對這個日子記得非常清楚，直到他暮年時，仍在追憶及懷念這一個女兒；1948年11月27日生二弟麟書，麟書生於上海中美醫院，甫滿月襁褓時，即隨家人來台，兩歲時在台中因家人疏於照顧，他爬行至廚房，打翻了一壺熱水，雙腳嚴重燙傷，倘使再上來數吋，可能雙腳報廢，甚至生命都有問題，我還記得麟書雙腳裹紗布，療傷甚久；1951年1月5日再生三弟台書，我還記得是台中李攀五醫師的私人診所，我們三兄弟的生日都是用陰曆紀錄的。台書屬兔，正月初五又是世俗所傳財神爺的生日，祖母常謂台書是財神轉世。

母親個性較固執，這是父親曾對我說過的話，據母親告訴我，我小時候在上海時，曾用上海話對母親說：「媽媽卡笨啦！」記憶中母親與祖母常有爭執，都居下風，父親的處境最為艱難，祖母固然有一點不講理，但母親的個性也不知轉彎，不過父親常安慰母親說：「你老運好！」的確父親說過在命相上母親長壽，且有老福，我曾讓母親去過美國三次，兩岸開放後，母親又回過大陸家鄉興化及上海一次，如果這是福氣的話，祖母及父親皆不如她。在母親尚年輕時，父親跟我曾教她學騎腳踏車，雖然練習長久，但終歸學不成。不過祖母晚年時，都是母親在孝心侍候，當時祖母已神智不清，經常對母親口出穢言，甚至打罵，但母親都不與計較。祖母於86歲病逝臺大醫院後，母親曾有一陣子內心感不安，問我說是否她不孝？是否她侍候祖母不周到？我答以：「你很周到，你已盡力，祖母確是到了天年。」母親方才心安。

母親年輕時，偶而寫毛筆字，她練柳公權的玄秘塔碑帖及楊雨生的小楷帖，後來都被我接收了，小時候我也曾學母親一樣地練字，父親離家時，母親都是以祖母的口氣跟父親通信，母親讀聖經時，都記筆記，家中存有數本，字跡秀麗，都是用正楷書寫。我唸高中時，看她跟祖母嘔氣，心情不愉快，於是帶她去教會，沒有想到她變成一位虔誠的基督教徒，的確宗教的信仰，改變了母親對於人生的看法，不再自怨自艾。母親從來沒有外出做過事，都是做家庭主婦，故長於做菜，她做的揚州獅子頭、攤餅、海蛋、包子等都不輸一般館子店，我長於做滷菜，其實還是跟母親學的，直到她年齡大了，這才遠離廚房的。

母親與父親的感情，基本上是融洽的，記憶中似乎沒有看過母親跟父親爭吵，父親事奉祖母至孝，每當母親與祖母有勃谿，父親雖幫祖母講話，但母親怨祖母，而不怨父親。我看父親的備忘錄中，曾多次提到祖母及我們這些孩子，但很少提到母親，1957年3月9日他由台北返台中，見到母親時，曾提了一句話說：「琴年身體甚健。」1948年我們仍住上海時，他帶母親及我三個人赴杭州旅行，遊覽西湖，我的記憶中仍歷歷在目。1957年，他帶母親、麟書送大舅赴美，而來台北，並帶母親及麟書遊台北圓山動物園。基本上母親的思想較舊式，不願參與父親的社交活動，甚至於去教會做禮拜時，兩個人分別參加不同的教會。父親說話詼諧，每當母親心中有氣時，父親均能使之破涕為笑，父親也常開母親的玩笑，說她脾氣太「整」，意思是說固執與倔強。

我結婚後，兩個孩子亦晨與亦曼，都是母親幫忙帶大的，因葳要上班，我要上課。亦晨最有福氣，當時父親仍健在，祖母、父親、母親三個人一同調理小孩，大體上祖母發號施令，父親在旁監視，母親帶著亦晨，稍有疏失，祖母即加以責備，所以母親甚為吃力，尤以小孩不吃飯，必須跟著餵食，而小孩跳跳蹦蹦，大人也要跟著跑。至於小曼成長時，情形差不多，只是父親已不在，祖母依舊督促著母親，故而母親分外吃力。父親去世後，母親在信仰上更加虔誠，每週日必去台北基督之家作禮拜，又要侍候年老的祖母，真是辛勞備至。在祖母去世之後，我曾三度帶母親赴西雅圖小住，帶她遊遍西雅圖，又開車帶她遊歷 Washington、Oregon、California 等州，開車帶她南下加州時，曾帶她看過當年大舅所唸過的 OSU。在加州，先到舊金山拜訪岳父母，又到洛杉磯、聖地牙哥，再15號公路赴賭城拉斯維加斯，途中汽車爆胎，沙漠氣溫高達攝氏40度，我們均傻了眼，不知所措，只有母親長跪路邊禱告上帝，十分鐘不到，來了一部汽車，是由台灣出來的洪先生駕駛，他是一個人開車，準備到亞利桑那州收房租，看到路邊有老小五個中國人的模樣，他的車本已開過去了，於是再倒頭退回，先用英語問我們，得知我們來自台灣，於是請我們上車，車子冷氣很強，又有包子、可樂，這位洪先生並不停地為我們打氣，說是在沙漠爆胎，這是常事，不可掃了遊興，應到賭城好好地玩一下，他甚至熱心地邀請我們到亞利桑那州玩，可以免費住他經營的 Motel。最後洪先生把我們送至下一個大站 Barstew，我把家小他們安置在 McDonald's 的冷氣房內，打電話給 AAA 叫拖車，把爆胎的汽車拖至 Barstew 換胎，當我帶著 AAA 的拖車到達爆胎地點時，看到警車在我們汽車上所留的紙條子，已距爆胎時一個小時以上，換一句話說，倘使沒有洪先生出現的話，我們必須在沙漠的烈陽下，再多待上一個小時，屆時可能會出現那一種狀況，我都不敢去想了。直到今日，我仍常感念那一位見義勇為，救我們脫離困境的洪先生，不過那一次母親的禱告最為重要，因為上帝特遣祂的使者來救我們。

母親於1990年9月底，由麟書陪同，曾赴大陸探親，她在上海跟三姨、四姨會面，曾相擁痛哭，一旁有日本觀光客也甚為感動，相詢她們是姊妹？所有下一代的孩子們也都見到，然後坐汽車回興化，坐了約

16個小時才到達，她去過楊家老宅，也回過趙家老宅，與二姨見了面，也見了二姨所生的另一個孩子姚健，還有姑母的孩子基真與基蘭，也帶著再下一代孩子來見母親。其後，母親又來過一次西雅圖，她的身體已明顯地衰退，因台書陪她來美，一路上頻上廁所，母親在西雅圖住了一個多月之後，我帶她返回台北。由於我經常不在家，加之住學校宿舍四樓無電梯，故母親改住台書家，因他們家有電梯，但白天均上班、上學，乏人照顧，有一次母親在家煮食，忘了關瓦斯爐，差點釀成災難，我們決定必須讓母親白天住在有照顧的環境，正好岳母介紹，乃於白天送母親至耕莘醫院託老所與岳母同在一個病房。起初母親還不太願意去，但後來發現那兒環境不錯，有護士照應，每天有中餐及上、下午兩頓點心，都頗營養，反而變得喜歡到託老所，人不能離群，母親在託老所也交到不少的新朋友，人會衰老，皆不能免，託老所也僅是暫時解決燃眉之急罷了。亦晨有一年去台北，事先未通知，去探望母親及岳母，帶給了母親極大的意外與欣喜！在母親的心中亦晨永遠是排名第一。

母親是一個虔誠的基督教徒，這本是一件好事，問題出在事過猶不及，二弟麟書告訴我，她平均每年奉獻給教會至少台幣六萬元以上（這還是有收據的錢），當然教會說奉獻得多，上帝賞賜的也多。我們給她的零用錢有一半以上都奉獻了，她很節省，常坐公車，但皮包卻常被小偷打開，零錢都去孝敬賊先生了，我屢次建議她改坐計程車，總算是後來因行動不便，想通了，終於改坐計程車了。她熱心傳教，在馬太福音中，耶穌給基督徒的最後一道命令便是：「所以你們要去，使萬民作我的門徒。」母親常打電話跟人傳教，但很少聽過有成功的例子，曾有朋友打電話給我們，請母親不要再騷擾她們，語氣頗不客氣，但我們兄弟也無可奈何。母親本不善言辭，在經常參加教會的活動之後，也變得能言善道，在家庭禮拜講見證時，她能引經據典地侃侃而談，曾令我大吃一驚，母親激發出她的潛能來，我常想母親不是真笨，如果她也曾受過完整的教育，或許她在某些專科方面，也會有傑出的表現。以前父親常說母親的脾氣「整」，用我們興化家鄉話來解釋「整」字，確有固執及不妥協的涵義，但我覺得母親或不至於如此嚴重，祖母與母親的脾氣同樣倔強，但祖母不太講理，而母親可以用理來跟她溝通，她的問題是出在「鑽牛角尖」，母親的思維方式有問題。父親極喜歡小孩子，而母親的表現卻是一副無所謂的樣子，母親當然也愛台書的小孩亦玉、亦文，愛麟書的小孩加加及已逝去的亦強，但表現方式錯誤，小孩反而跟她疏遠而不親，常常畫虎不成反類犬，有點為德不卒。母親後來已逾八十，不愁穿吃，是符合父親所說的「老運亨通」了，母親比祖母晚年時活得舒服多了，祖母小腳，常年住在樓上，不能下樓走動，而母親每週均能出去作禮拜，也能跟朋友打電話聊天，並有足夠的零用錢，除了三個兒子外，也有兩個孫女承歡膝下，在國外的媳婦及孫兒、女，也會不時打電話問候她，知足常樂。母親唯一的缺憾，或許是她該有一個女兒，可能更勝過三個媳婦，問題是上帝給過她了，最後卻沒能留住。

母親晚年行動較為不便，身體經常疼痛，從頭到腳都有毛病，尤其是青光眼、心律不整和骨刺最為困擾她，每月必須看不同的醫生，服各種的藥，但對身體的改善非常有限，她告訴我們說若非靠主，她將無法度過。六月十六日上午還由三媳淑靜陪同至耕莘醫院檢查身體，當天母親心情非常愉快，不料下午沐浴時，心臟病突發，當時次子麟書、三媳淑靜、孫女亦文均隨侍在側，經電話119呼救緊急救治無效，終於下午六時三十分辭世，享年八十有一。母親因心臟病突發而去世，在信友堂舉行追思禮拜，兒孫全部到齊，追思禮拜場面備極哀榮，隨即安葬淡水基督教公墓。我與麟書寫了「主內趙楊琴年姊妹生平事略」，並豎立墓碑。

母親的突然去世，說句老實話，我們都感意外與震驚，完全沒有想到，她身體雖日漸衰弱，但當時並無立即的危險。在她晚年時，我們每週都到基督之家作禮拜，禮拜後我請她吃飯，她可以邀她的朋友一同來，我請她們，飯後我坐在一旁喝咖啡，不參加她們談話，晚飯前我再用計程車送母親回台書家。母親去世後的次年，我害了一場大病，因心臟病住入三軍總醫院，換了五根 by pass，我似乎立即結束了中年而進入老年，心臟病是危險的。

母親為一平實家庭主婦，她沒有高深的學問，但她有一顆美麗善良的心，默默在為主作工，為主作見證，保羅說：「我只有一件事，就是忘記背後，努力面前的，向著標竿直跑，要得神在基督耶穌裏從上面召我來得的獎賞。」（腓立比書 3 章 13-14 節）。又箴言 31 章 30 節說：「惟敬畏耶和華的婦女，必得稱讚。」這是母親一生的寫照。

十、服兵役的那年

台灣的兵役制度頗上軌道，任何正常的及齡男子，都躲不掉的，通常年滿二十歲的男子，就會被應徵召入營，但若能進大學，除了緩召之外，還可以服預備軍官役，而非士兵役。按當時的兵役法，大學生約服十六個月的兵役，其中有三個月的基礎訓練，是安排在大三之後的那一個暑假，在軍事訓練基地受訓。畢業之後，再經過一個短時間的專科訓練，然後再服十二個月的預備軍官役，這就是一個大學生當兵流程的宿命，這可能不十分合理，因當時普通的年輕人，都必須服兩年的兵役，但大學生卻只服一年兵役，那個時候的兵役法確是如此，大學畢業生是受到優待的。

大學一、二年級有軍訓課，但多是在課堂上的課，不算學分，但不及格時需重修，有時男女分堂上課，男生教戰略思想等，女生則偏重護理課程。到了大三的那一個暑假，所有大專院校的男生，凡想服預備軍官役者，都必須先接受三個月的基礎訓練，當時全台灣的大專男生都集中在成功嶺受訓，成功嶺是一個訓練新兵的基地，在台中附近，台灣鐵路縱貫線烏日站南方，山、海線交叉口的一個台地上，地勢平坦，面積很大，是以容納一個師為單位的訓練基地。1963年的暑假一開始，我就儘速先返回台中的家，因向成功嶺報到時，是以戶口所在地為單位，我們先在指定的地點集合，然後坐軍用大卡車一部部地開往成功嶺，而台北及其他各地的車子，也先後到達，於是分發、領軍服及一些必用品，我被分到第三團第三營第十一連，學校及戶籍全被打散，連上成員各地及各校均有，第三團屬第三營區，離師部最遠，地處成功嶺最內側，每次到師部集合時，我們都要走較遠的路。一入兵營，生活緊張，分秒必爭，什麼都要計時，一天的生活大致是清晨五時起床，要聽軍號，不能提早起來，起床之後只有二十分鐘，包含穿衣、洗臉刷牙，上廁所、整理內務（最重要的是把棉被疊成豆腐方塊樣），接著便是集合早點名，大學生散慢慣了，開始時真是笑話百出，有排錯隊者、有衣衫不整張冠李戴者，由於二十分鐘實在不夠用，不少人只有改變生活習慣，譬如大解不趕在早上，又提早五分鐘起來，躲在帳子內先整理內務等等。早點名之後，可能出一下操，然後吃早飯，大致是稀飯、饅頭、豆漿、小菜等，也都算還可以，早上的課程多半在教室，要把一個軍官的養成教育，在三個月內都要灌輸給我們，故功課頗趕，下午多半是出操及打野外，台灣的夏季是極端暑熱的，我們身體上的難受也是到了極點，所幸中、晚飯的伙食都還可以，經過了一整天的訓練，一身都是臭汗，晚飯後洗個冷水澡，感到極度舒適，晚上也有教室的課，不過九點就晚點名，大家提早上床睡覺，軍隊的生活是早睡早起，極端有規律。

成功嶺三個月的生活非常辛苦，如今回憶起來，仍猶有餘悸，那一個時候有一句名言：「合理的要求是訓練，不合理的要求是磨練。」除了前幾週之外，大致上每個週日，除了犯過遭警閉外，都可以放假外出，我因家居台中，一出營門，都是先直奔家中，舒舒服服地上個大號，再洗澡，然後在家中吃一頓豐盛的中飯，我也會請同學及朋友來家中，因同受訓的人太多，中午都是分批地請居住在外地的同學及朋友們來家中吃飯，因天氣太熱，下午大夥都會找一個有冷氣的地方休息與聊天，我記得台中的一福堂咖啡店及南夜咖啡店，這兩家是我們常去的地方，差不多也全被受訓的學生包下來了，拖到下午六點鐘，大家再到外面館子吃個晚飯，然後搭七點多鐘的車子回營，只要趕上晚上九點鐘的晚點名即可，然後週而復始，再盼下一個週日快一點來到。在成功嶺三個月的生活中，也碰到數次颱風，小颱風影響不大，大颱風來時，停止出操，但軍隊生活是不可能讓你閒下來的，於是作整理內務及擦槍這些雜事，等颱風過後，又要整理周遭環境，總之忙不完的事，而且颱風過後，會有一、兩天的停水，在夏日炎炎下，缺水是一件非常痛苦的事。大人物偶而來訪，也會影響我們的作息生活，我記得當時的陸軍總司令劉安琪將軍曾來看過我們，曾任金防部司令的劉玉章將軍也來過，班主任王潔中將則常來，最重要的當然是最高統帥蔣介石有一次來看我們，似乎那一天我們清晨四點就起床了，整個作息提前了一個小時，蔣介石是上午十點鐘來訓話，但我們是從連集合、營集合、團集合再師集合，折騰了四、五個小時，當蔣介石在烈日下向全師學生軍訓話時，不少人休克不支倒地，這是大忌，長官們不容許的，不過蔣介石還蠻客氣的，頻請學生們要輕鬆，說沒有關係，蔣那一天情緒很好，在訓話之後，他要檢閱我們，我當時站在最後一排，本來不可能見到蔣，但他那一天他興致來潮，突然叫我們整個隊伍向後轉，於是最後一排變成第一排，蔣從我的面前走過，他面色紅潤，精神抖擻，面帶笑容，1960年的十月十日，我在閱兵大典時，也曾遠遠的望過蔣，但這一次卻是近距離見到活生生的蔣介石，而不是照片，蔣跟我的距離是那樣地近，我很興奮，在那一個時候我們是把他當神一樣地看待。

記憶中出操還是小事，行軍，匍伏前進才是大事，除了疲累之外，還造成手臂的摩擦傷，接著震撼教育，在實彈下百米衝刺，也就是戰場上的實演情況，不過學生的命值錢，我們不用真手榴彈，以免意外，機槍也在高處射擊，是一種絕對安全的高度。由於太過辛勞，再加上管教稍嚴，在受訓晚期，我們連上曾發生過一次絕食事件，在軍中抗命是很嚴重的，最後營長出來疏通，緩和地解決了這一次抗命絕食。基本上學生多認為軍中生活辛苦，「混水摸魚」是大家時興的觀念及做法，意思就是凡事馬虎一點、偷點懶，有時摸魚也不是很順利的，譬如說出公差，結果卻跑到福利社去打彈子，不幸被連長看到，此謂之摸魚摸到大白鯊。在我受訓的最後一個月，軍方打算編一本書，由學生執筆，敘說成功嶺的受訓生活，我猜想是宣傳之用，我被徵調參與編纂，除吃住外，每天都到團部上班，暫時不用再出操及上課，也不要擦槍及站衛兵，這一下子摸到了大魚，我跟朋友說掉到大海裏了，我們參與編輯的人，甚至於還編了一本通訊錄，題為「漁翁錄」，所以我在成功嶺最後一個月的日子過得很好。我本來就不太喜歡過團體生活，經過成功嶺三個月的經驗之後，更加厭惡團體生活了。

1964年大學畢業的那一年暑假，我被分發至政治作戰科，這應該跟我是中國國民黨黨員有關，由於將擔任少尉預備軍官，先被分發至北投復興崗政治作戰學校俗稱政工幹校受訓，時間較短，只有四個禮拜，日子比成功嶺時好過多了，早晨六點才起床，這是統一規定，因全校不只我們預官班，尚有正期生、候補軍官班、女青年工作大隊等，早晨漱洗也變長，成為三十分鐘，內務稍鬆懈，沒有槍，很少出操，大部分都是課堂功課，週六下午放假，可以在外過夜，週日的晚上才收假。略同於一般軍校學生的待遇，蔣經國的兩個兒子當時都跟我同一隊，蔣孝武與章孝嚴這兩兄弟並不互知，似乎是章孝嚴知道蔣孝武跟他的關係，但蔣孝武不知道章孝嚴，蔣孝武比我們小四歲，他當時才高中畢業，可能由於即將出國唸書，也可能他的父親希望他能交一些好朋友，所以他跟我們大專生一同受訓，不過他態度謙和，能與大家相處，我還跟他聊過天。

幹校預官班結業之後，我們正式分發下部隊，原則上都是抽籤決定，我還記得最好的出路是去各個軍校當巡迴教官，但這不是以你的成績及能力來決定，而是以隊職官對你的考核及印象來決定，而且巡迴教官的名額極少，在下部隊中以海軍最不好，因要上船，很多人暈船，而當時海軍要打仗，海軍陸戰隊又訓練太嚴格，分發至外島金門、馬祖因地處前線，也不太好。我當時被分發至裝甲兵第一師，我的單位是搜索營，按資料我要到新竹湖口基地去報到，我先到新竹朋友吳敏照家去住了一夜，次日到駐軍防地，才知道白跑了一趟，原來裝一師搜索營當時卻駐在裝二師的基地台中清泉崗，於是我再趕回台中家裡，我們模範村的裝甲兵眷屬非常多，祖母有一位牌友許媽媽，他的先生是當時駐守清泉崗裝甲第二師的副師長，於是借用他家電話，口頭先向隊部報到，祖母乾女兒桑媽媽的先生桑秉君亦任職裝甲兵中校，他為我特別打電話給搜索營的營輔導長，我對清泉崗的環境並不陌生，中學時曾騎腳踏車來過，為何裝一師搜索營住到了裝二師的防地？可能屬於一種部隊的定期調防。我報到的單位是搜索營的第二連，感覺上連輔導長對我不是很歡迎，我是以低姿態來應對，當時連輔導長之下還有兩個政戰士官，一位是老士官，另一則是充員士官，老士官四川人，姓名陳鎮，對我頗友善，後來我們成為好朋友，直到今日來往不斷。過了很久我才稍微弄清楚原委是，那一位充員士官的家裏，送了不少禮物給連輔導長，希望把他留在政戰室，這樣就不必下排出操了，問題是在人事上他佔了我的缺，我是國家派來的，按制度我來後，他就得走，不過這一個問題沒有拖多久，營輔導長又把我調至營部，營部的人事稍鬆懈，現在除營輔導長之外，一共有三個政戰官了，我是少尉，另兩位是上尉及中尉，年紀較大，精明且都能力很強。當時搜索營的營長是中校，副營長、營輔導長及連長都是少校，連輔導長則是上尉或中尉。我當時是什麼都不懂，故每事問，慢慢地在學，可能同僚對我譏笑多於敵意，那位上尉政戰官毛筆字寫得不錯，於是我跟他學寫字，用報紙來練字，當時做政工寫毛筆字的機會很多，譬如寫海報、跟士兵上課講解大綱的掛示報等，不久我就稍微練出了一點心得來，很多同僚都找我寫上課大綱的掛示報，我是來者不拒，儘量滿足大家，我沒有想到的好處產生了，一方面人緣好多了，另一方面當時每逢假日，軍官必須輪流留守營中，但若有事可以找人代班，這一下子他們都欠我人情，所以每逢我留守時，都有人代替我。

搜索營後來改成裝甲騎兵營簡稱裝騎營，打仗時都處於先鋒地位，所以若真的打仗時，死傷率都是最高的，我在營部時，營長與營輔導長都對我不錯，不過在軍中他們把預備軍官都當成客，凡有受訓及雜事，一律派預官去，所以我曾當過政戰官、代理連輔導長，甚至代理過管錢糧及採買的行政官，搜索營之中的營部，一、二、三連我都待過。在台中清泉崗住了幾個月之後，部隊調防回湖口，我還記得是夜間調防，所有戰車、其他車輛一律上火車，氣氛緊張，有一點像是要打仗的味道，本來軍隊調防也是一種戰爭演習，清晨終於到達湖口火車站，於是戰車等列隊開回湖口基地，一片蕭肅，湖口基地感覺上不同與清泉崗，這是有兩個原因，第一是裝一師本來治軍就較裝二師嚴格，而湖口離台北也比較近；第二是湖口在前一年（1963）出了一點事，當時是禁忌的，不能公開談，其原委是這樣的：裝甲師每一年的年終都有戰備檢查，所有的武器都要上實彈，部隊集合後都有長官訓話，當年裝一師的戰備檢查，原是由裝甲兵司令郭東陽主持，但臨時改換成副司令趙芝華，趙副司令受蔣緯國提攜，能力很強，資歷也最深，但剿共戰爭中曾被俘，這是一個嚴重缺點，趙眼看升遷無望，心懷不滿，乃異想天開，利用裝甲兵造反，發動政變，根據老兵們的敘述，他的計劃是在戰備檢查時，招集軍隊訓話，他手持手槍，大肆抨擊台北的大小官員，鼓動軍隊到台北去清君側，按軍中的規則，他必須先下命令給師長，然後師長下命令給指揮官（按當時裝甲兵建制是團長），再依次營長、連長、排長、班長，但師長徐美雄拒絕接受命令，故軍隊無法起動，於是趙繼續演講，希望能有響應的人，沒有多久，先有一個老士官起身說是響應副司令，繼而有一個政工中校也起而支持副司令，趙很高興，於是放下槍，起來跟這一個政工握手，沒有想到這個政工突然上前抱住趙，於是大家一擁而上，抓住了趙，師長才控制住局面，政工打了第一通電話給台北，聽說空軍及湖口以北的軍隊全部戒嚴，這是一場有驚無險，差一點的兵變，趙芝華後來經軍法審判是死刑，但蔣介石赦免了他，蔣緯國也受到影響，遲遲無法升官，這一次事件，顯見了政工制度是成功的。有一點要附帶說明的是，趙芝華的太太鄭培坤是省二中的老師，我初中時的英語老師，教得很好！趙芝華還有一個哥哥趙芝荃也是省二中的老師，是我們的隔壁鄰居。我去湖口已是次年（1964），但裝一師管得嚴，當然軍隊的戰力也較強。回湖口後，軍隊進基地，這是術語，通常裝甲兵是一鬆一緊，半年出基地生活鬆，半年進基地是生活緊，進基地是代表不停地訓練與演習，這也是在清泉崗時生活較鬆，到了湖口變得較嚴的緣故，我參加過不少的演習，每次演習等於是到鄉下去玩了一趟，演習相當於作戰，當我代理連輔導長時，我必須跟連長同一部吉普車，所以有人說若連長想造反，必先槍殺連輔導長，反之，連輔導長若覺得連長靠不住，得立即報告營採取行動，不過我是政戰幹事，多半坐中吉普車，有時坐大卡車，演習時需在外過夜，我們都攜帶蚊帳，理論上任何地方都可以睡，我們大致上都會選擇國民小學的走廊上。我印象深刻的一次演習是長達十幾天的南、北對抗，演習部隊一直衝到了台南附近，我受命代理行政官，因原來行政官是一位候補軍官，由於涉嫌貪污遭羈押。我指輝一部伙房大卡車，連長給我的命令是按時送上三頓飯，於是每天清晨我們跑菜市場，他們買菜，我是吃早點及上大號，並看報紙，所以我的消息蠻靈通的，演習時還經過我們台中的家模範村，大體上都是走小路，老士官們不會講閩南話，我有時候還充當翻譯，那一次演習感覺上頗逼真，若干年之後，我在電視上看到劉安琪將軍接受訪問時曾說，在1964年時，蔣介石曾藉一次大演習，集結二十萬軍隊準備反攻大陸，劉是預定擔任指揮官，後來被美國發現，而切斷我們軍隊的油料，我想劉將軍應該指的就是那一次演習了。我常想如果那一次真的反攻大陸的話，恐怕搜索營的傷亡一定慘重，我個人的命運也將隨之改變。裝甲兵演習大部分都是坐車，也有一次例外，為了練習步戰體力，我們有過一次夜間行軍訓練，大概走到半途，有一位排長，因腳傷倒在路邊草地，他是陸軍官校畢業，平常我們蠻談得來的，於是在他要求之下，我停止前進，陪他聊天，當時夏天，夜空晴朗，滿天星斗，我們竟聊到天亮，談了不少人生哲學及心路歷程，當時陸官畢業的學生在軍中是比較有發展及前途的，我們互相勉勵，他現在如仍留在軍中，應該是將軍了，只可惜後來大家失聯，我甚至於忘了他的名字，只記得他姓汪，而這些就是人生。一路上倒坐在路旁的人還不少，說是天亮後會有車子來接，但遲不見車子，於是大家結隊慢慢走回營區，汪排長砍樹枝作了一支枴杖，當時我在想打敗仗的散兵就是這個樣吧！

預官是甚麼事都做的，有一陣子，我被派到湖口軍區的供應站，何謂供應站呢？軍中的採買伙食都是以連為單位，雖然不是每天都去買菜，但每個連都開車到新竹去採買的話，這個汽油錢著實可觀，於是師部設立了一個供應站，叫所有的菜飯集中來此販賣，好處是省時，省錢、方便，壞處則是選樣少，以及喪失了一些個別採買的好處，因此甚多的怨聲反對供應站，政戰方面想瞭解一些實情，他們認為預官不至於被收買，較能反映實情。供應站原已有主管軍官，他們對我去，表示歡迎，供應站的伙食很好，想是油水較多，但每天早上要四點鐘就起床，因外面菜販一卡車一卡車的都來了，平常軍中是六點才吹起床號，我必須起來監看交易的情形，每天要紀錄的，但六點後交易完畢，菜販都走了，就全天沒事了，週日早上無交易，只要跟主管軍官打一個招呼，我也可以上台北了，只是晚上要趕回來，沒有晚點名。我在供應站約待了一個月，沒有發現明顯的弊病，只是軍人脾氣不好，老士官跟菜販常有吵架情事，大概都是說拿壞的菜來賣，至於有沒有回扣？我看不出來，也無法知道，我覺得軍方想省汽油錢，則一定要保留供應站。在退伍前我又調回第二連，新的連輔導長與我相處融洽，我還記得他姓方，軍中的生活已逐漸習慣，平常軍官是在同一桌一起吃飯的，連長好吃辣，開始時我頗不習慣，最後硬著頭皮，非練習吃辣不可，否則就會餓肚子。營長在軍官團活動的時候，常找我去演講，談歷史及哲學，連上的政治課程幾乎全由我一人來擔任，我還頗受士官兵們歡迎，我的講課不同於一般政戰官，我多以趣味的故事為主。鑒於一般充員士兵，多不懂法律，常誤觸法網，導致悲慘下場，我特別為他們講解軍法課，告訴他們一切需先會保護自己。軍中的事是一熟生三巧，有一次好友秦永泰的父親秦祖熙將軍來看我，秦伯父是當時的裝甲兵中將副司令，其實他沒有跟我說什麼話，但後來在營、連裏的日子好過多了。退伍前師長鮑勳南將軍還曾召見過一次，鮑當時也是中將副司令兼師長，他也住在模範村，他的岳母朱老太也是祖母的牌友，不過鮑將軍不認得我。臨退前的一段時日，湖口的天氣不好，強風刮起大灰塵，人言新竹風強，湖口風比新竹風更強，我算是見識到了。當過裝甲兵不會開車是不行的，於是朋友教我開吉普車，甚至還開了幾十公尺的戰車，我學會駕汽車，是從那一個時候開始的。有一位士兵，本職木匠，還利用軍營臨旁的木匠店，替我作了一個書架，軍中的人情味確實濃厚，令我感動，天下沒有不散的筵席，我仍記得退伍的那一天，我是新衣服、新西裝褲、新皮鞋，新理的髮，在一片叮嚀珍重聲中，告別同僚，但好友陳鎮一直跟我聯絡不斷。我服役的這一年生活，雖無美好回憶，但大致尚可，軍中的歷練，也使我增進不少處世的經驗。本來在軍中並不是一個理想的讀書環境，但我看到許多上進的軍、士官都能利用時間讀書，我在營部時，曾與一位陸軍官校畢業的中尉參謀官同寢室，他每天清晨五點即起來聽英文，我深受感動，因此也儘量覓機會唸書，當時我頗著迷「存在主義」，的確看了許多有關書籍。大四畢業，在入伍前，我認識了一位朋友夏祖焯，此人為著名文學家夏承楹及林海音之子，他當時唸成大水利系，但有文學天份，以「白門再見」一文，深受當時年輕人的歡迎，在我入伍後他就到美國去唸書了，但他介紹了很多書給我，我在服役時看了不少，排遣了我在軍中生活的枯燥日子。

我服兵役的一年，大致是1964的6月到1965的8月，這一段時期中，也有一些大事，第一，1964年10月16日，中共在新疆羅布泊引爆第一顆原子彈，消息傳出，國際震驚，此一原子彈為二萬噸級，係以鈾、鈽為原料而製成，在原子彈國家中，算是初始技術，但從原料及製造過程，都在中國境內，也由中國人一手製成，美、俄固然重視，也影響到台灣的人心，我當時正在清泉崗軍中，營長曾為此招集全營訓話，我還記得營長說的大意是要大家放心，說原子彈是戰略武器，當時台、美有共同防禦條約，如中共用原子彈攻台，美國也必會用原子彈反擊，我覺得中共試爆原子彈隊對充員兵影響不大，可能對老士官有一點影響；第二，1965年三月五日，副總統陳誠因肝病逝世，陳是蔣介石的法定繼承人，之後蔣經國才真正出頭，從此掌握大權，確立了蔣介石真正繼承人的地位，國防部下令所有軍人必須為陳誠戴孝，硬是有老兵不肯戴孝，原因是陳誠當年倡「窮兵富將」，意謂兵必須窮才能打仗，將領有錢才不會造反，陳誠是否確講過此話？已不可知，但當時軍人待遇低，老兵們乃遷怒於陳誠。我記得月餉均不夠用，從連長以下，大部分的軍、士官都在借餉度日；第三，從1964到1965這一段時間，兩岸局勢緊張，蔣介石確曾派突擊隊，攻擊大陸沿海，北起渤海灣，南至海南島，都有名為反共救國軍突擊大陸，報紙亦鼓吹大陸各地有反抗運動，蔣介石確有放手一搏的想法，但美國即時阻止蔣的企圖。

當兵的這一年，平心而論，日子過得還不錯，問題是我持個人主義慣了，就很難適應團體生活，我的思維不太習慣「服從」這兩個字，所以我對當兵是負面的看法，如有選擇，我不會選擇作軍人。不過軍人中不乏優秀者，當時裝甲兵中的軍官都很優秀，士官也都技藝超群，很多人都會修車子。很多老士官也都喜歡讀書，我曾問過他們，他們的回答是日子好過一點，同時萬一退伍，知識還是有用的。

十一、回憶唸研究所碩士班

在大學畢業前，我已經覺悟到自己將來該走什麼路，也就是應走學術研究的路子，故光靠唸大學是不夠的，必須再考歷史研究所，更深一步才行。在那一個時代裏，臺大的出國風氣很盛，有一個順口溜說：「來來來，來臺大，去去去，去美國。」這雖有一點諷刺意味，但確也是一針見血，我原來也有意學一般同學與朋友，儘快出國去唸書，但有三個嚴重的問題，第一，自己的英文不夠好，自忖若馬上出去，可能撐不下來；第二，保證金美金 $2,400. 在當時不是一個小數字，完全自費是幾乎不可能的事；第三，歷史是不同於其他學科，僅以臺大歷史系大學的學歷，是完全不夠的，很多學長們都建議我先唸歷史研究所，多充實一些基礎，提高程度。於是在大四的這一年，我又認真地讀了一年書，可能要歸諸於運氣，我在畢業當年就很幸運地考取了臺大歷史研究所碩士班，當年我們這屆一共錄取了八名，因余又蓀先生當系主任，他比往年多錄取了兩名。在我大四時，有一天我在研究室看書，那個時候，歷史系有一間給學生平常看書，偶而也可以上課的研究室，余先生口叼著煙斗走進研究室，很高興地跟大家說：「你們好好唸書，我會多給你們機會！」後來很不幸地余先生被摩托車撞死，那時我還在軍中服役，還曾特別請假，參加余先生的喪禮。

由於畢業後要服一年兵役，我申請保留學籍一年，1965年的9月我終於再回到臺大，註冊入學。我改搬入男第九宿舍，有大部分是研究生居住，但研究生一間房只住四個人，我還記得當時另外兩位室友，一位名馬立秦，是農經所研究生，並兼農推系助教，後來他到美國去攻讀博士；另一位名程元敏，唸中文研究所，後來是中文系教授。那時候的研究生可以免繳學費，但要繳雜費及住宿費，每個月可以領公費台幣四百元，這點錢自然不夠用，故多數研究生也在外兼差，當然不能影響功課，在研一時，我曾到過基隆路二段上的私立喬治中學教初中生歷史課，喬治中學離臺大男第九宿舍很近，我當時騎摩托車，約五分鐘即到。說起摩托車來，也有一段故事，當時最便宜的摩托車是一種台灣自製的山口牌，引擎是從日本進口，其他則是台灣自己裝配，車子不頂好，但可以代步，價錢也便宜，是父親幫我買的，我把車子從台中用火車運到台北。後來我賺錢了，覺得舊車子不夠好，開始想換新車，正好同學蔣孝瑀也想買一部摩托車，於是我們兩個人聯合出錢買了一部日本原裝的本田摩托車，是用分期付款的方式，兩個人還煞有其事的簽了一份文件，言明若出車禍，任何一人遭不幸時，則剩下的另外一人，必須無條件將貸款付完，我們每個人使用一個禮拜，在臺大門口的姨丈家交車，我想蔣伯父、伯母決不會贊成孝瑀騎摩托車的，孝瑀是偷偷地騎摩托車，後來他把摩托車讓渡給我，我才開始單獨一個人擁有此部摩托車。

喬治中學當年很像學店，給老師的待遇非常低，大約每小時十元，如果一週上二十小時，一個月才不過台幣八百元，學生程度不好，也不肯好好學習，我教得也不愉快，只去了一個學期，就不再去教了。由於同學何烈的介紹，我改向當時的春秋雜誌投稿，有一點微薄的稿費。不久，我建議父親把家搬到台北，因二弟麟書也考到台北東吳大學，加上父親的身體不好，我覺得家應該遷到台北來，因台北的醫療環境較好。我先是看中了北投一棟房子，對方要價台幣十三萬，我建議父親把台中模範街的房子賣掉，得款大概是十一、二萬，我們等於是付了少許的錢，就換得北投的房子，北投房子的優點是院子大且是獨門獨院，缺點是巷道太窄，不過，父親很滿意新居，只是他上班的地點在新店，而居住北投，路途太遠，但離榮總醫院近，看病則比較方便。我自己則仍住學校第九宿舍，騎摩托車兩地跑，不久，我又改到淡水淡江中學兼課，更需要摩托車了，在淡江是教高中生的歷史，鐘點較少，錢也較多。淡江中學是一所古老的學校，由基督教長老會創辦，可以追溯至早期加拿大傳教士馬偕，馬偕及其夫人的墓就在校園內，淡江中學旁本還有一所女校名純德女中，以女子籃球隊而聞名於世，後來女校歸併到淡江中學，此校出過不少名人，像李登輝就是畢業自該校。淡江中學的當時校長是一位陳姓牧師，教務主任姓蔡，校址在鄰近淡水紅毛城的山上附近，我如坐公路局的汽車，從山下下車走到山上，需時二十分鐘，下山則較快，十五分鐘即可，為了趕上課，我自北投家中出發，騎摩托車較省時省力，我把淡江中學的課集中在兩天內上完，中午學校有伙食團，繳很少的錢就可吃一頓，菜色還不錯。我當時教高一，高二是另一位師大歷史系畢業名黃成的老師教，他已結婚，黃太太也是師大畢業，在淡江中學擔任地理課，黃成是個老實人，太太比較精明，但兩人都對我不錯，曾請我到他們家吃過飯，他們住在學校鄰旁宿舍，當時姨妹夫黃文鴻正就讀淡江中學高二，不過我並不認識他，他的歷史老師是黃成。我所教的學生程度平平，但上課秩序顯然比喬治中學好多了，應該是管得嚴格緣故，男女分班，我教的各班中有兩個學生程度很好，我印象很深刻，也給了他們最高分，一位是女學生名王美玉，她後來考上臺大中文系，另一位是男學生名陳俊輝，他後來考上臺大哲學系，現在是臺大哲學系教授了，那一屆除了他們兩個人考上臺大之外，似乎還有一位，但我已不記得姓名了，在他們兩位進入臺大之後，兩個人都曾先後來看過我，還有一位同學名王懷祖，我也有印象，因他常發問，聽說他後來考上輔大，更聽說他跟王美玉結婚了，我在淡江中學也只教了一個學期，無法跟同學們建立較深的互動關係。

雖然父親對於北投的房子很滿意，但我隱約中並不太喜歡那一棟房子，因鄰近有一所製冰廠，噪音不斷，同時巷道太窄，汽車開不進家門口，房子側面是一個曬穀場，一片空曠，有一次颱風來時，側面刮來一根頗怪的粗竹竿，從側面窗子穿插而入，幾乎傷了麟書，所以我主張再搬家，正好，彼時房價大漲，我們北投房子的院子頗大，被建商看中，於是以三十三萬賣出，住了一年，淨賺二十萬，全家都很高興，那麼要搬到何處呢？我主張搬到台北市，買一棟公寓居住，當時政府給公教人員在民生社區蓋了一批四樓的公寓，低利賣給公教人員，父親申請到一戶底層約28坪的房子，當時的條件是申購者不得擁有自己的房子，而北投的房子是在我名下購買的，父親名下並無房子，他應是合法申購的，但他突然被人告，云是自己已擁有房子，再違法申購，經過一陣子調查後，當然父親可以合法申購，但底樓已被別人先申購取得，只剩下四樓的房子，父親認為祖母小腳，不能攀登四樓，加之心中有氣，乃放棄申購，匆匆搬到南勢角的一棟連棟式二樓獨門獨院，有前後院的房子，建商是父親同學吳致和的朋友，因透過熟人介紹，價錢還算便宜，但我對這一棟房子也不滿意，因偷工減料，出路也不好，但勉強可以開進一部汽車直至家門口，且南勢角地勢高，不淹水。我最大的不滿還是屋子後面不遠處有一座紡織廠，整日開工，也是噪音不斷，不過房子已買，也無可奈何了！我們在南勢角住了五年多，家中發生了不少大事，從我畢業得碩士、進博士班、結婚，生亦晨、小曼，然後父親逝世，我才搬離南勢角。在搬離北投後，三弟台書才告訴我說，我們北投住的那一棟房子，後院原是一座墳墓，有人說那一棟房子不太乾淨，故原房主才急著出售。

我唸碩士一共唸了三年，這是當時臺大歷史研究所的一個不成文慣例，憑良心我捫心自問，我比大學時要用功多了，但那時學生們都窮，每月四百元的研究費實在不夠用，故大家不得不外出兼差，又不能兼得太過度，以免影響讀書。我記得當時有一個工作，非常理想，那就是為論文寫摘要，先詳讀一篇數萬字的論文，然後把它濃縮成數百字或是一千多字，至於教中學還是下策，因事繁錢少工作多，真是一文錢累死多少英雄好漢。在碩一時比較累的課是英文，原先外文系安排了一位英文老師，她講解 Van Loon 的 The Story of Mankind，本來是不錯的題材，但教的方式有誤，被大家轟走，於是外文系主任朱立民親自來教，才擺平此事。其次第二外國語，大家多修習日語，但我大學修過兩年德文，都 pass 了，可以充抵，故我改成旁聽曹欽源先生的日語，他教得很好。研究所的課多半是專題研討方式，必修課很少，研一的研究實習是必修的課，當時是由陶晉生老師擔任，陶老師尊翁陶希聖是一位治中國社會經濟史的大家，陶唸美國印第安那大學，獲博士學位，那時是一位年輕的副教授，我們上課是採 seminar 的方式，他主要是教我們如何寫學術文章，陶帶回來很多新的觀念及思考模式，很受我們的歡迎。但唸研究所不比唸大學，應該有專攻的方向，本來我有意繼續讀中國近、現代史，但吳相湘老師突然離開臺大了，我一時不知所措，產生了猶豫，學弟陳永發當時唸大四，我們一直都很接近，陳比我低兩年，家住台中，也是篤行國民小學畢業，被胡永順老師教過，後來唸省立台中二中，再進臺大歷史系、歷史研究所，唸書的過程跟我有一點像，永發治中國近、現代史，後來在 Stanford University 取得 Ph.D.，先後任中央研究院近史所研究員、所長、院士。永發認為我應該去找方豪先生，請其指導，原來計劃是往中西交通史方向走，方先生在大學時對我不錯，他開的中西交通史及宋史我都修過，最後我選擇的方向是宋史，有三個原因：第一，我把司馬光的「資治通鑑」摸了一遍，又繼續看畢沅的「續資治通鑑」，對宋代部分感到了興趣；第二，有一次跟杜維運老師閒聊，他說在古代史方面，宋代部分還有許多問題值得去做，而且宋代史料充足，治宋史將非常順暢，我牢記了他的話；第三，我姓趙，宋代是姓趙的所建立王朝，我有治家史的感覺。方先生有一篇重要的文章「研究宋史參考書籍舉要」，他要我先看此文章，以及慢慢地去唸其中研究宋史的書籍，所以我對宋史的起步較晚，其後我選擇了宋代的田賦，作為碩士論文，是因為一方面我對社會經濟史產生了興趣，另一方面是收集經濟史料較駁板，換一句話說，只要下足了功夫，就會有成績。我唸過夏德儀老師的「史部要籍解題」，也唸過方豪老師的「史部要籍解題」，不過他們兩個人講解的內容，有所不同，夏老師講解「史部要籍解題」是正統方式，方先生則還是中西交通史方式，方先生開宗明義地談到，據楊聯陞先生說當年哈佛大學考中國學生博士考試時，曾有一道題，要學生答出中國一些史籍的英譯本，以及西方人對於這一些史籍的研究成果，我們課堂上當時無人能答覆此一問題，方先生隨及莞爾地說，上了他的課之後就會答此一道題了。方先生曾要求我開始唸法文，可惜我怕難，而沒有堅持下去，今日思來，頗感後悔。

在碩士班時代，系內講師逯耀東先生，給我們這些後輩也帶來很大的震盪，逯畢業於臺大歷史系，負笈於香港中文大學，師事錢賓四、牟潤孫兩位先生，逯的才氣縱橫，雖治史學，亦長於文學，以「莫謂書生空議論，頭顱擲處血斑斑」一文，震撼文壇，他給歷史研究所的這些學弟們，帶來了一些新的思考方向，及讀書方法，那時臺大歷史研究所的研究生們士氣是空前地高，逯還教我們如何地去買書？威權時代取得書籍，並不是很容易的，顧頡剛所編的《古史辨》及顧點校的《資治通鑑》居然都被列為禁書，只因為顧頡剛人在大陸。逯後來考入臺大首屆博士班，更增進了跟我們這些碩士班研究生們的互動頻密，逯領銜跟大家合辦了《史原》這一份代表當時臺大歷史研究所的刊物，又為了表示對歷史教育的關懷，我們集體創作，寫了一篇約三萬字的書評，由學弟羅龍治擔任主要執筆人，評當時高中教科書中的《中國文化史》，刊載於《史原》的創刊號，震撼了當時所有的中學歷史教育從事者。

在研究所時，跟老師們的互動關係，也比在大學時更要緊密，當時我們私下稱呼老先生們，不敢呼名，而冠以「老」字，譬如稱沈剛伯老師為沈老，餘次稱姚從吾老師為姚老，劉崇鋐老師為劉老，李宗侗老師為玄老（宗侗老師號玄伯），夏德儀老師稱夏老，但方師杰人僅稱方公，大概是年齡的關係，因下一輩的都稱公了，如稱許倬雲先生為許公，杜維運為杜公，林瑞翰為林公，李守孔先生為黑公（可能形貌黑），不過他並不以為忤，有一次他身體不好，臉色變白，大家都有憂色，後來臉變黑了，大家都恭喜他，他的身體的確也變好了，只有傅樂成老師例外，人咸稱其「傅爺」。每年過年時，我們由逯耀東領隊，分向諸位老師家拜年，有時候也約老師們吃飯聊天，從聊做學問，到做人應對，無一不談。逯是我們的老大，他是學校講師，也是博士班研究生，雙重身分，所謂良師益友，兼而有之，直到現在，我還常懷念那一段理想高於現實的日子，大家都有夢，而煩惱較少。

我在唸臺大歷史研究所時，最大的收穫，倒不是在學問上有多少增進，也不是拿到一個碩士，而是認得了我的太太張葳。葳跟我同系，但她是於1964年才考進臺大歷史系，她進臺大的那一年，我正好畢業，她唸大一時，我正好服役軍中，等我回臺大唸研究所時，她已經唸大二了，當時研究生與大學部的課不太容易撞在一起，所以一直等到她唸大四前的那一個暑假，我在研究所的最後一年，我們才相識。夫妻相識確是一個緣分，唐代有一個「傳奇」故事，云唐士子韋固求妻，在河南定婚店夜遇月下老人，老人告訴他姻緣不可強求，總是前生註定，故有對聯云:「願天下有情人，都成眷屬；是前生註定事，莫錯過姻緣。」我與葳的故事要從我唸研二時開始，我有一個好朋友兼省二中時的同學徐天健，政大國際貿易系畢業，當時在外賃屋居住，積極準備赴美留學，我因騎摩托車，來去自如，行動極其方便，故常到徐那兒聊天，徐也有一幫常玩在一起的朋友，跟我也因而變得很熟，有一次天健突然問我，聽說你們歷史系有一個女孩子名張葳，才氣很高，文學造詣很深，我答以不知此位人物(是真的不知道)，歷史系人很多，除非是課選在一起，否則是互不來往的，徐說他想看一看這位女孩，我回以需先打探一下，於是回系裏問學弟，可能是永發班上的孫永春告訴我說，他有課跟張葳一起修，孫先告訴我上課的時間(我已忘記是誰的課了)，我再約徐來臺大，我們兩個人在文學院教室的門口，一直等到上課鐘響，不見伊人，孫要我們再耐心地等一下，後來連老師也來了，伊人還是未到，永春急得滿頭大汗，我叫其回教室上課，我跟徐正準備離開文學院，突見一位著粉紅色洋裝長髮的女孩姍姍來遲，我猜想大概是她了，永春跟我做了一個手勢，我怕再待下去，別人要看我笑話了，於是趕忙離開，天健說未看清楚，且個子太高了，此事至此暫時告一個段落，後來孫對外說，雅書要追系裏的張葳了，此傳言流傳甚廣，可惜我並不知道被人評頭論足，直到很久以後我才知道此事，但那時我已是真的在追張葳了。

我在臺大哲學研究所有一個好朋友名劉克堯，他是退伍軍人考上臺大，也住第九宿舍，房間跟我相鄰，我們很談得來，他當時跟知青黨部（國民黨）關係很好，那一個時候研究生普遍都蠻窮的，尤其暑假漫長，又沒有研究費，有時吃飯都成問題，像有一次孔德成老師拍「演禮」的電影，我們一呼百應地還去當過臨時演員，賺一點小錢，研二那一年暑假特別窮窘，劉約我一起到革命實踐院去受訓，可以免費吃飯一個月，我答以從退伍之後，不再過團體生活了，劉保證不同於軍訓，説像是夏令營，非常自在，我曾問過父親，詢問可否去？父親説這很有意義，可以去，於是我跟劉克堯，好像還有老馬（楊樹同），一同到木柵革命實踐院參加夏令營了（這是我們當時的術語）。憑良心説那一個月的日子過得還不錯，像是一個黨務夏令會，也認識了許多新朋友，政壇名人趙守博、許信良、陳水逢、劉齊等都是我當年的同屆同學，我們那一期以在學校服務的人居多，我們開玩笑地彼此稱呼，譬如年紀大的，姓前冠以小字，像小謝、小沈，小陳等，而我們年紀輕的則冠以老字，稱老趙、老張等。這次受訓伙食不錯，生活步調也很慢，班主任袁守謙是黃埔一期的，但文質彬彬，也是當時國民黨的中常委，副主任任覺伍是黨的理論家，父親很尊敬他。劉克堯的收穫最大，他交到一個女朋友，銘傳的蕭恒錦，兩人後來結婚了，只可惜克堯只再活了幾年，就因病去世。

研二的暑假，克堯再找我一同去參加黨部辦的夏令營，這次是擔任輔導員，説是還有錢拿，等我到達台中商職國民黨夏令會營地時，卻發現克堯並沒有來，後來才知道他當時正追蕭恒錦追得頭發昏了，局面緊張，不能輕易離開台北。夏令營是當時國民黨以培訓青年人為目的，介乎政治與渡假的一種活動，也有一點培植未來領導人的意味，對象都是大專院校具有國民黨黨籍的學生，而輔導員多半是參加過夏令營，大學高年級的學生，我本並不具備資格擔任輔導員，不過因在革命實踐研究院受過訓，所以也就具備資格了。那一年是借在台中商職舉辦，我按接到的通知單，到達台中商職，幾乎所有的人都不認得，但看到了張光永跟趙繼珠後，我感到很高興，因為他們兩位正是我在革命實踐院的同學，光永先跟我打招呼，並立即介紹了在她身旁一位長髮、身材瘦高的女孩，她也很大方地笑著跟我打招呼說：「我們同系吧！」我一時楞了一下，可能還反應不過來，我想這不是我跟天健去看過的那一位驚鴻一瞥名叫張葳的女孩嗎？這才有機會面對面地仔細端詳觀察她了，我對葳的第一眼深深印象，應該是「浮生六記」中所記沈三白看芸娘的感覺：「其形削肩長項，瘦不露骨，眉彎目秀，顧盼神飛，唯兩齒微露，」我是老神在在，不動聲色，說一句老實話，當時我是作夢也沒有想到這位臺大歷史系的文學才女（我一直的印象），後來竟變成了我的太太，光永非常厲害，指顧之間她已有了定見，這是以後她告訴我的。

那一年夏令營一共有兩個梯次，但都是我們這一批人來擔任輔導員，當時有一個特色，就是除了班主任王文（是一位少將，中興大學主任教官）及少數職員外，都是年輕人，輔導員固然年輕，一些黨工也很年輕，我們彼此性情相投，相處得都很好，那一個月的生活經驗，跟在木柵實踐院時完全不同，但更為愉快。在知青黨部任職的杜慶海程度不錯，跟我很談得來，其實杜跟我還有一點淵源，杜畢業於台中省二中，可能比我高一、兩班，我對他在中學時有印象，後來他考入臺大政治系，很可惜後來彼此發生一點誤會，再加上生活忙碌，大家漸漸疏遠，但還是朋友。還有一位較年長的輔導員名李尚鎧，他當時唸輔仁大學物理系，後來作助教，他曾做過輜重工兵營少校營長，從軍中退下來之後，再唸輔仁大學物理系畢業，我們也很談得來，我曾對他說他入錯了行，他應該離開物理系，改到機械系去，他也同意我的看法，但疑而不決，後來有一年他回故鄉山東探親，病逝於山東。還有一位淡江大學建築系的年輕人名段克勝對我待以兄長之禮，我跟葳結婚時，還特別請他但任男儐相。其他二十幾個人大體上都還處得不錯，在兩個梯次的期中假期，知青黨部還招待全體工作人員，到日月潭去玩了兩天，大家在湖光山色，營火晚會激情之餘，二十五個人還訂盟結為異姓兄弟姊妹，為未來的理想而共同奮鬥，我雖然已唸研究所，但在年齡上排名第七，到現在為止，我還記得的排名順序是，老大李尚鎧、老二孫德頌、老三杜慶海、老四張大威、老五梁開來，老六盧於羹、我是老七、老八王立平、老九張光永，老十戴健民，十一吳渝生、十二曹開泰、十三劉銀珠、十四趙繼珠、十五劉效融、十六陳麗利、十七何德富、十八晏筑君、十九郭雅行、葳是二十，故又稱小廿，二十一姚慶華、二十二徐明恩、二十三段克勝、二十四王作京、二十五老么張步仁。這其中也有當時成對的，但後來成為夫婦的只有兩對，光永及大威，還有葳跟我，光永對我特別照顧，她曾找我單獨談過話，云可以追求葳這個女孩子，你們兩個人很相配。葳的人緣很好，葳在當時女孩中是個熱門人物，大家常談論她，我是豎起雙耳，儘量多聽少言，只可惜很多資訊都是錯誤的，譬如梁開來，他當時任職知青黨部，跟臺大常有來往，他就說:「我跟張葳很熟，她外婆跟他們住在一起，常常吵架！」張大威也說過她的叔叔會功夫，總之荒腔走板。葳沒有等到結訓，在第二梯次結束的前幾天，她突然接到家中電報，云外婆過世，含淚匆促離營，我心裏想她家不會再吵架了，總計一個月，我跟葳沒有講過幾句話，我當時想以後恐怕也沒什麼戲可唱了。但光永很厲害，回台北之後，她主動約大家去看葳葳，人家外婆剛去世，我們大家情同手足，理該去慰問，那時葳家住公館附近，是一棟平房，有院子，他父母非常好客，個性也爽朗，只是我覺得有一點納悶，因為我主觀認為葳跟她的父母長得不太像，當時她妹妹君菡正在跟張步仁玩鬥劍的遊戲，兩人打成一團，我心裏想，這女孩子可真野，兩姊妹的個性完全不一樣，光永突然喊道:「你們看！葳葳跟她的妹妹長得好像欸！」我馬上輕聲回應説像個屁！後來有機會再看到她哥哥忠江及弟弟繼昊，我就更加迷惘了，怎麼這一家人一個人一個樣，但心中有疑問，口裏當然不敢説出，大體上我覺得繼昊像父親，君菡像母親。那時繼昊好像在唸初中，談吐老成，常識豐富，初見面時我對他的印象就很好。我感覺這一家人並不恐怖，離臺大又近，我又騎摩托車，因此就常去登門造訪了，她父親是留日的，精通日語，虧我還想得出，我開始跟他學日語，主要學文法，特別是日語動詞五段變化，居然他還肯教我，我就更有理由往張家跑了，當時張家好客，進出的人很多，直到現在我還弄不清當時那一些人的用意，也許我也算是張家不太歡迎的客人之一吧！這一場渾仗一直打到研三那一年的寒假，才稍有眉目，我們畢業旅行時才有了契機，或是說情況有了轉變，我跟葳是同年畢業，我拿碩士，她拿學士，當年我們兩班聯合出去畢業旅行，選定的地點是宜蘭太平山，那是一個很好玩的地方，坐纜車、小火車，加上欣賞高山森林湖泊，伊人同行，更是好玩，葳有一個同班女同學名文長徐，她每次都在後面大叫趙張葳，那時我追葳已逐漸明朗化，文的這一叫，不是在幫忙，我覺得反而是在幫倒忙，弄得我是怵目驚心，那一次旅行首次留下了我跟葳的合照，不過當時情況並不十分看好，葳似乎是有意拉開跟我的距離，旅行很愉快，心情很忐忑。不過回到台北之後，情形直轉急下，我打羽毛球，被一個研究生同學花俊雄的，用球拍擊傷臉部，登時瘀青，腫了一大片，直至久久方復原，葳立即來慰問我，從此兩人感情猛進，才算是真正的開始談戀愛。有一天葳突然說要告訴我一個秘密，她問我說知不知道有一位名傳道人寇世遠？我答以當然知道，葳說寇是她的親生父親，我才恍然大悟，解開了先前的疑惑為什麼她和家人都長得不一樣。經葳的安排，她帶我去寇家，那時寇家似乎住在安東街，我還記得那一天是我和葳兩班的畢業謝師宴，我穿西裝，葳穿旗袍，我們坐三輪車前往，當天寇家全部正襟危坐，迎候佳客，我第一眼看到她大哥寇紹捷，就覺得他長得像葳，這不獨是我的感覺，有一年，寇紹捷訪問西雅圖，葳偕友人去接他，當葳還在人群中找人時，友人一看到紹捷哥，就大聲叫道：「你哥哥來了！」Ga Ga（這是葳對她親生父親的稱呼，是福州話叔叔的意思）跟嬸嬸（葳的親生母親）很親切地跟我談話（有一段時間我們稱他們為 Ga Ga 及嬸嬸），我對穎太（葳的親生祖母）印象是一位極其慈祥的老人，除了穎哥在服兵役外，其他大哥、小敉、小丹、小涵、小恩每個人都見到了，這一次拜訪很愉快，寇家尤其高興我是一位基督徒。

在我談戀愛的同時，我還有一件很重要的事情待做，那就是我要準備研究所畢業，寫碩士論文，我不能被愛情沖昏了頭。那一年過舊曆年時，我曾偕葳一同去溝子口方先生的教堂拜年，故方先生已知我在談戀愛了，但他提醒我須及早完成論文。臺大歷史研究所慣例是要唸三年，主要是那一篇論文難寫，以那時我們的功力，用兩年來修學分及收集材料，最後用一年時間來寫成一篇約十萬字的論文，是非常合理的估算，我決定寫宋史論文時，最早先的計劃，是寫宋人疑經的問題，但進行時發現太難了，乃改成「宋代的田賦制度與田賦收入狀況」，那個時候沒有電腦，所有的資料都用撰寫卡片的方式，我跟方先生每週至少見一次面，經他批改過的論文，我還得重新謄抄，白天我到圖書館去查註及抄資料，夜晚則留在研究室寫論文，天氣漸炎熱，每晚我出去吃晚飯時，都燒一柱蚊香殺蚊子，回來後大開門窗（都有紗窗）讓空氣對流，然後我可以寫到深夜一、兩點鐘，每天的寫作速度均不同，慢則數百字，快則數千字，這樣辛苦了幾個月，終於完成論文，再去打字裝訂，然後聽候系裏安排口試，我的碩士口試有三位口試官，一位是系主任，一位是指導教授，最重要的一位是請自校外的主考官，考我的是趙鐵寒先生，在方先生的保護之下，終於有驚無險地通過了。謝師宴及畢業舞會，我跟葳都是雙雙出席，葳是個好女孩，跳舞是不行極了，我則跳舞算是高段，但那次舞會我們志不是在跳舞，而是志在參加，留下青春美好的回憶。接著是畢業典禮，葳的父母都來參加他們愛女的大學畢業典禮，我則忙著照相，大家都很愉快，當年我二十六歲，葳則是二十二歲，我們對於未來，有著憧憬及計劃，當時是洋溢著一片幸福。

畢業後的那一年暑假，我因為考臺大史研所博士班，對於找工作並不積極，系主任許倬雲先生介紹我到傳記文學去看看機會，我興趣並不大，但不妨去看一看，傳記文學的老闆劉紹唐先生是一個爽快人，他一眼就看出我的興致不高，他說：「你如果捨命來，跟定了我幹，當然是另一種待遇。這樣吧！算你來幫忙，我們彼此都可以重新認識一下，反正你隨時有高就，就隨時離開。」我可以不定時上班，按每小時計酬，我還記得我是做剪報及一些雜事，第一天上班時，他還對我做了一次小測驗，就是替他回覆一封信，是當時居美的一個記者趙浩生寫給他的信。這樣我就在傳記文學待了約兩個月，學了不少事，也交了劉紹唐先生這一個朋友，很久以後在劉先生去世的前幾天，我還曾在信義路上遇見過他，彼此並打了招呼。至於葳本也想考歷史研究所，但運氣不佳，後來查成績，是候補第一名，那一年許倬雲先生當歷史研究所主任，沒有取足名額，通常如果出於愛護學生的話，都會取足名額的，像我考的那一年，余又蓀主任就是採取足名額的做法，葳很氣憤，但不氣餒。我開始陪她另外找工作，她對於廣播電台的工作很有興趣，初試通過，複試被刷掉，我們當時都太天真了，其實這種考試，不同於學校考試，是沒有公平性的，主要看你的人事背景，我看到後來中國電視公司成立時，其招考人員，都是在比後台硬否！後來葳改到萬華國中去代課，她教得很愉快，但一個月後當事人要回來了，不過校長對葳的印象很好，主動要聘請她擔任專任教師，我想葳是臺大畢業的，又年輕，予人印象極好，但我們兩個人研商之後，決定不去，我們都是有大志向的有為年輕人，事實上我們的終極目標是想去美國，也許今天的年輕人不能了解，但那個時代的臺大人，的確是以放洋為人生的主要目標。

我唸臺大歷史研究所碩士班，時間約在1965年的秋天到1968年的夏天，這一段時間大陸開始發生「文化大革命」，起於1965年11月，姚文元在上海文匯報，著文開始批判吳晗所編的「海瑞罷官」一劇，指吳代彭德懷呼冤，繼而攻擊三十年代之左翼份子周揚、田漢等。戚本禹則批評史學家翦伯贊，毛派份子展開對電影、戲劇、音樂、舞蹈以及哲學、經濟學、歷史學、新聞、教育等大批判。1966年3月，以彭真為首的「文化革命五人小組」，提出「學術討論提綱」，毛派認為此乃「反毛提綱」，由江青在上海舉行文藝座談會，加以反駁。毛澤東並命林彪突然進兵北京，監視劉少奇，並以武力壓制反毛力量，旋即撤換總參謀長羅瑞卿，以楊成武代之，取消彭真之小組，由陳伯達、江青組織「中央文革小組」代之。5月，開始攻擊鄧拓、廖沫沙等所作之隨筆，斥為毒草，並將彭、鄧等免職。6月，開始組織紅衛兵，以「造反有理」為口號，在學校與社會中展開鬥爭，亂打濫毀，破壞古蹟文物，不少從事文藝之知識份子，飽受荼毒，人民之被虐殺，藝術品及書籍之被燬者，不計其數。而共黨各地幹部也有多人被捕、被殺，稱之為第三次大整肅。8月，中共召開八屆十一中全會，毛澤東利用「文化革命小組」成員及「紅衛兵」代表控制會場，以壓倒所謂「劉少奇、彭真反黨集團」，改組政治局、常委會、書記處，毛澤東重握大權，林彪成為毛的繼承人，國家主席劉少奇則類似囚禁。8月以後，毛又發動紅衛兵串連運動，向各級當權派進行批、鬥、改，提出反對舊思想、舊文化、舊習慣、舊風俗等，對共黨各級組織猛烈攻擊。其原因為劉少奇一派勢力，已在各級組織中生根，故毛澤東不惜利用年輕暴亂之紅衛兵，以打散劉的組織，共產黨素以組織嚴密，長於鬥爭，並以掌握有工、農群眾自詡，乃毛澤東發動指使於前，林彪以武裝支持於後，紅衛兵則如瘋如狂，到處騷動攻擊，總數達一千兩百餘萬人，擁至北京者亦達數百萬人，各級共黨組織在此一暴亂衝擊下，或屈服崩潰，或收買工農群眾反擊，各地文鬥、武鬥死亡傷殘者眾，共黨過去鬥人，茲則自鬥，紛紛擾擾。自11月，共黨各級組織已支離破碎，毛澤東又命「紅衛兵徒步串連」及「紅衛兵造反」，於是暴亂又進至各省城市，及工礦企業與農村，目的是徹底打垮劉派組織，即使對於共產黨而言，也是反動落伍，達於極點。

1967年1月，中共毛派開始所謂「一月革命」，對反毛派更加緊打擊，并命令共軍參加「文革」。2 月，又提出「三結合」之口號，即由共軍、造反派代表、原有領導幹部，三者共同組織革命委員會。此一「奪權、掌權、用權」活動，武鬥甚為激烈，各地參加群眾數千萬，彼此皆以「紅衛兵」為名，互相打殺，甚且搶奪共軍武器，用以混戰，死傷無數。7 月，毛派因提要揪出「軍中一小撮」口號，引起共軍不滿，武漢幾起大衝突，當時毛派紅衛兵在武漢與「百萬雄師」之紅衛兵發生衝突，又與共軍衝突，毛派謝富治、王力赴武漢，竟被軍區司令陳再道拘捕，一時幾發生大內戰，毛派見勢不佳，開始軟化，諉過於王力、關鋒等，予以拘辦，一面又與周恩來結合，於 9 月 5 日發出「九五命令」，收繳武器，停止武鬥，加強軍管，不許與共軍衝突，并制裁毛派中之極左派，以安撫共軍，形勢始漸緩和。對周恩來、陳毅之「國務院鬥爭」，至十月以後，也趨於緩和。8 月，毛派繼續在上海、山西、山東、貴州、黑龍江、北京、青海、內蒙、天津各省市組成「革命委員會」。毛澤東以暴力佔領北京，江青以「中央文革小組」指揮一切，國家主席劉少奇已成囚俘，除自我批評，企圖免死外，已無反抗能力，唯中共內部仍有不服毛、江之專橫暴戾。1968 年 2 月，周恩來系之譚震林，曾力謀為劉少奇、鄧小平翻案，毛稱之為「二月逆流」。3 月，北京地區司令員傅崇碧至中央文革小組捕人，與江青衝突，毛、江責成林彪處分，於是總參謀長楊成武及傅崇碧均遭免職。三方內鬨日形激烈，毛澤東強調「革命三結合」，力謀毛、林、周三方團結，然各地仍然武鬥不斷，互相攻擊，各省組織分為「革命委員會」、「革命委員會籌備小組」、「軍事管制委員會」三種，原有之省級黨政機構，多被打散、打垮。毛澤東與林彪對此混亂狀況，乃接見各地擁有武力之大批軍隊幹部，竭力拉攏，各地更形成武力割據。

1968年5月1日（勞動節），中共在北京天安門舉行群眾集會，出場人物為「中央政治局常委」毛澤東、林彪、周恩來、陳伯達、康生、朱德、李富春、陳雲等八人；「中央文革小組」江青、姚文元、張春橋三人;「中央政治局委員」董必武、陳毅、劉伯承、李先念、徐向前、聶榮臻、葉劍英、李雪峰、謝富治等九人;「中央軍委」黃永勝;「軍中文革小組」吳法憲、葉群、李作鵬、邱會作、劉賢權、汪東興等六人。共為二十七人,原本在中央政治局的劉少奇、賀龍、鄧小平、陶鑄、李井泉、譚震林等都被鬥倒。中共為加強控制起見,設十個中央一級軍區,三個直轄省軍區,中央軍區計分北京、南京、武漢、蘭州、成都、內蒙、新疆、西藏、瀋陽、廣州,負責人是鄭維三、張春橋、曾思玉、梁興初、滕海清、王恩茂等新進軍幹,海軍則蕭勁光、蘇振華、李作鵬、張秀川等,空軍則為劉賢權等。1968年10月13日至31日,在北京召開中共八屆十二中全會,會中組成「毛林集團」,以「整黨建軍」為口號,對劉少奇等進行激烈鬥爭,指劉為叛徒、內奸、工賊,永遠開除共產黨籍,新權力核心為毛澤東、林彪、周恩來、陳伯達、康生、江青、張春橋、姚文元、謝富治、黃永勝、吳法憲、葉群、汪東興、溫玉成等。文化大革命進行到最高潮,紅衛兵彼此殘殺,極為慘酷,尤其是知識份子受到空前的侮辱及虐殺,我生長在台灣,真是幸運,是在毛澤東思想的鞭子之外成長。直到我臺大碩士班畢業時,文革仍在進行中,方興未艾。

文化大革命不獨是中國歷史發展中的一個大悲劇,更是一個逆流,對於我們學歷史的人來說更是刺眼醒目。蔣介石特別為此而成立了中華文化復興委員會,我們這一代都身歷其境。如今大陸早已反省與改變,我們曾多次去大陸,也和許多在美國的大陸人談敍,大家都明白與同意那是一段荒廢了20年的歷史。如今上海到處都有「尚孔教育」四字,但台灣卻是去中貶蔣,更改教科書,使我們學歷史的人相當迷惑。

臺大的歷史系,一向走高調,明言不以培養中學老師為目的,而以研究或培養大學師資為目標。我唸完歷史研究所之後,了解到作為一個史家並非易事,我們所受的訓練,頂多是一個成為專業歷史工作者的預備階段，研究歷史是一個長期的工作，要不停地寫論文，甚至寫書，除了敘述之外，更要有觀點，積年累月，或能成一家之言，方是一個歷史學家。我的研究所生活已完全不同於大學時代，已經很少跳舞，完全不打撞球，生活有目標，努力有方向，不像唸大學時像一隻無頭蒼蠅。由於碩士論文是寫宋史，宋史基礎的書，我都大致讀了一遍。除了唸書之外，也參加許多研討會，校際的宋史研討會我是經常參加的，所內我們同學之間也有小型研討會，在逯耀東的鼓勵之下，我們甚至參加全台灣的史學會，並提出論文。

十二、從訂婚、結婚到為人父

俗語:「人生事不如意者，常十居八、九。」以前讀沈復《浮生六記》時，常同情作者，沈復在「坎坷記愁」中曾說:「人生坎坷何為乎來哉？往往皆自作孽耳。余則非也！多情重諾，爽直不羈，轉因之為累。況吾父稼夫公，慷慨豪俠，急人之難，成人之事，嫁人之女，撫人之兒，指不勝屈，揮金如土，多為他人。余夫婦居家，偶有需用，不免典質，始則移東補西，繼則左支右絀。諺云:『處家人情，非錢不行。』先起小人之議，漸召同室之譏。」我對沈復的話，深有感觸。在1968年的時候，我們家的情況是稍有好轉，從北投搬出後，搬到南勢角的房子是自己買的，五房兩廳，房間不大，但每人都有專屬自己的房間，祖母住在樓下不必爬樓，我的房間最大，父親已有為我可能結婚時先做預備了，但全家六口食指浩繁，麟書唸私立東吳大學，台書唸中學，父親的負擔仍重，他每天到新店上班，隔幾日就要去看病，又吃中藥，遍訪名醫，治療肝疾。我個人的情況稍好，已可獨立照顧自己，當時我跟父親都有共同的毛病，就是想另謀生計，發一點小財，可惜父子同樣無功，且父親頻遭騙子，投資生意無一樣成功。人謂坐吃山空，其實坐吃不一定山空，坐玩生意如不順利則一定山空。我的毛病是出在淡水淡江文理學院（那時候還沒有淡江大學）旁看中了一塊地，夥同朋友集資，蓋一棟四層樓房，樓下開餐廳，樓上租給學生住，我還作了很詳密的計劃，開始時進行順利，我拉了很多朋友入股，其中主要合作的對象是台中夏令營25兄弟中的段克勝，而這25兄弟中大部分的人也被我拉下水了，克勝那時還在淡江唸建築系，為人熱誠，對我很尊敬，我們合作還算愉快，問題是我們兩個人都無經驗，房子雖是蓋起來了，但欠缺管理，首先餐廳因經營不善倒了，不過房租還是繼續有收入，但我們都抽不出時間下海管理，段要到美國去唸書，我又要唸博士，我終於明白我不是一個生意人，因放不下身段，最後我們放棄經營權，轉讓給別人，我跟父親不同的是，我的事業雖然失敗，但並沒有虧錢，靠房地產上漲，我還小賺了一點。

葳的家庭可能跟我有同樣的問題，他父親在台北市市立大同中學教國文，也是吃公家飯的薪水階層，下面兩個孩子正唸中、小學，忠江兄雖已大學畢業，但正是人生開始起步創業之時，或許跟我的情況差不多，已能獨立生活，自養有餘，贍家不足，如今葳甫自大學畢業，謀職就業，覓一份安定工作，贍家反哺，資助弟妹就學，這種想法均為人之常情，如今我年齡漸長，自能體諒與理解，何況她家當時迄無購屋，都是賃屋而居，彼時也遷離公館，搬至永和。問題出在年輕人多自私，不願犧牲自己，二十多歲的我跟葳，雄心壯志，恨不能翱翔而飛，總覺得被家庭及老人的觀念拘羈，因有老人不了解我們之嘆，以我為例吧！如不是家累，我早就準備到美國去了。年輕人與老人思考點不同，因而行事就不同調，且易生誤會。1968年秋季，我已進入臺大博士班就讀，研究費及獎學金均增加，葳雖未正式找到工作，但留在廣祿老師、李學智先生的滿文研究室擔任助理，月薪甚薄，唯工作性質不一樣，有時間看書，最主要是我們兩人均有長遠的想法及計劃，既有遠謀，就不會計較近利了。

1968年的下半年以後，我跟葳已陷入了熱戀，我在臺大歷史系唸書，葳到臺大總圖書館後樓的滿文研究室上班，我每天騎摩托車從南勢角出來，先拐到永和接葳，然後兩人一同順路到臺大，我們形影不離，誠如《浮生六記》中，記三白與芸娘：「自此耳鬢相磨，親同行影，愛戀之情有不可以言語形容者。」熱戀之餘，當然想到結婚，在年齡上我們也適婚了，當時研究所中，也瀰漫著一股趕結婚的潮流，先是何烈，繼而徐泓，大家的經濟條件都不怎麼好，但婚還是要結的，由於長輩跟我們的想法不一樣，所請不准，就要抗爭。一場大戰開始，由葳出面力爭，本來進行得很平和，但後來卻把問題弄得很嚴重，此實非我本意，也許她家認為是我在鼓動，其實我還勸葳不要走極端，在要爭結婚這一件事情上，我跟葳兩人始終都是一致的，葳認為她父親這麼寵愛她，理該答應她嫁人，且富貴在天，好歹我們自己負責，可能導致僵局發生的另一個原因是寇家，憑良心說，當時張家的確誤解了寇家，我們在張家得不到好臉色，自然就常往寇家跑了，Ga Ga 與嬸嬸都極力支持我們儘快結婚，至少在當時我覺得在寇家是得到了公平與關懷，不過我跟葳都明白養育之恩是重於生育之恩的，我們仍力求張家的同意，也就是張爸爸攙扶送葳進結婚禮堂是不能缺的，但雙方都有誤會，且在氣頭上，有一次張媽媽跟我說，你們可以叫寇家出來替葳辦認祖歸宗，這一句話嚴重地刺傷我，直到今日我仍未忘記這一句話，故我跟岳母的關係有一段時期極不好，倒是父親安慰我說，這是人之常情，如若我的妹妹仍在時，她若嫁人，父親也會這樣的。父親設法跟張家溝通，主要是由姨丈來進行，談判終於有了眉目，岳父堅持要下一年才能結婚，也就是1969年，姨丈很技巧地把結婚的日子訂在元月二日，說是大吉日，我對於要拖到次年才能結婚這一件事，極度的不滿，甚至計劃去公證結婚，因我原來的構想是九月十七日，秋高氣爽之時擇吉日結婚，而他們答應9月17日可以先訂婚，我的憤怒溢於言表，父親與姨丈極力勸導，我仍憤憤不平，在當時我是非常不諒解張家的，而且我發誓決不讓自己的兒女以後結婚時，再要經過訂婚這一道手續，這些都是當時的氣話，不過我對於訂婚這碼事，還是覺得勞民傷財，全無意義，能免則免。

1968年9月17日，我在重慶南路的某一家飯店，與葳訂婚，似乎是請了六桌，已記不得了，都是至親好友，寇紹捷自告奮勇幫我們照相，但不知道是何原因？全部失敗泡湯了，只有一張幻燈片，可能是Ga Ga 的相機所攝，後來我把它翻印加洗，故我的訂婚照只有一張，此事對我的教訓，便是需有預備的計畫，且遇到重要的事，必須至少雙組搭配來作。我對於被逼到元月冬天才結婚這一件事，心中一直耿耿於懷，不過日子聽岳父的，其他的就要聽我們的了，我決定結婚要在教堂舉行，這一點寇家非常高興，因他們的女兒終於嫁給一個基督徒了，且是一個信奉基督教的家庭，我們也決定暫時住在南勢角家中，一切省事、省錢。雖然儘管氣歸氣，禮不可廢，我也是按規矩以未婚女婿的地位，參予張家的活動，慢慢認識張家親友，不過有一件事情我卻是常放在心中，深覺不平，那就是內兄張忠江與嫂嫂張曼麗於9月15日結婚，我覺得你兒子就可以早結婚，為何要把我拖到三個月後？還有硬是不准我參加忠江先前的訂婚儀式，說是我還沒有名份，儘管不久後我與葳也就要訂婚了，當時我深覺這些全是奇怪的規矩，且是有點故意整我，加添了我的心中不悅。

1969年的元月二日，我跟葳終於結婚了，我還記得那一天的天氣非常陰冷，給人不太舒適的感覺，一早我由家中出發，先去永和永利路接新娘，男儐相段克勝陪同我前往，禮車是借自調查局局長沈之岳先生的座車，女儐相是葳的寇家妹妹小敉擔任，我們四個人同車至羅斯福路三段信友堂長老教會，由陳維屏老牧師福證，老牧師當時九四高齡，司會則是由韓時俊長老擔任，韓老先生是後來國防醫學院院長韓偉的父親。觀禮的人很多，葳由岳父攙扶進入教堂，他面色凝重，我則欣然恭迎新娘，父親坐在第一排，Ga Ga 則坐在最後一排，他們兩個人的心情恐怕是百感交集，父親是兒子娶媳婦，心中一片欣然；另一個父親本該是由他攙扶女兒進禮堂的，但卻換成了別人，或許心中會有點悵然。我是一個思想保守的人，教堂的氣氛肅然，使得婚禮莊重，我力主在教堂結婚是正確的。婚禮舉行完畢之後，就是照相，我們朋友眾多，故花了很長的時間，由於訂婚時的照相，沒有照成一張，所以這次結婚的照相，我請了兩位朋友幫忙，還照了一套全部彩色照，在那一個時候尚不流行彩色照片，故彌足珍貴。晚上的喜宴是設在實踐堂樓下餐廳，場面盛大，開了六十桌以上，賓主盡歡。喜宴後本以為會有人來鬧洞房，但預計的兩幫人都沒有來，一幫是我研究所的同學，後來聽說他們當夜集體趕到獅頭山去玩了，另一幫就是「雁行」（我們為台中夏令營兄弟們起的名字），但他們也沒有來，我白擔心了一場，可能跟天氣陰冷有關。當晚或許葳有一點不習慣，因離開了自己的家，到了別人的家，還不算是我們兩個人的天地，而我的父母就住在隔壁房間，其窘迫可知。

次日（元月3日），繼續陰冷有雨，清晨有一約五、六歲小女孩來敲門，長得清純可愛，以後才知是顧漢臣的大女兒，送來一件毛衣，云是張爺爺（岳父）叫她送來的，還附有一張小紙條，大致的內容是天冷送衣之類的話，當時我不是很懂岳父的意思，葳則撫衣大哭，我則不知所措，我猜想岳父送衣，可能有兩個涵義，一是按規矩嫁女兒之時，在幾天之內，不可以到女婿家，以往每天都見到女兒，如今突然不見女兒了，當然思念，故送衣以抒私情；二是表示他們現在顧家（顧家也住南勢角），或許你們是否願意來看看他們？我卻覺得那有新婚次日就往人家跑的道理！為了籌備結婚，勞累數日，正需休息，事實上再過兩天新娘就歸寧回娘家了，到時候我們再一起去岳家，豈不名正言順，更加快樂的一件事嗎？從這一件事就可知我跟岳父的想法完全不一致，總因誤會皆由此起。元月2日這一天還發生了一件很可怕的事情，就是有一架飛機，由台東經大武山區飛往高雄時，不幸撞山失事，全機的人都罹難，我還記得報上登載有不少日本人死在機上。

我跟葳有蜜月旅行的計劃，原先的構想是環島一周，由台北出發，坐火車北宜線，到宜蘭、羅東玩玩，再經蘇花公路到花蓮，體驗一下清水崖的驚險，到花蓮則遊太魯閣、天祥等橫貫公路的壯麗景色，這些都是當時有名的旅遊景點，從花蓮到台東我想坐窄軌的小火車，看一下有名的花東縱谷，然後從台東坐飛機到高雄，再一路玩回台北。我們原訂在元月1日時結婚的，還好姨丈看黃曆説1日是凶日就將結婚日子改在元月2日了，避開了搭2日出事的那班飛機，真是感謝主的保佑。我們改成歸寧後才出發。這一次飛機的失事使我嚇呆了，但蜜月旅行還是要去的，於是一律改坐火車及公路車，並且繞反方向行，先到高雄。人的確是講命運的，如果去年9月17日訂婚的那一天就結婚的話，則什麼事都沒有，如今到了元月才結婚，幸虧命大，變成了離危險是那麼地近。我把計劃稍作改變，不再坐飛機了，而改成由西向東走的方式，先坐火車走縱貫線南下至高雄玩，我們遍遊高雄澄清湖、愛河、壽山等地，並見了葳的朋友謝傳剛及我的朋友朱啟明，我還跟葳到墾丁公園去玩了一趟，在1969年代，墾丁公園的遊客尚不擁擠，因跟著 Tour 走，所以上山、下海，遍遊各勝景，攝影留念。離開高雄之後，再從楓港轉向東，坐公路局汽車經南迴公路，繼續到台東，這一段高雄與台東之間的路程，原先我們是計劃坐飛機從台東向高雄飛的，幸虧躲過了這一場災難，從此在台灣的任何行程，我都不坐飛機。在台東火車站前，我理了一個髮，葳則洗了一個頭，我們曾問理髮小姐：「台東有何名勝可去？」她們說有一知本溫泉很有名，我跟葳商量之後，決定還是當天趕到花蓮，以花蓮為主要遊覽地，那一個時候，花蓮與台東之間還是小火車通行，軌道比現今的為窄，整個鐵路是經由花東縱谷，我們選擇坐小火車到花蓮，主要是看花東縱谷究竟是什麼樣？其實就是緣溪行，但溪中無水，只有石頭。我們到達花蓮已是晚上，休息一夜，次日參加 Tour，看阿美族的歌舞、參觀大理石工廠，最後高潮，便是遊太魯閣到天祥這一段橫貫公路，鬼斧神工，景色秀麗，我們拍了很多相片留念。離開花蓮之後，經由蘇花公路到蘇澳，又是別有一番景象，蘇花公路一邊是峭壁，一邊是臨太平洋的懸崖，驚險中帶著美景，我特別注意經過清水崖那一段，那一個時候蘇花公路仍是單線通車，我還記得進入蘇澳時是一個下坡，從山上看蘇澳港一清二楚，景緻非常漂亮，原先我有意在羅東一帶，舊地重遊一番，但當時不知為什麼原因，心中突然感到有一點忐忑不安，加之出門久了，覺得該趕回台北，於是跟葳商量之後，我們在蘇澳轉車直接回到台北。回家之後，才知道父親因病急診住入馬偕醫院，時間就在我們南下蜜月旅行時，本來他們要設法通知我們，但一以我們在旅行中，聯絡不便，二以他們覺得還是不要打斷我們的蜜月旅行較好。我們立即到馬偕醫院去看父親，房門口是貼著病危的紅色卡片，我見了主治醫師，他說父親因肝疾導致靜脈曲張，也就是內臟的靜脈破裂，產生大量出血，醫生說這一次雖是止住了，但不能再有下一次，醫生且說父親的生命可能不超過四年，以後確是不幸而言中了。我當然不敢完全稟知父親，他說看到我回來之後他就覺得心安了，於是我建議父親提前辦退休，以便全心在家休養。

《浮生六記》中曾記：「後家庭偶有閒言」；「遂并失愛于姑矣」。我們結婚後不久，葳就提議要搬出去住，其實此事我有很大的責任，試想突然搬到一個從不相識的家庭居住，且又是大家庭，葳自是相當地不習慣，導火線起因於我，因年少氣盛，復因雙方誤解，在結婚前後，我就跟岳家有一些誤會，因此口有嘖言，祖母一向寵我，見我不悅也起而幫腔，問題是有些話我可以講，但他們不能說，父親就比較有智慧，不會跟媳婦衝突，但祖母則無此修養，當祖母批評岳母時，葳不能忍受，就吵著要搬出去住，最後我們終於搬出去住了一段時日。搬出去住是各有利弊，好處是自己有自己的天地，這豈不是我們的結婚理想目標嗎？我們請客時可以自由邀約朋友，不受拘束地高聲暢談，岳家也可以自由地來看葳，壞處是我不孝，等於拋開有病的父親及年邁的祖母，而且增加生活開支，我當時仍是研究生，研究費及獎學金不敷用的，葳在滿文研究室擔任助理，薪水也是少得可憐，何況又要一部分主動給岳家盡孝，現在想起來，當時真是年少不知愁，膽量過於大了。我騎著摩托車帶葳到處找房子，大多是滿意的我們出不起錢，便宜的我們又不滿意，最後在嘉興街鄰近和平東路及基隆路三段的地方，找到了一層兩房兩廳的地方，租金尚算公道，樓上鄰居是一對帶有小孩的夫婦，對我們很好，時常照顧我們，先生似乎在一公家機構開車。剛搬到新居時，我們很興奮，添家具買東買西，佈置得像一個家了，我們開始有自己的天地，同進同出，早上一同到臺大，葳到滿文研究室上班，我則到歷史研究所上課，我們雖貧窮但感到快樂，只是除了一件事，那就是我年少氣盛，一些小問題導致我跟葳常起爭執。葳已懷孕，肚子一天一天地大了，為了即將出世的寶貝，葳連生病時都不敢吃藥，由於二姨奶奶的媳婦堯嬙介紹，我們請臺大醫院的婦產科醫師陳源平教授為我們的特約醫師，這樣一切都安心了。

我結婚後不久，父親因身體有病，就辦理退休了，他領到退休金之後，又犯了老毛病，去做生意了，從開醫院到貿易行，無一不虧本，這不能怪父親，因他謀生財之道，也是為了這個家，但父親浸於虔誠的基督教信仰，對於生活一直持樂觀態度。我身為長子，對家本有責任，但賃居在外，也等於是逃避責任，故內心常感不安，當時年輕，不太明白事理，心中常怪東怪西的。不過因葳懷孕，我即將要為人父，心中著實充滿了喜悅，我跟葳共同逛中山北路的晴光市場，添購寶寶的衣物、奶瓶等，也就暫時忘記了一切煩惱，到了八月底，葳感到陣痛，我送葳到臺大醫院，在陳醫師接生下，亦晨終於呱呱落地，葳早引唐詩，王維的「渭城曲」:「渭城朝雨浥輕塵」，替寶寶取名浥塵，但算了一下筆劃吉數，取其同音，故名亦晨，那一天我真是興奮，一直守候到凌晨，方知葳生一男，當時有一個跟我同時守候的人，他的太太跟葳同時生產，他問我是生男孩抑是生女孩？我答以男孩，他連說恭喜！我問他是生男孩抑是生女孩？他答以是女孩，我竟說不出話來，我也真是有一點惡劣，但我是自己高興過了頭，竟不知如何來應對別人。清晨我疲累之極，但還是叫了一部計程車，先到張家報喜訊，再到我家向祖母說她添了曾孫，全家都很興奮，自民國四十年(1951)台書出生以後，趙家再添人口，亦晨的出生給父親帶來了極大的喜悅，父親的晚年生活就在含飴弄孫之下，圍繞著亦晨，忘卻了一切的煩惱。次日，我到嬰兒房去看小傢伙，我經過玻璃窗口，從外向內看，大部分的嬰兒都在啼哭，亦晨的位置正擺在窗口旁，但小傢伙沒有哭，正睜大眼睛，循聲張望，模樣可愛，這是我初為人父之後的一個明顯感覺。葳住三等病房，因為省錢，同時我身為臺大的學生，眷屬住醫院也有一點優待，一個星期後，葳出院回家坐月子，我毫無經驗，一個「慘」字，吃的東西偶有趙、張、寇三家送來，但還是得自己去做，洗尿布是一件苦差事，葳月子裏的那一個月，常括颱風，尿布來不及陰乾，只有用火爐來烘乾，又怕有細菌，我還買了一個大鍋子回來，天天煮尿布消毒，幫嬰兒洗澡是極苦的事，所幸岳母每天來幫忙，使我甚為感動，因此盡棄前嫌，從此大家和睦相處，除了吃當時頗時髦的奶粉「嬰兒美」之外，葳也決定餵母奶。月子是撐下來了，但帶著嬰兒如何上班及唸書呢？加上經濟也感困窘，於是我跟葳商量之後，決定再搬回南勢角家中，搬走時嘉興街的房東還刁難，因租約未到期，房東不肯退還押金，托人好說歹說都無用，最後溝通的結果是我必須幫他找一個新房客，一切順利，貼紅紙吉屋招租後不久，就有一個太太來表示要租此屋，其實地段很好，房子一定租得出去，只是房東一定要跟我這一個窮學生為難，他後來也沒得到好報，因租得倉促，聽說那一個太太經常付不出房租來。

回到南勢角之後，祖母、父親、母親都很高興，我跟葳在趙、張、寇三家的兄弟姊妹一共有12人，下一代亦晨排行最大，當時亦晨的曾祖母輩有三人，我的祖母是老太太，葳的寇家祖母是祖太，葳的外婆是祖姥姥，亦晨有一個爺爺、一個奶奶，兩個外公、兩個外婆，這麼多人呵護，真有福氣。滿月酒是請在當時車站附近的「狀元樓」，父親取其音請客，是希望這個孫子長大真的能成為唸書的狀元。跟家裏人同住的好處是有一個照應，我當時每天上課固然忙碌不堪，而葳也換到故宮博物院去上班了，本來滿文研究室很好，但待遇菲薄，且工作不是正式的，沒有保障，家中添了亦晨之後，亟需錢用，於是經廣祿老師的介紹，葳到故宮博物院圖書文獻處去工作，故宮藏有大量的滿文檔案，葳終於覓得一個本行的工作，圖書文獻處處長昌彼得先生對她不錯，葳在故宮博物院工作長達十年，1979年因到美國西雅圖華盛頓大學唸書，方才離開故宮。我們回家住，衣食不用調理，白天亦晨由祖母、父親、母親三個人盡心地帶，我們安心出去上學、上班，不過也有不自由的地方，夜晚小孩啼哭時，依照書上說啼哭有時也是一種呼吸運動，不到聲嘶力竭時可以暫不理會，但父親聽到亦晨啼哭時，只要我們不立即處理，父親必起而敲我們臥室的門。隨著亦晨逐漸長大，他給父親帶來了極大的歡愉，父親在晚年時，對我是非常的滿意，一方面是我能唸書，補足他內心的缺憾；另一方面是亦晨這個孫子帶給他對生命有了期望及心情上無比的歡欣。亦晨小的時候非常善良與乖巧，我是年輕得子，脾氣較爆烈，故管子嚴格，幸虧父親補上了我的缺點，他對愛孫極有耐性，父親是由他的祖父一手帶大，故他對如何做好祖父這一個角色，做得很成功，父親對這一個孫子的愛遠超過我這個做父親給兒子的愛，父親逝世之後，我才逐漸醒悟自己的角色，我常覺得在父親去世之後，我自己才真正的成長了。

在趙、張、寇三家同輩之中，我是最早成婚得子的人，所以亦晨也是他這一輩中最長者，這是福分。當時三家的重心都在他身上，每次有結婚、生日慶典，亦晨都是大家的注目重點。祖母重男輕女，更是視其為命根子，亦晨小時候聰明，知道順序大小，常藉老太太之力整爺爺，但爺爺也樂於被整，爺爺高興這孫子聰明。但教導主權還是在我與葳的手中，亦晨在成長的過程中，未被溺愛，輕重得宜，但亦晨欠缺我的霸氣，不過這不見得不好！

十三、赴日本留學

1. 緣起及韓國之行

自大學畢業以後，我一直都是以赴美唸書作為自己未來努力的目標，從未想到自己會赴日本留學，我之所以最後決定赴日本唸書，是受到博士班學長逯耀東先生的影響。1967年臺大決定設立高級歷史研究所，也就是在歷史研究所頒授博士學位，當時歷史研究所主任許倬雲先生為提高歷史研究水準，及提振學習士氣，準備送臺大博士班研究生出國研習一年，他首先向「中美人文社會科學基金會」申請了一筆錢，然後擬訂辦法，最後決定在臺大歷史研究所博士生當取得 Ph.D. Candidate（博士候選人）時，可以申請此一獎學金出國研修一年，可能主要的目的在給博士候選人出國收集資料，為撰寫博士論文做準備。整個計劃在當時確是一個創舉，第一位被送出去的便是逯耀東先生，逯當時是臺大歷史系的講師兼博士研究生，他是第一個依此計畫被送出去的博士候選人，逯當時是所有研究生中最高年次及最年長者，他的行止及想法對於我們都有一定程度的影響，最後他選擇了去日本京都大學進修。在那一個時候臺大歷史系的學生，多半是去美國進修，雖然也有一些學長去東京大學唸書，但基本上我們對於日本的學界並不是很清楚，尤其是對於京都方面，幾乎完全陌生。逯之所以選擇去日本，可能有兩個原因，第一，逯的博士論文題目是魏晉史學史，尤其是三國志的裴松注研究，以他的了解，在歐美方面無此研究，倒是在日本有關六朝史的研究，已成系統之學；第二，逯在香港新亞研究所唸過碩士，而新亞方面前後同學有許多人都到過或正在日本唸書，因此逯對於日本學界有一定程度的了解。逯到京都大學以後，一直有信給我們，詳細介紹了京都的歷史界，大体上逯的看法是我們治中國史者，可以來日本，且應該來日本，我受其影響及建議，乃有了去日本的想法。我跟阮芝生兄同一年進博士班，我研究的方向是宋代農業史方面，他的專題方向是中國史學史及研究司馬遷思想，逯建議我去京都大學大學院，而阮則是去京都大學人文社會科學研究所，以我後來的了解，京都大學大學院東洋史科是一個單位，而京都大學人文社會科學研究所又是另一個單位，不過兩者都屬於京都大學。我因治農業史的關係，常向當時臺大植物系教授于景讓先生請教，于先生是留日的，畢業於京都大學，他有一位同學藪內清教授，是京都大學人文社會科學研究所的教授，藪內清的國際知名度相當高，原是物理學博士，治中國科技史，《天工開物》日譯本及《宋元科學技術史》均為其代表作，有日本李約瑟之稱，于先生自告奮勇寫信給藪內清教授，但藪內清退休了，依日本的慣例，通常退休教授不再收新學生了，所以當我正在徬徨時，逯來信云，大學院東洋史科主任教授佐伯富先生願意收我做學生，佐伯老師治宋史，且長於宋代社會經濟史，方豪老師及許倬雲老師都贊成我去跟隨佐伯富學，因此我就決定去京都大學大學院了。

在我通過各種博士候選人的考試之後，我接受了中美人文社會科學基金會聘人給我做的 interview，都用講日語的方式進行，專科日語方面是由陳其祿老師口試，而一般日語方面則由曹欽源老師口試，所幸順利通過。就可辦理出國手續了，我以臺大在學的身分出國唸書，在當時尚無前例，逯耀東出國時，因具有講師身分，可以從學校人事室替他辦理出國，而我只是學生身分，於是訓導處與教務處破天荒的以學校名義替我行文教育部，而教育部也創例地核准，再到日本大使館申請簽證，那時台灣與日本尚未斷交。一切辦妥已是1970年的元月了，基金會的獎學金給我來回飛機票，少部分買書錢可以報銷，每個月的生活費是美金兩百元，在1970年代，這個數字差強人意，那一個時候領取日本政府獎學金的台灣公費留學生，每個月的生活費也大約是這一個數字。由於出國一趟不易，很多人建議我順道往韓國一遊，葳於1967年時，也以學生身份曾代表臺灣大學去過韓國一次，基金會同意我增列經漢城的行程，我記得出發的時間是春天3月2日，這是我生平第一次出國，親朋好友很多人都來機場送行，那時候仍是松山機場的舊大廈，但辦出關手續時，我出了一個大紕漏，原因是在威權時代凡出國者，必須同時申請護照及出境證，而出境證在旅客出發前一日，必須交由航空公司向警備總部出入境管理局申報，這個規定雖然荒唐及荒謬，但在那一個時代卻是一項法律及規定，我預定是坐大韓航空公司由台北飛漢城的班機，這是葳的韓國乾姐崔晃子幫我以折扣價買得，因我第一次出國，航空公司有責任提醒我，面對這樣的疏忽，我很可能被處分當天走不成，這麼一來全部的行程都亂了，所幸 Ga Ga 即時為我打了一個電話給當時的警備副總司令阮成章將軍，阮將軍是 Ga Ga 的教友也是好友，經他協助，我才能及時登機。這也是我第一次坐飛機，是一架小飛機，乘客不多，只有三十幾個人，我的座位靠窗口，旁邊沒有人，單獨坐著，我在機上只喝了一杯鳳梨汁，機外一片雲海，但飛行平穩，沒有嘔吐，飛機降落時，可能由於氣壓陡降，我的兩耳感到疼痛，同時機身也顛震不已。飛機抵達漢城金浦機場時，我的錶是下午五點十五分，但韓國時間已是下午六點十五分了，這是我第一次經驗到時差。出海關時，我像鄉下人進城一樣，因緊張而手忙腳亂，韓國的海關檢查甚嚴，韓國留華同學辛勝夏親自來接我，我們坐計程車進入市區，一路上他不停地為我介紹，但天色已昏暗，看得不是很清楚，不過我還是有一些感覺，我覺得漢城有四個特色：(1) 馬路寬；(2) 街旁店鋪無騎樓；(3) 店鋪招牌無漢字；(4) 交通也亂。抵達辛家頗費了一點時間，他家似乎是平房，坐落在山坡前，我下車時滿地都是雪，因當天漢城天氣陰冷下了雪，晚餐是韓國式的，第一次嚐到了又酸又辣的韓國泡菜。晚上睡在炕旁（底下燒火），被子亦厚，故不感覺到冷，次日清晨七點即起身，天已放晴，但屋外一片白茫茫的，因昨夜整晚下雪，整個路上、山上、屋頂上都是白顏色，煞是好看，早上我跟辛勝夏踏雪出門，雪有數吋厚，在剛下完雪時，感覺上還不頂冷，但是我第一次在雪上行走，卻差一點滑倒。我們第一站先到高麗大學，坐公車去，漢城的公車不賣票，而是上車付錢，公車可以邊走邊停地沿途兜生意，搭一次韓幣 25元，當時僅折合台幣 2.5元，一元台幣約折合十元韓幣。我在高麗大學照了不少相片，拜訪亞細亞研究所，參觀高大圖書館，高大的建築歐洲風味很濃，像是一座座的古堡。我先拜訪了所長金俊燁教授，他的中國話流利，且帶有南京口音，他原讀過南京中央大學，後又繼續讀臺大歷史系畢業，跟陳捷先先生是同班同學，似是1956年臺大畢業。繼而拜訪崔晃子的乾爸高麗大學大學院院長鄭在覺教授，鄭教授能說流利的日語，相貌威嚴，很有學者的樣子及風範，我們談得很愉快，完全由辛勝夏擔任翻譯。中午在高大的教授餐廳，與辛勝夏還有留華同學李春植一同吃西餐，下午隨辛勝夏到市區換韓幣，然後開始觀光，坐計程車（起程是韓幣80元）先到德壽宮，從大漢門進入，看世宗大王銅像（此人創造韓國文字）、中和殿（召見大臣的地方）、寢宮等，最後到附屬的博物院，藏有銅器、白磁、青磁、畫及佛像等，還有史前之石器，我跟辛勝夏討論了許多韓國古史的問題，我們均認為必須仰賴考古學、社會學等新的輔助科學研究方法，方不致於有偏差。看到了韓國東部所出土的石器，也使我覺得對韓國的古史，有新的認識及看法。另外韓國出土的銅器較中國晚多了，多屬韓國的三國時代（相當於隋唐時）。隨後又至景福宮，宮殿更大，我們從建春門進入，看到日本人移去的大理石石塔，隨即進勤政殿，非常高大巍峨，當時我覺得頗似照片中北平故宮的風味，後又至慶會樓（韓王宴客之所），新蓋的博物館（有日本風味），花園很大蠻漂亮的。大門叫光化門，但與勤政殿之間，有一棟歐式建築的政府大廈橫亙其間，這是日本人搞的鬼，用意在破壞氣勢及風水。然後至社稷公園，這是李朝向土神公祭之所。走在街上，我感到韓國的銅像很多，但都是古代學者及一些對於國家民族有貢獻的人物。下午積雪稍融，地上泥濘，但很奇怪的是絲毫不沾皮鞋，可能是土質的關係。漢城雖然到處都是古蹟，但也有新氣象，二、三十層的高樓到處皆是，馬路寬闊，當時像 Cosmos 這樣大的百貨公司，在台北尚無，但東西也較貴。漢城街上的人，除坐汽車、公車外，多是步行，只看到一輛摩托車，即使騎腳踏車的人也很少，學生都穿黑制服（大、中、小學都如此）。我們逛累了，至咖啡館小坐，街頭咖啡館是不少，但所賣的咖啡品質差，喝不出咖啡的味道。隨後見到了即將成為辛勝夏未婚妻的李信子小姐，他們過幾天就要訂婚了，不過語言不通，無法談話，大家一起到南山去玩，南山一片白雪，尚未融化，眺望漢城全景，景色美麗，下山坐纜車。晚上辛勝夏請吃中國菜，是一家名叫新雅敘園的中國菜館，頗有花費，因漢城中國菜頗貴，可是並不怎麼好吃，當時韓國白米不夠吃，飯中多加入一部份麥粒。飯後逛漢城最大書店「鐘路書籍中心」，我買了不少風景名信片及一些英文寫的韓國史書，又買了兩個大梨，便宜且水分多，好吃極了。

第三天3月4日，繼續在韓國旅遊，先到成均館(韓國孔廟)，但到了大門，都已上鎖，無法入內，於是改去成均館大學，校舍不錯，是歐洲式的，但都建築在山上，參觀途中，碰巧遇到以前臺大哲學系的韓國同學金丁鎮(當時是成均館大學講師)，乃由他帶領，和管理人員交涉成功，得以入內參觀，孔廟大成殿在前，內有孔子及弟子牌位，國子監明倫堂在後，兩旁是書房及以前學生的住處，大成殿外有碑文，都是漢文，且書明神宗年號，原址是李朝太祖所建，毀於萬曆朝鮮之役，現今留下的是宣祖所建(明神宗時)。明倫堂內有朱熹手書匾額，不過我猜想可能是拓自明朝京師國子監的，此外還有朱子的白鹿洞學規，以及閔升鎬的明倫堂之說明。韓國在高麗時代仍是佛教興盛時，但李朝則全力尊孔，奠定儒家思想主導基礎，從韓國人的談話中，得知他們非常重視祭孔禮節隆重、雅樂演奏講究。凡是稍古一點的東西或是書籍都是漢字，這說明了韓國深受中國文化的影響。之後我們到漢城大學舊校區去參觀，舊校區為日本人所建，頗似臺大校園，但規模較小，在漢城大學圖書館，又碰到以前臺大哲學系同學李楠永，他已是漢城大學的講師，乃請喝咖啡(韓國禁止外國咖啡進口，而本國所產咖啡質地不佳)，漢城大學校本部對面是醫學院，其附設醫院也是紅色的建築。隨後到崔晃子的姨母家，約定後日去見崔晃子的母親。中午辛勝夏請到韓國館子吃牛肉湯泡飯，下午我們出發到中部的法住寺去玩，先由高速公路南下，高速公路四線快車道，車行平穩，當時的台灣尚無高速公路。漢城的房子無論大廈或平房，大致都很漂亮，但一入鄉間，情形改變，甚多草頂土牆的農舍，而且低小，農家多是一處處群居分布，鮮少散居農舍，農村景色與台灣不太一樣，當時我猜想這應該是中國北方大陸的景象罷！到清州後改走普通公路，至報恩再換路搭車爬山，山路艱險，爬了十二個險坡，最後到達俗離山，前後共費了五個多小時，是一處觀光勝地，有一點像陽明山與烏來的混合体，晚上住山間旅館，山邊都是積雪，入夜氣溫降至零下，室內燒有暖炕，不覺寒冷，我帶來的皮夾克正好派上用場，當地海拔一千公尺，入夜雖寒冷，但滿天星斗映著積雪，非常好看。晚上吃一席正式韓國飯，大小共二十一個碟子，很多小菜又酸又辣，其中勉強五碟可以下咽，室外雖零下，但室內吃辣吃得我直冒汗。次日，天氣晴朗，清晨非常寒冷，據辛勝夏的估計，約摸是攝氏零下四、五度的樣子，從俗離山旅館區至法住寺古剎，走路不到半小時，沿途古松林立，古意盎然，而且滿地滿山都堆滿了積雪，我們踏雪而行，晨間杳無一人，亦無鳥聲，只有我們沙沙的踏雪聲，我想那一幅松下踏雪圖，是蠻有意境的，我照了不少相片，沿途溪水都已結凍，我丟了一塊石頭下去，卜一聲反跳起來，冰層蠻厚的。法住寺是從新羅時代的古剎，有恭愍王的御筆、新羅時代的石刻佛像，還有李朝時代的碑文，都是漢文，廟宇規模很大，大雄寶殿非常雄偉，不似台灣的廟宇，而像大陸的廟，附近山上還有七座分寺，規模較小，不過限於時間，我們只遊了其中一座叫福泉庵的，爬山相當累人，整個山路都是積雪，相當難走，我們在福泉庵稍事休息，往山下看雪景非常美麗。下山沿錦江走，再經報恩小鎮時，非常熱鬧，很多鄉下人穿著傳統韓國禮服出來，原來是趕市集。再回大田上高速公路，大田是韓國第四大城，是鐵路中點站，農產品集散中心，有一點像台灣彰化、員林的地位，市容也有一點像。中午在大田吃韓國飯(又酸又辣)，下午坐朋馳大巴士走高速公路返回漢城，晚上七點多鐘見到崔晃子的媽媽及阿姨，她們請我們吃韓國烤牛肉，味道不錯，並贈送海苔。3月6日是待在韓國的最後一天，雖然天氣晴朗，但氣溫更低，據辛勝夏的估計，約在攝氏零下十度的樣子，上午我們先去昌慶宮，並參觀動物園、明政殿等，然後至昌德宮，從敦化門進入到仁政門、仁政殿，在博物院觀看展覽的李朝文物，看到了雍正時代滿文的冊封文，再看秘苑（御花園），唯範圍太大了，只選擇了一部份看。中午崔晃子的乾爸高麗大學大學院院長鄭在覺教授請吃中飯，坐他的私家車去，吃道地的正式韓國菜，頗有花費，因次日（3月7日）辛勝夏訂婚，下午要陪李小姐去買東西，乃由李春植陪我逛街，到延世大學及梨花女子大學去參觀，當年沈剛伯老師曾盛讚過這兩所學校，兩校都是基督教學校，校舍精美，尤其梨花女大的校舍漂亮極了，李春植告訴我，韓國最好的三所大學便是漢城、高麗、延世這三所大學，三校學生風格不一，各有代表性，他說了一個故事或笑話，以十塊錢來談，漢城大學的學生若有了十塊錢，會先去買書或筆記本，高麗大學的學生則會去買酒，延世大學則會去擦皮鞋，好追女孩子。傍晚去崔晃子的姨媽家，謝謝她們前一天請吃晚飯，大家談得很投機，她姨媽說張葳與崔晃子是乾姊妹，那麼我何不收她的女兒做乾妹妹呢？洪小妹長得很漂亮，當時唸初中二年級，我送了一幅畫及一枝鋼筆做見面禮，她姨媽說葳去韓國時，也見過洪小妹，不過我離開韓國之後，再也沒有見過這一位乾妹妹了。晚上，李春植又請我吃韓國飯，總計我吃了七頓酸辣的韓國飯菜。

此次是初次遊韓，甚有新鮮感，故非常愉快，可說是不虛此行，我記得當時的感想有六點：(1) 韓國深受中國文化的影響，凡稍古一點的東西都是漢文；(2) 韓國的計程車很難叫到，且態度惡劣，但馬路寬大，到處都是高架路，相形之下，交通比當時的台北進步；(3) 韓國的都市與鄉村發展相差很遠，也就是都市發展迅速進步，而鄉村趕不及；(4) 台灣應趕快興建高速公路；(5) 韓國的物價較台灣貴，且物資缺乏；(6) 電子工業落後台灣。記憶中我曾去過韓國四次，以第一次印象最為深刻。其後的幾次都在夏季，記得是遊慶州佛國寺及釜山等地，曾去過白江口，唐朝征百濟時，劉仁軌率唐軍大破古日本援百濟的水軍。當時韓國的經濟不如台灣，教授待遇也不如台灣，但如今似乎台灣已大幅落後韓國，衷心甚有感慨！何以致此，常思想此問題。

2. 初抵京都

1970年3月7日，我結束了在韓國的旅行，上午搭機離開漢城，這一天的天氣晴朗，但仍舊非常寒冷，辛勝夏親自送我到金浦機場，當天的下午是他訂婚的好日子，而這些天來因我的到訪，侵占了他的時間，我的心裏感到很過意不去。我坐韓航9：25 a.m. 的飛機飛往大阪，這次是坐波音720型的飛機，比我從台北飛漢城時所搭的 DC9要大一點，有六排位子，從漢城飛大阪約飛了一個多小時，飛機降落時，仍舊感到不太舒服，但耳朵不痛了，有一點想嘔吐，不過並未真的吐出來。飛機順利降落大阪伊丹機場，由於在漢城已有一次出關的經驗，故在大阪入境日本時，手續辦得比較順利，伊丹機場的建築比漢城金浦機場更為先進，顯示日本國力更勝一籌，逯耀東的朋友楊鍾基來接我，楊出身香港，當時就讀京都大學，我們坐巴士車經阪神高速公路至京都約費了一個多小時，途中看到新幹線的快速火車，飛駛而過，心中一震，日本的繁榮與進步，一眼就可以瞧出。初抵京都時印象很好，感到是一個很平和的城市，馬路平直，光亮整齊，有路面電車徐行其中，一路上經過很多古寺，其中離車站不遠的東本願寺，宏偉寬廣，令我印象深刻，與在漢城所見到的建築，風格又大大地不同了，進入京都時，空中正開始飄雪，滿天雪花，景緻美麗，使我想起了《世說新語》上的一段話，東晉謝安在下雪日與姪女謝道蘊及姪子，一起吟詩，姪兒說：「空中撒鹽差可擬；」謝道蘊則說：「未若柳絮因風起！」不禁莞然而會心。楊鍾基給我安排的臨時住所，名叫聖護院國際學生之家，由教會所建，專供國際學生住宿，我暫住客房，相當豪華，不輸飯店的套房，房內尚有小冰箱、烤麵包機、燒水設備等，可以簡單自炊，每天的房租不貴，只有1,000日圓，在70年代時只折合台幣一百元，而我當時的獎學金每個月就有日幣七萬兩千左右了，不過客房不能久住，我是出來留學，不是出來觀光的，我必須儘快尋找新的住處，楊鍾基建議我也可以申請成為他們的正式住宿生，也是單人房，每個月房租約15,000日圓，這是我能負擔得起的，不過要經過他們聖護院的interview之後，才能被接納。

楊鍾基請我吃飯接風，我也回請他另一頓感謝接機，他為我介紹京都大學附近的環境，我們也藉以彼此了解一下，據楊所言日本的生活程度非常高，在我買了幾樣日用品之後，深覺此言不虛，不過日本貨的品質卻是蠻好的，日本的伙食對我而言，是要比韓國的能下咽，但價格要比台北的貴。在與楊短暫的相處之後，我開始放單而行，我買了京都的地圖，先在campus附近逛，再坐電車到鬧區去走走，我開始感覺到日本人愛乾淨的特性，無論大街小巷，甚至於很狹小的胡同，都是整整齊齊、乾乾淨淨的，柏油路面都非常平滑。京都鬧區新京極Shopping Center中，有一家韓國烤肉店名「高麗苑」，味道很好，3月8日這一天，楊鍾基請兩位香港朋友到「高麗苑」吃晚飯，我忝作陪，其中一位名張世彬（東京大學講師），另一位霍韜晦（京都大谷大學博士班研究生），記得張說過他剛離開香港，跟逯耀東會過面（時逯在香港），知道我來京都，張是學音樂的，聽說功力頗深，把晉朝稽康的廣陵散絕學復原了，他很健談，不過我們僅見過這一次面，因不久之後，便聽說他因急病而突然去世；另一位霍韜晦後來畢業後回香港中文大學哲學系執教，我們一直保持聯繫，他精研佛學，在香港自創法住文化學院，現擔任院長。3月8日的白天，我首度進入京都大學，建築古老，校園的味道與臺灣大學頗像，由於尚處於寒假中，學校的人還不太多，當時日本學生運動方興未艾，校園內到處張貼標語，攻擊學校腐敗、專制，有些標語的話令人匪夷所思，譬如廢除考試啦，讓所有應考的人都該入學啦。我來到東洋史科，本計劃拜訪我未來的指導教授佐伯富先生，他當時是東洋史科主任教授，也是我這一次來日本的保證人，但是京大剛舉行過入學測驗，所有的教授都去改卷子了，所以佐伯先生不在研究室，有一位師大畢業，跟莊吉發同過學的當時正就讀京大研究所研究生楊合義，接待了我，楊讀過師範，教過小學，年齡較大，日語流利，後來他給了我很大的幫助。根據楊鍾基的意見，我相繼辦妥了外國人登錄證明書，這是久居日本必須的一個文件，我又到 campus 旁的勸業銀行開戶，存入我攜帶的一張支票，說是要等十天之後方能拿到錢。

離開學還有一段時間，我在處理完畢一些基本事情之後，終於連絡到一位日本朋友中倉弘紀，他曾留學臺大歷史系，能說流利的中文。在1970年時，日本打一次 Local 的電話就是日幣10圓，迄今2001年仍是10圓，打電話似乎30年沒有漲價，當時從京都打至東京約七秒鐘吃一個角子，從京都打至大阪約二十至三十秒吃一個角子，都是自動化的，當時比台北進步。晚上，中倉從大阪來京都聖護院看我，我們已很久未見面了，此次聚首相見甚歡，他先請我吃日本定食，然後帶領夜遊京都鬧市四條、河源町等街市，我首次見識了打彈珠 Pachinco 這一個日本流行的 game，中倉說大阪與東京都有地下電車，但京都仍保持古風，故有地面電車，二次大戰期間因美國人留情，京都未遭到轟炸破壞，所以儘管京都也在繁榮與進步中，但始終保留著不少古風及純粹日本風味，不過京都人意識上雖保守，但在政治理念上卻相當地左，京都府知事蜷川就是日本共產黨所支持的。中倉晚上離開學舍後，約定今後將常聯絡，並請我擇日去他家，在留日期間，他頗照顧我，他住大阪枚方市，在公司上班，已結婚，有一個男孩，跟亦晨差不多大，在旅居京都時，使我常起思子之念！

剛抵京都時，由於聖護院宿舍有廚房，故早餐都是自己買雞蛋、火腿肉及吐司來作，當時一個雞蛋是十二圓日幣，相當便宜，中、晚餐則是到外面去解決，日本到處都是咖啡店，就從那時開始，我逐漸養成了喝咖啡的習慣。日語不靈光是頗為痛苦的事，有人告訴我多看電視可以增進聽講日語的能力，當時台灣尚停留在黑白電視階段，但在日本已多是彩色電視了，我是從電視廣告入手來學日語的。聖護院宿舍有一台很大的彩色電視機，我頗喜歡看體育節目，記得我曾看了一場很精采的世界重量級拳王爭霸戰，彩色實況轉播，當時的台北是很難作這樣轉播節目的，由那時的當紅拳王阿里（當時名克萊）對挑戰者福瑞沙，兩個人整整打了十五回合，從頭到尾福瑞沙佔盡了優勢，克萊常揮空拳，福瑞沙閃躲得很好，回拳擊中克萊的次數也較多，在第十五回合時，克萊曾被短暫擊倒，但馬上又爬起來了，福瑞沙這一仗贏得非常漂亮，當時越戰方熾，克萊反戰，常言語攻擊美國政府，福瑞沙則支持美國政府，故兩人這一次拳賽，雙方的擁護者都有政治上的考量。在看完拳賽之後，我繼續出門認識環境，在京大後門的十字路口名叫百萬遍，那兒有一家中文書店名東海書店，是正中書局的分店，代理台灣所出版的書，負責人金濤，逯耀東曾囑咐我去看他，金大哥為人豪爽，誠心助人，我們後來成為好友，他對我一直也頗為照顧，那一天在書店也碰巧遇見另一位顧客喬炳南先生（京都大學文學博士，時任奈良帝塚山大學教授），喬先生後來也成為朋友，曾數次請過我到他家吃飯。

時間雖進入春天，但京都的天氣依然很冷，天空不時飄雪，香港同學霍韜晦住在日ノ岡國際學友會寮（日語的學生住所通稱為寮），這是逯耀東以前住過的地方，應霍之邀到那兒看看，認識了住在寮中的台灣留學生邱添生（師大畢）及張雅孝（政大畢），四個人聊得甚為愉快，邱添生習東洋史，也是佐伯富先生的學生，我們後來成為很好的朋友。晚上離開日ノ岡時，我記得很清楚的事是突然大雪紛飛，白色雪花在夜燈反映下，迎空飛舞，非常美麗，從學寮到電車站的路上，雪中漫步真是愉快極了。日本的汽車、電車一律靠左走，初來時很不習慣，他們的計程車多半是新車，舊車很少，聖護院中有一位香港同學因即將返港，折價賣一部舊車，只要五萬日幣（當時折合5,000元台幣），我曾心動，但後來想了一下，後遺症太多，自動放棄。

3月11日，我再到京大文學部，正式拜訪我的指導教授佐伯富先生，由楊合義陪同擔任翻譯，不過我也用日語跟佐伯先生寒喧了幾句話，我送他三樣東西，就是約翰黑走路、大理石煙灰缸以及故宮複印畫，他也回送我兩本他所寫的書《中國史研究》第一及《宋代文集索引》，這兩本書的印刷與裝潢都非常精美。佐伯先生給我的第一印象是長得非常和氣，不太善言辭，據楊合義說他平常話也不多，是一個典型的日本讀書人，佐伯先生親自帶領我參觀他的研究室，隨後又介紹東洋史第二講座教授佐藤長先生，佐藤先生治西亞史，也是我名義上的指導教授。之後楊合義陪我參觀了京大東洋史科的系圖書館，藏書豐富，其規模之大，出乎我的意料之外，一共有四層，當時臺大也有歷史系圖書館，但規模相去甚遠，我也參觀了京大的總圖書館，並辦理借書證，我也得知了他們新學期要到四月二十號以後才開始。中午楊合義在京大生協（類似臺大福利社）請我吃中飯，非常難吃，不過楊勸我要設法習慣日式食物。飯後回學舍時，路上又碰到大雪紛飛，那些時日京都的天氣非常奇怪，時陰時晴，一會兒下雪，接著又出太陽，回家的路上，我除了到超級市場買一點食物之外，順便跑了一趟銀行，當時美金蠻值錢的，我還記得美金 cash 是1比354，T / C 則可以換到356.28。那一天的晚上，逯耀東的朋友許家駒來聖護院學舍，邀約週日的晚上至他家吃飯一敘。

3月12日是週五，我到東洋史研究室看書，他們安排了一個座位給我，中午我買麵包跟佐伯先生共餐，他有一個習慣，就是每週五的中午，與同學同啃麵包，順便大家聊聊談談，由於仍在寒假中，當天同學們來得並不多。下課後，楊合義帶我到大阪去，我們從京都河源町乘坐私人鐵路阪急電車到大阪，楊因要返回台北一趟，故到大阪的日本出入國管理局，辦理再回日本時的再入國手續，我則是到中華民國的大阪領事館辦護照登記，因我是公費留學生，同時也想在有人帶路下，到大阪探一探。從京都河源町到大阪鬧區梅田，快車車行約四十分鐘，買車票及找錢全都是自動化，當時我的台灣經驗對於此事是不可想像的，車票是160日圓。大阪的梅田車站宛如地下迷宮，一座地下城市，市內的電車也都經由地下，這種初次經驗，大大的震撼了我。在領事館中，見到了林符洪副領事，比我高三屆的臺大法律系畢，他對我還算客氣。辦完公事之後，楊合義帶我逛大阪街市，大阪是一個商業城市，當時可能是日本第二大都市，日本的行政區域劃分有所謂：「一都、一道、二府」，都是東京都，道是北海道，二府則是京都府與大阪府，大阪是一個商業城市，建築物新穎、高大，高架道路到處縱橫交錯，與京都風味不同，是一個比漢城與台北都進步的城市，我對於位於難波的電器街特別有興趣，那時電器尚不普遍，能擁有一台錄音機，便是莫大的願望，日本的電器著名於世界，種類多、價格又便宜，令人看得眼花撩亂，不過日本的電壓是100，而台灣是110，不能亂買，必須買輸出美國專門製造的，因美國電壓同於台灣，我看中了一台13吋SONY的彩色小電視機，要價76,000日圓，一台錄音機要20,000日圓，我一一銘記在心。回京都路上，在地下道中遇到許多越南學生，當時越戰方熾，這些越南留學生發傳單，請求救濟，因越南政府要他們回國當兵，他們不願意回去，準備流落異國街頭，我當時看了心中頗有感慨，我的想法很矛盾，一方面覺得他們很可憐，一方面又覺得沒有愛國心是會亡國的。

即使才初到日本，我最常做的一件事，便是逛書店，一方面是我的興趣在此，另一方面則是太多的朋友託買書，形成了不少的壓力。金濤的東海書店是我常歇腳的地方，他常做東請我吃飯，這不太合日本的規矩，因在日本都是各付各的，很少有請客的事。在逛街途中，我也常注意觀察日本人的社會，我戴著墨鏡注意公車、電車上的每一個日本人，感覺日本人的長相確是不同於中國人，他們皮膚白但毛孔粗，臉上多痣，年長者個子較小，在車上沒有尊老敬賢地讓位，我常看到老人及女人站著，車上鴉雀無聲，每個人都靜默著。日本人重視群體，而看低個人，喜愛面子，注意清潔。天氣依然陰冷，3–14又下了一場大雪，每家屋頂上都是白茫茫的覆蓋了一片雪，京都下春雪也是很少的現象，老天似有意讓我多見識一下下雪情景，不過京都下雪不同於漢城下雪，漢城是積雪久不融化，而京都是只要太陽一出來，積雪即融。晚上由楊鍾基帶路，坐京阪電車至伏見稻荷許家駒的家吃晚飯，許太太燒了很多中國菜，客人中還有一對美國夫婦，太太來自台灣，我還記得名王中平，思想是自由派，先生的中文名字是梅其瑞（Melyan），梅能說很流利的中文。大家聊談愉快，我當時比較急的事是想找房子，許、梅兩人都給了我不少的意見，楊鍾基則建議我申請成為聖護院的正式住宿生，我也這麼做了，我填了申請書，也寫了一篇英文稿子，準備interview時用的，據楊鍾基的估計，我的勝算很大。不過，我最後還是改變了主意，因楊合義即將回台北一趟，當晚他邀我見面一敘，他建議我申請住他的地方曉學莊，由於他即將返台北一趟，我可以搬至他的房間免費暫住，曉學莊尚有空餘的房間，只要等手續辦妥，即可搬入。第二天是三月十五日，我開始大搬家，搬出了聖護院，而搬入了曉學莊，曉學莊的設備遠遜於聖護院，我之所以選擇住到曉學莊有三個原因：第一，房租便宜，每個月連水電不到8,000日圓，只有聖護院的一半；第二，台灣出來的留學生多住在曉學莊，而香港出來的留學生多住在聖護院，他們都講廣東話，我的感覺是住在曉學莊比較習慣，也方便一點；第三，曉學莊主要是一個日本人的學寮，我如果住進去，可能有較多的機會講日語。等我住進曉學莊之後，我發現儘管設備稍落後於聖護院，但周遭的環境不錯，與小橋、流水、人家比鄰，附近還有兩座古剎，即南禪寺與永觀堂，據說以前王國維先生旅日時，就住在這附近，他號觀堂就是由永觀堂而來。我搬家的這一天，阮芝生兄由台北飛來京都，當年臺大是送我們兩個人來日本唸書的，下午我偕楊鍾基同去大阪伊丹機場接他，他也是初次出國，弄得手忙腳亂，我們先暫時安排他住在我原來聖護院所住的房間。

我代替了楊鍾基，帶老阮辦雜事，諸如認識環境、至銀行開戶、逛書店、逛市中心區（四條、河源町）、商場（新京極）等，我們共同的感覺便是日語不夠用，下午由楊鍾基帶我跟老阮去京大人文社會科學研究所拜訪平岡武夫先生，他是老阮的指導教授，平岡樣子也很和氣，能說中國話，據楊鍾基說他善待中國留學生，因他年輕在北京唸書時，適逢七七蘆溝橋事變，他當時陷身宛平縣城內，有一位中國警察掩護他，並將之送出城外，因此他終生均感激中國人，此為異數，正式見日本教授都有送禮物的習慣，我因為要替昌彼得先生轉送書，所以也就送上一罐茶葉。接下來老阮的住是一個問題，他有三個選擇：(1) 是申請住聖護院；(2) 是等日/岡國際學友會寮（有位子，但要等兩個月）；(3) 是也申請曉學莊。逯耀東的朋友美國人 Melyan 曉得我們的問題，他表示可以接待老阮住一個短時間，我在 Melyan 家第一次看到相撲比賽，兩個大胖子在一個圈子內，互相推來推去，誰把誰推出去，誰就算贏，其實相撲的規矩很多，我當時並不懂，由於 Melyan 善加解說，我對觀看相撲也產生了興趣。

晚上，邱添生來聖護院訪問老阮，我也在場，三個人晤談良久，邱仔細地為我們介紹了日本關東與關西（即東京與京都）兩大學術派系，在學術上看法之歧異，以及雙方之代表人物，邱說京大成立較東大為晚，且京大有名人物多來自東大，但兩派開始對立，邱說京大東洋史的開山祖師是內藤虎次郎（內藤湖南），宮崎市定是內藤的學生，佐伯富又是宮崎的學生，這是嫡系，東京方面則是白鳥庫吉、和田清、青山定雄等人，大体上對於研究中國史，京大重視原典及漢書的閱讀，東大則重視歷史的研究方法與解釋，譬如兩方在讀魏志倭人傳時，即有不同的解釋與看法，白鳥認為耶馬台在北九州，但內藤則認為在奈良一帶，兩方學者有過激烈的辯論，我當時並不清楚耶馬台的問題，但對於邱添生的敘說方式，感到很有興趣。老阮表示欽佩宮崎，不重視佐伯，但邱添生不表同意，邱說佐伯是宮崎嫡系學生（第一名畢業），深得宮崎真傳與器重，我當下表示完全同意邱的看法，沒有看過佐伯書的人，完全不了解佐伯，僅憑幾本佐伯所作引得的書，不能妄下評語，我覺得宮崎屬天才型，不是每個人都能如此，佐伯屬勤奮型，我們普通人治學寧可學佐伯，事實上後來我看過佐伯先生的讀書卡片，我們這一批研究所的人，恐怕還得下二十年的功夫，才夠格批評人家。

3-18上午我到京大去辦理入學手續，填妥表格，交了一年的學費，共一萬二千日圓，並去外國留學生中心處辦了登記，我住曉學莊需他們保證，普通在日本租房子，需有保證人及付禮金（一種多付錢的陋規）。在日本因資訊多，看多了，心中常感憂心忡忡，日本所有的輿論都對當時台灣不利，無論左、右派的報紙與雜誌，都以儘快跟中共復交，為主要外交目標，我當時已感覺出台灣與日本的關係恐怕已維持不了多久。而在美國因釣魚台的問題，留美台灣學生如火如荼地在大肆抗議，鬧得很兇，留日學生雖無動靜，其實也很難動，只能關心，我透過通信跟在美老同學花俊雄、黃長風取得聯繫，大致也了解一些有關保釣運動的情形，從來我的政治理念都較保守，一向支持台灣政府當局，但在留日期間，資訊接觸多了，我第一次對於台灣的政治現況感到失望及懷疑。

京都的舊書店相當地多，但專賣及兼賣中文書的店卻不多，那時取得大陸出版的書不易，京大附近的臨川書店，規模很大，書也賣得最貴，不過這一家書店後來倒掉了；其次彙文堂，但後來也經營不善；最後東方書店，書的種類不夠，我的結論還是要到東京去看一看。老阮最後也決定住曉學莊，但沒有馬上的空房，於是我讓出了我的房間，讓阮暫住，而我則繼續住楊合義的房間（楊當時仍在台北）。由於我的生活已漸安定，故開始參加一些學術討論會，我還記得參加過一次聖護院的留學生討論會，是一個法國人用中文講「薩滿教」（譯音），會後大家在楊鍾基的房間喝酒，有兩個美國人、五個中國人、一個法國人，大家均用中文聊天，聊至深夜，聊談愉快，主要是談釣魚台及琉球問題，都罵日本，罵得很痛快。3-21是星期天，也是春分，日本是國定紀念假日，所有的路面電車上都掛滿了日本國旗，我應邀至中倉弘紀家作客，一早我出門先到三條，坐京阪私人電鐵，至枚方市（京都與大阪之間的一個小鎮）的一個新社區，我還記得在枚方公園站下車，再改搭巴士至他家，中倉的住處是一個名叫「香里ガ丘」的小丘陵上，環境很好，是由政府出資蓋的公寓，低價出租，中倉的房子在底層，有兩房一廳，格局小，但廚廁全，佈置整潔，房間全為榻榻米，中午我在中倉家吃飯，中倉的太太待人熱誠，他們的兒子叫「中倉智紀」，比亦晨小三個月，較胖、也更頑皮，要認亦晨作哥哥。我跟中倉談了許多問題，他很單純地希望我能來日本發展及定居，並願為我籌畫一切，我震於日本的進步，也對台灣局勢的擔憂，當時也頗心動，不過以後我對日本的情況漸漸了解之後，覺得日本國小民眾，並不歡迎外來移民，我是一個外國人，當然會與中倉有不同的體認。中倉本有意留我過夜，我說來日方長，因晚上要趕到 Melyan 家吃火鍋，他請了許家駒夫婦、楊鍾基、霍韜晦，老阮、我、還有一個老美等人，大家吃得很愉快，席間老阮好辯，為了談孔子跟我爭個不休，其實都是小事情，Melyan 也覺得沒有必要爭，這是唯一掃興之事。在日本過得蠻舒服的，量過體重，當時是82公斤。

3-22我偕老阮到聖護院結帳，我付了8,400日圓，老阮則付了5,600日圓，這是我們兩個人合起來算，如果單獨付的話，我一個人就要付10,000日圓了。中午我到京大去見萩原淳平先生，他當時是東洋史助教授，跟陳捷先先生同時在哈佛待過，治清史及滿文，這一次談話是由邱添生擔任翻譯，聊談愉快，我送上了陳捷先先生託帶給他的書。由於同住曉學莊，我跟老阮曾討論過，為了節省開支，是否兩人聯合開伙？現在想起來，真是蠢事一件，兩人生活習慣、思想觀念都不同，怎麼能聯合開伙？經過幾天的思考，我們改成定期到外頭共同聚一次餐，平時各自行動，聚餐時可以互相聊一下！老阮先前買了一部舊腳踏車

（5,800日圓），不久我也跟進，買了一部（5,350日圓），這麼一來，行動更自由了。不久，我發現街頭有一些門口豎立一個大「質」字的店，打探之後，得知是當鋪，也賣東西，舉凡電器用品、雜物等應有盡有，價格便宜，只是舊貨而已，我看上了一副竹背麻將，原定價7,000日圓，現僅賣3,000日圓，不過還是忍住了。有一天老阮介紹了一位來自台灣的朋友，彼此交換名片，得知是王久烈先生，北京大學畢業（可能是日據時代的北大），當時四十多歲了，淡江文理學院的教授，也到京都大學來訪問，在人文所掛單，於是三個人到附近咖啡屋小坐，王先生很健談，常識豐富，說跟我的大舅楊懷年很熟，又談及他是北大傅芸子的學生，我正在讀傅所寫的《正倉院考古記》，傅是偽北大的教授，故我立即判斷王是唸的偽北大，但當時我並未說出來。

有了腳踏車之後，行動更為自由了，我藉之逛遍京都的大街小巷，除了舊書店跟「質」店外，也開始逛一些名勝古蹟。不過除了想太太跟孩子之外，還添了另外一個煩惱，那便是有關政治的問題，當時幾乎所有的日文報紙，對於台灣的報導都採負面態度，每天都在報導那一個國家又不穩啦！又要改承認中共啦！甚至日本本身也在報導未來一些可能的首相繼承人選，也都在談將要承認中共，我在此每天耳聞目睹的，都是些令人嘆息的事。不過日本人治學勤讀的精神非常可佩，看到他們一套套地東洋歷史與西洋歷史出版，令我感到惶恐與慚愧，我當時感到台灣不僅在物質科學上落後日本，連在人文科學上也是落後，今後大國、強國、富國的標準，除了看財富之外，還得看文化是否進步？日本人治歷史，大致分成三類：一是國史（也就是日本史），二是東洋史（主要是以中國史為主的亞洲史），三是西洋史。

那一個時候還不流行喝Cognac，黑牌約翰走路威士忌已是很高級的享受了，我從漢城飛大阪時，在機場買了兩瓶黑牌，一瓶已送佐伯先生，另一瓶本想請朋友們喝掉，但楊鍾基建議我把酒賣掉，結果扣掉成本，我小賺了2,200日圓，此事我一直弄不明白，因日製的「山多利」威士忌也不差，但價格卻低很多，楊鍾基的解釋是日人迷信名牌。楊的女友高美青（兩人後來成為夫婦）自舊金山來京都渡假，高唸 Stanford University，主修藝術，後來拿到 Ph.D.，楊請 Melyan 夫婦、霍、阮、我等一幫朋友吃中飯，席間聊的主題是在美的保釣運動，高美青發言非常慷慨激昂，她是剛從火線上下來的，但我們留日的學生卻無能為力。下午我到京大巧遇徐先堯先生，徐來京大進修，平常他住在高雄（京都附近也有一個高雄）鄉下的一個廟裏，難得到學校一趟，他請我喝咖啡，彼此聊了一下。徐是牢騷滿腹，什麼人都罵，但不罵日本人，我只有耐心地聽。

初抵京都的生活，很快逐漸習慣，由於天氣漸漸暖和，每逢週日，只要天氣晴朗，我就暫時擱下書本，騎腳踏車逛遍京都的大街小巷，我所住的曉學莊附近名勝古蹟非常多。有一個週日，我騎車從曉學莊的門口天王町出發，我大致是遵循路面電車的路線，沿丸太町西行，首先經過御所（日本皇宮），非常大，不及詳看，最後走到了圓町，這是市內電車的一個終點站，有很大的停車庫，然後沿西大路向北行，從北野白梅町再轉向東行，沿今出川向東，經過天滿宮，聽說這兒有梅林，也是未詳看，因為再下去就是有名的西陣織物館，我特別進館詳細觀覽，一樓是門市，二樓是展覽館，放置了三部木製的古織機，其中有一台是大型的提花機，有人正在表演操作，日本女人所穿的「著物」，都是這種絲絹所作，成品都非常貴，再往前走沿烏丸通北行就是同志社大學，一所古老的基督教大學，烏丸通又是一個有電車庫的終點站，再轉向東回走，途經大谷大學，是一所佛教大學，房子很老舊，從北大路橋我再沿賀茂川（也就是俗稱的鴨川）南行，賀茂川旁種滿了樹，蠻幽靜、漂亮的，南行走到了河源町及丸太町，沿原路再回曉學莊。所行之地雖是走馬觀花，但總算是繞了京都一圈，沿途只要是經過舊書店，我必會停下來看一看，故買了不少的書。

春寒料峭，天氣尚冷，曉學莊隔日才燒一次熱水，我們從台灣出來的人，有每天洗澡的習慣，於是乎隔日我就到外面澡堂去洗，其實日本澡堂寬闊，到外面洗澡是一件很舒服的事。曉學莊有洗衣機，故處理髒的衣服不成問題，外衣則送學校的洗衣店，但吃飯還是有些問題，早餐可以自己做，長期到外面去吃中、晚餐，不但貴而且口味不對。老阮常鬧胃痛，我認為原因在油水不夠，因他都是在自炊，日本菜較不油膩，但我們已習慣較有油水的伙食了。生活安定下來，我就開始想念老婆跟兒子，但當時台灣當局卻不准公費生的眷屬探親，弄得這一些有眷屬的公費留學生無不怨聲載道，即使從當時角度來看，這也是不人道的，公費生出國在法律上都有保證人了，故雙重的限制是不合理的，我們也曾向領事館反映過，但都無效。

3. 到名古屋旅行

在京都每天平靜地生活時，突然聽到一個好消息，那就是中華民國住大阪領事館透過台灣京都同學會，讓我們這群來自台灣的留學生，到名古屋去作一次旅行，而最重要的事是每個人只要繳交700日圓，而領事館會貼每一個人4,000日圓，天下無白吃的午餐，我們也想到或許有一點隱情，不過管他的，大家都是窮學生，趁此機會出去玩玩，有何不可？管不了那麼多了！旅行計劃是出遊兩天，3-29一早出發，3-30晚上返回京都。3-29是青年節，我和老阮偕曉學莊另一位室友李文雄（小李）連袂出門，當時曉學莊有兩位室友都名叫李文雄，一位在京都大學醫學院就讀，我們稱大李，另一位在京都大學法學部唸書，我們稱小李。集合地點是在京都火車站前，我們三個人去的時間較早，就先到京都車站前的東本願寺去看了一下，是一座非常宏偉的木造寺廟，本願寺屬淨土真宗，是日本本土佛教的一支，勢力最大，江戶時代德川將軍把它們硬分成兩支，即東、西本願寺，大谷大學就是屬東本願寺，東本願寺的本堂可能是京都最大的木造建築物。

約十點左右，所包的名鐵遊覽車從大阪開來，在東本願寺的門口停下，然後京都的同學陸續上車，全車坐滿了有六十多人，都是神戶、大阪、京都等關西地區的留日同學，男女老少，還包括了一個和尚及兩個尼姑，這一路上是國、台、日語間雜交談，車子開上名神高速公路向東行，日本的高速公路非常平坦，建得很好，車子一出京都就看到琵琶湖，這是日本最大的淡水湖，景色美麗，日本的農村非常富裕，所見景色與韓國大不相同，途中經關原丘陵區，車掌小姐介紹這是古戰場，我仔細觀察高速公路的兩旁，都是丘陵與農田，日本戰國時代的末期，這裡發生過一場十五萬人參與的戰爭，在日本規模算是相當的大了，德川家康的東軍打垮了支持豐臣氏（時豐臣秀吉已死，子豐臣秀賴嗣位）的西軍，建立了德川霸業，開啟了江戶幕府的統治。下午一點多鐘到達名古屋，這是日本第四大城（次於東京、大阪、橫濱），市容整齊與大阪相彷，是汽車工業與紡織工業的中心，有名的豐田汽車就在此地，市內有地下電車，也有地面電車，似乎結合了傳統與現代，我們的車子在名古屋城前的廣場停了一下，攝影留念，這一個戰國時代的名城叫稻葉山城，後成為豐臣秀吉的領地，故名古屋城是其所修築，城的格調與大阪城相彷，有很寬深的護城河，不過沒水，現已成乾河，王久烈先生說了一個笑話，說日本鄉下人乘電梯上天守閣（主要的最高城樓），大為讚嘆豐臣秀吉真了不起，三百多年前就建電梯了。大家提議走近觀看名古屋城，老阮說怕花錢，徐先堯說那就走到不需花錢的地方為止吧！於是徐、阮、我及魏美月（逯耀東的同班同學，當時就讀大阪大學），四個臺大歷史系的人合照了一張相片。離開名古屋城之後，就到東山公園（動物園）去玩，名古屋的動物園規模相當大、動物也多，印象中比當時台北的圓山動物園大。之後又參觀川崎造船廠，我了解了日本的工業實力，當時全世界造船業日本屬第一，又看了他們造卡車的工廠，我當時心中就想，如果日本重新武裝，造軍艦與坦克，也將是指顧之間的事了。最後開至一家名叫「頤和園」的中華料理店，和名古屋的留日同學一起吃晚飯，並聯合舉行慶祝晚會，來了不少華僑代表，這頓晚飯吃得不錯，是我抵日本以來，吃得最滿意的一頓晚飯，幾乎桌桌都吃得光光的。飯後開始下雨，大家酒醉飯飽在車上大唱大叫，晚上大家下榻在一家名「富士」的旅館，因為世界乒乓球比賽正在名古屋舉行，我們看了一場大陸對科威特的比賽實況轉播，無論男女比賽都是大陸獲勝，我們同時也弄清楚了來名古屋旅行的目的之一，便是向中共抗議，不過大多數人都未出面，只是由同學會會長劉國雄偕另一位同學，共同到大會處遞了抗議書而已。

次日，天氣很不好，整日都在下雨，清晨八點多離開了名古屋，主要行程是去三河灣國立公園及伊勢志摩國立公園，日本鄉村的公路也非常平坦與整齊，我們的車子沿著海灣走，先到三河灣的ミキモト真珠島，這是一個大規模的人工養珠養殖場，有一個名叫御木本幸吉的人成功培養真珠的技術，我們並觀看海女直接潛入海底採珠的表演，不過真珠成品很貴，我記得最便宜的都要500日圓一顆，隨後坐渡船過伊勢灣，這是我生平第一次坐渡船，船很大，大概有一千多噸吧！所有的大、小汽車都開進了底艙，我們所有的人也都下車，到頂樓去喝咖啡，船約行了一個多小時，呂昌平（臺大農經系畢，京大博士生）說他是坐船來日本的，此船比那時平穩多了，不過我的感覺卻不一樣，有嘔吐的感覺，我發現我是不能坐船的。參觀伊勢神宮，是我們這一次旅行的另外重點，徐先堯是治日本史的，這一次他的話多了，伊勢神宮分兩處，一為內宮（另名皇大神宮），另一為外宮（豐受大神宮），這兩處神宮可能在西元四、五世紀時便有了，千年古柏，多株聳立，園林森嚴，這些是最神聖的日本神道教廟宇，其實都是很簡單的木造建築，徐先堯說他們每二十年要在原地搬一次家，也就是拆下來重新蓋一次，弄得神秘兮兮的，我們先看外宮，據說其林園有87公頃（比內宮大23公頃），供奉的是農田、穀物及食物的豐受大女神，內宮則位在數公里外，有一條非常乾淨的溪流經過，據說日本皇家三寶鏡、玉、劍藏於此。由於下雨不止，大家都未帶雨傘，都成了落湯雞，趕快匆匆上車，坐大巴士經由高速公路回到京都，已是晚上十點多了。這一次旅行非常愉快，增長了我不少見識。

4. 初次到東京

自名古屋回來之後，京都下雨不止，我買了一把雨傘，當時日本製的雨傘非常輕巧，但堅固耐用，中午李文雄（小李）請我吃中飯，飯後帶我到京都的高島屋百貨店逛，我買了一件深色風衣（5,800日圓），樣式不錯，下午兩人回京大，路上碰到一個日本人名谷村（他也住在曉學莊，而且住在我房間的正對面），此人是個大胖子，體重有90多公斤，柔道三段，小李為我介紹，並邀他至附近一家名「博士堂」的喫茶店（就是咖啡店），小李的意思是讓我用日語聊天，不行的時候他再幫忙，谷村講話輕聲細氣，完全不似其外表，此人多禮，晚上又回請我們喝啤酒，並加請了老阮，他熱心地帶我們三個人看京都夜景，並了解喝酒文化。回曉學莊後，看到了葳的來信，主要是小敉偕夫婿章肇鵬要來日本旅遊，囑我立即跟住在東京的一位丁伯母聯絡，丁伯母是Ga Ga的朋友，住在東京的一位虔誠基督徒，北平女子師範大學化學系畢業，丁伯母本身也姓丁，姓名是丁維柔，我打了一個電話至東京（花了550日圓），但丁家全不在家，我留下了曉學莊的電話，次日，丁伯母回電，告訴了小敉他們的電話（他們是參加旅行團，故住 Hotel），連絡上之後，我告訴小敉，準備到東京來會他們，由於他們在東京只停幾天，在確定滯東京期間我可以住丁伯母家之後，我即準備立刻啟程赴東京。小李不放心我，陪我到京都車站買票，因為要坐新幹線的快速電車，當時我的心中頗為興奮，我記得所搭的車子是下午1點44分開出的ひかり（意為光），車子非常準時開出，準到分秒不差，全程只停名古屋一站，約兩小時五十分就抵達東京車站了，至於こたま（意為小馬）則停的站較多，ひかり像特快車，而こたま則僅是快車而已。從京都到東京的距離約為台北到高雄來回，不到三小時就到了，我當時甚為震撼，新幹線車子的車身很寬，一行有五排座位。我很不能想像東京這一個城市，到處高樓大廈聳立，地下、空中鐵路交錯，真是氣象萬千，世界最大都市之一。按丁伯母事先的指示，我第一次搭上東京都的環狀「山手線」，當時屬日本國鐵（意為國家鐵路公司），是一條環繞東京的電車鐵路線，我坐到原宿站下車，沿著一條很漂亮的馬路叫「表參道」，這是東京的香榭里舍，路旁林蔭夾道，多是歐式建築，丁伯母住在一棟七層樓的公寓頂樓，據説整個大樓都是她的，我送了一幅故宮的複印畫「古松圖」，晚上丁伯父、丁伯母請我在一家在表參道上名「福祿壽」的中國館子吃飯，味道很好，還有一對吳姓夫婦也被請，似乎丁伯父跟他們都是銀行界的人，飯後回丁家，等小敉及肇鵬，他們到十點鐘才來，大家聊到了十二點才散，丁伯母安排我住大廈的一間套房202室，當時我並不清楚，後來才知這一間套房是專給傳道人預備的，丁伯母常接待一些外地來的傳道人，我能住進去主要是靠 Ga Ga 的面子。次日，丁伯母帶小敉他們到日本橋三越百貨公司買東西，我在旁見習，在70年代台灣的百貨公司是無法跟日本相比的，下午我放單自己逛東京，但帶了兩個東西，一是東京地圖，另一則是日語生字小冊子。小敉他們只停兩天即離開東京到其他地方旅行了，但一週後會到京都，於是我們約定一週後在京都再會面。我從東京地圖上找到了東京大學，又費了九牛二虎之力，才找到了鄭欽仁在東大附近的住處，我跟鄭欽仁原先在臺大系裏並不是很熟悉，我唸大學時，他是唸碩士班，他比我高四班，可能有一些課曾在一起上過，我比較印象清楚的一件事，是他唸完研究所之後才去服兵役的，所以我們是同一年服役，記得有一次我們都身著軍裝，在臺大門口相遇，結果還約到附近冰店吃冰小聊了一下，我唸研究所時，他已是臺大講師，以後哈佛燕京社基金送他到東京大學唸博士，平時在學校內我們並無特別來往，因逯耀東有一些私人理由，特別囑我如經東京，一定要去看鄭欽仁，並給了我鄭的地址，當時欽仁兄夫婦帶了五歲的光勳（在日本讀幼稚園）三人租住了一間約六個榻榻米的房間，那時的留日學生大都是如此，逯耀東曾告訴我說鄭欽仁的鬍子頗難剃，但這一次的到訪，欽仁夫婦對我非常親切與友善，留我吃晚飯，彼此聊談非常投機，由於天色已晚，約定下週一再去東京大學看看。

我持東京的地圖，開始一個人闖，儘量坐電車或是地下鐵等大眾交通工具，我去過當時位在六本木的中華民國大使館，探訪楊秋雄先生，但是未遇，留下名片，楊先生是台中縣人，政工幹校畢，諳日語，是父親的朋友，不過，我第二次去大使館時，就見到楊先生了。隨後我坐地下鐵到銀座去逛，這是東京最熱鬧的地方，我找了一家小館子吃午飯，飯後信步走到一家蠻華麗的百貨店名「松阪屋」，因頭髮太長了，自出國後還沒有理過髮，在百貨公司的地下室看到有一家理髮店，進去理了一個頭，付了650日圓（折合台幣70元），和當時台灣比起來是貴多了，但他們的理髮店非常乾淨。我又到神田、神保町的舊書店區去逛，我終於發現到自己一個喜歡去及值得去的地方了，在神田居然還看到像京都的老式地面電車，有名的三省堂書店就位於神保町，那一個時候還不流行大書店，我當時對於三省堂書店的大規模感到震嘆，又找到岩波書店，只是走馬觀花地看了一下，再坐中央線電車到新宿，隨便走了一下，回丁伯母家吃晚飯，感覺有圖在手，遊逛東京並非難事。

週一的天氣很好，我和鄭欽仁約好了這一天見面，一早不到清晨六點，我就離開了公寓套房，駕輕就熟地，先步行至原宿車站，坐山手線到代代木，再換中央線至御茶ノ水，我在車站門口等了十五分鐘，坐上了第一班由御茶ノ水開往東京大學的巴士，其實後來我才知坐錯了車，正確的路線是走大街，經赤門、正門、農學部大門下車，再往前走幾步路就到了欽仁的住處，但我坐錯了車，坐到了東大構內（東大中心區醫學部），離欽仁家尚有一段距離，不過普通車票坐一次是25日圓，坐到東大構內，因優待學生則是15日圓。清晨杳無一人，我不便打攪欽仁家的睡眠，乃先在東大校園內逛了一圈，校園靜悄悄的，春寒料峭，我從下車的東大醫學部及附屬醫院開始走起，東大的建築與臺大、漢城大、京大均相似，但氣勢更較雄偉，套一句日本人的話，東大更為官僚性格，建築物都非常古老，頗有歐洲中古時堡壘建築的風味，跟我想像中的東大很接近，學校已有一百年的歷史了，故校園內的巨木到處皆是，清晨獨自一人步行其間，真是心曠神怡，我看到了朱舜水的墳墓，長眠東大校園內，墓碑上書寫「朱舜水先生終焉之地」。我在東大的校園一直逛到近八點，才跑到欽仁家把他們全部喚起來，在他家吃了早飯，上午欽仁先陪我至東大，由他解說再參觀一遍，看了東大的生協及東大出版社，又逛東大門口的舊書店，我還記得一家名「琳瑯閣」專賣中文書，東大門口原有路面電車，我來時已停駛，但鐵軌仍在，我很滿意初次參觀東京大學，但這次只能表面看看，尚無法深入了解此一所世界名校。欽仁也喜歡逛書店，我們再到神保町的舊書店區去，因有欽仁的解說，我就更有收獲了，買了不少難得的書，使我印象深刻的是兩家賣中文書的書店，一家是內山書店，他們的創辦人內山丸造跟魯迅的關係密切，另一家山本書店也是書籍很多，後來只要我每到神保町，這兩家書店都是我必到的。一路上跟欽仁聊了很多的問題，我們談的問題很廣泛，從個人抱負、治學方法以及熱門話題—當時台灣究竟要走向何方？由於身處國外，我們談得也比較大膽，在那一個時代，中共文革如火如荼，我們都同意如果台灣一旦被中共拿走，將是極大的災難，但國民黨獨裁，也會有災變，我們都同意台灣遲早都會被趕出聯合國，美國與日本都會承認中共，後來歷史的發展果真如此，完全如我們所料，我們都同意台灣必須走向真正的民主，我跟欽仁還有一個觀點也相似，就是我們不左，對於當時時髦的社會主義及左傾政治路線都極不贊同，對於日本那時的學運持負面看法，對於台獨的問題則未談到，不過我表示了我是反對台獨的，當時欽仁兄未觸及此一問題，其實在保釣運動時，欽仁是持支持態度的，他還在香港明報月刊上發表過一篇譯文，是轉譯自日本學者井上清的文章，力主釣魚台是屬於中國的，欽仁有很多的想法是後來慢慢轉變的，有些事也是國民黨自己所種的惡果。欽仁當時是有機會留在日本發展的，雖然他一直猶豫不決，但當時主要的思考，仍是想畢業後就回台灣教書，不過我們也開玩笑的談到在東京開中國飯店的可能性，我們還認為可以一試，並準備分頭去收集一些 information，但欽仁也提醒了我一個觀念，那就是當時台灣的教育環境並不理想，光勳在唸幼稚園，欽仁非常滿意日本的幼兒教育，我是有心人，儘管當時亦晨還不到兩歲，我確曾動過念頭也把他弄到日本來受教育，當然最後我選擇了來美國，但我必須承認我是受到欽仁某些程度的影響。

在東京約待了一個禮拜，看了很多的地方，增長很多的見識，離開東京前，我正式赴丁家向丁伯父、母道謝，他們為我介紹了一個醫生姚其松先生（京大醫學部），正好跟我同時返京都，這一次我們改坐こたま的車子，車票較便宜，但車行四個多小時，停的站較多，抵達京都時已是下午一點多，我跟姚在京都車站還一起吃了一頓飯才分手的。這一次的東京之行，非常有收穫，而且使我印象深刻，以後我前後去過東京數十次，但我經常懷念的還是第一次的東京之行。

5. 京都留學生活雜憶之一

再回到京都的當晚，小敉、肇鵬也到了京都，他們住在 Kyoto Grand Hotel，是京都一家非常高級的 Hotel，下午兩點他們有空，我到 Hotel 跟他們先會合，然後帶他們倆逛京都，他們的意在 Shopping，所以我們三個人坐 taxi 先至京都最高級的「高島屋」百貨店，接著又到「新京極」Shopping Street 逛，我的日語勉強夠用，當晚肇鵬請我在 Kyoto Grand Hotel 吃了一頓豐盛的中國菜，僅有三個人卻叫了很多菜。小敉他們是參加 Tour，所以我們在京都只能短暫的會面，他們將由大阪搭機離開日本，所以我們約定在大阪再見一次面，他們託我買一台 13 吋小彩色電視機，故我們也必須要再見一次面，以便交給他們，小敉他們旅行團是到各地去賞櫻，京都的櫻花蠻有名的，櫻花盛開時非常美麗，但時日短暫，迅即凋謝，所以有人說這影響了日本的民族性，他們對生命的價值觀也彷彿像櫻花一樣，生命璀燦，迅即凋零，所以武士輕生，當然我們中國人絕不如此想。

4月8日發生了大事，一早起來，所有的日本報紙無論日、英文報，均以頭號顯著的標題，報導中共桌球隊邀請美國桌球隊正式訪問北京，而美國立刻表示欣然接受，日本「每日新聞」還刊出了一張照片，就是當美國與中共代表團團長握手時，一個日本人站在中間的照片，這頗能道出當年日本人的想法及心情，日本多數報紙評論都是正面的，這是中、美兩國在敵對了二十多年之後的轉機，中共的此項邀請確是出乎當時很多人的意外，晚報又刊出美國也發出相同的邀請，邀請中共桌球代表隊赴美訪問，雙方均開始和平攻勢，我跟欽仁的談話終不幸而料中，而且壞情況來得更快，世局變化劇烈，非當時人所能想像。下午我偕王久烈、老阮、林宏作（淡江中文系畢業，在大阪大學唸博士，娶日本太太，後來大家也成為好友）四個人應喬炳南先生之邀，到他家吃晚飯，喬先生住大阪，我們坐阪急電車在服部站下車，喬於戰後來日本，京大拿文學博士，在奈良帝塚山大學任教，喬太太是當時大阪中文學校的校長，育有一兒一女，當時都在臺灣大學唸書，喬尚邀了兩位馬來西亞大學來的學者，總共八個人吃了一頓豐盛的晚餐，大家聊談愉快，宏作喝得半醉，大家聊到深夜十一點多，才告辭回京都，電車上的日本人差不多都是酒氣醺人，還有發酒瘋的，當街小便的，我見識了一場日本人喝酒的文化，但是壞的示範。次日，京都下大雨，除到附近館子吃飯外，等於是全天未出門，只是看書及唸日文，每天都要看三份以上的日文報紙。

我的住所曉學莊附近環境很好，有一條鋪石子路的小徑，這一條小徑緣山沿溪而行，非常長，兩旁栽滿櫻花樹，這時正是櫻花盛開時節，步行其間，真是有若仙境，不時櫻花瓣隨風飄落，方悟陶淵明「落英繽紛」字句之美，小徑名「哲學小徑」，據說是從前京大教授西田幾多郎與三木清等人，常在這兒散步，討論哲學問題，故名之曰「哲學小徑」，但我也不知真假。小徑上的名勝古蹟很多，永觀堂離曉學莊最近，我常去散步，古寺、庭園，非常幽靜，據說王國維來日本時，常來永觀堂，非常喜歡此地，故王取名號觀堂。越過永觀堂，再往前走幾步路，便是有名的南禪寺，顧名思義屬禪宗，是一座歷史悠久的大寺廟，豆腐料理很有名，當年香港中文大學哲學教授唐君毅先生最喜歡到南禪寺吃豆腐料理。日本的寺廟下午敲鼓、清晨敲鐘，所謂「暮鼓晨鐘」，這些都是我每天的起床號及報時器。為了替小敉買一台彩色電視機，我約了中倉陪我去大阪電器街，我們約在京阪電車的北濱站見面，然後再換地鐵至難波，我看中了一架 SONY 13吋的彩色電視機（78,000日圓），三洋及聲寶則較便宜（65,000日圓），可見 SONY 的牌子硬，我幫小敉買了一台 SONY 彩色電視，我自己也選購了一台13吋聲寶牌黑白電視機（17,000日圓），小敉那一台是電壓110的外國輸出品，店家答應直接送到小敉下榻的 Hotel。晚上中倉邀我至枚方市他家晚飯，彼此聊得很晚，當晚就睡在中倉家，中倉告訴我在日本的洋蔥及大蒜比台灣賣得貴，如能自台灣輸入，必可賺錢，可惜我們都是紙上談兵，一籌莫展。次日，天氣晴朗，日本舉行地方選舉，中倉夫婦去投票，我陪他們前去，自己也見識一下，又參觀了香里丘這一個社區，約住了有一萬戶，環境非常好，有公園、超級市場，還有小學、中學，甚至遊樂場，我還首次玩了一下日本人甚為著迷的 Game Pachinco，蠻好玩的，有一點賭博性質，但不玩錢，可以贏禮物。中午回中倉家吃餃子，但日本人吃的餃子跟中國人吃的稍有不同，皮較薄，餡的味道也不太一樣，臨走時他們還借了一個舊烤麵包器給我（我本來準備買的）。下午回京都前，中倉再帶我去大阪，買一台小相機（現在俗稱傻瓜照相機），是 Olympus Trip 35（11,800日圓），我託小敉帶回台灣給葳，使用簡單，不需技術。

4-12約定與小敉及肇鵬在大阪見面，約定晚上九點在大阪的Grand Hotel（在京阪電車終點淀屋橋站附近）見面，他們買的13吋SONY彩色電視機也由廠商按時送到，這時有一個阿根廷商人跟我聊天，他不會日語，我勉強用英語跟他談話，深覺在英語方面也應努力，小敉他們十點多才到達旅館，因時間已晚，我跟他們只聊了一刻鐘左右，即告辭回京都。晚上得知日本的地方選舉結果出來，東京的都知事由美濃部亮吉當選，大阪的府知事則是黑田獲勝，都是左派支持出來的人，當時日本的政治風向是向左的。

這時有一件事情使我跟阮芝生彼此之間有一點不愉快，這可能是雙方的個性與觀念不同所致，原因是出在住的問題，我因較早抵達京都，故很早即遷入曉學莊，但老阮找房子一直不順利，曉學莊沒有立即的空房，但一個月之後可能有，當時因為楊合義回台灣，他把房子借給我住（當時楊還不認識阮，並且當我搬入曉學莊時，也沒有立即的空房，故暫住楊的房間），看到阮著急的樣子，我就把我的房間免費暫時借給阮居住，我的原意是應急，讓阮有時間去想一下別的辦法，沒有想到他一住一個月就不動了，京大四月十五日開始上課，楊合義就要回來了，早幾天前我就向他暗示，請預作準備，但是一直沒有反應，所以4-14我不得不向他下通牒，希望他於4-15一定要搬出去，他說他沒有地方去（可能也是事實），希望暫住楊合義的房間，我答以楊是借給我住，不是借給阮住，在沒有得到楊的同意之前，我不能擅自作主，把房屋借給別人住，何況楊就要回來了，不能看到髒亂的房間，我必須打掃整理乾淨之後，再還給楊，雙方僵持住了，最後小李出來打圓場，解決的辦法是，我將鑰匙先交給管理員，小李再去取來交給阮，這樣就變成了是小李讓老阮住老楊的房間，跟我無關了，由小李全權對老楊負責，我也無奈的答應了，最後老阮如願地搬入了老楊的房間，問題是老阮只住了一夜，4-15晚上老楊回來了，老阮當然住不成楊的房間，於是再搬回我的房間，我睡床，他打地舖，我也不逼人太甚，繼續托請楊、李二人幫老阮找房子，當時阮是看中了另一位室友許邦福的房間，因許結婚了，不會再住曉學莊，問題是4–19許終於帶著新婚的太太回來時，卻表示五月初才能讓房間，這是許的權利，他也付過房租了，因許本身也要再找房子，需暫時住曉學莊，阮當然非常失望，我因學校已開學，也準備開始寫論文，故希望早日生活能安定，我實在不習慣兩個人同住一間房，這時呂昌平又提出一個解決方法，就是他暫搬到外面的朋友那兒住，他空出自己的床鋪讓老阮住到五月初，老阮的行李仍暫存我的房間，我也同意了。問題雖然已解決，但兩個人都有心結，我當時對老阮處理此一問題的方式很不以為然，因為如果換成是我的話，我因有一個多月的時間，我早已去找到適合的房子了，即使退一步，當楊合義回來時，我也會搬到聖護院再去暫住客房（當然每天得花1,000日圓），或是跑一趟東京，還有去找美國友人梅其瑞（他曾答應過我們可以暫住他家），我的行善招怨，使我失去和人相處的信心，如果不是老楊、小李、老呂這些熱心的朋友，我真會建立另一套與人相處的理念，我與阮現在仍是朋友，但我必須承認當時對他是有很多負面的看法。

開學之後，學校熱鬧得很，到處都有標語，每天都有學生示威，他們的主題之一是廢除美日安保條約，喊的口號是「安保粉碎！」楊合義回來之後，我感到很高興，送他一罐茶葉，聊談良久，主要是問一些當時台灣的現況。4–16京都全天下雨，我到學校去看課表，看到有一群人在圍觀，我也擠上前去湊熱鬧，原來是在拆房子，大鐵錘在來回晃擺，把一棟堅固的鋼筋老房子打得粉碎，人們對於破壞東西總是感到有趣的，當時的日本學生運動也是如此，我曾親眼看見在校園內兩派政治派別不同的學生互毆，較強的一派用鐵棍及石塊在攻擊較弱的一派，被打的學生有一個還血流滿面，我對這種強凌弱及凡事只要牽涉到政治，就可以任意妄為的做法，心中非常厭惡，學生不但貼標語，甚至強佔文學部長（院長）辦公室，要求談判，聽從他們的訴求，我對當時的日本學生運動，不僅不同情，甚至也不好奇。在電視上看到日本昭和天皇出現，赴廣島追悼在原子彈死難中的人，確是值得同情，但身為中國人的立場，在南京大屠殺中死難的三十萬中國人，又要到何處去尋找公平呢？我常思想這些問題。

自買了電視之後，為了學日語，晚上差不多都是在看電視，確是增長許多的見聞，我的黑白13吋小電視可以收到六個電台，NHK是最大台，我曾耳聞日本寶塚歌舞團，這是一個女扮男裝，全部演員都是由女人扮演的大型歌舞劇團，也是日本的獨特文化之一，果然不同凡響，呂昌平認為來日本而未看過寶塚，等於沒來過日本，寶塚上電視等於在打廣告，我跟呂昌平約了準備擇時去一趟大阪的寶塚（寶塚歌舞團的根據地）。4-17京都全天陰雨，由於阮仍住我的房間，故白天我儘量去學校看書及準備寫論文的事，我被分配到研究室一張桌子，只有助教上田一個人在，彼此聊了一下，那時還有一個研究生西村元照也常來研究室，我們也常聊天，他的父親西村元佑是治中國經濟史的名家，西村元照現為日本東海大學教授，我們一直有來往，那時他留一頭長髮，樣子很怪，日語講得非常快，很難抓住他的話，但他一直對我很友善。4-18日，天氣放晴，姚其松打電話來，約了一齊去教會，這是我到京都之後第一次上教堂，教會在臨川書店對面的巷子裏，離京大很近，教堂很小，我約略算了一下，當天聚會的人只有十四個人，唱詩、禱告用日語，講道時也用日語，但有人翻譯成中文，日語聖經上的每一個漢字都有平假名注音，牧師洪柏榮是台灣人，已來日本15年，其夫人及小孩都來了，洪師母來日本也有9年，故他們的日語都説得很好，但小孩子不會講中文，洪牧師從前也讀過台中省二中，比我高個七、八屆，故算是學長了，中午大家在教會吃麵，夥同出錢，借牧師家煮麵，但吃得豐富。

我開始上佐伯先生每週兩個小時的seminar，這是研究生的課，是讀李燾的《續資治通鑑長編》，為了寫論文，我也正在讀此書，但他們是用日本人特有的訓讀方式，我很不習慣，讀與聽來都吃力，甚多不懂，楊合義告訴我以後就會慢慢的懂了，但我的看法卻是中國人根本不需要此種訓讀方式，佐伯先生似乎了解我的需要，他私人作了一套《續資治通鑑長編》的引得，尚未出版，但讓我參考，這才是我真正想要的，但通過訓讀，也讓我了解日本學者，如何研讀漢籍的方法。京大東洋史科有自己的小圖書館，所謂的「小」其實並不小，正確的定義應該說是我們小圈子的圖書館，方便大家使用，圖書並不完全來自購買，像桑原陟藏（研究東洋史名家，做過東洋史主任教授）的私人藏書，其死後就完全捐給了東洋史小圖書館，看書採開架式，但管理得很好，日本人比較守法。由於常去學校，我也不自覺的常拿京大跟臺大比較，當然互有優點，但70年代時京大的湯川秀樹業已拿到諾貝爾物理獎，但京大的校園也的確是一個「亂」字。我還注意到一個現象，那就是在校園內看不到幾個女生，放眼看去都是男生，這跟我在韓國時所見到的是一樣情形，我的印象中京大的東洋史科中，也沒有幾個女生，這跟臺灣大學完全不同，日本人、韓國人確是有一點重男輕女。

4-24下午去聖護院，因那兒的史學研討會這一次由我主講，先前楊鍾基也打電話來，囑來取信，原來是辛勝夏自漢城寄來的照片，我也記不得所講的題目是什麼了，可能是宋代的蠶絲業，我所寫博士論文中的引言吧！會後大家至京大樂友會館吃晚飯，晚飯後則到聖護院的一個法國人（已忘記其名）房間聊天，各種語言均出籠，真是熱鬧極了。晚上十點多鐘才回曉學莊，曉學莊又有慶祝晚會，可能是某人生日？記不清了，很熱鬧，又被拖了小坐一會兒，等我回到房間，大家還在又唱又聊，當然都是酒精在助興。4-25可能是週日，約好了去見徐先堯，徐當時是住在鄉下的一座寺廟裏，我可能是跟老阮偕行，或者還有邱添生，我們都想去探一探徐的底，當然徐是善意的邀我們去玩，一早我們先到三條河源町，換乘京都巴士（往大覺寺、清瀧方向）至釋迦堂下車，途中經過風景優美的嵐山，一個可以划船及欣賞風景，有一點像台北附近碧潭一樣的風景區。日本人郊遊的風氣很盛，週日假期加上好天氣，出來的人格外多，車水馬龍擠得一榻糊塗。徐先堯住在一座名「清涼寺」的寺廟內，環境幽雅，是一所有三百多年歷史的古剎，範圍很大，聽說是由德川幕府的第五代將軍綱吉所建，古意盎然，寺廟全為木材所建，還很牢靠，庭院中古松、小池、小橋，景緻很好，標準日本庭園，大家先在徐先堯的屋內聊了一會兒，談了許多日本史上的問題，徐教日本史，喜歡談日本史。以後在寺廟逛了一圈，大家照了一張像片，即返嵐山，不坐巴士了，改換乘京福電車回京都，京福電車非常老舊，跟記憶中的上海老有軌電車很相似，再換市電20路回曉學莊。

京大通知我，說佐伯富、佐藤長、竺沙雅章（時東洋史助教授）三位教授，將是我在日本的指導教授，其中佐伯、竺沙兩人治宋史，佐藤是治西藏史及西亞史，邱添生陪我到京大總務處去繳學費，本應繳6,000日圓，但只收了我5,000日圓，當週五還要去體格檢查之後，才算註冊完畢。這時校園極不平靜，佐伯先生宣佈當週 seminar 停課一次，因學生要開會，並將罷課，京大校園之內到處都是標語，學生攻擊醫學部數位教授，又攻擊學校行政部門，雖然學校熱鬧，各學部前都聚集了許多的學生，麥克風響個不停，大字標語到處林立，但大部分的學生還是不聞不問地做自己的事，趁在罷課之前，我到系圖書館待了一下午，發現了不少寶，我找到了一部線裝書，是抗戰前北京大學所印的「宋遼金夏元史」，一共331頁。4-29是日本昭和天皇七十歲的生日，也算是日本的國慶，接著又是五一勞動節，一連串的假期，日本人多趁此機會出門旅行了，再加上學校又罷課，我乾脆也躲在房間看電視，倒有不少好節目，為慶祝昭和天皇，放映了不少紀錄影片，主要是昭和時代的歷史，甚多有特殊意義的歷史鏡頭出現，也有戰爭殘酷的鏡頭，使人益增反戰感覺，甚具教育意義，當時昭和天皇想去歐洲訪問，早在46年前（從1971年算起）他當皇太子時，就曾訪問過歐洲，有四十多年沒有去了。

4-28京大學生全面罷課，我曾到學校去看熱鬧，學校仍可以自由進出，但各學部與研究室都有學生把守，不准進出，我到學校的生協吃了一頓中飯，然後緩慢離開校區，很多的學生都擠在校門口，坐在地上，前面有一個學生在用麥克風激昂地演講，我也聽不懂他在講些什麼。出了校門，似乎外面的情況比校內還要緊張，馬路上全是警察，機動車輛大批出動，到了下午兩點多，京都的各大學像立命館大學、府立大學、同志社大學等，均列隊向京大集中，準備先會合後，一齊出發遊行示威，聲勢將更為浩大，看他們的標語，似乎4-28是他們所謂的「沖繩日」，當時美國準備將琉球交給日本，這對日本人來說本是一件好事，那麼為何日本學生要反對它呢？身為一個外國人，起初我也不明白其間的邏輯，後來才慢慢弄懂，美國人是有條件地交還琉球，因美國尚欲保持駐在琉球的軍事基地，當時日本學生左傾，不能接受美軍繼續駐在琉球。我當時直接的想法是美國人也太犯賤了，何必歸還琉球呢？日本人既不領情，則就不必還了，這一天「沖繩日」，日本全國的學生都將同步舉行示威遊行。

學生的遊行蛇舞非常難看，當天的下午楊合義又要到大阪領事館去辦事，我乃跟著他再到大阪去增長見識了，我們坐阪急電車，離開京都時仍是陰天，但到達終點站梅田的時候，大阪開始下雨了，楊合義說即使下大雨，學生的遊行也會照常進行，我們從梅田換乘地下鐵到本町（領事館所在地），這一次我仔細地觀察了大阪地下街，地下街有四層，真是工程浩大，在70年代算是非常進步的。晚上七點多回到京都，京都也下大雨，出了阪急河源町車站，正碰上了學生的遊行隊伍開到，先是日共派（日本共產黨，當時算是溫和派），在大雨中行走，高呼「粉碎安保」口號，有如發瘋一般，接著是反日共派（暴力派）「全共鬥」的隊伍開到，兩排武裝警察圍著隊伍前進，還有警察機動車隊跟著（車上有另一組警察，準備隨時換班，以防警察走累了），有時兩派會打架的，通常全共鬥會先動手。回到曉學莊看電視，東京的場面就更熱鬧了，據報導有十三萬人參加示威遊行，瘋狂地高呼「粉碎安保！」遊行隊伍作蛇舞狀，比較起來，京都的遊行較有秩序，而東京出現縱火鏡頭，還有打鬥場面，非常混亂。

4-29是昭和天皇的生日，也是日本的國慶，這是一個假日，一早我出門坐京阪電車到枚方市中倉家，中午到他家吃飯聊了一下，下午繼續坐京阪車到淀屋橋，再換地下鐵到心齋橋，很快找到大阪華僑總會的四樓，這一天是選關西同學會的新會長，過程很精采，我以一個旁觀者的角色，來敘述當年這一件頗為轟動的選舉事件。原會長京都大學的劉國雄任期屆滿且無意留任，本來選舉都有操作的事，領事館的林符洪領事屬意一位近畿大學的黃姓女學生，可能比較聽話，但這一個布局卻很糟糕，因日本的社會風氣是一向以男性為主導，且京大的學生眼高於頂，看不起近畿大學，怎麼甘心受近畿的女生領導？現場選舉態勢壁壘分明，京都大學、大阪大學、神戶大學等國立大學是聯合陣線，而近畿大學、關西大學等私校則是一致的，不過國立大學的人數多，雖然私校的同學也搞了一點花樣，那就是集中投票（明明可圈選五個人，但偏偏只圈選一至二人），但效果不大，最後當選的還是京都大學航空工程系的連根藤，聽說是台南連家，比連戰還高一輩，但連根藤確是一個有問題的人物，因後來他的表現非常激烈，他是台獨份子，但當時大多數的人並不知悉，且連的現場表現不錯。林領事非常震怒，嚴辭警告連，我認為這一著非常糟糕，林是錯在兩點，第一是疏於布局，他應該擇一國立大學的候選人，以我所了解的當時情況，事先知會一下大家，應可當選；第二當失敗時，應保持風度，婉言對連，因同學會還有幹事會，不是完全一人當家。這次選舉的失敗，也說明了在海外是不能用當時國內那一套的，不過說一句老實話，我個人對於那一次選舉並無興趣。選舉完後，放映電影，晚上並有舞會，但我不參加，下午五點多會一開完之後，就先行離去，去領事館找陳良玉，他跟我曾在革命實踐院同學，當時任職領事館，也在近畿大學就讀，陳全套招待我，先在中國料理店吃了一頓豐盛的晚餐，然後夜遊大阪，並喝咖啡，又看大阪蠟像館，栩栩如生，有些恐怖的人像，看了很不舒服，不過日本人喜歡刺激。當晚我坐車單獨回京都，返抵曉學莊已近深夜十二點。

我又跟老阮為小事言語上起勃谿，導因是他看了我帶墨鏡的照片，說我像 Spy，又說我在韓國所攝照片都是一個姿勢，我則回說帶墨鏡是有氣派，而舉凡大人物照相都是一個姿勢的，只有小丑才會騷首弄姿，年輕時我常言詞咄咄逼人。由於老阮已搬進許邦福的房間，他的行李也完全撤出我的房間，故我在房間弄了一個小廚房，大家很喜歡到我的房間來聊天，我有好客天性，來者不拒，也經常弄一些吃的東西招待朋友，故人緣很好，楊合義、李文雄、呂昌平於晚上都常來我房間聊天。當時每個週日，只要沒事，我也都會儘量跑跑中倉家，這一次他陪我去買電器，中午我先在他家吃飯，下午我們在香里園站經過一家小電器行，這一家電器行要關門了，老闆折價出清存貨，那時我夢寐以求的事，便是能購得一架錄音機，我看中了一架中型的盤式錄音機，原價兩萬日幣，這時折價一萬日幣，我毫不猶豫地立刻買下，拿到中倉家試了一下後，效果非常好，我當時所以急著買，還有一個原因就是想學日語，但不久之後我就發現，我其實是做了一件洋盤事，犯了很大的錯誤，第一，日本的電壓是100伏特，台灣是110，電壓不同，使用壽命就短；第二，我的 information 不夠，當時卡式錄音機已上市，而盤式錄音機除專業用的外，一般的都將淘汰，我買的盤式錄音機根本就不能用多久，真是不經一事不長一智。下午中倉再帶我逛香里園的三越百貨店，雖是分店，但規模並不小，70年代台北還沒有這樣規模的百貨店，中倉的太太已帶著智紀在百貨店等候了，他們買東西，我是著重在看，我曾告訴中倉說日本的東西比台灣的貴，但中倉答覆是日本貨的品質好，他是出於愛國心，但經過了幾十年的觀察之後，想想中倉的話還不無道理，我們讀近代史的人，都知道以前的東洋貨便宜，且品質並不可靠，但二次大戰以後，日本的生產結構改變了，工人的品質提高，再加上有效的管理，像SONY及TOYOTA都是名牌的象徵了。日本的百貨店頂樓都附設兒童樂園，我們四個人還坐大圓轉車，在空中鳥瞰枚方市的全景，不過我心中想的卻是如果葳及亦晨也能坐在旁邊那可多好！回到中倉家天還未全黑，我們又打了一會兒羽毛球，我的球技還不錯，吃完晚飯之後，又看了一會兒電視，才告辭返回京都。

5-3是日本的行憲紀念日，是國定假日，家家戶戶都掛了太陽旗，上午在房間看書，下午則出門走走，我到大丸百貨店去看火車展，京都有兩家大百貨店，其一是大丸，另一家是高島屋，我對電器的用品特別感興趣，因有些產品當時台灣還沒有，而且在價格上也比台灣低，我看到一台6-8疊榻榻米合用的房間分離式冷氣機只60,000多日圓，再大一點的則需90,000日圓，洗衣機則需13,000-17,000上下，冰箱是30,000日圓。隨後我去看了一場電影，可能是在百貨店放的，已記不清楚了，電影內容是札晃冬季奧林匹克運動會的會前賽，以及日本1970年的萬國博覽會，都是彩色影片，總共放映四小時，雖是紀錄片，但內容非常精采，唯一美中不足的是中華民國館只出現了兩分鐘。進入五月份之後，京都雨季開始了，每天不是下雨就是陰天。5-4我到學校，中午在生協西部食堂吃飯，非常難吃，但便宜，下午見佐伯先生，他送了兩篇宋史的文章給我，並托我查一下《元豐官制記》此書。晚上楊合義自廣島回來，大夥齊聚我的房間，我煮甘藷給大家吃，楊則講述廣島之行，他說去了原子彈紀念館及和平公園，戰爭真是殘酷，原子彈爆炸的一剎那，就是二十萬生靈化為烏有，情況太慘了，他祈求人類應永遠不要再有戰爭，楊曾建議我該找機會赴廣島一行，可惜我五年之後75年才成行，而且我的心得與楊並不太一樣。5-5是日本的兒童節，也是一個全國性的假日，不僅兒童放假，大人也放假，京大全天停課，中午我到樂友會館吃飯，這是一家頗高級的館子，已記不清為何我一個人去吃飯？飯後到超級市場買了一點菜，下午在房間看書，王久烈、林宏作來訪，大家到阮的房間聊天，黃宗樂也從大阪來京都玩，黃在阪大唸法律，臺大法律系畢，後來在輔仁大學擔任法律系系主任，以後回臺大法律系擔任教授，是一個激烈的台獨份子，但當時大家相處很好，且看不出來。晚飯是五個人一齊在附近的一家日本料理店吃的，飯後大家齊至永觀堂散步，是具有800年歷史的古寺，環境幽雅，有日本風味的庭院。當大家再回曉學莊時，小李李文雄適時回來了，於是大家繼續聊天，老阮還開了一瓶酒，大家邊喝邊聊，但當天我滴酒未沾。

在日本買東西已漸漸抓到竅門了，什麼 Tax Free 都是騙觀光客的，會找到門路則可以買到比 Tax Free 更便宜的東西，這是我到日本居住了兩個月後的心得，其次經驗論更重要，我從台北曾帶了一本介紹日本觀光指南的書，但經過仔細對照之後，發現有很大的出入，所以感覺到「親身體驗」這一句話的重要了。5-6在研究室看書時，劉國雄來訪，我與邱添生陪他聊了一會兒，已記不得聊何事？可能是談選舉新會長之事。五點以後，我偕邱到聖護院去看霍韜晦，可能霍從日/岡搬到了聖護院，邊聊邊看電視，有馬克升值的報導，日本政府宣佈暫不會跟進，不過我們都認為日圓遲早會升，當時我拿的獎學金是用美金計算，故非常關心日圓升值之事，接著5-14、18兩天，私人鐵路公司要罷工，出門增不便，我深覺日本的社會確是很民主，晚上三個人到樂友會館吃了一頓正經餐。

自開學之後，我的生活比較機械與規則，假日時到各處走一走，平常則除上課外，多半是留在學舍不出門，處理雜事及寫論文，下午則到研究室及圖書館去查資料，我當時正在作「宋代絲織品的宮廷消費表」，很是吃力，台灣很多朋友托我買書及印資料，不但耗時間，而且耗神，楊合義及邱添生兩人也常為此事頭疼，佐伯先生也是如此，他是系主任，平常公務繁忙，再加上自己的研究工作，偏有不識相的外國教授，頻頻找他印資料、印文章，不過即使有不滿，我們也只有放在心中，不會形於外。這時京大學潮間歇不斷，我看到有一個學生整天躺在法學部的走廊上，云是絕食抗議，聽說此人是一個不畢業的職業學生。5–8週六假日，再到中倉家，請他錄了一段日語，來訓練我的聽力。在中倉家吃晚飯，聊了很久，又玩日本牌（日本傳統牌與一般撲克不一樣），中倉及他太太不會打麻將，我答以下次再教他們，當時在日本一副竹背麻將需3,000–4,000日圓。次日，天晴氣朗，清晨與中倉帶著他兒子智紀一同散步，整個香里丘社區就像一個大公園，清晨的空氣非常好，三月份我初來時，還是春寒料峭，樹木都是枯枝無葉，但現在是新綠，所有植物都開始有生氣了，杜鵑盛開，樹梢發芽，綠草也舖滿地上，大地是一片嫩綠，日本是四季分明，我已感受到了冬、春兩季的變化，我們先在公園玩羽毛球，再看別人打棒球，日本小孩打棒球的風氣甚為普遍，中午在中倉家吃麵，下午看了一場T.V.轉播的職業相撲大賽，根據中倉說，相撲比賽一年分六場舉行，即春、夏、秋、冬、大阪場、九州場，這一次是夏場所，我看得津津有味，相撲並不只是兩個大胖子在小圈子內推來推去，而是有規則的。晚上回到曉學莊之後，楊合義與呂昌平又來房間喝咖啡，聊談良久，他們旅日已有相當時日，的確增長我不少見識。呂昌平是臺大農經系畢業，公費留日，在京大攻讀博士，日語很好，常識豐富，我們很談得來，他跟我談及日本有七個帝大，就是現在的國立東京、京都、大阪、名古屋、九州、東北、北海道等大學，倘使加上台北帝大（臺大前身）、京畿帝大（漢城大學前身）則就有九個了，東大與京大尤其突出，政府官員中很多都是東大、京大出身，即是很多商界的領導人，也多由國立大學出身，國立大學的畢業生一切都有保障，受社會的重視，私大畢業生較難與國立的競爭與抗衡。京大的創辦者多是東大出身，但京大的學術氣味重，曾出過兩個諾貝爾獎得主，其中得物理獎的湯川秀樹非常有名。故京大是日本唯一可以跟東大抗衡的學校，日本官員東大出身的是京大的五倍，故東大的官僚性格較重，而京大較有在野的意味。

6. 京都留學生活雜憶之二

來日本雖是唸書，但得空去觀光、旅行也是一件美事，據説京都的寺廟超過三千，到處都是觀光景點，有些還是觀光客很少到的地方，我每天騎腳踏車或走路到京大時，必經的哲學小徑，便是有名的觀光景點，小徑旁經過的法然院、銀閣寺都是很有意境的寺廟，有一天呂昌平偕我自學校走回曉學莊時，帶我翻山走另一條路，他是帶我看另一座很有意境的寺廟「真如堂」，真如堂的範圍很廣，寺後是被稱為黑谷的丘陵，有無數的墓碑，古剎循石階而上，有一種荒涼的感覺，逯耀東曾有一篇「黑谷之晨」的散文，我很喜愛讀這一篇，證明他也來過此地，但他寫得太美，我卻有另外的感覺，如果當天看不到遊客的話，那是標準的荒山野寺，不像現實的世界，確是如聖經詩篇第二十三篇所説的：「死蔭的幽谷」。「真如堂」所表現的不是美感，而是日本人所獨有的那一種淒涼落寞的感覺。

5-11天氣很好，京大東洋史的研究生們舉行迎新郊遊，一共有二十六個人參加，包括了佐伯、萩原、竺沙三位先生都參加了，我們的路線是從京大出發，到三條京阪站，先坐京阪電車到大津（琵琶湖畔），再步行至三井寺，這是一座天台宗的古剎，由寺遠眺琵琶湖，美麗極了，琵琶湖是日本最大淡水湖，以形似琵琶得名，我們再走到比叡山麓下的坂本，吃ざるそば（蕎麥麵），日本人很喜歡吃這一種麵，那一家麵店名「鶴喜」，有兩百五十年的歷史了，我們不是在吃麵，而是在吃歷史吧！吃飯時大家曾自我介紹，我用日語勉強應付了，但意外地日本人卻反應不錯，他們認為我説得簡單清楚，當然我很汗顏。飯後大家再到日吉神社（類似伊勢神社，但規模較小），是豐臣秀吉所建，古松、石橋、莊嚴、肅穆是我對此神社的感覺。參觀神社之後，上田、徐先堯、楊合義及我四個人繼續向前上比叡山，其餘的人則回京都了。我們從坂本坐纜車（Cable Car）上山，真是又驚又喜，風景美麗極了，山勢陡峭，古代比叡山原就是一座山城，山上一片平地，山高約一千公尺上下，確是易守難攻，山上大寺延暦寺是一所歷史名剎，是日本天台宗的總本山（大本營），日本天台宗為入唐僧傳教大師最澄所創，廟宇規模宏大，雄偉極了，襯以巨松、古鐘，確是佛門寶地，延暦寺在日本歷史上頗佔地位，從後白河天皇時代比叡山為僧兵所據，抗不聽命，到了日本戰國時代，織田信長憤而攻下比叡山之後，一把火燒掉了延暦寺，屠山燒廟，天台宗為之一挫，但德川家康後來皈依了天台宗，重建延暦寺，德川江戶幕府也有意藉比叡山來監視京都天皇的意味。回程從西邊下山，也要坐 Cable Car，山下已有市內巴士，沿途公路平坦，頗似陽明山下山時的景色。

時入初夏，天氣漸熱，我房間的窗口朝西，只要是晴天，必然西曬，因此下午房間不適合人待，我延長了在研究室看書的時間，我很滿意京大東洋史的研究室，所有的參考書、圖書資料都在近旁，使用非常方便，日本的東洋史研究主要是中國史，看到書架上的那一些諸多著作，我的內心是頗有感慨！由於暑假已近，再加上思念家人，我已計畫趁暑假時返回台北一趟，當時回家並不愁路費飛機票錢，而是出國時背負人情債太多，要帶禮物饋送親戚、朋友，我算了一下，一共需三十幾份，真是近鄉情怯，頗有踟躕。呂昌平常邀我於飯後，到曉學莊附近散步聊天，他說我們住的地方鄰近許多名勝古蹟，其實就是京都有名的旅遊觀光點，他再一次地為我解說，我們先到永觀堂，這個擁有800年歷史的古剎不大，但環境幽雅，令人看得舒服，再到南禪寺，寺宇宏偉，比永觀堂大多了，山門高大，古松聳立，寺內鴿子很多，都不畏人，呂昌平說許多日本古裝劇的外景，都會來此地拍，再往前走，就是古輸水道，引琵琶湖的水入京都，工程浩大，亦有歷史，沿輸水道兩旁，遍植櫻花樹，每到春天櫻花盛開，也是賞櫻的勝地。然後我們再走回哲學小徑，小徑兩旁都栽植櫻花樹，間有人家居住，也都是整潔幽雅的房子，我還記得小徑旁有一家就是名為「小徑」的喫茶店，佈置精緻，禪意十足，我跟昌平兄入門各喝了一杯咖啡，昌平兄說日本政界跟學界關係密切，兩邊互通，不少的官僚也喜歡讀書，政界也非常注意學界的研究成果，社會上大學教授的地位很高。

晚上看 T.V. 新聞，有三件大事，第一，私鐵勞資談判破裂，即日起私人鐵路電車開始罷工，全國有1,700萬人會受到影響，各學校均停課，恐怕京大次日也不上課了，此外國鐵及國內航空也要罷工，現資方與工會正談判中，由於日本物價上漲厲害，故工資的糾紛層出不窮；第二，日本外相愛知下午在國會答覆社會黨眾議員質詢時，正式聲明今年十一月聯大開議時，日本將同意允准中共進入聯合國，但不主張取消中華民國的席位，且認為那是重要議案（需三分之二決），日本將提出雙重代表案，這是當年日本的外交政策宣佈；第三，日圓堅持不升的政策遭到考驗，由於瑞、荷等國貨幣均升值，日本不可能長期置身事外，日本雜誌且報導日本政府已完成了萬一升值的準備，山雨欲來風滿樓，我當時耽心的事是，第二期獎學金未匯來之前，日圓就升值，美金會貶值，我的生活將變得更拮据。由於學校暫停課，我在曉學莊附近吃午餐，兩位李文雄（另一位讀醫學部，臺大醫學院畢業，我們稱大李）跟我一同午餐，飯後又邀我到哲學小徑散步，我們又到那一家「小徑」喝咖啡，我們主要聊時局，趨勢對台灣不利，我們已有感覺聯合國席位將不保，大、小李的日語都很好，常識也豐富，告訴我了許多有關日本的常識。晚上看電視，體育界有一個大新聞，那就是相撲橫綱大鵬宣佈退休，日本大相撲的最高段位便是東、西橫綱，據梅其瑞曾告訴我說大鵬是北海道人，祖母是俄國人，故大鵬有白人血統，相貌長得很好，長得不太像日本人，他稱霸相撲壇已有十年之久，曾連勝三十六場，這一次夏場所成績不太好，前五場是三勝二敗，尤其是敗給一個年輕人叫貴ノ花，大鵬體重153公斤，而貴ノ花卻只有105公斤，大鵬的失敗頗出人們意料之外，但年紀大了，其實大鵬只有三十一歲，但在相撲界算是衰老了。

在第二期獎學金支票寄來之前，手頭轉緊，我開始思節省之道，那便是少往外面的飯館跑，所以我買了一點米，以後三餐儘量自己做菜吃，我先炒了一盤青椒肉絲，但日本豬未閹過，豬肉有怪騷味，很難吃，只好改吃雞，雖稍好一點，但自己做不出飯店那一種口味來，有時一鍋米可以吃好幾天，這是合乎節約之道的。週日必須去做禮拜，因洪牧師打電話來了，他發現羊不來了，這一次他是講舊約中以諾與神同行的事，仍是日語證道，中文翻譯，我向教會買了一本日語聖經（用現代日語重新翻譯的），是750日圓，印刷清晰。中午我至京大樂友會館吃飯時，巧遇王久烈、楊鍾基及其女友高美青也在吃飯，飯後我們四個人一同到京都有鄰館參觀，有鄰館位於京都美術館旁，離平安神宮很近，是一個私人財團法人所設的博物館，內中所藏的多為中國古代的文物，這一個博物館很奇怪，除了特定的安排參觀之外，平常每個月只開放兩次（即每個月的第一及第三個週日，下午十二時至三時），故統計起來，每個月只開放六個小時，機會相當難得，高美青在 Stanford University 唸藝術史博士，我猜想來有鄰館參觀主要是為了她。館內收藏豐富，有戰國時代的銅器，南北朝、唐、宋的石刻（多是佛像），還有明太祖的坐床，明清時的石翁仲、書畫等，看說明後知道很多的東西都是從清朝端方家來的，不過我當時猜，恐怕買與搶的都有。

5-17由楊合義陪同下，正式拜訪佐藤長先生，佐藤也是我的指導教授，但他治西藏、西亞史，我送了他一條洋菸，因他抽煙，他很健談，對於中國史也有一套見解，佐藤的話講得較快，比佐伯老師的難懂，好在有楊合義在做翻譯，彼此溝通很順暢，他送了我一篇談倭五王（日本史）的論文。這一天我整天都待在研究室，從圖書館中借了不少書來看，傍晚我跟邱添生一同離開研究室，兩人先到學校附近喫茶店喝咖啡小聊，彼此談得愉快，然後一同晚飯，邱添生與楊合義的性格不一樣，兩人不相得、不來往，邱較靜、外冷內熱、做人方正，楊較動、外熱內涼、世故及圓滑，不過當時兩人都對我很好。邱跟我談了一個切身的問題，就是我們都喜歡買書，但書怎麼帶回台灣呢？在威權時代，審書的標準嚴得不合理，邱與我有相同的煩惱。五月份是日本人的春鬥月，學生罷課，工人罷工，看晚間 T.V. 新聞，18日私鐵罷工，19、20兩天國鐵、電報、電話公司也要罷工，21日私鐵將再度罷工，T.V. 上勞資雙方代表互相辯論，雙方均陳述理由，讓觀眾去品評是非，呂昌平說資方用的是近代經濟學的理論，而勞方則是用馬克思的經濟學理論，雙方一開始是南轅北轍，各說各話，但等到雙方談工資價格時，則雙方就在一個平面上了，譬如說勞方對調升工資退守11,000圓，則資方就讓步到8,900圓，然後雙方再談，一直談到雙方都合意時為止。

五月下旬京都多雨，日本的氣象預測相當準確，不可掉以輕心，如預報下雨，就必須帶雨傘。中午與呂昌平在學校附近一同吃飯，飯後乘興雨中步行哲學小徑，別有一番風味，經過「小徑」時，再小坐片刻，喝杯咖啡，聆聽日本古典雅樂，欣賞日本式庭院，雨中哲學小徑景色特別美，猶如幅幅圖畫，這時我又作夢了，如果葳及亦晨也同在此地，那真是人間極美之事。下午我去研究室書寫「長編」的表，聽說教養學部（大一、二生）已開始罷課了，而校總區校園也是一片「粉碎安保」呼聲及哨音，我已漸漸習以為常，我當時的觀念是年輕人有誰不苦悶，只要不武鬥、不打人，不破壞法律秩序，讓年輕人發泄一下精力，也未嘗不可，校園不太平，校外也好不到哪裡，晚上 T.V. 報告明天國鐵將全面罷工，甚至郵局也要罷工，這個全國性的罷工規模非常大，估計將有兩千萬人受到影響。學生的遊行是日夜都進行的，在祇園遊行的隊伍跟警察發生衝突而打起來了，學生焚汽車、拋石頭與玻璃瓶，我看電視看得很過癮，一共有126個學生被逮捕。次日，全日本的交通已近乎癱瘓，只有私鐵及公路尚通，但私鐵也宣佈將跟進罷工，這些雖令人感到不便，但我認為工人是有權罷工的，這是一個開明社會所應有的現象，當然我仍有保留的意見，那便是應遵守法律秩序及時間不可以太長（恐影響社會成本）。雖然交通罷工，但不影響我騎腳踏車及步行到學校，下午我沿哲學小徑經銀閣寺再轉往京大，小徑兩旁有一些有錢人家的高級住宅，非常恬靜與和諧，使我覺得這些有錢人並不是暴發戶，而是富而好禮懂得文化的人，我是忙裏偷閒，暴亂中找安祥。我到學校買了一本安部健夫所寫的《清代史研究》，此人京大畢業，才氣縱橫，三十歲不到就寫了兩部大著《元代史研究》及《清代史研究》，但因用功過度，導致身體變壞，像顏回一樣「不幸短命死矣！」故此人值得欽佩，但不能效仿。又找到一篇柳田節子所寫的「宋代養蠶之農家經營」，柳田是女教授，東京大學畢業，宋史權威，她中學在台灣唸的，是北一女的前身，台北第一女子高校畢業。我們有連絡，但一直未見過面，斯波義信是她的師弟，曾為我寫過介紹名片，雖然陰錯陽差，未能面晤，但我很欽佩柳田節子教授。

5–22雨過天晴了，天氣固然放晴，罷工、罷課也暫停，我偕呂昌平一同到神戶去玩，我們先坐市電到高島屋百貨店頂樓的大眾食堂吃午飯，然後從河源町上車坐阪急電車至十三（車站名），再從十三轉車至神戶，車過十三以後景象就不同了，京都到大阪這一段是住宅區，而大阪到神戶這一段則是工業區，神戶的市中心區名三ノ宮，三ノ宮有一點像東京的澀谷，大廈高樓林立，與京都迥然不同，神戶是一個山城，平地較少，有一點像基隆，但港口規模大多了，是一個國際大商港，據說神戶是日本一半貨物的吞吐口，已超過橫濱，居日本第一位，神戶的陸上交通也很發達，鐵、公路西通九州，東通名古屋，鐵道及高速公路縱橫交錯，電車通過神戶時，全是高架空中，有三、四層樓高，車站亦在空中，地面則是商場，也許是海港關係，很多的喫茶店多是歐洲風味，我們再換國鐵至元町，主要是去買照相機，在大丸百貨店的對面有一家叫Camera Kobe的，我買了一架Minolta SRT 101 1.4鏡頭單眼相機，在當時算是相當好的相機，所謂1.4鏡頭是兩支燭光就可以照了，當時最新的1.2鏡頭，理論上眼睛看到就可以照，肇鵬曾買了一台Cannon 1.4的，故我買Minolta 1.4算夠好的了，只花了39,000日圓，而標價卻是58,500

日圓，老阮買了一架 Minolta Hi-Matic 11，雖只花了20,000日圓，但他買的是雙眼，我買的是單眼，而雙眼的要跟單眼的差一個等級，不對等的品貨，昌平也買了一架望遠鏡。之後我們坐觀光船遊覽神戶港，對於這一個聞名世界的大商港，真是嘆為觀止了，神戶港口非常遼闊，各碼頭停泊了各國的輪船，我還看到一艘掛有中華民國國旗的貨輪，港內、外大、小船隻走來走去，絡繹不絕，我心中又想到亦晨，他還沒看到輪船過，將來回台灣，該找機會帶他到基隆看看。沿岸有川崎、三井、三菱等造船廠，都是宏大無比，有一條跨海的神戶大橋，直通海中新建的人工碼頭，昌平新買的望眼鏡正好派上用場，真是百聞不如一見，高中時唸過日本地理，知道有個神戶港，現在終於體會到日本經濟成長之緣由及成果了。不過阪神工業區的公害亦頗嚴重，差不多重要十字路口，都有電子表，記述每一分鐘大氣二氧化碳的濃度及噪音程度，每一分鐘都有不同的資料出來。遠眺大阪港一片黑氣，頗似在圓通寺上看台北一樣，神戶港內的海水是醬油色，可見是髒得可怕，這一小時的神戶港內遊，真是增長諸多見聞。上岸後在神戶晚餐，返回京都時，在十三換車坐錯了車，坐到了大阪，再回京都大約晚了半個小時，雖已近晚上十點，但因為是週六，街上人潮不散。

我從中美會每月領取的獎學金是美金 $200.，應付日本每月高額的生活費，實在捉襟見肘，而且日圓又有升值的壓力，逯耀東比我早一年來日本，他那時亦是每月領 $200.，結果六個月的錢，不到四個月就花光了，而我現在所拿日圓的購買力，只及去年的85%，倘使日圓升8%–12% 的話，平均每月我將少拿4至5千日圓，故我當時憂心忡忡，希望能早日收到中美會寄來的第二期獎學金。神戶遊後次日非常疲倦，上午 T.V. 報導有一個日本人因在台灣從事政治活動，而被捕。中午與呂昌平及大李三個人一同午餐，午飯後喝咖啡，小聊一會兒，我們三個學的都不一樣，對我們來說什麼是我們的真理呢？我們的結論是任何科學的研究都是真理。又談到台北的交通，認為非建地下鐵不可，同時也要限制摩托車的數量，在日本很少人騎摩托車。相撲的夏場所結束了，北ノ富士打垮了玉ノ海（兩人都是橫綱），而獲得冠軍，不過因大鵬退休（本來是最強者），使此次相撲賽遜色不少，T.V. 上一直講述及懷念大鵬時代，大鵬是一個特殊人物，不過因大鵬的退休，使得日本很多人亦希望佐藤首相也該退休了。由於手上的錢逐漸減少，我逛書店時暫不買書了，而改採用記筆記的方式，發現好書時，將書名、地點、價格記下來，等以後有錢時再說。再騎腳踏車逛京都北區時，無意中經過洛北高校，這是京都最好的高中（因男女同校，有如我們建中與北一女的混合校），諾貝爾物理獎得主湯川秀樹即自該校畢業，聞以前京大的三高（即教養學部）也在這兒。晚飯到樂友會館吃，剛回學舍，中倉來訪，他因出差到京都來，辦完事後順便來看我，我們在房間內聊了一會兒，他看到我放在桌上亦晨的照片，讚不絕口，希望我加洗之後送他一張，那一張照片照得很好，是出國前我們到容石園去玩，葳抱著亦晨，由我所攝，非常自然，應是得獎之作。在日本短短幾個月的生活，使我修正了不少對人生的看法，那就是一家人在一起平平安安的過日子，乃是最好的事。

出國之前我是騎摩托車的，但我也一直認為摩托車過多是台灣的交通亂源，來日本之後發現人家並不騎摩托車，乃觀念大變，從此以後我就不再騎摩托車了，日本人以電車為主要交通工具，此觀念深深的影響了我，坐電車比坐巴士舒服，而且不排放二氧化碳，淨化空氣，速度快又安全。下午到京大上讀「長編」的課，雖然我不覺得訓讀對我有用，但日本人確是用訓讀來研究中國史料，對他們相當管用，我深為他們努力唸中國古書的態度而感動，我當時覺得臺大歷史研究所的同學們，也該擇時集合在一起，共同來唸中國的古籍，因古籍不是那麼容易唸的，閉門造車會有死角點，日本人治學不取巧，全憑真功夫，下課之後，佐伯老師把我叫到一旁，又送了我兩本書，都是宋史目錄的書，一本是《宋代史研究文獻目錄補篇》（東洋文庫）；另一本是《宋代研究文獻目錄》（宋代史總合研究班），這兩本書的價值還在其次，主要是有錢也買不到了，雖不能說是完全絕版，但也差不多了。因為天天吃日本料理亦感無味，下課後在回曉學莊途中，我跑了一趟銀閣寺超級市場，買了一點牛肉與青椒以及一隻雞腿，回去又煮了一點飯，這樣自弄自吃了一頓豐盛晚餐，日本的牛肉比豬肉好吃。晚上再看 T.V. 新聞，注意當時的播報員多是男士，很少女性，而且都是年紀較長者，但是風度很好，播報員除了口齒要清晰之外，也要學識淵博及常識豐富，播新聞時，人很少出現，字、圖、音較多，播音員以儘量少露面為原則，一切以新聞為主，而不是人在出風頭。當時日本 T.V. 非常重視氣象之報導，播音員是沒有資格來報告氣象的，多是請氣象學會的專家們來報告，因資料充分，故氣象的預測相當準確，那時台北還做不到這一點。

5-26的中午吃日本料理，上了一課，日本燴飯中有叫「親子丼」，這是蛋與雞肉混在一起的飯，因蛋與雞是有關的，故稱親子丼；而「他人丼」則是蛋與豬肉，蛋與豬是無關的，故名他人丼，以上是日本人的邏輯。飯後獨自一人沿哲學小徑回曉學莊，仔細看了一下路邊，古蹟甚多，看到有一個墓碑，是明治時代日本人寫的，全是用漢文文言文，還有清陜甘總督升允的銘文，大概死者的來頭不小，墓旁甚多鴿子，全然不畏人。下午逛書店時發現一本莊吉發要的矢野仁一《清朝末史研究》，但書很貴，要5,000日圓，矢野是一個長壽的史家，活到九十多歲。晚上偕呂昌平到高麗苑去吃烤肉，飯後至一家名「ぶるぼん」的喫茶店小坐，佈置非常高雅，放著西洋古典音樂，當時台北還沒有像這樣的咖啡店，我們談日本與台灣的經濟，他預言台灣將學走日本的路子，經濟會起飛，到時像這樣的咖啡店到處就都是了。晚上首相佐藤榮作發表重要談話，主要內容一是支持台灣在聯合國的地位，並認為安理會席次的改變也應慎重考慮；二是日圓若升值，許多人會受到影響，或蒙利或受害，因此亦需慎重考慮，言下之意似乎是不同意目前馬上升值，隨後日本銀行總裁佐佐木也正式表示日圓暫不升值，這兩個消息對於當時的我們都是好消息。由於東京已辦包機將讓留學生回國省親，他們將分兩期返台，一次在七月中，另一次則在八月初，估計關西地區也會跟進，因此我思於八月初時返台一趟。

「ぶるぼん」喫茶店是在京都鬧區新京極之旁，還有一條鄰近新京極，與之平行的叫寺町，可能是老街，在寺町上有一座不大的寺廟名叫「本能寺」，書寫法華宗大本山，它的規模比延曆寺及南禪寺都要小多了，方丈室是一座西化的大樓，只有寺本殿才是日本傳統式建築，可是不要小看了這一座寺廟，日本歷史上有名的本能寺之變，便是發生在此地，日本戰國時代英豪織田信長，便是死在此地，織田信長在他事業的最高峰，即將統一日本之前，因猝不及防，部下明智光秀突然叛變，織田被逼切腹自殺，葬身火窟，倘織田不死，則後來決不會有豐臣秀吉及德川家康的事業，親身來到本能寺，對這一段刻骨銘心的歷史，我的心中非常感慨，我在織田的墓前（應是衣冠塚）徘徊了一會兒，我對織田所知不多，似乎是思想開明，對基督教友善，但殘忍好殺，曾大規模地滅佛，屠比叡山，燒延曆寺、本願寺，膽氣十足，固一世之雄也。5–27是日本戰前海軍航空隊的紀念日，中午的 T.V. 曾有特別的節目，請一些過去神風特攻隊的遺族上 T.V.，並有二次大戰時有關神風特攻隊的紀錄影片，基本用意是反戰的。由於亦晨的關係，我對日本的兒童教育情況也非常注意，根據 T.V. 報導，差不多百分之八十的日本小孩都是五歲入學，這比當時的台灣早了一年，甚至也有四歲進入小學的（可能稍早了一點），日本有專書討論2–5歲的兒童，是培養性向重要階段，故我已知幼稚園教育的重要了。70年代東方鬧文革，西方則是反戰文學及音樂，一般民謠敘情的歌很受歡迎，日本當時有一首歌「知床旅情」很好聽且流行，是女歌手加藤登紀子所唱，加藤是東京大學出身，很不簡單，歌聲低沉副磁性，知床在北海道最北端，T.V. 上播這一首歌時，襯上北海道一片雪景，甚具情調。

小李的腳長了一個疔，甚為疼痛，被一種特殊細菌所感染，雖經醫治療，但效果不大，我們幾個人束手無策，幸虧醫學院的大李，他看書後懂得治療，用酒精將其輕微麻醉，以減少痛苦，大李說不嚴重，呂昌平甚有感慨地說出門在外，身體是第一要注意之事，有病時是既花錢又增麻煩，小李因醉了倒在大李房間，我們也折騰到深夜一點多，才各自回自己的房間。5-28京都連續陰雨不止，京大學生又開始罷課，文學部已被左派學生封閉，為期將有十天，我也沒有辦法到東洋史研究室去看書了，這等於放了十天的假。下午的宋史討論會改在一位日本同學原山家舉行，原山的父親是天寧寺（曹洞宗）的方丈，和尚之子，在日本某些佛教派是可以結婚的，天寧寺是一座不大的寺廟，但環境優雅，這一天大家主要談的是書評及討論，日本人做事很細膩，參加討論會的人，都做了很仔細的預備工作，有十二位同學參加討論，但只有我、邱添生、楊合義三個人是中國人，我在會中還表示了一點意見。與日本人相處不易，因雙方的思維方式不一樣，除了中倉之外，我尚未找到談得來的日本人，呂昌平也說過有相同的感覺，不過雖然相處方面不易湊到一個平面，但日本人治學認真、做事認真的態度仍值得我們學習。5-29又參加楊鍾基在聖護院的討論會，這一次是由老阮報告，題目是「公羊學」。晚上東海書店的負責人金濤請我們（王久烈、林宏作、老阮及我）到他家吃晚飯，他家是一棟西式的一樓一底小洋房，當時的租金需30,000日圓，買的話則需五百多萬日圓，樓上、下共有四房，房間很小，加起來約有台灣的二十幾坪，可見日本的房子相當地貴，金濤偕金大嫂還有兩個女兒住在一起，晚餐是包餃子，尚有皮蛋、蟹肉炒蛋、蠶豆、鹽水雞等下酒菜，喝啤酒助興，大家聊談愉快，一直談到深夜一點多才離開主人家。5-30一早又趕著起床，因京都同學會舉辦迎新郊遊，我跟老阮都是被迎的對象，由於楊合義是同學會的會長，所以我雖然感到很疲倦，還是要勉為其難地去參加，一共來了二十幾個人，我們先到京阪三條驛坐車到四宮，再沿山路小徑走到三井寺（上次已來過），中午吃壽司（當時我還不太習慣吃壽司），下午到大津坐船遊琵琶湖，上一次我是經大津而上比叡山，未遊湖，琵琶湖是全日本第一大淡水湖，湖面遼闊，許多帆船馳駛湖上，景緻美麗，湖很大，我們只玩了小半個湖，回程坐電車偕邱添生、呂昌平到山科國際學生寮（也就是日ノ岡邱添生住的地方），休息，聊談當晚並在那兒吃晚飯，走了一天，回到曉學莊又是深夜十二點多了，更加疲累！

5–31雖然非常疲累，但還是要早起，因跟邱添生約好，到學校去辦在學證明書，因暑假回台灣時辦入出境之用的。由於罷課關係，早上京大campus內的人很少，文學部大門關著，但行政當局還是要辦公的。本想到生協買一點東西，但月底盤點，生協未開門，中午偕添生兄到樂友會館吃午飯，因離聖護院瑞士寮很近，飯後去找霍韜晦，碰到林宏作也在，於是四個人又聊起來了，林來日本較久，且娶了日本太太，對於日本的情況非常熟悉。時入六月，梅雨不止，6–3到郵局寄信，路上看到一個剃了光頭的年輕女孩，打扮時髦，且穿迷你短裙，雖然這一帶寺廟很多，但穿迷你裙女人不像尼姑的樣子，呂昌平說日本女人流行光頭吧！70年代社會風氣尚屬保守，此可列為怪事之一。因每天下雨，皮鞋都穿濕了，呂昌平建議我買一雙雨鞋，於是我們一齊到新京極去逛，我看中了一雙藍色雨鞋（1,300日圓），質料很好，由於雨勢太大，到河源町一家「古城」喫茶店小坐，可能是京都最大的一家咖啡館，一共有六層，佈置豪華，完全法國式，桌椅特殊，使人有置身法國皇宮之感，全放古典音樂或是探戈舞曲，相當地氣派。6–5雨停了，是個陰天，但是郊遊好天氣，早上起得很早，原因是準備到奈良去，奈良也是日本的古都，日本人稱京都為洛陽，稱奈良為長安，只是古城毀於戰火，如今奈良只是一個小城。邱添生、呂昌平、林宏作、王久烈加上我跟老阮一共六個人去，我們先在京阪三條集合，坐京阪電鐵至丹波橋站再換近鐵至奈良，這是我初次到奈良去玩（以後我去過很多次奈良），抵達奈良之後天氣變得更好，奈良不像京都，它沒什麼市容，整個奈良市就像個公園，到處都是綠草地及高大松樹，養了很多鹿而不畏人，我們先經過興福寺，再走到東大寺，這可能是全日本最大的寺廟，東大寺本堂也可能是全世界尚存的最大木造建築物，一千兩百多年前奈良朝廷為推行佛教，傾全國之力而興建了這一座寺，東大寺不是日本式樣，而是混合了中國與朝鮮的建築風味，東大寺內供奉的大銅佛高有五丈三尺五寸，據說銅像重達五十萬公斤，銅佛的耳朵上可以站立一個人。東大寺的後面就是有名的正倉院，典藏皇家的寶物，一直是我夢昧想來的地方，但這一次不開放，要到秋天曝曬典藏物時才能看到寶物，離開東大寺之後，到公園照相，並買了一些鹿餅餵鹿，隨後再到唐招提寺，這是唐鑑真大師東渡日本後所建，鑑真是唐揚州大明寺高僧（1999年夏，我曾赴大明寺一遊），五次東渡日本，前四次均失敗，後來鑑真圓寂於日本，他對日本影響甚大，不僅在佛教，尚帶去了許多唐的高級文明與技術，唐招提寺完全是唐代寺廟建築規格。然後再到藥師寺，以六層方塔著名。本想還到法隆寺（聖德太子所建，據說有一千三百年的歷史，是世界最古的木造建築物），還有天理也是很出名的地方，因時間不夠，只有留待下一次了。

中國平劇裏有一齣戲叫「六月雪」，因六月不可能下雪，意為有天大的冤情，故老天下雪示警，現實裏不可能有六月雪，不過那是因為我孤陋寡聞，6–6這一天 T.V. 報告北海道標高三千公尺的地方，硬是有大風雪，雪深數尺，還有人去滑雪，這是六月雪，不過即使在日本這也是很少有的現象。6–7除醫學部之外，校總區已大致停止罷課，不過我到學校之後，發現工學部也還遭學生佔據，此外校園大致平靜。碰到一件可笑之事，下午偕姚其松、呂昌平三個人到校門口一家照相館洗 slides 時，進到店內杳無一人，我們用日語高聲叫人，聽到有人連聲答應，但等了很久，一直未見有人出來，乃大感奇怪，於是再呼叫，還是有人用日語答：「いらしやい」，意謂歡迎，細看之下，才發現是店主家養的一隻小鳥（大概是鸚鵡）在用日語跟我們開玩笑，而此時店主人也出來了，連聲說抱歉。姚其松暑假要到美國去訂婚，他拿馬來西亞護照，行走各地比我們方便。6–8 恢復上課了，下午到學校上佐伯老師的 seminar，並到系圖書館看了一下書，下課之後曾到東海書店金濤那兒小坐，聊了一下，他除了請我喝咖啡之外，晚上並在一家中華料理請我小酌。6–9天氣變得很熱，頗有一點台北夏天的味道了，下午到學校京都同學會去填暑假回台省親的表格，以及從台灣再出境的表格，手續非常麻煩，不過繳交1,000日圓之後，所有的麻煩手續都委請同學會辦了，我又訂了從日本到台灣的往返機票，來回一共要49,000日圓，這在當時還算是便宜的，從大阪到台北，一共有四個時間可以選擇，即7月2日、12日、20日及8月10日，為了慶賀大事底定，晚飯到中華料理去點了一盤青椒炒豬肝，在日本豬肝比豬肉便宜，飯後從銀閣寺沿哲學小徑步行回曉學莊，還到「小徑」去喝了一杯咖啡。6–10去學校看到文學部又被封閉了，看海報說6–15又要罷課，這種狀況使我這一個從台灣來的學子非常不習慣，當然我也有對策，不罷課就到學校看書，如逢罷課就留在學舍，或是去逛書店及作其他事。

6–11晚上看NHK新聞，報告由於日本經濟快速成長，現有的教育制度已不能適應，故他們著手準備變更教育制度，變更的內容很複雜，以我當時的日語程度，也不能完全看懂，但大概可歸納成五點：(1) 幼兒四歲入學；(2) 天才兒童接受特殊訓練；(3) 小學改成四年，幼稚園也變成四年；(4) 大學院之上再設研究院；(5) 教育須與實際社會配合。不過詳細的情形我當時也並不十分清楚，NHK的播音員所講的日語清晰，立論也較公正及審慎，我看新聞多半以NHK所播的為準。又看京都新聞，這家報社立場較左，但依然報導美國第七艦隊將繼續巡邏台灣海峽，我看後心中甚慰。又有運動消息，美鐵餅選手擲70.4公尺，打破世界紀錄。6–12整天下雨，下午出門跟中倉在大阪見面，晚宿枚方市他家，因我要返台北一趟，去中倉家也有辭行的意思，他家的智紀比亦晨小三個月，對我頗親，每次宿中倉家時，次日清晨必偕中倉帶他散步，香里社區環境良好，就像一個大公園。快要回台灣了，心中著實興奮，但又憂心一筆龐大的禮物費，因親朋太多，人情太重。呂昌平是唸農經系，他特別帶我參觀京大農學部，京大農學部有獨立的校區，範圍非常大，也是位於我每次到校總區的路上，只可惜在校園內看到兩派學生打架，一派是日共派，另一派是反日共（可能是極左派的全共鬥），日本的學生很奇怪，極左跟極右不打，而是左跟極左打，這叫劃清界線，昌平說這種打架在校園內是常事，見多就不怪了，接著看標語說學生又要罷課了。6-15果然全日本的學生都全面罷課，京大亦不例外，各學部均停課，不過文學院的大學院卻例外，早上楊合義自學舍打電話至系裏，得知佐伯先生的課繼續上，大概不宜曠課太久，文學部已全面封閉，我們從小門進去，我們坐在佐伯先生的研究室中，外面的學生則在大吼大叫，所幸課還是繼續上下來了。寫論文的速度需加快，現發現可以走小門，故又恢復每天跑圖書館。NHK又報導日本外匯儲備升至75億美金，亦增日圓升值壓力，中美會的錢遲遲未匯來，我的內心甚為焦慮。在梅雨季節中6-17這一天天氣還不錯，我偕邱添生、呂昌平及另一位新識朋友林傳芳，林是京大博士研究生，專攻佛教史，我們四個人結伴先在京大校園內照了一些相，然後林作案內（意味嚮導），我們先到京都四條東華飯店的頂樓喝啤酒，鳥瞰大街上學生示威的遊行隊伍，這一天是美日簽訂沖繩歸還日本的協定，我實在不知學生們在反對些什麼？飯後林帶路，讓我們領略了一下日本的茶道，嚐了日本有名的宇治玉露茶，其實這類似我們的龍井，不能用滾水，要用溫水泡，又吃苦茶及羊羹，林說先喝一口苦茶，再吃一口羊羹，方知羊羹之甜，再喝一口苦茶，方之苦茶之苦，日本人好極端，不走中庸，於此可見。林的日語非常好，精於佛教史，聽其談話，增進了我不少對佛教的常識。晚上回到曉學莊，看NHK電視實況轉播，9時17分華盛頓與東京同時簽字，並實況轉播了琉球主席屋良的演說，琉球終於還給日本了，在協定中釣魚台亦被劃入交還日本管轄的範圍，身為一個中國人的立場而言，很不是味道，這是國恥，琉球本是獨立國家，是中國的藩屬國，後被薩摩藩侵略，糊裡糊塗地被日本滅亡，均歷歷在目，所以我認為6月17日是中國人的國恥日。NHK又報導東京學生激烈暴動，跟鎮暴警察發生流血衝突，學生使用土製炸藥，警察動用催淚瓦斯，學生跑到鐵軌上，山手線交通為之中斷，明治公園一帶一片火海，路旁汽車被推倒焚燒，學生並攻擊防衛廳，到處縱火，真是恐怖的一夜，至於京都的學生遊行較有秩序，但警察也是全部出動警戒。對周遭的環境日漸熟悉之後，在銀閣寺附近發現一家中華料理店，惜已忘記店名，此店價錢便宜且味道好，蟹炒蛋及青椒炒牛肉絲最美味，後來我再到京都時，此店已關門或遷走，一直未再找到，徒留給我一些回憶。

6–19這一天高興極了，一早被楊合義敲門叫醒，送來了一封中美會戚先生寄來的航空掛號信，終於收到了中美會匯來的美金支票$1,220.，我立刻兑換成日圓後存入銀行，從此日圓升值暫時與我無關了，我也辦了機票劃位之事，及上街採購禮物，由於心情輕鬆愉快，我背起相機，到御所（即皇宮）走了一趟，內部非常大，參道上舖滿了細石子（這是日本建築特色），皇宮的內苑像一個大公園，我照了不少的幻燈片。由於日本參院選舉日期近了，京都的街頭不但熱鬧並且不平靜，選舉宣傳車在街上吼個不停，晚上看 MBS 新聞，日前明治公園的爆彈，警方已查明是由反日共的赤軍派所為。琉球大學有一個極左派的學生，被日共派推落大樓致死，引起極左派攻打日共派總部，每天都是這些亂新聞。日本首相佐藤榮作在電視上宣佈要改組內閣，上電視發表談話，我覺得他的風度還不錯。6–20全天下雨，下午出門逛，主要目的是幫兒子購買玩具，我看了不少玩具店，日本的玩具真不少，但有很多缺點，譬如飛機玩具有日本國徽，我認為這犯了我的忌諱，又有很多的東西有日語的假名，我認為也不適合兒子，此外電車及科學機器人等，不能連上當時的台灣社會環境，一、二百公尺的無線電通話器材，又怕當時台灣的警備總部禁止進口，而遭沒收，為了買兒子的禮物傷透了我的腦筋。晚上合義來我房間，跟我比劃圍棋，結果我以二比一贏了。6–22到學校上佐伯先生的課，文學部的大門仍然關著，我還是從小門走進去，下課後偕邱添生到法學部去找張雅孝，他承辦機票之事，我敲定7月2日返台北。6-23中午偕邱添生、呂昌平遊知恩院，是京都三大寺廟之一，是日本淨土宗的總本山，知恩院大殿宏偉，不遜東大寺，而更勝延暦寺，我們在知恩院旁吃了一種日本食物叫「好このみ燒」，其實就是自助的煎餅，然後我們沿著東山小徑一路走下去，走到圓山公園，這是每次學生遊行時的集合地點。沿山再向前走便是大名鼎鼎的清水寺，清水寺以秀麗蒼鬱的音羽山為背景，依懸崖而建，即所謂的「山岳伽藍」，共有塔、堂、門、院等十餘棟建築，其中以整個架空於懸崖邊緣，由一百三十九根巨大木柱所支撐的本堂「舞台」，最為人所稱道，這座舞台高達二十餘公尺由下仰觀之，氣勢磅礴，不用一根釘子，全用榫頭。再往下走便是三島神社、豐國神社。豐國神社是紀念豐臣秀吉，中有一耳塚，是當年豐臣秀吉發動侵略朝鮮戰爭時，由大將加藤清正所攜回，他嫌首級太重，故只帶耳朵回來，悉埋葬於此，故稱耳塚，又有一説割的是鼻子，應是鼻塚，但無論耳塚或是鼻塚，都是極端殘忍之事。這一次郊遊，幾乎走遍了洛東方面大部分的觀光區，回程改坐電車，路上碰到學生遊行，不少觀光客反而用照相機在搶鏡頭。

我於7-2自大阪搭機返台，最主要是想家，而日本也開始放暑假了，很奇怪的事是一放假，學潮就暫停了，不過日本的學潮對我的影響不大，因我來日本主要目的是蒐集資料及撰寫論文，上不上課不是那麼重要，不過這一次的初次留學日本，使我增長不少見識，也交到不少新朋友。我買了一台新的13吋彩色電視機，品牌是SONY，當時是最時髦的產品，買了非常多的禮物，臨行前徐先堯又托帶了一包東西，老阮也托我帶兩瓶酒給孝瑀的父親（可惜於搬運時打破了一瓶），我攜帶的行李顯然超重，但很幸運只補繳了很少的錢，印象中，我記得以量來説帶給兒子的禮物最多，太太其次。留學生活尚未結束，等夏季過後我將再返日本。因為有書信資料，故對於留日的生活記得瑣碎與詳細。

7. 秋天再返京都

暑假返回台北與家人團聚，生活是歡愉的，只是父親的身體更加衰弱了，我突然感覺到對家的責任，在日本生活時，都未想到這些問題，當年兩個弟弟都在學，父親退休在家，退休金一天天的花下去，他又需要看醫生及吃藥，葳當時雖在滿文研究室上班，其實並不是正式的工作，且待遇也是少得可憐，惟有我們所住的房子是自己買的，差強人意，一家大小八口人住在一起，我是長子，理應在生產崗位上盡責，應負起養家的責任，故覺得我這樣在日本逍遙地過日子，有一點罪過感，想起了孟子的話：「仰不足以事父母；俯不足以蓄妻兒。」我突然對於人生產生了徬徨的感覺，對於未來幾乎喪失了信心。好友兼學長逯耀東似乎了解我的情況，他找我長談過一次，他的意思是留學生活是很浪漫的，但人應回到現實來，以我的情況來說，應儘早完成博士論文，趕快覓得職位，我當時已取得臺大博士候選人的資格，只欠一篇論文了，逯的意思是即使再回日本，也是以寫論文為最重要的事，不能再胡思亂想為其他雜事所累。逯的快刀斬亂麻式思維，的確深深地影響了我，迄今我每思及此，均深為感激他當時對我的鼓勵及指點迷津。回來之後我常去看杰人師，報告論文的進度及請益，他的看法跟逯耀東一致，也就是應儘快寫妥論文，所以我重新調整了自己的計劃，一切加緊撰寫論文，為再度返日後的努力目標。

暑假都是留學生歸國之時，政府為了我們這些留學生，特別安排了一次旅遊節目，其用意當然是正面的，是希望這些海外遊子能了解台灣進步的情形，以及政府確實在做事的，幾部巴士先把我們運到基隆港，留學生中以從美國回來的最多，留日其次，再次是留歐的，我們坐上一艘陽字號的驅逐艦，沿台灣的東海岸向花蓮駛去，這樣的走法，在當時是從沒有的經驗，在海上看台灣島非常美麗，無怪乎古時西班牙人（一說葡萄牙人）駕船經過這一條航線時，直呼「福爾摩沙」（意為美麗之島），台灣東岸是主要航線，我們沿途看到不少大船不斷行駛海上，多是日本人的運油船，由於花蓮港太小，軍艦進港時是倒著進港的，我們在花蓮參觀大理石加工工廠，吃飯時是由東防部司令陳守山中將接待，他是台籍將領，應對得體，我們當時都看好他以後的政治前途。再到太魯閣、天祥、梨山，我們沿橫貫公路向西走，經谷關最後到台中，然後南下到高雄遊澄清湖，一路上吃喝，頗有花費，但都是公家招待，最後再回到台北解散。我們白吃白喝，當然肯定這一次旅遊，但我注意到一個現象，那就是沿途大小城鎮，都掛滿紅布條，寫上反對中共進聯合國，因秋天就要投票了，我覺得這種方式毫無用處，我們根據在國外的information，早已知今年是凶多吉少，要守住聯合國將遭遇很大的困難。

轉瞬已屆9月秋天了，我必須再回日本一趟，根據中美會的規定，我也必須再回京都大學去，我是抱著極捨不得的心情離開台北的。父親的身體一直不起色，但他的心情很愉快，這是由於愛孫亦晨承歡膝下的緣故，最近我找到父親當年一封信，時間大致是我第一次到日本時，快返台北前所寫的，這可能是我在日本時唯一收到父親的一封信，信的敘述內容，亦晨佔了一半。我抱著緬懷的心情，眼眶濕潤中又讀了一遍此信，父親寫道：「雅書：論文進度如何？生活諒已安定！均在念中，感謝神恩！我的身體日趨好轉（推斷是父親安慰我之語），唯早晨大便後，仍四肢無力，且過勞，感到疲乏不適，因此整日居家時多，尋找我能做的工作，雖未放鬆，唯有靠神恩賜，擺在每日祈禱中，但我深信只要機會到，神必助我解除債務，改善生活。……亦晨會說的話不多，但均聽懂人的話，且能做事，拿信、取衣、搬凳、送糖、關門、倒水樣樣會，在門口和小孩們玩，決不吃虧，否則舉手便打，見到大人皆以笑臉相迎，叫「奶奶」、「叔叔」、「爺爺」、「阿姨」，很討人喜愛。參加大場面如李仁寶家喜慶，寇公公家感恩禮拜等，跑來跑去，目中無人，有說有笑，毫不在乎，平日在家每餐半碗飯，喜歡吃蛋、花生米、蝦仁、肉絲，另外西瓜、香蕉水果每日五、六次，特別是西瓜。中午睡覺最少二小時，大便已能主動先叫「把把」，小便尚未能控制，總之頑皮異常，個性甚強，聰明可愛，奶奶與你媽媽整天不離左右，時感吃不消，其活力太大，爬上落下，翻東倒西，麟書、台書的抽屜天天被翻弄，亦無可奈何！」父親儘管宿疾纏身，但他的精神生活是愉快的。

我暫時離開了家人，再回到日本，我記得這一天是9-22，我坐國泰班機飛大阪，是波音707型，當時算是大飛機，飛離台北時因氣候惡劣，有一點顛簸，頗似電梯快速升降的滋味，但飛機到高空之後就平穩了，高空天晴氣朗，尤其是飛了一個小時之後，俯視海上清晰可見，抵達大阪時約飛了兩個小時又十分鐘，不過日本的實際時間要比台灣多加一個小時，出關一切順利，也不慌張了，到底已出門多次，確增長了閱歷，老阮來大阪伊丹機場接我，他一直停留日本，暑假還到北海道玩了一趟，我們坐空港巴士回京都，一路上聊談甚多，主要都是談台灣之事，抵京都 Hotel，再換 Taxi 回曉學莊，回到我的房間之後，稍事整理，並靜坐片刻，想想早上還在台北，現在已到千里之外的京都了，古人所謂的朝遊北海，暮宿蒼梧，神仙亦不過如此，現代交通發達，真是縮短了世界的距離。晚上呂昌平、小李、老阮及我四個人，一同在附近小館子吃飯，大家聊談甚久，都非常愉快，9月底京都的天氣較涼，尤其是在晚上，所以大家都穿了外套，而9月底時，日本的二十世紀大水梨正上市，既便宜好吃、水分多又甜，我一口氣連吃了兩個。晚上大家意猶未盡又到老阮房間聊了一會兒，並看電視，朝日電視台拍了一些大陸最新的情況，在70年大陸是蠻神秘的，節目長達一個小時，大家看得很有興趣，雖然旅途甚感疲累，但呂昌平又來我房間聊談甚久。我送房屋管理員おばさん一包豬肉乾、一罐紅茶，送老阮一罐肉鬆，送昌平及小李555香煙，因他們都抽煙。次日，大部分時間都留在房間整理及看書，中飯後曾偕昌平及老阮到哲學小徑散步，小徑仍是幽雅恬靜，據昌平說下個月就可以看到紅葉了，日本秋天的紅葉與春天的櫻花是並稱的，曉學莊附近及東山一帶也是賞紅葉的好地區。9–24我一早出門辦事，但銀行、郵局都關門，學校也放假無人，心中頗奇怪，一問才知道今天是秋分，在日本是國定紀念假日，只有再跑回曉學莊，下午楊合義也從台灣回來了，他帶來的新消息是有一個很大的颱風進襲台灣，我聽之後甚掛慮台北的風災情？晚上再與林傳芳見面，因有人托帶東西給他，他也請我在河源町吃晚飯。9–25正式到學校去拜見佐伯老師，先談敘一番，隨即呈上方杰人老師送給他的書，以及陳捷先主任送的酒，王德毅、徐泓等人的文章，言談中佐伯先生表示當前因雜務、課業太多，故暫時無法前來台灣（方、陳兩位先生都有意邀請佐伯來台灣一行），我送佐伯先生一幅故宮複製明沈周的古松圖，以及一瓶洋酒，與佐伯先生的聊談在愉快的氣氛中結束，出了研究室之後，我到銀行走了一趟，當天的的牌價是1美元只能兌換334日圓，所幸我的獎學金早已變成日圓，不然虧大了。東洋史研究室的園村小姐要嫁人了，而博士班學長植村也要到四國去教書，故東洋史研究室的人晚上在上海祇園料理店合請他們吃飯，一共有十七個人參加，中國人中有徐先堯、楊合義及我三個人參加，我們吃正宗的日本すきやき，對日本人來說すきやき就是大菜，但我們中國人看來平平而已，大家邊喝啤酒、邊唱歌，每個人都要表演，我不善於此，勉強唱了一首中國民謠「鳳陽花鼓」，居然還贏得熱烈掌聲，植村還隨著我的歌聲起舞，日本人的吃法，跟我們台灣當時的研究生吃法不太一樣，他們是有好幾場，大家吃完すきやき之後，換地方先喝咖啡聊天，之後一部份男士再到酒吧去喝酒，這時多是喝威士忌了，當時我不喝烈酒，且感疲累，故先告辭回曉學莊休息。

9–26一整天都在下雨，根據T.V.氣象報告，有一個颱風（日本人稱台風）名「29」進襲日本，颱風很大，但中心不在關西，而是從伊勢灣登陸，故名古屋已成水城，風雨皆大。京都不感到風，但是雨大。我冒雨出門，到枚方市中倉家去拜訪，我送了一包豬肉乾以及一罐肉鬆，聊談良久，在他家吃中飯，飯後我們冒雨到枚方公園去看菊花展，世界各國的菊花都有，不過中倉告訴我要等到十月底時，方是菊花盛開時節，最精采的是菊人展，雖是蠟像，但蠟人身上舖滿了菊花，我還記得那一天的展出是講明治維新時的故事，從和宮下嫁、鳥羽會戰一直到德川大政奉還下台為止，可惜我未帶相機。9–27天放晴了，但未出門，看書及整理資料，下午有兩個值得記下的電視節目，一是昭和天皇的歷史，很多都與中國有關，像五四運動時的反日示威鏡頭就蠻珍貴的，另一是昭和今天赴歐訪問，飛機經阿拉斯加，昭和跟美國總統尼克森會面實況，昭和是虛位元首，不知尼克森為何要會見他？不過二次大戰前美國總統羅斯福曾想跟昭和會面，如果時空移轉，那時昭和跟羅斯福會了面，可能歷史就要改寫了。晚上洗澡時，量了一下體重是83公斤。受過人照顧，應該回禮，又到東海書店去拜訪金濤，送上一罐肉鬆，並聊敘一會兒。T.V. 播出美金續跌，當時日圓已升值8%，日前中倉告訴我他們為了做生意方便起見，匯率一律採1比320，也就是美金跌幅為9%。9–29上午偕老阮去京大人文社會科學研究所，再度拜訪所長平岡武夫先生，逯耀東在京都時，他是指導教授，也是目前老阮的指導教授，我是第二次見到平岡先生，再次仔細端詳，他長得蠻和氣的，會說中文，他年輕時曾留學北京大學，據說對我們這些來自台灣的中國人頗友善，當年盧溝橋事變時他正在北京郊外，還是一位中國警察藏匿及護送他至安全地方，所以他甚為感激中國人，我送上昌彼得先生致贈他的畫及書，以及逯耀東所託贈的書。應林宏作之邀，晚上偕老阮到林家作客，林是屏東中學畢業，客家人，淡江大學中文系畢業之後，來京都大學唸書，為人熱誠，好友好客，他娶了日本太太，岳家姓真鍋，林大嫂是護士，待人親切。林尚約了楊鍾基及霍韜晦，五個人聊談甚愉快，林開了甚多瓶啤酒，聊談至深夜，大家才個別叫計程車回家。

9–30我到左京區區公所辦戶籍登記，取回了外國人登錄證明書，日本人的戶政非常詳密，尤其是對外國人，你可以說是差別待遇，但入其境因其俗，由於要蓋指模，確是帶有一點侮辱性質，但一旦有了外國人登錄證明書，辦許多事都比較方便，何況日本警察隨時會在路上臨檢，外國人必須隨時帶著外國人登錄證明書。開學了，學生又開始蠢蠢欲動，聽說十月份內又會有遊行、示威、罷課等事情。今天晚上，小李突然向大家告辭，說他準備明早就要搬出曉學莊，他的新址在大阪府的茨木市，是京都與大阪之間的一個小鎮，大家依依不捨，晚上幫他收拾行李。次日一早，大家送走了小李，呂昌平又鬧情緒，原因是女朋友久不來信，弄得他寢食難安，準備要打國際長途電話了。10-2由家書得知父親再度住院，心中非常焦慮，雨停了，晚上回曉學莊時，面對東山，一輪明月高掛空中，我猛然一想，該是中秋節到了，而祖母的生日是中秋節的前一天（陰曆8月14日），可惜我身在國外，無法跟大家團圓，父親如今又住院，我立即寫信祝祖母生日快樂，並希望父親早日康復出院。當時我本想趁最後回台灣時，順道經過香港的，如今決定取消一切，一俟論文事準備完竣，立即由日本直接回台灣，什麼地方都不去了。10-3京都是好天氣，我與大李一同到樂友會館吃午餐，大李的經濟環境似乎較好，飯後他特別邀我到京大醫學部去參觀，醫學部的外表建築物雖然老舊，但內部的儀器設備都是最新的，大李告訴我京大的醫學部非常強，到大李的研究室中小坐片刻，到底醫學部比較有錢，他一人一間研究室，並有冷、暖氣設備，我在他的研究室中看到一塊白板，那時候台灣還沒有這種白板，我們常說寫黑板要吃粉筆灰，我想將來台灣也用此白板時，教書匠就不必吃粉筆灰了。10-3正好是中秋節，晚上大李、老阮、楊合義、李姓（是楊的朋友，我已不記得名字了）及我五個人，在阮的房間小酌，阮買啤酒，我出清茶，李姓帶滷菜，楊帶瓜子及月餅，大家聊談至深夜一點多，就這樣過了一個中秋節。10-4是陰天，小李來曉學莊還搬家時借用的皮箱，中午加上楊合義、呂昌平、老阮及我又是五個人，吃昨晚剩的滷菜及月餅，下午去學校，校園這幾天又開始不平靜了，楊說再過幾天學生又要罷課、示威遊行了，這次的政治目的是要倒佐藤內閣，在校園內我們親眼目睹了一場日共派與全共鬥派之間的打鬥，一時石塊亂飛及鐵、木棍飛舞，令人驚心動魄，我們趕快離開學校。小李邀我們到他新居去，茨木市在阪急線上，跟枚方市一樣，是京阪之間的一個小市鎮，街道整齊乾淨，多是住宅區，屬大阪府郊外地區，房價比大阪中心地區要便宜，小李住的房子有兩間房，跟另一位常姓同學住，一個月的租金要九萬日圓，我當時不太瞭解小李為何要搬家？因曉學莊一個月房租只有六千五百日圓，不過小李的新居是舊式公寓，房間較寬大，有電話及爐台，可以自炊，但沒有浴室，必須到外面的公共澡堂洗澡，但那時日本人的生活習慣就是如此，大家多是到外面公共浴室去洗的，晚飯就在茨木小李新居吃了，因雨頗大，他們留我們過夜，榻榻米的房間只要有被，即使擠上十個人也容納得下，大家聊談甚晚，我還首度到日本的公共大浴室，洗了一個舒服的熱水澡，當時還很便宜，洗一次只要25日圓，不過男湯（池）、女湯分得很清楚，聽說鄉下則不太分。次日天放晴了，早上我們逛了一下茨木市大街，日本人愛乾淨，街道整潔，兩旁商店井然有序，隨後我們到大阪市區，小李帶我們到一家獨特的台灣料理店去吃台灣炒米粉，還有香腸、豬蹄、粽子等，味道跟台灣一樣，相當地道，廚師是從台灣來的，我們又去阪神、阪急兩家百貨店，阪神有中國貨展覽會，我們買了很多吃的東西及罐頭，阪急是英國貨展覽會，我們就只看不買了。回到曉學莊接到家書，一方面憂心父親因病住院，另一方面擔心家中經濟困窘，我囑葳不要再跟新會了，以減輕負擔，我當時真是無心再在日本待下去了，但根據規定又不能馬上返台。

10–8學校又全面罷課，我到學校去時，沿途全是警察站崗，機動隊全副武裝出動，三步一崗，五步一哨，情勢很是緊張，不過白天無事，狀況是發生在晚上，在T.V.上看到祇園附近，學生與警察衝突實況，還有火攻派出所的鏡頭，最後警察還是控制住了情勢。10–9關西同學會給大家安排了一次郊遊，我想應該是為了慶祝雙十國慶吧！我們還是在東本願寺集合，到名古屋去，跟上次一樣，包了一部巴士，由大阪出發，經過京都載我們上車，目的地是岐阜縣的「川崎重工業」（三菱）的飛機製造廠及大巴士製造廠，重點是日本的航空業，因航空業牽涉到國防及軍事機密，我們獲准參觀的機會非常難得，我看了之後，覺得日本有製造軍機之能力（其實戰前日本的軍事航空業就很可觀了），聽說越戰中許多美軍直升機與戰鬥機（包含F4幽靈），都在此裝配，只要有藍圖，日本造軍機的能力毋庸置疑，只是若日本單獨開發的話，製造成本較高，曾有報導云日本每造一架，美國已造三架矣！而能造大巴士就能造坦克，我看日本重整軍備，只是不為而不是不能了。中午在岐阜吃飯，晚上趕回大阪梅田，在梅田的中華料理店「大東洋」吃酒席，並參加雙十慶祝晚會，「大東洋」的老闆洪萬是台灣人，立場親台灣，跟國民黨關係密切。10-11京都下了一整天的雨，我全天待在學校圖書館，中午在生協碰到林傳芳，他告訴我有一位楊啟樵先生，是逯耀東的好友，香港新亞書院出身，京大博士，治清史，是宮崎市定先生的學生，現在廣島大學任外籍講師，來京都小停，乃透過霍韜晦介紹認識，彼此神交很久，在聖護院聊談甚久，楊並邀我有機會時赴廣島一遊，可以住他的宿舍。10-13、14兩天日本附近有颱風，但我仍照常工作，論文進行順利，每天均按進度，接到葳寄來一封信云姨妹小丹可能要到仙台一所基督教學校去，似乎是要我送她到仙台去，仙台在日本東北地區，我亦陌生得很，我表示願意送小丹去仙台，但大家最好先在東京會面，且仙台方面最好有一些其他的接應安排。我為了寫論文的需要，也正想去東京一趟，因想再到東京大學及東洋文庫等地看看。10-15上午天氣晴朗，我特到京都御所（皇宮）參觀，這一週御所特別開放，准人入內自由參觀，也許是開放的最後一天，參觀的人相當的多，尤其外國人來的特別多，我照了不少幻燈片，中午在同志社大學吃午飯，同志社大學是日本一所歷史悠久的基督教大學，創辦人新島襄是留美學生，新島為人不像創辦早稻田的大隈重信是政治家型，也不像創辦慶應大學的福澤諭吉是側重實用的學者型，新島是徹頭徹尾的宗教家型，他為人純潔真誠、重視良心、講求精神生活，同志社大學除神學部外，尚有法學、文學、經濟學、商學、工學等部。由於離西陣織物館很近，我又進門去把那一架古織機照了幻燈片，也仔細的再研究了一下。下午回京大總圖書館查書，晚上小李來曉學莊，於是昌平、老阮及我四個人又一起吃晚飯聊敘。最近準備還要到京都人文社會科學所去看書，聽說現在外國人去看書不太方便了，因去年被德國人馬漢茂弄壞了規矩，大概書有遺失或遭破壞，從此就限制我們外國人看書了，日本人是很小氣的。晚上看電視，有一則不久之前日皇裕仁訪歐的紀錄片，有一段是在法國與英國溫莎公爵會面的鏡頭，兩個人在五十多年前年少時曾會過面，現在垂垂老矣！令人感慨，我印象中沒有看過裕仁有笑容出現的鏡頭，但這次會見溫莎公爵夫婦時，裕仁卻是笑容滿面。

10–16天氣很好，上午未出門，留在房間看書及寫論文，中午在銀閣寺那一家我喜歡的中華料理店吃飯，晚上林宏作帶我去見一位治宋史的教授荒木敏一，他是京大出身，有一本宋代科舉史，佐伯先生的同學，當時任京都教育大學的教授，曾聽說過他有一點精神狀況的問題，但那一天大家卻談得很愉快，我的日語也較以前進步，我送了一盒點心給荒木，他則以啤酒、洋酒、蘋果招待我，我的印象是他很好客且正常，真不能想像他抓狂時的情景。在荒木家談話氣氛很輕鬆，一直談到晚上十點多才離他家。林宏作出門後就擇地放了一泡野尿，林說放野尿之事，日本男人是看做一件小事，林說他是跟他的老師吉川幸次郎學的，吉川又說是在北京唸書時跟中國人學的，我當然不同意此說，因灑野尿應是日本人的習慣（公共廁所太少），為了入境隨俗，我也在街旁即時放了一泡野尿。10–17再到奈良去，主要去正倉院，因秋天他們開始曝曬藏物了，正倉院為日本皇室所有之特殊寶庫，正倉院藏物豐富，甚多隋、唐時代的東西，尤藏有唐代的絲織物現品，傅云子有「正倉院考古記」一書詳述始末（由聊天中意外知道傅云子是王久烈的老師）。我與小李、常姓、老阮及賴姓夫婦一大群人同遊奈良，我們的遊程從興福寺開始，經春日大社，再東大寺、正倉院，也許是週日關係，人山人海，整個奈良都是遊人群，外國人特別多，觀光巴士一車車地駛來，公園裏的鹿都沒出來，也許是怕人吧！不過比較合理的解釋是秋天鹿發情，易傷遊人，加之每年鋸鹿角也是在這個時候。上一次是春天來，草地還是綠油油的，這一次是秋天來，草地均已枯黃，我照了不少幻燈片，我主要的目標是正倉院，不過收獲不大，先前荒木先生就曾告訴我說正倉院所藏的都是唐代的東西，而且這一次也不展出絲織物，有關宋代的東西，反而京都的東寺藏有不少，不過能看到正倉院，我已感到很滿足了，坐近鐵回京都途中，天氣變壞，開始下雨。由家書得知李大先生李中在花蓮養老院去世，李是興化人，我們的小同鄉，年輕時家境富有，是明代大學士李春芳的後代，年輕時一妻一妾，還曾到過日本留學，其實是到日本玩，大陸淪陷時，倉皇隨軍隊逃到台灣來，後來從部隊下來，身無一技之長，父親支助他擺一小攤，我還記得是擺一竹床，白天把竹床背過來，擺上洋畫書，租給小孩子看，晚上竹床就是睡覺的地方，小時候我常去看免費的洋畫書，後來父親開洗衣店時，讓他來幫忙，吸煙嗜酒，脾氣不好，常跟人吵架，不過印象中他對我很好，後來中風不能工作，父親再安排他至花蓮養老院安養餘年，每月還寄一點零用錢給他，李中去世後，花蓮養老院把他後事辦完，寄了一封信來告知我們此事，我對李中的去世非常感慨，這是大時代的悲劇。10–19買妥五百字的稿紙，正式開始書寫論文了，開始時每天進度一、兩張，速度非常慢。這些天聯合國開會了，有關中國代表權的問題，一直是日本報紙及電視台的熱門話題，我當時的感覺是消息對台灣頗不利，樂觀的估計或能低空掠過。10–20好天氣，論文底稿已進行到第十五張，下午去京大，才知道學生又再罷課，我到金濤的東海書店小坐，他建議我可到二條城看看，二條城是德川將軍在京都的官邸，武家的房子就是一座城堡，氣象雄偉跟御所（皇宮）的格調完全不同，二條城的建築可分為兩部分，一為東邊的「二之丸」，是將軍的住宅，侍衛的房間特別多，稱為「遠侍之間」，因將軍府邸到處佈滿武士，用來保衛將軍，將軍所住的房間名「大廣間」，通大廣間的長廊名響屜廊，人走於其上有響音，是防備刺客而設的；另一為西邊的「本丸」，原為天皇臨幸時用的，明治時代大加整修，明治天皇到京都時，也常住二條城。

10–21學生又全面罷課，學校的生協亦被迫罷市，我現在已漸漸能分清楚日共派與全共鬥派，日共派的抗爭較溫和，但全共鬥派則到處打架、放火及砸東西。10–22是好天氣，是京都三大祭中的「時代祭」所舉行的日子，有數十萬人集中京都觀禮，林宏作找我去看熱鬧，可惜看不懂，也無太大的興趣，於是改到鄰近的平安神宮去參觀，所謂平安神宮實際上是日本平安朝天皇的家廟，在宮門外有一個大鳥居，上面漆有金色菊徽是代表皇家，這種神宮不僅皇家膜拜，一般人民也去膜拜，當年我也是走馬觀花地看了一下。晚上在楊合義的房間認識了一個日本人，在京大工學部就讀的平野，對圍棋很有興趣，我們乃對奕一盤，我小勝，合義有意叫我跟日本人練習對話。10–23論文進行到第23張，晚上坐京阪電車至大阪的北濱站，先與中倉會面，再換乘地下鐵到大阪日本橋電器街，我買了一架卡式的錄音機及一架交、直流兩用的收音機，一共43,000日圓，不算貴，當時卡式錄音機剛上市，台灣還沒有，這些我都準備帶回台灣用的，晚宿中倉家，次日天氣晴朗，我們再遊枚方公園，所有的菊花都盛開了，我又照了不少的幻燈片。因計劃再去東京一趟，10–25打電話至東京丁伯母家，她說小丹十一月到不了東京，可能要拖到十二月，我當時決定不再等待，而訂定11月8日赴東京。10–26是心情沉重與悲傷的一天，一早呂昌平到我房間把我敲醒，他說NHK藉由人造衛星正實況轉播聯合國大會開會的情形，我們從早上一直看到下午一點多，結果就是中華民國被趕出聯合國，其代表席次由中華人民共和國取代，我是感到極度失望，但並不意外，因蔣的外交政策必定導至這一種結果，固然是美國人出賣了台灣，但形勢的發展也使世界各國做出了這樣的表決，美國駐聯合國代表布希（後來的老布希總統）陪同周書楷走出會場，輕拍周的肩膀表示安慰，隨後中共外長喬冠華發表強硬聲明，指責美國，這種得了便宜還賣乖的嘴臉，使我惡感深刻，所以我一直對喬冠華的印象惡劣。當天所有的日本晚報都遲至下午四點多才出刊，且均是大標題，下午到學校去，有人善意的問及此事，我只能說遺憾及意外！ 10–28到京大會合林宏作，連袂至河源町四條，買了五把京扇，這是李德心要的，京都的扇子很名，晚飯在一家叫「珉珉」的中華料理店，口味不錯且價廉，是個連鎖店，聽說從大阪起家，是關西店，東京無此店，他們有一個特色就是復誦客人所點之菜，是用中文復誦的，我們聽得懂。10–30京都全天下雨，全天在家做功課，論文推進到第31張，看到航空版中央日報，逯耀東已通過教育部的口試，正式獲得國家史學博士學位，逯是中華民國歷史科的第一個國家博士，我為他感到高興，也激勵自己該更加努力。11–3是日本國定假日文化節，家家戶戶都懸掛太陽旗，我當時對於這個文化節不能理解，文化二字是抽象的，既不能紀念，也不能慶祝，但現今年齡漸長，總算明白了文化節是有社會意義的，由於是假日，我只好不去學校圖書館了，中午林宏作來訪，一同吃飯，老林常識豐富，深深了解日本的文化，我得了不少啟迪性的觀念。由於親友們知道我要返回台北了，紛紛託買東西及影印資料，增加我很多的困擾，而我又不懂得如何拒絕人，舉個例說吧！親友想託我帶一台13吋的SONY彩色電視機，不錯一台在大阪市場的最低價是75,000日圓，一台電視機約18公斤，我因返國在即，自己的行李就有30公斤，而超重費每公斤是500日圓，而電視機進台灣當時要打稅的，又要加20%，這樣算下來，非常不划算，還不如在台灣買一台算了（當時台灣已開始有本地裝配的彩色電視機）。京都的天氣已有秋意，我每次從京大回曉學莊，一路上路樹的樹葉紛飛，令我感懷。11–7中午再同林宏作一起至有鄰館看古物，這一次看得較上一次更為詳細，我尤其注意底樓所收藏的木刻及石刻，回程經過京都火車站，買了一張到東京新幹線こたま的車票，這是準快車，比較便宜，因當時我的手頭蠻緊的，預定次日出發。買完票後，林帶我到車站旁的東本願寺仔細一遊，這是江戶時代純日本風味的木造建築物，其本佛殿也是非常地大，然後宏作邀我至他家晚飯，林的日本太太，送客時仍守著日本規矩，跪在玄關門口，我感到很不好意思，但林認為無所謂。臨行時林送了我一本「資治通鑑索引」，是荒木教授託他轉送給我的，其中有一大張宋代疆域圖，正是我寫論文所需要的，心中非常高興。

8. 東京之行與提早返台

我記得是11月8日這一天第二次到東京去，雖然我很喜歡住在京都這一個城市，但我也一直對於東京保有美好的印象，如今我已去過東京無數次，我必須説我很喜歡東京。我坐早上9點9分的こたま新幹線準快車離開京都，こたま停的車站較多，但也僅需四個小時，下午一點多就抵達東京了。由於是秋天了，沿途紅葉滿山，景色很美，車過靜岡時因天氣很好，可以很完整的看到富士山，山頭一片白色，都是積雪，非常美麗，跟圖畫中無二致很相像。我抵達東京是住在邱勝宗家，他是臺大法律系畢業跟我同屆，是我歷史系同班同學邱進源的好友，以前在邱進源家吃拜拜時就認識了，但不熟悉，這一次經過邱進源的特別介紹，我在先前已跟邱勝宗取得聯絡，他歡迎我去他家住，願意在東京接待我，邱當時也已成家，跟其夫人及一個男孩住在東京郊區，可能是一個叫久米川的小鎮，邱先跟我在新宿見面，帶我在新宿逛了一下，確是熱鬧，當時的新宿已是七條鐵路的交會點，新宿車站可能是大東京進出人最多的車站，我們搭西武新宿線私鐵到邱家，他已準備好日式涮肉（しやぶしやぶ）招待我，日式的房子都很小，但客廳就是客房，由於天氣已冷，房間必須開暖氣。次日，在邱家吃了一頓豐盛的早餐，有稀飯、豆腐乳，肉鬆、紅燒肉等，味道非常好。早餐後放單出門，行李放在邱家，我先逛舊書店，東京有數處舊書店區，但以神保町舊書店區最大及最有名，到底是東京，書比京都多，當時住在美國的居蜜曾託我買書，找書找了很久，終於在東京找到。下午我去看丁伯母，我一路駕輕就熟，從御茶ノ水先搭中央線，到新宿再換山手線至原宿下車，我送丁伯母水果作禮物，丁伯母告訴我説非常湊巧居蜜的母親馬上就要來丁家作客了。與丁伯母並談及小丹來日本之事，她說又有了變化，因日本入國管理局不准小丹要去的基督教學校同時聘三位中國人講師，目前該校已有兩位了（且都不肯走），所以有新困難，丁伯母曾留我吃晚飯，我婉謝了，但表示改日再來。11–10東京的天氣變得很冷，早飯仍在邱家吃，這幾日除了睡在邱家之外，連髒衣服都是由其夫人代洗，真是不好意思，但這也是日本婦女的生活範例，邱太太來自台灣，也是留學生，但家事全包了。現在坐東京的電車無論高架或是地下，我都已很熟悉了，甚至於沙丁魚式的我也擠過了好幾次。上午我繼續放單出門，先到位於港區的中華民國大使館拜望楊秋雄先生，他並為我介紹他的同事劉家治先生，兩人當時都是文參處的專員，中午楊請吃飯，地點是在大使館旁的一家飯店，口味很好，不過我不是主客，我是陪吃，主客是中央黨部第四組的副主任盧啟華，盧是臺大畢業，做過台北市的教育局長，是台灣人，當時政治前途是蠻看好的，我們交換了名片，不過貴人多忘事，事實上有一個吃飯的場合，許倬雲先生老早為我介紹過，盧也不記得我了，他老是說教過李鍾桂，我聽過兩遍了。飯後我到東京大學去看鄭欽仁兄，他見我前來，感到非常高興，我們聊談良久，並逛東大附近的舊書店，還大破費晚上夫婦倆請我到館子吃飯，當時大家都是窮學生，本無上館子的必要，欽仁兄嫂表現了極大的誠意。晚上我趕回久米川時，時間已很晚了，勝宗兄精神奕奕，請吃宵夜，並跟我聊談甚晚，勝宗是性情中人，為人熱誠，極重朋友，對我是非常好，但從言談中，我覺得他有台獨色彩，當年我的同班同學花俊雄，在保釣運動時左傾，聽說有一次去北京時，在東京轉機，他們兩個人在東京機場相遇時，還打了一架。11–11一早我帶著箱子離開邱家，因久米川離開東京市區實在太遠，往返超過兩個小時，我接受欽仁兄的建議，搬到他家附近他為我找的一個住所，這樣離東大近，看書也較方便。我離開久米川時，邱兄已出門上班，我特別向邱太太致謝，他們夫婦邀我在臨離開東京前，務必要再到久米川住一、兩晚。上午我即到達欽仁家，我們先到東大走了一遍，逛校園、看歷史系及圖書館，我照了不少幻燈片，也影印了很多篇論文，東大的建築相當雄偉，不過有人說官僚氣氛很重，下午我們又帶著光勳到上野公園去玩，離東大很近，步行十幾分鐘就到了，又到上野動物園看了一下。晚上我單獨到丁伯母家，在她家吃晚飯，聊了一下，送上代居蜜買的書，並看到代收的家書，我的煩惱仍是親友要代買東西。晚飯後回到欽仁家，他安排我住在他家樓下的鄔宏藩處，鄔也是臺大校友，在東大唸博士，好像是攻植病的，他是一個人在東京住，就在欽仁住屋的樓下，鄔是早出晚歸的人，次日我起來之時，鄔已出門，我的早、中飯都由欽仁嫂預備的。下午我獨自出門，我沿東大一直走到上野公園，去參觀上野東照宮，這不是江戶幕府德川氏的家廟嗎？應該在日光才對呀！怎麼跑到上野呢？後來才弄清楚這是一個複製的東照宮，東照宮旁的不忍池，也是琵琶湖的影射代表。走完上野公園之後，我坐電車再到神保町去逛舊書店，由於頭髮太長了，我經過明治大學的門口，看到一家理髮店，價錢不貴，乃進門理了一個髮。晚上應丁伯母之約，到他們在元麻布的東京華僑基督教會去參加聚會，晚上教會先聚餐，再聽道，人很多，他們對 Ga Ga 都很熟悉，我身為寇世遠的女婿，叨了不少光，聚會完之後，還有一位先生用汽車送我一程，找到地鐵站後，我再坐丸ノ內線到本鄉三丁目下車，轉巴士回到欽仁家。11-13上午偕欽仁逛東大附近文京區舊書店，因他指引，收穫很多，然後他要到學校去，我也要另辦他事，我再到六本木大使館去見楊秋雄，楊為我介紹宋越倫公使，宋公使當面邀我下週四吃飯，飯後還有一個座談會，說要跟我好好談談，宋很客氣，我也只好答應，原本我計劃週四（11-18）的上午返回京都，現只好改成18日的下午或是19日的上午再返京都了。離開大使館之後，我再到神保町，正逢古書聯展，我乃以外國人的身分入內參觀，可能有一些特別接待吧！我已不太記得了，印象中日本人的英語很破，我們跟日本人講英語時，變得十分流利。看到一本岳父要的《老殘遊記》（有圖），立刻為他買下。

11-14是週日，我偕欽仁一家到鎌倉去玩，鎌倉是日本武家政治的中心，源賴朝於此創建鎌倉幕府，後來幕府執權北條氏也是在鎌倉發號施令，不過當時我對鎌倉並不很熟，我從西方人的報導，知道有大拱橋，又看過電影「環遊世界八十天」看到有大佛像，當年我們彰化的大佛像便是仿自鎌倉大佛，只不過彰化大佛是水泥做的，而鎌倉大佛是銅做的，但鎌倉能看的東西非常多，當時我也只有走馬觀花了，不過我照了不少幻燈片。回程時經過有名的橫濱中華街，我的印象是乾淨整潔，多是中國人、中國字，賣中國貨及開中國餐館，我為了表示感謝，請欽仁一家在中國城吃晚飯。晚上東京的學生有大遊行，學生喜歡到處放火，聽說示威中心在澀谷附近，我們乘電車繞道上野而行，本想穿過澀谷到原宿丁伯母家一行，只好放棄原想法了。11–15因有颱風，東京整日下雨，上午待在東大總圖書館看書及印論文，總圖書館建築宏偉，內部陳設也非常豪華，當然藏書也很多，截止當時，我所需要的資料是蒐集得差不多了，下午曾到銀座逛了一下，商店豪華，商品極多，花樣新穎，可惜我對之興趣缺缺，我還是喜歡到神保町舊書店區去逛。11–16東京天陰，由於皮鞋底已磨平，不能再穿了，故上午到東大生協去買了一雙皮鞋（3,000日圓），然後到東洋文庫去查書，未遇到岡田英弘等先生。下午偕欽仁同逛銀座，路過美樂達相機總店，就進門請清掃鏡頭，因上面有黑點，然後我們再連袂到神保町，晚上回東大時路上交通受阻，因明治大學極左派學生在御茶ノ水附近放火暴動，警方出動，車輛紛紛改道，路旁商店也都關門，我們下巴士改乘地鐵，電車擁擠，深覺東京人的生活真是緊張。11–17上午再到東洋文庫，之後步行看東京，我先到日本橋的三越百貨店（總店），然後到東京火車站，前車站叫丸ノ內，後車站叫八重洲，都照了幻燈片，我再繞皇宮走，看二重橋，最後走到日比谷公園，日比谷公園有一個亭樓古蹟叫「松本樓」，很雅致，蠻有味道，可惜這個古亭當晚就被激烈派學生放火給燒了。最後我到達明治神宮，神宮前有一條參道名「表參道」，是東京的香榭里舍，兩旁林蔭夾道，其實更似中山北路，神宮前的大鳥居，其木可供數人環抱，其木材取自台灣，神宮旁還有花園，環境優雅，最後來到一個大草坪，這在東京是很難看到的。晚上跟邱勝宗在秋葉原驛（車站）見面，他帶我到邱進源的妹妹家作禮貌拜訪，邱的妹妹是臺大商學系畢，妹夫志田是日本人，但人忠厚老實，邱勝宗再邀我至久米川住一宿。這些日東京由於鬧學潮，氣氛緊張，到處放火及有爆裂物，原因是學生反對這幾天國會就要通過「沖繩協定」，美軍可以繼續駐守琉球。11-18一早離開久米川，先到丁伯母家道謝及辭行，非常湊巧居蜜的母親正在丁家作客，當時居浩然正在澳洲的大學教書，故居夫人應來自澳洲，而居蜜是在美國Harvard University唸書，因丁伯母說居蜜是她的姪女，所以我不清楚丁伯母與居夫人之間的關係，可能是表姊妹，或者是手帕交。由於見到居夫人，既不必寄書給居蜜，而書錢也拿到了。當時還有一位韓伯母，為我弄了不少菜，留我吃中飯，但我已先前答應宋公使了，故只有婉謝丁家好意。然後我趕到大使館，宋公使請了兩桌，大多是東京地區的留學生代表，我因是從京都來的，所以也忝列為京都的代表，飯後我急忙先去銀座拿相機，然後趕到東大欽仁家拿行李，欽仁送我到東京火車站，趕上了5點10分離開東京的新幹線準快車，到達京都時已是晚間9點多了。

我對於撰寫論文，大致已掌握住了，那就是在日本是寫不完的，必須移師回台灣繼續寫了，那時我最大的困窘便是雜事纏身，託買書及託印東西的人太多，而且要墊錢。東京之行後，甚覺疲累，我幾乎待在曉學莊三天未出門，11-23精神恢復，我正準備到學校去，呂昌平在門口攔住我說，今天是日本的國定假日，學校、銀行、郵局全都放假，於是我改帶相機出門，準備到京都近郊的嵐山去看紅葉，去程我從四條大宮坐京福電車，京福電車是一種老古董的電車，印象中跟以前上海的老有軌電車很相像，嵐山一面是山，有一條河桂川，水很清，可以划船，環境有一點像新店碧潭與台北的關係，渡月橋全為木造，是日本傳統古橋形式，紅葉景色美極了，回程我過橋改坐阪急電車回京都，阪急是新型電車，軌道寬，速度快。阪急電車底站連接大丸及高島屋這兩家大的百貨店，我想為兒子買玩具，在玩具部仔細看了一下。11-24學校文學部的大門繼續關著，我就改到金濤的東海書店去，他有二十五史及一般性史料，我在他那兒查查抄抄，金濤請我吃午飯，談了不少在日本的生意經。11-26到人文社會科學研究所查資料及看書，又見到楊鍾基跟高美青在看書，因為大家許久不見了，於是中午一同至人文附近的中華料理店「珉珉」用餐，每人均叫了一大碗豬腳麵，因日本人不吃豬腳，故比較便宜。下午到京大圖書館，晚上小李來曉學莊，大家在楊合義的房間聊了一下，談及華航最近飛機失事之事，認為三年連栽三架飛機是很說不過去的事，從陸運濤失事之後，華航在國內、外已栽六架飛機了，我們均覺得華航在管理上出了大瑕疵。由於經濟上的壓力大，我原本計劃明年二月返台的，現已有計劃想法是12月底以前回台了，因論文鐵定是要回到台北來完成了。日本人找錢的頭腦不好，不知是真糊塗還是裝糊塗，起碼已有兩次的經驗了，我給他們日幣一萬元，他們錯當成一千圓來找，真是可惡！所以我們得自己先小心才行。11-29天氣變得較冷，室內有火爐，尚不覺得，走在馬路上就感覺得出冷了。晚上看T.V.消息，著名的電影公司「大映」倒閉了，全員解僱，小時候所看的日本電影多是大映出品，令我心中頗有感慨，也許由於看電視的普及，導致了電影的日趨沒落，我同情失業者的焦慮，這也是日本資本主義發展過程中的悲劇，日本輿論是認為受到美國尼克森新經濟措施的影響，導致日本不少小型企業，週轉不靈而破產，但我認為這是聯想過度。學生罷課對我寫論文是有影響，但無大礙，是影響寫的速度，而不影響方向。11-30還飄了一點雪花，上午我一個人到大阪去，我到河原町搭阪急特急（特快車）先到梅田，再換地下鐵到新齋橋，韓航就在大丸百貨公司對面的馬路旁，很容易就找到了，我訂了12月18日（週六）下午3時15分從大阪起飛的507班次，由於是向西南飛，台灣跟日本時差一個小時，所以大概台北的下午5點多即可抵達台北。離開韓航之後，我打電話給中倉，兩個人約在大丸見面，一同吃中飯，飯後逛阪急百貨店，替亦晨在大阪阪急百貨店買了玩具。由於回台北的時間已確定，我為了掌握資料，跑圖書館則更為勤快了，有不少朋友勸我不要那麼早回台北，像中倉就認為應該過完新年之後才回去的，中倉認為日本的元旦很有看頭。有些話我是無法解釋的，朋友託辦的事不斷，我若不回台北，則論文很難寫下去，留得青山在，不怕沒材燒，當下我必須及早完成論文，將來再來日本有的是機會，所以我的盤算已定，乃決定提早回台北。

12-4去大阪電器街走了一趟，先在北濱與中倉會面，然後偕坐地下鐵電車到各處買一些小東西及禮物，晚宿枚方市中倉家，我向之辭行，中倉一家人都依依不捨，次日，中倉還陪我到香里園的大超級市場，去選購禮物。由於手上所剩的錢已不多，我辭謝了楊啟樵邀赴廣島之約。12-7向佐伯老師辭行，告以將提前返台，他又送了兩本書給我以為紀念，佐伯老師問我還來日本否？我答以短期內不來了，佐伯託我問候方杰人師以及陳捷先先生。晚飯在曉學莊附近小飯店吃，由於常買東西，已漸漸跟鄰居小店的人混熟，講日語已慢慢流利，但這時就要離開日本了，想起來甚覺可惜。在離開京都之前我終於寫完了論文的第一章「宋代蠶絲業的地理分布」，當時真是歸心似箭，想及早完成論文。每次從曉學莊經哲學小徑到京大，都會經過銀閣寺，但未曾詳看，如今歸程在即，乃特別走訪銀閣寺，這是足利室町時代之建築庭院，足利義正所建，表面看來銀閣寺比足利義滿的金閣寺要晚，且名氣不及金閣寺，但金閣寺被火燒過，在藝術及園林佈置上，銀閣寺是更有深遠價值的。由於就要離開京都了，朋友們紛紛要請我吃飯，在大阪方面就謝了，但在京都則無法避免叨人。12-11忙裡偷閒去看了三十三間堂，正名是「蓮花王院」，其所以俗名三十三間堂，是因為大殿上有三十三根立柱的間隔，此寺供奉觀音，正中有一座盤腿的大觀音，兩旁有一千座立觀音像，這一千座立觀音像全部用堅木刻成，外面貼上金箔，雕刻師的名字都刻在觀音像的腳前，這些觀音應是男身。12-12再回聖護院一巡，這是我初到京都時曾經住過的地方，中午霍韜晦請我吃飯，晚上京都同學會請我在一家名「蓬萊閣」的台灣料理店吃飯，這一家店的老闆是原台北市市長黃啟瑞的兒子黃書瑋，他也是京大的先期同學，這次飯局還有公事，同學會選舉小李為下一任新會長，席開四桌，菜色尚可，主辦者是楊合義，但劉國雄卻不滿意菜色，屢有批評。飯局太多，金濤、林宏作、中倉、楊鍾基都要單獨請我，在京都的最後幾天腸胃幾乎吃壞了。呂昌平比較聰明，他帶我到寶塚去看歌舞，這是一個女扮男裝的歌舞團，也是日本文化的特色。離日前夕，曉學莊的朋友請我到京大旁的柳月堂餐廳（也是台灣人所開）送行，劉國雄不住曉學莊，但他也參加了，因暑假時我將房屋借給他的朋友住，他覺得欠我人情，張雅孝不住曉學莊，也來送行，我把很多的東西都便宜地賣給他了。柳月堂的菜比較好，價錢也較廉，劉國雄很不給楊合義的面子，他當大家的面說，今天才算是真正地送趙兄。

我比原計劃提早離開日本，主要原因是聽從逯耀東的勸告，應提早完成論文，我如想在次年的暑假之前畢業，就必須返台全力趕論文，而當時基本上資料也蒐集得差不多了，就剩下如何寫成文字的事了，加以我對家事牽掛，父親的身體日漸衰弱，我必須設法儘早畢業，謀職贍家，我對在日本唸書之事已有新的看法。回溯在日本的一年（其實不到一年）也是獲益良多，第一，增長見識，有了很多新的觀念；第二，我的日語確有進步，在日本的一年，奠下了很好的基礎；第三，結識了許多新的朋友，都是非常好的人；第四，更加了解日本學界對於中國史研究的特質，多了一個很大的參考天地；第五，日本工業進步，產品精良，使我從新認識了日本這一個國家；第六，日本本身也有它的精粹文化，使我多了一個了解方向。我所遺憾的是很多照顧我的人，後來都失聯了，像中倉這樣好的朋友，以後就無音訊，從1970年以後，我曾多次進出及經過日本，我甚至於還在臺大開過「日本研究導論」這一門課，我一直保持對於日本這一國家的興趣，我也一直不停地了解日本，都建植在我初次的日本留學經驗上。

70年代是我第一次赴日留學，意義重大，1971年之後，我再去日本不下數十次，但印象之深都不及第一次。70年代是日本的黃金時代，經濟起飛，科技進步，人民生活富裕。當時亞洲各國都不及日本遠甚，我曾有當時日本是最適合人類居住地方的想法，但日本之後慢慢走下坡路，原因很多，容後再述。70年代日本社會思想主流基本是向左的，不似今日向右轉了。我留學時甚為當時學運所苦，在邏輯上我認為他們沒有道理，同時又暴力，故印象惡劣。學運對社會只有破壞，而無建設。最近台灣學運又起，使我反感，故我對台灣學運的看法是負面的！基本上今日日本仍然是亞洲最進步的國家，但卻持續走下坡路，我不看好日本的未來，高所得被高物價所抵消，雖然我對日本人民的勤勞、守法、奮發、努力仍持正面態度，但已覺得這個國家值得學習之處已日漸減少。在史學研究方面，新一代的學者也比他們的父祖輩遜色，沒有像宮崎市定這樣的大師級學者出現。

十四、從學生到教授(一)

我從日本歸國之後，暫時結束了留學生的生活，當時唯一且最重要的事情，便是必須及早完成博士論文。在京都大學時，我已大致完成了整個論文的大綱及架構，蒐集了大部分的資料，以及撰寫了一小部分的論文本文，撰寫博士論文等於是在寫一本書，千頭萬緒，真不知從何下手？在70年代尚無 PC 的使用，一切先要用手寫，資料主要是依據卡片，這是笨方法，但是別無他途，在撰寫過程中，不斷有新問題出現，同時還要補充新資料，如在今天，用 PC 很容易處理，但在70年代卻是一個很棘手的問題，不得已要用剪貼及再謄錄的方式，費時費力，因此在開始正式撰寫時，進行得非常慢，現在回憶起那那一段時日來，還是心有餘悸。

博士生的助學金已停止，我為了寫論文，不能再去兼差及寫稿賺錢了，當時兩位弟弟都在唸書，父親的身體日益衰弱，全家老少婦孺一共八口，我要特別感謝內人葳，獨立承擔家計，因廣祿老師介紹，她能夠到故宮博物院上班，故宮有大批的滿文檔案，她終於找到了一份做本行的工作。現在回憶當年的情境，我深受甚大壓力，心中仍不時感到惶恐。幸虧在家內有妻子支撐，在外也有幾位良師及益友不斷地鼓勵與支持，我常深為感懷的有兩位人物，如今他們都已過世，一位是指導教授方杰人老師，我們幾乎每週都要見面一次，他詳細地閱讀及修改我的論文，在實質與精神上都不斷地督促及勉勵我。另一位則是我奉為兄長的逯耀東教授，也給了我很大的支持，如今他也已去世。

撰寫論文大致順利完成，當時的口試要舉行兩次，一次在學校內，通過之後，還要到教育部再去考一次，如果再通過，可以授予國家文學博士，我記得當時在校內的考試一共有七位考官，分別是沈剛伯老師、姚從吾老師、方豪老師、夏德儀老師、宋晞老師、林瑞翰老師、陳捷先主任。接著教育部的考試，我記得考官有方豪老師、蔣復璁院長、錢公博教授、陶希聖先生、沈剛伯老師、夏德儀老師、宋晞教授等七位，由剛伯老師擔任主席。考試也都很順利，我們基督徒只能衷心感謝神保佑了。

取得最高學位之後，終於暫時結束了學生生涯，為了生活必須找工作，我的志願當然是希望能夠繼續留在學術研究的崗位上，教學相長是我當時的想法，也對我比較好，即使在70年代，想在大學覓一教書工作，也不是一件容易的事，若想留在臺大則更是一件很困難的事，我的運氣似乎很好，正好臺大歷史系有缺，當時系主任已換成李邁先先生，通過系務會議，他任用我暫時擔任講師，學弟葉達雄教授為助教，由於我有博士學位，沒有多久又改聘成副教授，起初開中國經濟史課，以及支援開外系的中國通史課。由於繁瑣的行政過程，我有幾乎長達半年沒有拿到薪水，一直到了當年的十二月才拿到連帶補發的薪水，似乎一切諸事順遂，但卻發生了一件對我打擊最大的事。

父親長期罹患肝疾，一直都是處於帶病延年的的情況，終於拖不過這一年，不幸於民國六十一年（1972）十二月十日（週日）因肝疾突發而病逝。回憶這一件事情，我除了傷感之外，也記得當時的情況猶歷歷在目，不勝唏噓！記憶中從我唸高中時，父親即因肝病而經常住院診療。我結婚時，父親忙於張羅內外，過於勞累，當時我已有不祥的感覺，我與葳度蜜月是環台灣一週，其實後來得知當我甫離開台北，父親即因靜脈曲張而大量出血，這是因肝疾而引起，緊急住入馬偕總院，為了避免影響我的旅行，父親囑咐家人不要通知我，俟我回到台北，才得知而立即趕往馬偕總院，跟與醫生談過之後，方知情況非常嚴重，醫生說大量內出血不能再有下一次了，並隱約地告訴我說最好的情況，父親也只有三、四年的壽命了，我與家人商量之後，建議父親立即辦理退休，當時父親剛過五十歲，還算年輕，他很看得開，這是篤信基督教的緣故，我猜想他應該向神祈求禱告過，此時他不能倒下去。同年，亦晨出生，帶給了父親極大的快樂，從此含飴弄孫，是他能夠帶病延年的最大原因。在了解情況之後，父親立刻辦了退休，在那時公務人員的退休金是微薄的，他辦了一次退休，他似乎也知道他的生命也所剩無幾了。退休之後，家中食口滋繁，經濟的壓力非常大，所幸在我的名下有一棟房子，全家老小尚有棲身之地，不過，也造成父親無法以公務人員身分申請購屋貸款，當時兩位弟弟仍都在唸書，唯一做事養家的就是葳一個人，我在煩惱中仍必須走下去，在我赴日本唸書的這一年，所幸全家大小都平安無事。

我能進臺大歷史系教書，帶給了父親極大的安慰，在父親去世之後，父親的好友邵賢先生曾告訴我說，在父親去世的前一個禮拜，他們兩個人曾在台北街頭碰到，稍微聊談了一下，父親說他已了無牽掛，我已能撐起家門，可以奉養祖母、母親。聽了邵伯父的話之後，稍減我心中悲痛之心。父親臨去世之前，身體並無異狀，定期看病，每天吃藥，他常跟朋友通電話，看得出心情是非常愉快的，小曼出生，葳住臺大醫院，父親還偕麟書一同到臺大醫院去探視她們母女，並稱讚小曼將來長大一定是個美人。父親是一個虔誠的基督教徒，每天必讀聖經及禱告，每週日必出門做禮拜，他常去的教會有三家，一是岳父寇世遠先生的「基督之家」，聚會地點是在延平南路的實踐堂；二是南勢角家附近的一所小教堂；三是同安街附近的「聖道堂」（那兒的教友大都是父親在台中「思恩堂」的舊識），或者出於巧合，在他去世的前一個月，每個週日他輪流到不同的教會去做禮拜，像是在向每個人道別似的，父親喜歡孫子，每次聚會他都要設法帶亦晨一同前往，三歲的亦晨也都欣然前往，但出事的這個週日，亦晨卻堅持不肯跟爺爺出門，我記得那一天天氣晴朗，小曼出生剛滿一個月，全家準備照相，時值中午，父親也剛做完禮拜回家，在接完一個奇怪的電話之後，突然開始吐血不止，血是大量地從口中噴出，情況非常可怕，我立刻叫計程車護送父親到廣州街三軍總醫院（那是父親經常去門診的醫院，有病歷及專業醫生），臨行前父親吞了一些雲南白藥，我不知是否有效果，但在計程車上，他是短暫地停止了吐血，在車上他跟我說，他懷疑是在早上吃了油炸的食物，刺破了喉嚨的血管，因他的靜脈曲張，內血管極易破裂，是絕對不能吃油炸食物的。在醫院急診時，依然大量吐血不止，我感到情況大不妙，乃俯首在他耳邊低聲問，有沒有話要告訴我？他交代了一些雜事，並要我們禱告，一切交在上帝的手中，他說他不遺憾也很放心。那幾個鐘頭是我一生中最焦躁及痛苦的時刻，醫生來診治，輸血及用藥，均不見效，父親撒手時，臉色很安祥，母親、我及麟書都在場，除哭聲外，我的腦中一片空白。我回到家中，祖母問及情況，我答人已走了，她也立刻嚎啕大哭，數說父親小時候母子孤寡無依的情形，大家在極度難過之中，必須面對現實。

父親的葬禮是簡單而隆重，就在南京東路台北市立殯儀館採基督教儀式，由岳父寇世遠主禮，我沒有突然失去親人的經驗，一團混亂，我們披麻帶孝（按基督教禮儀不是這樣的），糟糕的是在購置墓地時，為了將來母親，我應該當時購置雙穴才對，但沒有人提醒我，母親也未講話，竟在糊里糊塗中購置了單穴，導致後來母親未能跟父親同穴而葬，這是我一生感到悔恨的事。我曾幾度想到為他遷葬的事，但我們江蘇人沒有撿骨的習慣，最重要的乃是，在父親去世的前幾天，他跟一位朋友通電話，那位朋友告訴父親說，為了風水想遷葬雙親，父親在電話中極力反對，並云驚動亡靈是不對的，父親說人死之後，一旦下葬，就不要更動了，父親在跟朋友通電話時，我就在旁邊，言猶在耳，好像父親在吩咐我一樣，這一直是我的心病，所以我就不敢也不能為他遷葬了。

在辦完喪事之後，我在生活上也起了巨大的變化，我的副教授證書下來了，我也領到了被拖欠幾乎有半年之久的薪水，不久又申請到學校配住長興街的宿舍，再加上葳在故宮博物院的研究工作，我們有兩份薪水，頓時減輕了我的壓力，我能安心做我的教學及研究工作。由於年輕比較有活力，從1973年以後，我幾乎每年的暑假都會出國研究及開會，由於曾在日本唸過書，我非常喜歡日本的生活環境，以前忙於寫論文，未能真正地了解日本文化，加之，我是一個研究中國歷史的人，在那一個年代在台灣很難看到大陸學者所寫的資料，尤其是中國考古資料，故必須透過日本的環境及學者，來間接取得一些中國史料及一部份研究成果，故每年暑假赴日本充電，乃成為必然之舉，這時我的日語也較以前進步，尤其在說、聽方面，我也交了不少新的朋友。

大概是1973年的暑假，我得到美國哈燕社的支助，再度回到京都做一項專題的短期研究，這一次旅行非常愉快，心情較輕鬆。欽仁兄在這一年獲得東京大學博士，我前往祝賀，再度偕遊東京，他特別介紹了許多東京方面的學者，其中他的老師西嶋定生教授、護雅夫教授（鄭的指導教授）等。而最重要的一件事，他介紹了一位好朋友張亨道，此後我們相交數十年，成為至交，一直到2002年張去世為止，我深受他的照顧。張是東北丹東人，唸政治作戰學校，八二三金門炮戰時，受傷榮退，好學不倦，考上公費留日，進入東京教育大學就讀，師事酒井忠夫先生。張畢業之後，在東京華僑總會工作，由於張大嫂許麗華也有一份會計工作，故他們的經濟情況比一般留學生稍微寬裕一點，但張為人熱誠好義，為朋友兩肋插刀，手頭甚鬆，以致他在日本生活，始終只能維持小康，而無法發大財。他曾想開一家喫茶店（也就是咖啡店），我們經常討論此事，買書參考，也做了計畫。可惜一直到他去世時，仍未開成喫茶店。

從1973年以後到1979年這七年間，幾乎每年暑假的三個月期間，我都到日本去充電，或開會、研究、訪問，由於沒有了壓力，使我能夠更客觀與詳實地認識日本，包含認識更多的日本學者、文化，以及遊玩更多的日本地方。這幾年的遊日的回憶，我想大致有下列方面：

1. 再遊日本的一些名勝古蹟，由於沒有了壓力，我又看了更多的日本地方。首先在京都，主要是看廟宇，京都有三千座寺廟。寺是佛教，廟是神道。以前留學時未及去的，現在要慢慢補回來。印象較深刻的首推平安神宮，這是祭祀明治天皇的父親孝明天皇的神社，它聳立一座橘色的大鳥居，據說是全日本最大鳥居。在佛教寺方面，日本的寺多無香火，有一座苔寺，又名西芳寺，它是以鮮苔出名，還有禪宗的龍安寺，它的石庭舉世聞名。在庭院方面，我遊歷了一般很少人去過的修學院與桂離宮。我甚至還寫了一本《日本》的書（地球出版社出版），足利義滿的金閣寺我也是延至後來才去的。還有供奉楊貴妃的涌泉寺，因為有楊貴妃未死於馬嵬驛，而東渡到日本的傳說，這是引用了白居易〈長恨歌〉中的兩句話「忽聞海外有仙山，山在虛無飄緲間。」而誇大解釋，我看寺中所供奉的貴妃觀音，是長鬍子的雕像，這尊雕像是宋朝時，留學中國的日本和尚攜回，訛稱唐玄宗為思念貴妃而親自雕刻的雕像。唐、宋時代的觀音還是男身，涌泉寺供奉楊貴妃，是以訛傳訛。不過日本的櫻花季多在四月，而紅葉季則又拖到十月，所以雖然每年夏季我到日本，也都碰不到這兩大觀光時刻。

2. 每年夏天到日本時，我總要抽出一點時間，去一些不同的地方，我去過廣島、福岡、長崎，甚至我經過下關時，還特別去了一趟，訂馬關條約的所在地春帆樓，日本人保持得很好，不過這是國恥之地。我停留得比較多的地方，還是在東京，我參加的許多國際會議多在東京或離東京不遠的地方舉行。我印象深刻的是與葳一同參加在長野的野尻湖國際阿爾泰會議，雖然大多數是日本學者參加，但也有不少外國學者被邀參加，葳是代表故宮博物院，另一位是葳的老闆故宮博物院副院長昌彼得先生，葳是用英語發表論文，我則是用日語。都贏得好評。

雖是國際會議，但日本人是當成夏令度假的方式來舉行的，也有一些交換學術情報的意味，各地的學者除了報告自己的研究之外，也介紹世界各地他們所見所聞的 information。日本學者是非常講究輩分的，有一次吃飯的時候，我看見有一位老先生的旁邊無人坐（其實後來才弄清楚了，是因為日本人不敢坐），我對鄰旁的這位老先生用日語跟他寒暄，請教他的大名，他未回答，而是用餐巾紙寫下了「江上波夫」，我立刻大吃一驚，他是前東京大學歷史系系主任，《騎馬遊牧民族》的作者，聞是白鳥庫吉的傳人，在日本的學術地位無與倫比，這樣的問話如果是日本人的話，是很失禮的，不過我是外國人，也就無所謂了，老先生也不以為忤，仍談笑自若。葳還替他盛飯，後來他寫了「中國女子多才識」七個字給葳。算是對葳當天上午的論文報告的誇讚吧！

3. 很慶幸的，我見到很多日本老一輩的學者，京都方面如宮崎市定、天野元之助、島田虔次、谷川道雄、荒木敏一、日比野丈夫等教授。天野先生在中國農業史方面給我很多的指導、專治清史的今西春秋、三田村泰助也有精闢的論解。東京方面有西嶋定生、三上次男，佐伯有一等都曾是東京大學東洋史科的主任教授。我要特別提一下斯波義信教授，他是戰後東大第一位博士，原在大阪大學任教，後來回東京大學東洋文化研究所任主任教授，我們第一次結識是在大阪大學，以後我們多次來往與交談，他是我所深為欽服的一位學者，他治宋史，宋史名學者周藤吉之的學生。還認識了一位企業家李海天先生（亨道的老闆）以及亨道的好友楊作洲大哥，他們一直都很照顧我。

4. 學術上的增進在1970年代，閱看大陸資料是一個禁忌，對於我們治中國史的人來說，必需要瞭解他們的研究，尤其是考古發掘的資料及研究，我多次去日本的主要目的也在此。京都大學及人文研究所收藏的中國資料非常豐富。我曾寫〈耕織圖〉論文，德人 Franke 及法人伯希和的原典著作，我都是在京都找到的。若干年後，有一位德國治明史的教授傅吾康來台訪問，徐泓請他吃飯，邀我作陪，交談之下，我才知 Otto Franke 是他的父親。在大陸的一些考古發掘也出現了很多古耕織圖，如完全停留在台灣，這些文章是寫不出來的。逛舊書店也是一種樂趣，當然花了許多錢，在京都的彙文堂、臨川書店、朋友書店、東方書店；在東京的內山書店、山本書店、東方書店、琳瑯閣都是我常流連的地方。

十五、第一次遊歐雜記

遊歐雜記之一～英國行

1998年3月以前，我從沒有去過歐洲，前一年(1997)年底因坐西北航公司的里程累集，使我得到了一張荷蘭航空公司(KLM)從台北到阿姆斯特丹(Amsterdam)來回的Free機票，乃安排1998年3月底至四月初的春假，赴歐洲一遊，經過一些資料收集及準備工作，才擬定了赴歐洲遊兩週，行經英、法、比、荷四國的旅行計劃，不過實際上，因是我的初次遊歐，計劃的重點，還是以在倫敦(London)、巴黎(Paris)、阿姆斯特丹(Amsterdam)等三個城市為主，對於荷航機票的出發行程，我預訂了先從台北經阿姆斯特丹飛倫敦，回程再由阿姆斯特丹飛台北，其餘交通工具則採取坐火車及巴士的方式，自忖體力尚可以勝任，故決定採取自助旅遊方式，以增加趣味性。

我大致把兩週的旅行計劃，分成三個段落進行，即英國之行、法國之行、荷蘭之行，茲先從英國之行敘述起，我離開台北的那一天是週三(3-25)的晚上七點多，荷航的飛機一路飛行平穩，約三個小時後抵達曼谷，由於已是深夜時分，除部分免稅商店仍開門營業外，整個機場處於一種休息狀態，雖是深夜，曼谷機場冷氣不足，依然炎熱異常。休息一個小時之後，荷航班機繼續飛向阿姆斯特丹，機上的服務相當不錯，使我印象深刻的事，是用餐時的麵包是熱的。有一對年邁的夫婦坐在我隔鄰，操濃重口音的英語，使我一度誤以為他們是德國或東歐人，後來由談話才得知是蘇格蘭人，老先生還是一位教授，但已退休，因兒子在曼谷工作，老夫婦探訪兒子之後回英，蘇格蘭人很儉省，為了買一個免稅的電括鬍刀，老先生考慮再三，半個小時後才達成交易。離開曼谷之後，約再飛了十二個小時，終於到達阿姆斯特丹的史基浦機場(Schiphol Airport)，是一個非常現代化的國際機場，當時荷蘭時間已是週四(3-26)清晨五點多了。我的目的地是倫敦，於是再轉機，這一次鄰座換成了一位澳籍年輕的塔斯馬尼亞人，很健談，也熟悉倫敦的情況，他曾多次赴英自助旅行，他表示準備住青年旅館（Youth Hostel），我在倫敦尚未訂旅館，故表示對 Youth Hostel 有興趣，他也說雖然我沒有申請証，只要稍多出一點錢，仍然可以住 Youth Hostel，而住 Youth Hostel 是一件很有趣的經驗，我不由得心動，乃請其介紹一家 Youth Hostel，於是他翻了一下資料，指了一家位在倫敦地鐵小站名叫 Holland Park 的 Youth Hostel，可以一試，我的一念「省錢」想法，沒想到竟給我帶來一番折騰，這是後話，從阿姆斯特丹到倫敦，飛行不到半小時，約清晨七點多就降落 Heathrow Airport，跟在機上 US Today 報紙預料的一樣，倫敦是個雨天，真是出師不利，因下雨天拖著行李去找住處，是一件蠻麻煩的事，下機後我先換了一點英鎊，當天的 1 英鎊約合 1.75 美元，我又買了一張電話卡，稍事休息並吃了一點東西，一過 9：30 a.m.，就買了一張地鐵的 One Day Travelcard 進倫敦了，這是一種比較划算的方式，一張 Zone1.2 的 One Day Travelcard，只要坐兩次就夠本了，而這一種 Travelcard 要在上午九點之後才能使用，我在倫敦停留期間幾乎每天都買一張。我按圖索驥，終於找到 Holland Park，一個很有品味的小鎮，在雨中也找到了那家 Youth Hostel 的地址，但已不是 Youth Hostel，而是一家南美某國的大使館，無巧不巧那一位塔斯馬尼亞人也來了，他感到甚為抱歉及尷尬，並表示旅館也常會關門的，我也回說不介意，互祝好運後，大家再度分手。我不太服氣地拖著行李，在雨中走回地鐵車站，找人問此地是否有 B&B（Bed & Breakfast）？賣報的老先生回答說在右手十步路處就是 B&B，我欣喜若狂，飛奔而往，是一座旅館不錯，但沒想到這家旅館正在裝修停業，於是再問路人，一致的回答是此地少有 B&B，雨雖不大，但也感吃不消了。乃安分地準備到原先規劃的維多利亞車站附近旅館區去找，但由手邊資料中突然看到一則日本人常去的一家 B&B，名叫 Parkside Hotel，評語不錯且價廉，於是打了一個電話先去問有沒有空位？回答說有，請立刻前來，單身一天只需 20 英鎊，雖位於倫敦東北郊區，但地址 Manor House 是位在地鐵 Zone1、2 區內，地鐵無遠弗屆，於是立刻前往，半小時之後就住進了 Parkside Hotel，我訂了五天，除附早餐外，全部只收我90英鎊，打了一個小小折扣。

自助旅行之際，首重住處妥當，才能安心去看、去玩，在 check in 旅館之後，時間已近中午，我想先吃一頓安穩飯，故直奔倫敦的 Chinatown，倫敦的 Chinatown 位於市中心區，鄰近匹卡得利圓環（Piccadilly Circus），但我實際的行走經驗卻是坐地鐵 Piccadilly 線的 Leicester Sq. 站下車，再步行前去較近。不一定每天都要吃中國飯，但自助旅行極消耗体力，在旅行途中若能經常吃到熱騰騰的中國飯，不僅有助恢復體力，更是一件樂事。據説倫敦的 Chinatown 規模全歐第一，我的觀察是比不上 New York、San Francisco、Vancouver 等北美洲地區的 Chinatown 規模，與 Seattle 的國際區約略相當，值得一提的是 Leicester Sq. 也是一個有名的觀光景點，經常擠滿了人潮，唱歌、特技表演，廣場四周有很多餐廳、咖啡館也經常坐滿了人，牛排館的價格也很公道，可惜我在英國不敢吃牛肉，因當時英國已有狂牛病了。吃完中飯後開始觀光，由於是抵英的第一天，我採取一般觀光小冊子中的建議，先坐 Tour Bus 周遊倫敦一遍，我選擇了從維多利亞車站搭 Tour Bus，倫敦市內並沒有所謂的「倫敦火車站」或是「London Central Station」，因自19世紀鐵路開通以來，以迄1947年止，倫敦鐵路全屬民營，由於市中心早已為民宅所佔據，故各鐵路公司只能依據自己的路線規劃，將火車站建立在倫敦的周邊，雖然從1948年以後，全國的主要路線都劃入國家鐵路統一經營，只是各個車站依然留在原址，各火車站發車路線各有不同，旅客視目的地不同，而到不同的火車站搭乘，倫敦的火車站多達十幾個，其中可能以維多利亞車站為最大，也靠近倫敦的精華區。Tour Bus 的好處，便是能夠在短時間內，譬如用一個半小時就能繞倫敦市區一周，所有的重要的景點都會經過，隨時可以上下，一張票的時效甚至可以用到次日，我選擇了一家叫「The Original London Sightseeing Tour」，迅速搭車逛了一遍倫敦，當天氣溫甚低且細雨不停，但掩不住初抵英倫的興奮心情，愉快地走馬看花先認識倫敦一遍。

第二天是週五（3-27），一早在旅館吃了一頓豐盛的早餐，這就是英國的 B&B 特色，都提供 Free Breakfast，Parkside Hotel 早餐份量很足，可以選擇咖啡或紅茶，另外便是吐司、火腿、香腸、還有一種煮豆子，早餐之後我坐地鐵再進倫敦市遊覽，倫敦的地鐵挖得非常深，深達地底四、五十公尺，有的站竟可能深入地下近百公尺，據說地鐵蓋得很早，當年英倫被納粹大轟炸時，民眾均躲到地鐵站去了，但也由於地鐵站是在地下深處，故必須靠電梯及長電梯來上下。我再度回到 Piccadilly Circus，為起步的地方，開始步行遊倫敦的中心地區，Piccadilly Circus 此一圓環並不很寬闊，但地處市中心交通要衝，是都會之旅很容易一再「經過」的地方，圓環中的雕像台座也是坐下歇腳的好地方，我選擇了向南行，穿過壯麗的海軍總部拱門（Admiralty Arch），走到特拉法加廣場（Trafalagr Square），這個以鴿子群集而聞名的廣場，中央聳立著一根高55公尺的石柱，柱頂端就是納爾遜將軍銅像，是法國拿破崙的剋星，英國的民族英雄納爾遜，於1805年在西班牙的特拉法加海口，擊破拿破崙與西班牙的聯合海軍，保持了大英帝國的海上霸權，而納爾遜卻不幸殉國，台座的四頭雄銅獅都極其雄偉，象徵了大英帝國，不少幼童溜滑於銅獅上下。廣場後方有一棟希臘式的建築，是歐洲繪畫殿堂的國家藝廊（National Gallery），可惜此次我未能規劃出時間去欣賞，離開廣場之後，我沿著白廳大道（White Hall）繼續向南走，兩旁均是官廳、官舍，有騎兵侍衛營、首相官邸、外交部等重要機構，但此時路上均擠滿了觀光客，可能是倫敦難得出現一個不下雨的好天氣，我找著機會曾跟一個騎馬、頭戴金盔、身著豔麗服飾的禁衛兵合照了一張像，繼續向前走，便是國會大廈（House of Parliament）及比鄰的西敏寺（Westminster Abbey）了，國會大廈是一棟哥德式建築，佔地3萬平方公尺，全長300公尺，房間數目超過1,100間，走廊長度有三公里，有100個階梯和11個中庭。英國政府的權力是來自國會，國會大廈的象徵便是有名的大笨鐘，此鐘重13噸半，每隔15分鐘鳴響一次，鐘聲鏗鏘莊重，觀看國會大廈有兩個重要景點，一是在 Westminster Bridge 的西端，另一則是越過泰晤士河對岸遠眺，兩者我皆嘗試了，聽說夜景更為迷人，但我不夜遊就無此經驗了。西敏寺與國會大廈隔街而對，也是雄偉的哥德式建築，1066年以後歷代王儲多在此登基加冕，也有無數名人，包括莎士比亞（2004年，我再遊英時，發現莎士比亞並不葬於此）、邱吉爾等人葬於此地。由於排隊的觀光客太多，我放棄入寺內參觀，只在外面拍照及買了一些書面資料。

白金漢宮（ Buckingham Palace ）是英女王的居所，位於聖詹姆士公園的另一頭，已經走得很累了，故坐地鐵回維多利亞車站，再步行前往，人的體力不可能步行一整天，還有吃飯、喝水、上洗手間的問題，我的遊英經驗是，早飯必須吃飽，大致上 B&B 所提供的早餐絕無問題，口渴時買礦泉水，中餐可以買一個三明治解決，但晚餐必須豐盛，吃中國菜或是較正規的英國式菜館是較佳選擇，自助旅行甚耗體力，但比較好玩，有時路不熟，或會走冤枉路，故應儘量找機會坐巴士，坐英國的雙層巴士繞行市區，很有味道，並不需另外出車錢，因與地鐵通用 One Day Travel Card。白金漢宮的正面外觀十分宏偉氣派，外圍柵門有金色裝飾，厚重鐵門有浮雕，襯出宮庭的莊嚴，當天皇家旗幟飄揚上空，表示女王正在宮中。白金漢宮前有固定的衛兵交接典禮，場面壯觀，每次都吸引眾多的觀光客前往觀看，但我去的不是時候，只能隔牆看一、兩個衛兵荷槍走來走去，白金漢宮前有廣場及圓環，當年維多利亞女王非常中意居於此宮，故廣場上有維多利亞女王雕像，面朝 Mall 林蔭大道，女王一副君臨天下氣勢，象徵當時英國全盛時期之國力。之後，再坐地鐵至聖保羅大教堂，這是一棟巴希立克式有圓頂的建築，是僅次於梵地岡聖彼得大教堂的有名教堂，高111公尺、寬74公尺、長157公尺、圓頂直徑34公尺，當年查理王子與戴安娜王妃即曾在此舉行世紀之婚禮，在教堂之後，我還發現了有一家日本人開的大書店，就名叫 Nippon，而不叫Japan，日本文化無遠弗屆，是蠻利害的。在一連串嚴肅的行程之後，我也覺得需要輕鬆一下，乃回到觀光客聚集的Leicester廣場，喝了一杯咖啡，英國雖以喝紅茶著稱，但咖啡香醇濃烈也是較之美國及台灣、日本，毫不遜色。我每天固定買兩份報紙，一份是英文報US Today，另一份則是中文報「歐洲日報」，如在Chinatown買不到，則代之以「星島日報」，三月底的英倫雖仍有涼意，但只要不下雨，街旁的咖啡座還是坐滿了客人。由於時差作祟，晚飯後即思入眠，而清晨三、四點即醒來。

第三天是週六（3-28），天氣陰但不下雨，我計劃這一天離開倫敦作劍橋之遊，劍橋大學（Cambridge University）是世界著名大學，中學時代讀徐志摩散文「我所知道的康橋（Cambridge）」，深烙腦海中，尤其是對康河（Cam River）的描述，更令我嚮往，故要一圓去劍橋夢，我仍記得徐志摩的文句「瑰麗的春天，這是你野遊的時期。」他寫的是春天康橋，而這一次我也正是春天來到劍橋。劍橋鎮位於倫敦之北，從國王十字車站（King's Cross Sta.）搭火車快車約需一個小時，我買當日廉價來回票（Cheap Day Return），比較便宜，英國的鄉村大多牧業、少農業，一片青蔥草地，景色非常美麗，但也有令我懷疑的事，那就是英國南部氣溫適中且多雨，應該可以種小麥，為何不發展農業呢？唸農業史的人都知道同樣面積的土地，農業所養活的人是遠超過牧業的。劍橋的火車站離大學區約有十五分鐘的步程，我仍是援用老方法，先坐Tour Bus繞劍橋一圈。根據手邊資料，劍橋大學由35個學院組成，學生約一萬兩千人，校區遼闊，我只能選擇國王學院（King's College）、王后學院（Queen's College）、三一學院（Trinity College）等三個重要學院來看，其中宏偉的國王教堂（King's Chapel）令我印象深刻，可以說那是劍橋大學的代表性建築，我在三一學院前的康河之旁，徘徊了一段時間，見到那種撐篙船（Punt），是像徐志摩所形容的那個樣，我沿岸步行，數著極具特色的數學橋、克萊爾橋、嘆息橋等美麗小橋，覺得劍橋實在太大了，於是走回劍橋鎮上，其實大學與鎮是一体的，我找到一家書店「Heffers Bookshop」，其販賣書籍之豐盛，令我訝異，有入寶山之感，使我直嘆劍橋之了不起，女店員的英腔英語非常好聽。由於拜坐 Tour Bus 之賜，我也繞行了劍橋周圍的鄉村地帶，体驗了幾乎是七十三年前徐志摩的敘述，唯一不同的是他描述了一個有陽光的劍橋，而我卻是在細雨濛濛中來回劍橋。本來計劃是作劍橋一日遊的，但劍橋的東西太多了，看不完的，於是下午三點多就提早回倫敦，到 Brompton Rd. 上倫敦最大的哈羅德（Harrods）百貨店，遊走了一遍，這是一家有名的老店，古典式的建築，傳說以前連大象都可以在此買到，固然誇張，但顯見此百貨店之大了，我無意買任何東西，只是聞名來看看而已。布隆普頓區有不少宏偉的建築，如維多利亞暨亞伯特博物館、自然博物館以及了不起大圓頂建築的皇家亞伯特音樂廳，我只能去欣賞它們的外在，而無暇去細看它們的內部了。最後走到肯辛頓公園，也憑弔了戴安娜王妃曾住過的這座肯辛頓宮（Kensington Palace），這位現代灰姑娘的橫死，令人灑淚同情，然而人在福中不知福，住這麼好的房子，面對肯辛頓公園這麼好的環境，為何命運要如此作弄人呢？雖然查理王子是有不是之處，不過戴安娜可用其他方法，不能說是你偷人，我就不可以跟進？戴妃的死她自己也該負點責任。以上是我個人的看法，並非人人都是如此想，不少同情她的人，更認為她是遭謀殺的。

在去 Chinatown 吃晚飯之前，又到科芬園（Ovent Garden）看了一下，科芬園並不是真的什麼花園，以前是鮮花、水果、蔬菜市場，現在已變成一個 Fair 式的購物中心，電影「窈窕淑女」的場景，便是在此，年輕人喜歡來此，一旁廣場上常有街頭藝人表演歌唱、舞蹈及默劇等，也許是週六晚間到達，科芬園擠滿了年輕人，人手一杯啤酒，整個廣場一片歡愉氣氛，還有馬克斯的墓園也在此。

第四天是週日（3-29），我原計劃作一些靜態活動，準備上午就去參觀大英博物館（British Museum），及逛倫敦書店的，但週日的上午大英博物館不開放，而是下午2：30 p.m.到6：00 p.m.這一段時間開放，所以上午我就改到倫敦塔去參觀，搭乘地鐵Circle Line在塔丘（Tower Hill）站下車，走出地面正好是倫敦塔的正後方，車站前有一個三一廣場公園（Trinity Sq.Gardens），昔時從倫敦塔帶出來的囚犯，就在此被公開行刑，前後有125人在此被處死，電影「良相佐國」中的Thomas More也是死於此地。倫敦塔是一棟位於泰晤士河旁的堡壘式建築，1078年征服者威廉首先在此興建白塔（White Tower），從最初防敵目的，慢慢演變成專供禁錮、烤問、行刑的煉獄，甚多悲慘的故事，如莎士比亞劇「理查三世」，把他的兩個姪兒13歲的愛德華五世及11歲的約克公爵，禁錮在血腥塔（The Bloody Tower）中，並加以謀害，亨利八世1536年以通姦罪名處死第二任太太安妮寶琳（Anne Boleyn），她的女兒便是後來登基的伊莉莎白一世，1554年Lady Jane Grey只坐了九天王位，便被瑪麗女王把她關在塔內後砍頭，種種血腥之事不一而足。我只看了倫敦塔的外觀，因排隊隊伍太長，故把目光轉到泰晤士河上的塔橋（Tower Bridge），這是泰晤士河上最漂亮的一座橋，洋溢著維多利亞風格的優雅氣息，遠眺倫敦塔上有烏鴉飛來飛去，有一個傳說是若無烏鴉的話，倫敦塔就會倒塌，故倫敦塔就主動養了不少烏鴉，在塔橋上看寬闊的泰晤士河，景緻美麗，橋下船隻穿梭來往。

大英博物館的南端Charing Cross Rd.一帶，是倫敦的著名書店區，有名的Foyles書店，號稱世界庫存量第一，聽說當年孫中山先生也曾在此流連，可惜週日休息，使我撲了一個空，不過附近也還有一些次規模的書店卻依然開門，有很多文史好書，顯見大英帝國的歷史與文化內涵深厚，依然領導著世界知識界。下午兩點半一到，我就站立在進入大英博物館的隊伍中了，我對之嚮往已久，三個多小時當然看不出甚什麼名堂的，看到了珍貴的羅塞達石板，藏品多是學術性的，我找到了附屬的大英圖書館，正在裝修，亂得一塌糊塗，自少年時久聞國父及馬克斯在大英圖書館用功的情形，已完全嗅不出那一個味道了，我感到有一點失望。由於博物館太大了，我只好專攻中國的展覽物，結論是收集的中國文物不夠，大英博物館的收藏，還是西方性的，而不是世界性的。

第五天是週一（3–30），在英國停留是最後一個整天了，我猶豫不決地考慮過許多想去及該去的地方，但最後決定去牛津（ Oxford ），既然已去過劍橋，當然也該去牛津看看，但這一天的旅遊行程，卻頻出狀況，幾經波折。首先，牛津位於倫敦西北方，要從巴丁頓火車站（ Paddington Sta. ）去，這是一個很單純的行程，但一早出門我卻坐錯了車，可能是連日來緊湊的行程，感到有一點疲勞了，其次，是錯用了在日本坐地鐵的經驗，因為換車到巴丁頓車站的地鐵線，一條鐵軌上分別行駛著三條不同路線的車子，我稍一疏忽，一下子就被載到倫敦郊外，等到發現錯誤，再換車坐回巴丁頓車站，前後已折騰了近一個小時，於是迅速買一張到牛津 Cheap Day Return 的來回票，問清楚了月台，再迅速跳上一列即將開赴牛津的快車，方才喘了一口氣，去牛津的快車車程也是一個多小時。牛津車站也是一棟新式建築，我還是用老方法，先坐 Tour Bus 繞牛津一圈，然後再下車步行遊覽，牛津似乎比劍橋還大，資料上的確如此，牛津大學有四十多所學院，學生人數則達18,000人，Christ Church College、Magdalen College 都是牛津大學代表性的學院，由於時間較緊湊，我決定選擇基督教堂學院（ Christ Church college ）作為主要參觀重點，而它的湯姆塔（ Tom Tower ）也的確是牛津大學的代表象徵，我造訪劍橋的三一學院時吃過閉門羹，但這次基督教堂學院則讓我入內參觀，只是要出錢購買一張門票而已，穿過中庭有一棟建築物，大廳裏掛著成排名人肖像，其中有一位數學系講師 Lewis Carrol，他曾寫下著名的「愛麗絲夢遊仙境」童話故事。牛津的熱鬧區 Carfax 交叉口就離基督教堂學院不遠，牛津比劍橋大且熱鬧，但是完全城市感，缺少劍橋的那一份鄉村景緻，牛津雖也有河，但小多了，也不吸引人，聞馬格達倫學院（ Magdalen College ）後面有一條河，可以泛舟遊河，但我已抽不出時間去享受閒情逸緻了，聞名的包得利圖書館（Bodieian Library）藏書約600萬冊（僅次於大英博物館），艾希莫林博物館（Ashmolean Museum）藏有中國唐代文物，也都沒有時間去觀覽了，故這一次牛津遊得非常倉猝，在牛津車站前一家名「東方不敗」的粵菜館補充了一頓中國飯，口味平平，但有中國熱茶喝。

在牛津大致遊過一遍之後，一看手錶，才知僅下午兩點多鐘，臨時興起了順道去莎士比亞故鄉史特拉福（Strafford-upon Avon）的想法，問了從牛津到史特拉福的火車班次之後，才發現自己犯了一項嚴重錯誤，因歐洲大陸從3月29日起改成夏令時間，也就是提前了一個小時，實際上當時已經下午三點多了，我猶豫了一下，覺得既已至此，不能後退，應冒險一試，那怕是到Strafford看一眼也行，從牛津到Strafford的車次很少，且先要到Lemington站，再換支線才能到達，顯見Strafford地處偏僻，在Lemington站又等了近五十分鐘的車子，最後下午五點鐘左右才真正到了Strafford，我本已作了快速下車，照一張像片後，就馬上回牛津的打算，姑且一問車站，知道晚上末班車是八點由Strafford回牛津，我才稍稍放下心，初算了一下，有將近三個小時可以遊覽此鎮。

Strafford是一個非常可愛的小鎮，很多房舍都是用一種白牆上飾以黑色木材的建築，古色古香，此外，一望無際的田園風光，平緩綿延的丘陵，靜謐的山谷，充分表現出典型英國鄉村的恬靜、優美景觀，確有靈氣產生莎士比亞這樣偉大的文學家。因時間緊湊，我先走到鎮中心看一棟據說是莎士比亞誕生的地方（Shakespeare's Birthplace），是一棟已有400年歷史的兩層樓小屋，很多日本人來此瞻仰，我注意到一個可能是日本女孩子，整整盯住那一棟房子，看了至少有二十分鐘之久，因我到鄰旁小店買了一點東西出來之後，她還在看這一棟莎士比亞誕生的房子，我可沒時間那麼做，於是步行到另一條街去看莎士比亞晚年時的居所，以及他孫女住過的房子（New Place & Nash's House），又轉到他女兒蘇珊娜住的（Hall's Croft），美麗庭院及都鐸時期的裝潢，於門外向內看時猶可見到，再走到亞芬河（Avon River），這是一條非常美麗的小河，寧靜、安祥，黃昏時小船划行河上，構成一幅美麗圖畫，大凡出偉人處，必山靈水秀得其一，如無亞芬河，莎士比亞出生於此地一事得不到解釋。可惜我的美好印象只能維持一個禮拜，因為在這一次歐遊完畢，我返抵國門之後，從電視上看到，因為出乎記錄之外的大雨，淹掉了 Strafford，云正是 Avon River 在作怪，有失必有得，我雖因更改了夏令時間，而失去一個小時，但英國當天卻是難得出太陽的好天氣，當時雖已近晚上七點，但依然有白晝陽光，因這只是前一天的六點而已，最後，只剩下我非常嚮往的安妮小屋（Anne Hathaway's Cottage）還沒去了，莎士比亞於十八歲時與較他年長的安妮．哈薩維結婚，育有三名子女，安妮小屋便是她的娘家，距鎮中心有 1.5 公里，當時已無巴士，本來步行是難不倒我的，問題是時間緊迫，我曾考慮不去，等下次再去，但心又有未甘，正猶豫時，突然來了一部空計程車，我們要知道即令是在倫敦，也很難在街上即刻攔到計程車的，何況在黃昏時刻的鄉下，所以我的運氣還算不錯，經過溝通之後，這位司機願意載我到安妮小屋來回，在車上交談中知道他正準備回家，安妮小屋真是美極了，房舍氣派，花園萬紫千紅，可以看出16世紀英國的農村中鄉下小地主的住所，這所小屋像極了童話世界中的屋子，我待了十餘分鐘之後，才依依不捨地離開這一小屋，歸途中我感到心滿意足，不虛此行，向司機道謝，因安妮小屋附近的房屋也非常有品味，我問了一下司機附近的房價，答案也還算公道，因肚子餓了，想吃飯，司機把我放在一家英國 Pub 的門口，我計算了一下，沒有時間去享受正式晚餐，故選擇了一家叫「麒麟閣」的中國菜外賣店，店主來自香港，很友善與客氣地請我進廚房，請我點菜，我不敢在英國吃牛肉，選了豬肉炒草菇及筍片，口味不錯，店主還送了一副筷子給我，因一般英國人均使用叉子吃。在走回車站的路上，看到很多有情調家庭式的 B&B，每一棟都掛牌 Vacancy，我感到很悵然，也有一點後悔，因為正確的規劃該在 Strafford 住一晚的，回到牛津又等車等了一小時，俟回到倫敦旅館已近深夜十二點了。牛津及 Strafford 之行，雖然一再出差錯，但結果還是圓滿的，我看到了我所想看的，雖誤了夏令時間，但反而對我有得，因明天我就要坐火車到法國去了，倘仍依老時間，未校正手錶時間，則就有誤點的可能，若搭不上火車，則麻煩就更大了。

此次來英，雖只有匆匆五天行，然收穫良多，印象甚好，唯感觸亦多，茲分條列述如下：

一、英國現今只是一個24萬平方公里，人口不到6千萬的國家，然大英帝國餘威仍在，倫敦仍像是一個大國的首都，仍有「萬國衣冠拜冕旒」的氣勢，它面積1,580平方公里，約為台北市的6倍，人口超過700萬的都會，仍是世界首屈一指的大都市之一。

二、英國政治民主，經濟繁榮，且文化基礎深厚，常云英國人驕傲，能擁有牛津與劍橋大學的國家是值得驕傲的。但不能免俗地聞說牛津與劍橋也有經費上的危機，經費吃緊，可能影響到他們引以為傲的「導師制度」，政府的補助要縮減了。美國人幸災樂禍地說：「牛津快撐不下去了，劍橋亦好不到哪去。」雖不一定是事實，但迄今為止，牛津只聚集了二十億美金捐款，但創校年資較淺的哈佛，卻有一百一十億美金。

三、倫敦是一個很國際化的城市，到處充滿了各類人種，黑人、阿拉伯人、印度人、東歐人、黃種人等，大家共處一堂，表面平等，然社會經濟地位並不平等，英國人多居高位，其他族群多做粗重工作，社會階級不同，似乎是存在的，地鐵中走道頗多乞討者。

四、英鎊是強勢貨幣，然而倫敦依然百物騰貴，我在倫敦所住的 Parkside Hotel 位於郊區小鎮 Finsbury Park，我以之為例，在清晨與晚間曾抽出時間去觀察一番，發現英國物價是高、稅也高，一般中等家庭都過很儉省的日子，英國的汽油價格幾乎到了美國的四倍，一切可想而知了。

五、倫敦的 Chinatown 是全歐最大的，這固然跟英國統治過香港有關，故英倫居住的中國人甚多，最近大陸的福建偷渡客日眾，在蛇頭安排下，一上岸就撕掉他們的護照，以變成無國籍之人，英國政府屢有交涉，然中國政府不肯認賬，看到一群游手好閒的中國人在 Chinatown 閒逛，實在有損中國人形象，英國報紙載 Chinatown 發生多起犯罪事項，警方已準備好，將徹底調查中國人。

六、英國雖是歐洲一員，但與歐洲大陸並不十分搭調，英國不參加申根公約，赴英必須單獨簽證，英國的鐵路系統單獨存在，買 Europass 不適用於英國，汽車在英國是靠左走，總總不一而足，感覺上英國對歐洲的關係，總是若即若離，而英國與歐洲各國「齊步」都已是這麼困難，遑論「同心」了。

遊歐雜記之二～法國行

來到歐洲的第六天，週二（3—31）的上午終於離開英國，一早走出 Parkside Hotel，但仍吃了一頓 Free Breakfast，然後坐地鐵至泰晤士河右岸的滑鐵盧車站（Waterloo Sta.），所有自倫敦發出的快車「歐洲之星」（Eurostar）均從此站開出，Eurostar 有兩條線，一至巴黎（Paris），另一則至布魯賽爾（Brussels）。英國人把開往巴黎的發車站命名為 Waterloo，實在是有點觸法國人的霉頭，因 Waterloo 這一個字是犯了法國人的忌諱。Eurostar 非常準時發車，車行甚速，近四個小時即由倫敦

Waterloo 車站駛抵巴黎北站(Gare du Nord)，(從倫敦不到10:30 a.m. 發車，下午2：15 p.m.（巴黎時間）就到達巴黎），經過英、法海峽海底隧道只花了二十幾分鐘，英、法兩邊景觀迴異，在英國所見的多是牧場羊群，法國則平原遼闊，農業興茂。因我完全不懂法文，故早已請求旅法友人代訂旅館及來巴黎北站相會，好友多年不見，再聚之時掩不住心中欣愉之情，握手寒暄一陣。抵巴黎之後，第一件事是要先學會坐車，巴黎跟倫敦一樣，以地鐵與巴士為主要交通工具，我在倫敦的經驗是買一日票(整日用這一張)，但與友人研究商量之後，覺得英、法兩地不同，在巴黎買 carnet 比較划算，carnet 是一種回數票，買一次有十張票，可以不限期地用，一張票只需四法郎左右，比單買一張票便宜很多，一元美金約合6.3法郎，而1法郎約合5元台幣，carnet 可以用在地鐵，也可以坐巴士，巴黎地鐵四通八達，只要不越區，一張票可以不停地轉車，也可以坐 RER（一種連接郊外的大型電車），但要認得四個重要法文字，即 Direction（目的地）、Entree（入口）、Sortie（出口）、Correspondance（轉車處）。會坐車之後，就要去換錢，在巴黎如何換錢亦是一大學問，巴黎是世界知名的觀光勝地，滿街均設有很多銀行之外的私營錢幣兌換所，各兌換所的兌換匯率及手續費(Commision ）均不同，但都掛有匯率表，多比較幾家可少吃虧。

友人為我訂了賽納河(Seine River ）左岸，巴黎大學附近一個名叫 Balcons 的兩顆星小旅館，附有浴廁，環境幽雅，價錢公道，也附有早餐。賽納河左岸，西提島(Cite ）的南側地區，便是人文薈萃的巴黎學生區，又名拉丁區(Quartier Latin)，原因是法國大革命前，這裏通行拉丁語，故名為拉丁區，搭地鐵4線與10線交叉的 Odeon 站是此區的中心，兩條主要的大道聖米歇爾(Bd. St Michel ）與聖日爾曼(Bd. St. Germain ）也在附近相交會，形成最熱鬧地區，街上許多以學生為主要顧客的廉價商店、書店、餐廳、咖啡館、唱片行、服裝店等到處林立。巴黎第三大學就在此區內，也就是通稱的索邦大學(La Sorbonne)，索邦大學的主要建築物，是一棟古典圓頂羅馬式的建築，前有一廣場，我到達那一天的天氣不錯，廣場上擠滿了在曬太陽的學生，咖啡店把座位伸延到廣場上，我還記得那一家咖啡店名「Cafes Ladoux」，咖啡香濃醇厚，約12法郎一杯，不到兩美元，在法國叫咖啡時，記得要把話講清楚，如只說：「cafe」，那是指black cafe，如需加牛奶及糖，則需說：「cafe au lait」，在路邊咖啡座，一面品嘗香濃咖啡，一面觀察來往路人及街景，這便是典型的巴黎眾生相。巴黎大學附近書店無數，但值得一提的，卻是一家名叫「友豐」的中文書店，在法國停留的六天期間，我幾乎每天都要來此買一份中文「歐洲日報」，此家中文書店，頗具規模，因學術性的書籍不少。當天友人請吃晚餐，喝紅酒，云這是巴黎文化，從此我每晚一杯紅酒，一直喝到離開巴黎時。

抵巴黎次日（4-1）是週三，也就是我歐洲之旅的第七天，我開始單獨走動，在吃完豐富的法式早餐之後，正式開始遊巴黎，第一站我選擇了最近的西提島，我很快就步行到島上的聖母院（Cathedral de Notre Dame），囂俄（Hugo）的名著「聖母院的鐘樓怪人」，是我自幼即熟知的故事，曾數度被拍成電影，但這並不是真實的故事。聖母院這一座哥德式建築的上乘之作，初建於十二世紀，實際上，全部完工要拖到200年後的十四世紀，由聖母院也可約略窺出法國歷史的演進過程，1431年百年戰爭時，英王亨利六世的加冕，聖女貞德火刑後的名譽恢復審判，法蘭西斯二世及亨利四世的婚禮都在此舉行，1804年拿破崙的加冕儀式，也是在此，羅浮宮中巨幅加冕典禮油畫，便是重現當時聖母院內情景，1845年聖母院開始重新修建，在拿破崙三世時，完成現在的壯麗景觀，進入現代，戴高樂曾在此舉行巴黎解放彌撒，及他個人的葬禮。聖母院縱長130公尺、寬48公尺、高35公尺，可以容納9,000人，相當寬闊，當天聖母院的正面在裝修，我未入內參觀，但繞行其外，瞻仰良久，正面兩塔均高69公尺，後面尖塔則高90公尺，塔的欄杆角落，有很多鳥獸形狀的雕刻（Chimeres），這是具有避邪及滴水管功能設計，常見於電影及各種圖畫中，亦為巴黎圖案象徵之一。西提島上還有一棟古典而宏偉的建築，便是最高法院（Palais deJustice），至今仍運作中，其北翼臨賽納河部份，便是有名的附屬監獄（La Conciergerie），法國大革命時，路易十六的王后瑪麗安托妮、革命名人丹敦、羅伯斯比耳、羅蘭夫人，都於上斷頭台前在此被囚禁，羅蘭夫人臨死之前的名言便是：「自由！自由！多少罪名假汝而行。」聞說此棟房屋內，多寬大套房，但無人敢住。西提島很小，其臨旁的聖路易島則更小，但都是老區域，巴黎便是由此區域逐漸向外擴充而成，由西提島繼續向北走，過了賽納河，便是市政府（Hotel de Ville），及夏特萊廣場（Chatelet），有兩個重要古跡，一為聖雅克塔（La Tour Saint-Jacques），另一則是大圓柱，頂上勝利女神，紀念拿破崙征埃及、意大利武功。從夏特萊廣場再坐地鐵至凱旋門（L'Arc de Triomphe），這也是我對巴黎長久以來的夢寐印象之一，凱旋門位在巴黎十二條大路交會所的一個大圓環上，以凱旋門為中心，呈星狀向外四射，大圓環名戴高樂星辰廣場（Place Charles de Gaulle），從各個角度來看凱旋門都非常壯觀，門如其名，拿破崙下令建造凱旋門，是為了戰勝後法軍凱旋歸來必經之門，然而拿破崙生前並未看到此門完成，只是死後，其靈柩自凱旋門通過，再安置於巴黎傷殘院。當我腦子回溯這一段故事時，居然在想秦始皇，怎麼拿破崙跟秦始皇又有甚麼關連呢？秦始皇曾在全國建馳道，亦便巡行天下，然而自九原南下咸陽這一段，他生前亦未走過，他最後一次巡行天下時，可能計劃經此路回咸陽，然而走到河北沙丘就倒下來了，但其棺柩卻繼續向前行進，經九原南下入咸陽，兩人均是用靈柩完成了未竟之志。凱旋門高50公尺、寬45公尺，四面有十種雕刻，都以法國大革命及拿破崙時代輝煌戰果為主題，其中最有名的便是前右側石柱上，面對香榭麗舍大道的雕刻傑作「馬賽進行曲」（La Marseillaise），為名家法朗索瓦．盧德（Francois Rude）作品，另外，門的內側牆壁上，刻著對法國有功勳的558名將領姓名，門的正下方有無名戰士墓，每到傍晚，墓上便燃起一支不滅的火燄，有電梯上通凱旋門頂端，我覺得看到此程度就夠了，於是離開凱旋門，沿香榭麗舍大道（Avenue des Cha-mps-Elysees），向羅浮宮（Le Musee du Louvre）方向走去，遇到一件不太愉快的事，當我走上香榭麗舍大道，正用camcorder錄像時，有一群吉普賽的小孩，突然圍上了我，顯有扒竊及搶劫企圖，我早就聞知此事，不等他們碰到我的身体，就立即跳開，到底是光天化日之下，這群孩子能力有限，由於碰上這樣的事，我開始用一種比較警戒的態度來逛香榭麗舍大道，這一條應該是世界最美的路，長1.9公里，路面寬約125公尺，按景觀不同大致可以分成兩段，一是從凱旋門到香榭麗舍圓環，這一段兩側有無數著名的大劇場、餐廳、咖啡廳、特產店、還有豪華辦公室，最能表現巴黎的風格，著名的麗都（lido）就在香榭麗舍大道上。人行道非常寬闊，能坐在香榭麗舍大道人行道上的咖啡座，喝上一杯咖啡，也曾是我的夢，可惜當天巴黎氣溫甚低，春寒料峭，咖啡椅都未擺出來。從圓環到協和廣場（La Place de la orde）這一段，則是行道樹枝葉參天，綠蔭如蓋，是人們散步休閒的好地方，經過Churchill大道時，在右側有一棟宏偉的建築便是大宮殿（Grand Palais），及對面的小宮博物館（Peit Palais），都是1900年時，萬國博覽會時蓋的，現在都為博物館，由此遠眺亞歷山大三世橋及金頂的巴黎傷殘院，景色相當優美。因當時計劃是到羅浮宮去，所以我繼續前行至協和廣場，這是香榭麗舍大道終端的大廣場，面積有7萬5千平方公尺，這裏也曾是巴黎最血腥的地方，雖然現在飄盪著優雅的氣氛，最初路易十五建此廣場，故名為「路易十五廣場」，法國大革命之後，又改成「大革命廣場」，千萬人頭在此落地，路易十六及王后瑪麗安托妮、革命名人丹敦、羅伯斯比耳、羅蘭夫人，都在此被送上斷頭台，在羅伯斯比耳恐怖的七星期統治時，平均每天要殺三十個人頭，有1,400顆人頭掉在這兒，在那一個時代，就是一批法國人在殺另一批法國人。協和廣場矗立著一根有三千兩百年歷史的白色尖碑，是1831年埃及總督穆罕默德送給法王路易．菲力普一世的，來自Louqsor神殿，高3公尺，重230噸的方尖碑，其旁有大噴泉，據說夜間特別美麗，廣場的確很大，我徘徊良久，因為杜樂禮公園(Jard-indes Tuileries)就在近旁，我原打算穿過公園，走到羅浮宮的，但突然下雨了，雖有雨傘，但雨中不宜再遊花園了，加之肚子也餓了，已到午飯時間，我按打聽到的訊息，坐地鐵7路到巴黎南區的 Porte de Choisy 及 Ported'Ivry 一帶，我原以為是像倫敦 Chinatown 一樣，有一個中國商店區，結果完全不是那回事，一看區域就不怎麼好，也沒幾家中國店，飯店少，而賣菜、肉及雜貨的店較多，大都是來自中南半島的華人所開，我硬著頭皮吃了一頓中國飯，口味平平，但確實填飽了肚子，飯後因順路，特別去了一趟巴士底廣場(Place de la Bast-ille)，在看過協和廣場之後，當然這巴士底廣場不夠看了，不過這是法國大革命的起源地，當年巴黎暴動便是從攻佔巴士底監獄開始，如今廣場上仍有一根紀念性的七月柱，1789年7月14日血腥的攻擊，佔領了專制象徵的巴士底監獄，事實上，路易十六已不關政治犯了，當巴士底監獄所有囚犯被放出來時，只有七人，其中還有兩人是瘋子。當年法拉葉引群眾攻巴士底監獄時，曾移動巴黎傷殘院的大砲，不過砲雖然巨大，但無砲彈，但守軍已無鬥志，居然投降了。現代化的巴士底歌劇院是廣場最醒目的建築，其外觀充滿現代化感，但內部裝潢據說還是傳統的。

我再回到香榭麗舍大道，這次是要沿著 Churchill 大道，向南越過賽納河前往巴黎傷殘院(L' Hotel des Invalides)，在走向巴黎傷殘院時，要經過賽納河上最美麗的一座橋「亞歷山大三世橋」(Pont Alexandre III)，橋建於1897至1900年，象徵了俄國沙皇亞歷山大三世與法國薩迪·卡爾諾總統所竭力推動的法俄友誼，亞歷山大三世的兒子尼古拉二世(Nicolas II)曾來巴黎出席竣工典禮，橋身裝飾華麗，寬40公尺，在橋拱頂部有兩個壓紋青銅正面裝飾圖案，上游一側圖像為賽納河仙女環繞著巴黎市徽，下游一側則是被仙女圍繞的俄羅斯紋章和納娃(Neva)塑像，在橋的每一側，各有兩個方形橋頭堡，頂上矗立鍍金青銅騎馬群像，象徵被信息女神征服的飛馬，大橋有兩排共十四座三叉球形華燈柱照明，真是一座名橋。

巴黎傷殘院本是路易十四為收容傷、病士兵所建，現在卻因拿破崙陵寢所在而聞名，目前的巴黎傷殘院已變成一座軍事博物館，正面金頂教堂安放著拿破崙梓棺，買票才能入場，教堂內光線昏暗，曾聽聞希特勒甚佩服拿破崙，當年唯一的一次來巴黎時，也曾在此徘徊流連，並下令運回拿破崙的兒子羅馬王遺体，也葬於此，由於突然又下大雨，我在院內附屬商店喝了一杯咖啡，侍者完全不說英語，稍感意外。雨後我到附近陸軍士官學校（ L'Ecole Militaire ）看了一下，發現在軍校門口卻是觀察艾菲爾鐵塔（ La Tour Eiffel ）最好的地方，因為有寬闊的視野。這一天行程緊湊，跑了許多地方，已感疲累，乃回左岸區，發現有很多中國館子，既便宜，又好吃，覺得我中午的一趟南區行，真是捨近而求遠，資訊似乎錯誤。左岸的館子多如牛毛，各有特色，法國人吃晚飯，不作興早，多是晚上九點時才去吃晚飯。從抵達巴黎的第三天（4–2）週四，我開始放慢了腳步，可能有點累了，因看不懂法文，每坐地鐵都要考慮個再三，腳步自然慢了，而最重要的卻是巴黎人的腳步本來就比倫敦人慢一點，出門多日集聚了大量髒衣服，必須找 coin laundry，我認為既然住在巴黎大學附近，就應該有 coin laundry，果然被我找到，在使用說明書上居然法、英文並列，這倒沒有想到，法國洗衣機運作很慢，我的印象在美國洗一次約二十分鐘就夠了，但在法國卻要洗四十分鐘，聽說在設計上多沖兩次水，不知確否？中午與一位住於龐畢度中心（ Centre G. Pompidou ）附近的友人餐敘，因而也就順便看了這一個原未曾規劃要去的地方，結論是我的欣賞內涵不夠，幾乎完全看不懂，於是再去巴黎歌劇院（ Opera ），這個舊歌劇院與現代化的巴士底歌劇院，呈現著兩極的面貌，目前是芭蕾舞表演的殿堂，建築豪華壯觀，即令觀其外表都已值回票價，據說內部更是金碧輝煌，燦爛絢麗。由於巴黎兩家名百貨店拉法葉（ Galeries Lafayette ）及春天（ Au Printemps ）都在不遠處，加上天空又飄著細雨，不買東西的我，還是去這兩家百貨店逛了一下，可以用「富麗堂皇，百物騰貴」八個字來形容，在瀏覽百貨店之後，天氣繼續陰雨不止，決定回到巴黎北站，買下一程的火車票，預買從法國到比利時及荷蘭的車票。巴黎北站是一個國際性車站，除了從英國來的 Eurostar 之外，到荷、比、盧的國際列車均自北站發車，法國火車全由法國國家鐵路局管理，簡稱 SNCF，也許我去的不是時候，隊伍排得很長，但這時有一些穿戴特殊符號的中學小女生，很有禮貌地用英語請我及一些另外客人，到另一棟大樓去買票，這些小女生可能是義務服務的女童軍，服務對象多半是外國人，等到購票時，我問售票員說不說英語，他禮貌地回答說可以講一點，我在北站的所受的溫馨待遇，使我覺得法國人決不說英語的傳聞可能有誤。離開北站時，看看地圖上，北站距離著名的蒙馬特區（Montmartre）聖心堂（Basilique du Sacre Coeur）不遠，乃決定冒雨去一遊，這是一棟拜占庭式建築的大教堂，建於巴黎北邊的小丘上，教堂白色，莊嚴美觀，正面有聖母像及聖女貞德騎馬塑像，因不需排隊，也不收門票，所以我上山走入教堂參觀，可以爬階梯，也可以坐一旁的纜車，聖心堂內正在望彌撒，莊嚴肅穆，正殿頂有耶穌繪像。法國人對蒙馬特區及聖心堂並無特殊感覺，但卻吸引觀光客，這是聖心堂後面的岱爾特廣場（La Place du Tertre）聚集了來自世界各地的畫家，為人速寫、賣畫及展出所帶來的畫，梵谷、畢加索未發跡前都曾在此待過，有名的夜總會紅磨坊（Moulin Rough）亦離此不遠。蒙馬特區有許多推車小販，賣一種烤爆的板栗，類似我們的糖炒栗子，口味很好，但便宜多了，同樣份量只有台北價格的三分之一。

離開蒙馬特區之後，我回到左岸區聖日耳曼大道上，有一間巴黎很古而美麗的教堂－－聖日耳曼大教堂（Eglise St. Germain des Pres），其鄰旁有兩家非常有名的咖啡店，花神咖啡店（Cafe de Flore）及馬固咖啡店（Aux deux Magot），意思為兩個智者咖啡店，這兩家是咖啡店中的經典之店，聞名於全世界，過去沙特及西蒙波等存在主義哲學家，曾在這些咖啡店討論學問，現在已被規劃成觀光據點，我去時，由於天雨，無法坐露天座，只得移至室內，裝潢也還普通，一杯咖啡價格約為其他店的兩倍，不過他們的份量也是兩倍，咖啡當然很好，香濃有勁，大都是普通客人，看不出有文學家或是藝術家在討論問題，我注意到馬固咖啡店中有兩尊身著清朝官服的人像，因不懂法文無法發問，不知這是否為 deux Magot，意為兩個智者？胡亂猜了。法國學者多飲咖啡，聞說當年伏爾泰在寫作時，一天可以喝到40杯咖啡，已屬駭人聽聞，就像李白「將進酒」詩中說鄭玄「會須一飲三百杯」，即今日飲啤酒亦不能喝三百杯，該是誇大飲咖啡了，我每天喝咖啡不超過四杯量，應屬正常的了。

抵巴黎後的第四天（4–3）週五，天氣依然陰雨，我決定去羅浮宮（Le Musee du Louvre），這所世界聞名的藝術殿堂，是我巴黎之行計劃中的必到之地，這幾天早已在羅浮宮的外圍經過多次了。由於羅浮宮早上九點才開門，所以我出門後先到旅館附近的盧森堡公園（Jardin du Luxembourg）看了一下，因地近巴黎大學，是學生們的最佳去處，很多學生在公園內看書、嬉戲、野餐、談戀愛等。盧森堡公園是典型的法國式庭園，保留了歐洲宮廷的華貴氣氛，雕像、花藝、池水配合著建築美，公園北側是盧森堡宮殿（Palais du Luxembourg），有義大利風格，目前是法國上議院開會地點。羅浮宮的內外均有看點，因羅浮宮原是王宮，非常之大，杜樂禮公園（Ja rdin des Tuileries）等於是其御花園，卡魯塞爾凱旋門（Arc de Triomphe Carrousel）是一個小凱旋門，在羅浮宮正面入口，接著便是廣場上的玻璃金字塔，是華人名建築師貝聿銘的著名作品，也是整個羅浮宮的主入口，玻璃金字塔比想像中要高大，從現場看來也非常協調，打著雨傘排隊的人很多，也許大家想法相同，就是既然下雨，大家就到博物館來罷！羅浮宮內部之大，確是超過想像，橫的方面算，從地下的入口夾層算起，大致有四層，縱的方面算，則分里希留館、敘立館、德儂館等三大館，藏品超過三十萬件，無法一一敘及，即使花上一整天去看，也只是走馬觀花而已，想要稍為細看，必得花上個三、四天才行，所以我的參觀也只能在幾個重點駐足一下，譬如羅浮宮三寶，達文西的蒙娜麗莎的微笑，米羅的維納斯女神雕像，薩摩塔斯的無頭勝利女神雕像，似乎不禁止照相，或是禁不了，蒙娜麗莎的微笑有玻璃護框，其他名作不勝枚舉。玻璃金字塔下有很好的接待區，吃飯、喝咖啡、賣藝品、書店、郵局等應有盡有，羅浮宮與倫敦大英博物館及紐約大都會博物館鼎足而三，並稱是世界三大名館。羅浮宮開至下午六點，我上下跑遍全宮，甚為疲累，最後到達三樓時，只能做坐著看畫了，在畫室內，他們擺有長凳在畫作之前，不少年輕畫家還在一旁摹臨古人之作。參觀羅浮宮入場券需45法郎，雖然藝術無價，但還是稍嫌昂貴，但入場券全天有效，中途離館後再進館依然有效。

在巴黎的第五天（4–4）週六，天氣還是陰雨，且括著風，不過我覺得不能再等下去，應該要去凡爾塞宮（Versailes）了，到凡爾塞宮坐車的方式很多，我選擇RER的C線，在St. Michel Notre-Dame站上車，車站離我住的旅館不遠，步行前往約五分鐘，車站旁依賽納河，但在地下，一到地面就是拉丁區的入口處聖米歇爾大街，其旁有一座噴泉，原是一座山牆，噴泉建在山牆上是裝飾性的，噴泉由四個呈階梯形重疊的承水盤組成，兩邊各有一座雙翼龍蹲像，中間壁龕裏矗立一尊青銅質的聖米歇爾降龍雕像，除了有極高藝術價值外，這座噴泉也是拉丁區的象徵。RER在市區路線是地下，一到郊區則上到地面，法國的郊區，房舍儼然，記得以前1990年去上海時，老霞飛路的法國洋房就是這個樣子。凡爾賽地區有三座火車站，離凡爾賽宮最近的車站便是哥休河濱站（Gare River Gauches），大約600公尺的路程，凡爾賽鎮在今日雖是小地方，但街道寬闊，仍有一國之都的氣勢，我在淒風苦雨之中，打著雨傘走到凡爾賽宮前廣場，心中不免嘀咕，在淒風苦雨中來看太陽王（路易十四）銅像未免諷刺，不過很奇怪的是，當我一進入凡爾賽宮大門，雨就突然停了，我用camcorder照廣場上太陽王（路易十四）的銅像時，居然還出了二十分鐘左右的太陽，是有一點邪門。我決定利用雨暫停的時間，迅速遊一圈花園，凡爾賽宮的庭園很大，我跳上了遊園的 Tour 車，遊園時放著悅耳的韓德爾 Water Music，韓德爾是德國人，而 Water Music 卻有濃厚的英國味，在凡爾賽宮聽 Water Music，是感到有一點怪。凡爾賽宮的偉大，是不僅於它的宮殿，而更是它了不起的庭園，這裏原本是個小村落，路易十三在此修築城堡，到了年輕的太陽王路易十四，他宣布:「我要有史以來最宏偉豪華的宮殿！」於是法國人便傾全國之力，在這片原本是沼澤的土地上，建這所城堡，從全國各地運來大量泥土，以堅固地基，移走森林，為了建噴水池，改變了好幾條河的流向，抽取賽納河的河水，進行一件龐大的自然改造工程，之後，才開始建造宮殿。據說在建造期間，路易十四經常來工地現場，有如監工般地指揮檢試，並修改他覺得不夠好或是不滿意的地方，他是注入了不少的熱情與希望，而庭園是他最引以為傲的地方。庭園中的噴泉，大小翠安儂宮，運河都是非常美麗的地方，坐 Tour 車可以在每一站自由上下，庭園實在太大，如全用步行的方式，將耗時也耗力。當天天氣很不好，我的庭園之行剛完畢，就立刻下大雨，我便立刻進入凡爾賽宮內參觀，宮內金碧輝煌，從國王的起居室（ Grands Appartements du Roi ）、寢宮（ Chambre du Roi ）、王后起居室（ Appartement de la Reine ）、明鏡迴廊（ Ga-lerie des Glaces ）等，無一不引人入勝，宮殿兩壁一如羅浮宮一樣，掛滿了名畫，明鏡迴廊似乎特別有名，不僅因為它的華麗，更因有它的歷史背景，像凡爾賽和約於此簽定，普法戰爭後德皇威廉一世於此加冕德意志皇帝，更種下德、法世仇，凡爾賽宮是路易十四投入畢生的精力與熱情所建造的宮殿，有一種說法是於投下的金錢太過龐大，導致政府財政枯竭及人民生活困苦，但當初路易十四本意是把全國數百名達官顯貴聚集於此，日夜飲宴作樂，這是路易十四企圖拔掉他們的根，消除他們封建及經濟的影響力。凡爾賽宮於1662年開工，1710年完工，前後共花了約五十年的時間，自1682年起，法國王室就從羅浮宮遷移至凡爾賽宮，其他王族大臣亦在附近興建邸宅，從此夜夜笙歌，酒醉金迷，大家遠離人民，故最後終於爆發大革命，還有一種說法是凡爾賽一地，原是沼澤廢地，路易十四把它變成不朽的法國光榮，長存歷史，至於大革命跟路易十四、十五好戰有關，但畢竟1789年路易十六被人民自凡爾賽宮強迫押回巴黎後，從此未再回去過，從凡爾賽宮內所藏畫像來看，路易十四雄才大略，路易十五則英俊瀟灑，路易十六是個相貌忠厚老實人，懼內受制於王后瑪麗安托妮，只因投票時多一票被送上斷頭台，臨死前還大呼冤枉，如今繁華的宮廷生活已成過眼雲煙，但金碧輝煌的宮殿本身，與精巧的庭園景色，仍向遊客們敘説著法國黃金時代的歷史。下午三點多，遊完了凡爾賽宮，在附近一家名叫金冠酒家的中國飯店匆匆進食，但沒有想到口味好極了，而且價錢不貴，比之巴黎的一些中國飯館，毫不遜色，甚至有過之而無不及。回巴黎時，本想順路一遊夏佑宮（Palais de Chail-lot），但從 Champs de Mars 站出來時，又逢傾盆大雨，一時找不到躲雨的地方，發現正處於艾菲爾鐵塔旁，於是衝向最近的艾菲爾鐵塔，立即買票上塔的第二層躲雨，被逼得仔細地再看了一下艾菲爾鐵塔，此塔高320公尺，分三層，也是巴黎的一個象徵建築，我本擬到夏佑宮，隔著賽納河來看艾菲爾塔的，結果卻變成了從艾菲爾塔上來看夏佑宮及賽納河了，由於天雨，使我遊巴黎的腳步再度變得更緩慢了。

在巴黎的第六天（4-5）週日，因次日（4-6）就要離巴黎到荷蘭去了，我必須要好好利用這最後一天，上午我決定先到附近的奧塞美術館（Musee d'Orsay），這是印象派畫的主要展覽場所，奧塞美術館原是賽納河畔的奧塞火車站，至少在1939年以前還是作火車站之用，改裝成美術館後的設計非常好，自然光線透過玻璃天花板落在展示場上，使館內更為明亮，奧塞藏品不同於羅浮宮全為古典派，奧塞展出作品是自1848到1914年之間的東西，包括繪畫、雕刻、工藝品、家具模型設計、攝影等，尤以印象派畫的收藏最為豐富，諸如莫內、馬奈、梵谷、塞尚等，仔細參觀至少需兩天的時間，我也只能走馬觀花地看了一下，看奧塞比看羅浮宮壓力較小，離開奧塞後，我沿著賽納河向西走到阿爾馬橋（Pont de l'alma），準備坐船遊賽納河，阿爾馬橋也是有名的玩點，往前走幾步便是有名的瘋馬沙龍（ Crzay Horse Sallon ），向右走便是岸旁船舶停泊處，賽納河上觀光遊艇（ Bateaux-Mouches ），這種觀光遊艇約半小時至一小時一班，遊一趟賽納河需時約一小時十五分，以西提島聖母院及巴黎艾菲爾鐵塔這一段河面為觀光範圍，用五種語言沿途介紹巴黎各處勝景如亞歷山大三世橋、協和廣場、羅浮宮、聖母院…等，是從賽納河上的角度，再一次觀覽巴黎各處重要勝景，當時坐在船內，真有無限的滿足。之後，我再去新凱旋門（ La Grande Arche ），這是位於巴黎新區拉狄芳斯（ La Defense ），周圍全是新建築，拉狄芳斯有點像紐約，而不像巴黎，新凱旋門又譯為大拱門、大門塔、大方舟等，落成於1989年，像艾菲爾鐵塔一樣，它是一座歷史建築，為紀念法國大革命200週年而建造。新凱旋門像一個巨型立方体，重三十萬噸，表面覆蓋大理石與玻璃，頂樓高110公尺，我坐電梯登上頂樓，鳥瞰巴黎，一覽無遺，盡收眼底。我對新凱旋門的印象很好，因它們居然有正體字的說明書，且印有青天白日的國旗。

遊法之行已近尾聲，在巴黎匆匆居停六天行，實無法遍歷巴黎每一值得去的地方，然已收穫良多，印象甚好，當然也有感想，玆分條列述如下：

一、法國現今面積55萬平方公里，人口約5千7百萬，農業興茂，工業發達，感覺上比英國富有，故國民所得也比英國略高，巴黎的面積與人口雖都遜於倫敦，然巴黎仍為世界性大都市，巴黎不僅氣勢雄渾，文化深厚，整個都市內外都是博物館，一個藝術氣氛深邃的城市。

二、巴黎沒有什麼明顯的 Chinatown，中國飯館散布於全巴黎市各地，法國也重視中國文化，漢學研究有長遠傳統，聞賽納河旁的法蘭西研究院（ Institut de France ），藏中國書籍達三十萬冊，為全歐第一。

三、巴黎也是一個很國際化的城市，到處充滿了各類人種，黑人、阿拉伯人、東歐人、黃種人等，大家共處一堂，在排外方面，巴黎較倫敦好一點，巴黎的社會較開放一些，但其他族群也帶來一些社會問題，我曾幾乎遭一群吉普賽孩子們搶奪，我也親眼看見在地鐵中搭車時，很多黑人與阿拉伯人跳過剪票口，而不買票。

四、法國物價亦比美國高，法國的汽油價格也約略為美國的四倍，一切可想而知了。但法國食物品味不錯，我在法國市場買過東西，價格不會太離譜，以咖啡而言，比美國是貴，但較之台灣卻稍為便宜。

五、法人自尊心極強，說英語不是很普及，但並沒有想像中那樣排斥說英語，在我旅巴黎期間，英語一直行得通，聞近年來法人亦開始重視英語之教學，不少年輕人均能說英語，因法人明瞭不止是英國人及美國人說英語，其他各國人也在說英語。法國的電視台，有兩台是說英語的，一為 CNN，另一為 BBC，傳說法人不說英語的說法，可能不太正確。

六、法國人參與歐洲事務，比英國人要認真與熱心，法國參加申根公約，熱心統合歐元，法國火車四通歐洲列國。法人的思慮方式有國際性，而英人則否，舉個例子，英國的街牌極不清楚，而法國只要是大街交叉口，四個方向都有清楚的街牌，有一種解釋是，英國人是這樣地想，每個人都該知道街名，既然大家都已知道了，那我又何必多此一舉地列出街名號牌呢？但法國人則是假設每個人都不知道街名，既然大家都不知道，則應該在明顯處標示出街名號牌。

七、在巴黎停留期間，友人吳其昱教授盛情款待我，永誌難忘，吳教授西南聯大畢業，據他說跟李邁先先生曾同過學，吳教授早年留學法國巴黎大學，獲得法國國家博士，精研漢學。我們相識於東京，吳夫人日籍，亦在巴黎漢學界，兩人育有一女，某次在台北學會上我曾見過吳夫人。吳教授不諳日語，吳夫人不會說中國話，兩人都是以法語溝通，又吳教授與杰人師也是摯友。

遊歐雜記之三～荷蘭行

歐洲之行的第十二天(4-6)週一上午，我離開巴黎，先坐地鐵至北站，順利搭上了國際列車，我的計劃是先到比利時的布魯塞爾(Brussels)停留五個小時，看看布魯塞爾此一城市，當然五個小時是看不了什麼的，我的目標鎖定在大廣場(Grand Place)及聞名於世的尿尿小童像(Manequin-Pis)，囂俄(Hugo)曾說大廣場是歐洲最美的廣場，我也曾看過不少照片，都支持我的想像，國際列車速度甚快，還沒有什麼感覺就進入了比利時了，既沒有人來查票，更沒有人來驗護照，僅兩個小時就駛抵布魯塞爾南站。從資料中，比利時是一個小國，面積約三萬平方公里，人口約一千萬，國民所得與法國相當，但小國卻有複雜的問題，比利時有兩大族群，北部的佛蘭芒人(Flemings)操荷語，南部的瓦隆人(Walloo-ns)講法語，兩大族群互相對立，影響到政治和諧，首都布魯塞爾位於佛蘭芒族地區，但由於有國際性，故法、荷語通用，但我的感覺是在布魯塞爾說法語的人較多，在我停留的這五個小時中，覺得布魯塞爾像是一個法國城市。布魯塞爾有三個火車站，即南站、中央站、北站，國際列車是停靠南站，而大廣場等名勝卻是在中央站外面，不過我持有國際列車票，可以自由來往於此三個車站，我將大件行李先存放南站，再坐車至中央站，大廣場離中央站只有數分鐘的步程，大廣場雖名為「大」，但和法國巴黎的協和廣場比起來，只能算是小廣場了，不過大廣場的景觀非常精緻，最重要的建築首推國王大廈(Maison du Roi)，這是一棟十六世紀的哥德式王宮，現在已是一座博物館了，國王大廈的對面就是市政廳(Hotel de Ville)，是十五世紀哥德式建築，其高聳尖塔是大廣場上最高建築物，尖塔頂端立著布魯塞爾的守護神－－「大天使米歇爾」的雕像，最有名的雖是這兩座古典建築，但大廣場其他古典式建築也很協調，科克托說大廣場像是絢麗的劇場，當指每年八月中旬，廣場堆滿盛開花朵，像是鋪上一層光彩奪目般的地毯，非常美麗，但當天我在大廣場時，卻全是觀光客。天氣很不穩定，當時雨時下時停，為了躲雨，我一度走進咖啡店品嘗了一杯咖啡，香濃醇厚一如在巴黎時，店員也說法語，不過，雨停之後，我為了找尿尿小童雕像，曾問路於警察，他卻是英語流利，可見布魯塞爾還是與巴黎有一點差別。尿尿小童雕像就在市政廳左側的巷中，我千里迢迢聞名而來，但看了之後，大失所望，覺得宣傳過了頭，雕像太小，根本看不清楚，那一天小麥尼肯是穿軍裝，給我的感覺是噱頭大於藝術。其實除了大廣場之外，中央站大廈本身也是一棟古典建築，有名的聖米歇爾大教堂（Cathedrale St. Michel）就在車站之旁，雄偉壯觀。因為尚有一些時間，所以我順路到北站去看了一下，北站是一棟現代化建築，站外也是新社區、新建築，景觀迴異於中央站，最後回到南站，發現路面電車穿梭於站外馬路上，覺得這才是我想像中的布魯塞爾相貌。五小時過得很快，我買了一些巧克力糖，這是比利時特產，歐洲製造的巧克力以比利時為代表，也吃了一頓很難吃的比利時飯，於下午五點多，在南站再搭國際列車繼續上路，往荷蘭去。

到荷蘭的目的地是來頓（Leiden），但國際列車不停來頓，所以我在巴黎買票時，購了 Paris-Brussels 一段，及 Brussels-Schiphol（阿姆斯特丹的國際機場）另一段，後來跟來頓的友人通了電話，方知來頓離海牙（Den Haag）只有十幾分鐘的車程，這幾個地方的排列順序是，海牙最南，向北不到十五分鐘車程的就是來頓，再向北十五分鐘是史基浦機場（Schiphol Airport），再向北二十分鐘是阿姆斯特丹（Amsterdam）。從布魯塞爾到海牙，也整整坐了兩個小時，只查了一次車票，未驗護照，就這麼入境荷蘭了，運氣不錯，從國際列車一下車，在同一月台的右側，馬上就看到一列升火待發的普通車，標示經來頓開往阿姆斯特丹，於是立即跳上此列車，荷蘭的電車大多有兩層，車廂分成頭、二等，腳踏車也可以上電車，但停於車門旁特定的位置，來頓是一個很樸實恬靜的大學城（College Town），車站建築新穎美觀，當時天仍未全黑，我迅速地換了一點荷幣，荷幣以荷盾（Guilder）為單位，1荷盾簡稱1G，等於100cents，簡稱100c，兩個荷盾約合1美元。荷蘭的面積約四萬一千平方公里，人口約一千五百萬，國民所得跟法、比差不多，是個小國，但民眾奮發向上，荷蘭有二分之一的土地都低於海平面，他們建攔海堤防，而荷蘭農、牧、工業都相當發達，在停留荷蘭期間，我均住在來頓的友人家中，是這一次遊歐旅行中，與在英、法時不同的体驗。抵荷蘭的次日（4-7）是週二，天氣依然不穩定，時晴時雨，我開始單獨出遊，第一個目標便是去看鬱金香花，我一直非常喜愛鬱金香花，以前在Seattle時，每逢四月時，我都必去看郊外的鬱金香花田，可能是荷裔美人帶去的花種，使得Seattle附近是美國最大的鬱金香花種植地，在荷蘭觀賞鬱金香花首推庫根霍夫（Keukenhof）公園，這是一個專門規劃培育鬱金香花的特別公園，往庫根霍夫公園的路線很多，我選擇了一條自助遊法，就是先坐電車至哈勒姆（Harriem），再換公共汽車至公園，哈勒姆是一個很有味道的荷蘭小鎮，房子不大，但看起來整齊舒適，每家狹小的前院，都種有花卉，鎮上還有一家門面很小，叫「帝苑」的中國飯館，我對此家館子印象深刻，是因為它門口掛了一幅兩行對聯，我記得是「北邙金仙停雲痛飲，京都豪客過門大嚼。」真是好大的口氣，可惜這一家店白天不開門，所以我雖有心，但卻無法光顧他們一次生意，我肯定這一幅對聯荷蘭人一定看不懂。從哈勒姆到庫根霍夫一路上也是景緻秀麗，蜿蜒運河、青蔥牧場點綴其間，構成一幅美麗圖畫。

庫根霍夫公園並非整年開放，它主要開放時間在每年的三月末到五月末，約有兩個月的時間，公園面積32公頃，有600萬株鬱金香、水仙、風信子和其他球莖花卉，古老的水泉，茂密的灌木叢，各式水洼和池塘，花樣噴泉，有6,500平方公尺的玻璃花房，培育新種鬱金香，我曾問及黑色鬱金香花的問題，園方工作人員的回答是真正黑色鬱金香花是不存在的，一般所謂的黑色鬱金香花，其實是深紫色的，由於天氣太冷，我到達時刻還是早了一點，有一部分鬱金香花還未盛開，不過已開的部分確實美麗，庫根霍夫公園的遊客甚多，相關設備很好，有大餐廳，中午備有精美的Buffet，口味很好，價錢公道，並未因獨佔事業而耍花樣，其實在庫根霍夫公園之外，還有廣大農地種植鬱金香花，荷蘭人是利用已開發的海埔新生地，在經營一種事業。

從庫根霍夫公園經哈勒姆再到阿姆斯特丹，約需時五十分鐘，阿姆斯特丹是荷蘭首都，也是第一大城，歐洲重要的觀光城市，但我所收集的資料中，對阿姆斯特丹卻有兩極的批評，存在主義文學家，得過諾貝爾文學獎的卡謬，在「墮落」一文中描述阿姆斯特丹說：「阿姆斯特丹的運河彷若地獄之輪，似乎可以感覺到輪正轉動，畫著同心圓…遠離陸地…走到盡頭。」阿姆斯特丹的發展是以運河起家，如果中央車站（Central Station）前的達姆廣場（Dam Square）為中心的話，其周圍確是一圈一圈的運河，而阿姆斯特丹也的確彷彿是一罪惡之都，例如泛濫的色情交易、公開購買及吸食大麻，可能還有其他的毒品，從我對來頓及庫根霍夫公園良好的印象，我很難相信有那樣的阿姆斯特丹，當然也有人說：阿姆斯特丹是一個充滿文化及藝術氣息的城市，城裏有許多館藏豐富的博物館，有每天上演高水準音樂、戲劇節目的音樂廳和劇院，我應該仔細的來看，並用感覺來瞭解此混合著高雅及低俗的奇特城市。

跟倫敦與巴黎比起來，阿姆斯特丹只是一個小城市，它甚至於比台北還要小，資料顯示它的面積只有台北的三分之二，它的特點便是，扇形排列的一百六十多條放射狀運河，將整個城市襯托起來，阿姆斯特丹中央車站是一棟古典的文藝復興式建築，很有氣派，達姆廣場靠車站一端，也是路面電車的總站，阿姆斯特丹雖也有地鐵，但地面電車四通八達，才是在市區連絡的主要交通工具，看著兩節式的路面電車穿梭來往，它的古意盎然是像十九世紀初葉的城市，剛經歷了工業革命，這跟倫敦與巴黎的景觀絕然不同。沿車站向前走，有一條筆直的大道達馬克路（ Damark ），是主要商店街，有旅館、餐廳、禮品店、匯兑錢店等，非常熱鬧，有點像巴黎左岸的聖米歐爾大道，我徒步沿達馬克路向前走到熱鬧區中心達姆廣場，廣場上有一座巨大白色圓石碑，叫解放紀念碑，是紀念追悼第二次世界大戰陣亡犧牲者，廣場正面的宏偉建築是古王宮，王宮旁是哥德式建築的「 新教會 」，廣場上還有很多藝人在表演，有一種身穿白衣的雕像藝人，頗吸引觀光客，你在他面前丟一點硬幣，這一個雕像藝人便會對你露齒一笑。繼續往前走，街名換成了洛今街（ Rokin ），洛今街道上有一尊古耶敏娜女王年輕時的騎馬銅塑像，女王為今茱莉安娜女王之母，古耶敏娜女王在二次大戰前即位，後來流亡倫敦，戰後返荷復國，頗受荷人愛戴。銅像旁有遊艇碼頭，我突然興起了一遊運河的念頭，票價不貴，年輕的女導遊能同時説流利的荷語及英語，遊運河玻璃船的行程約有一個半小時，我先繞行市區，城市中央的運河上，滿佈著黃金時代商業鉅子的豪宅，裝飾華麗的山形牆，昔日商業鉅子的家產，如今大都變成高級旅館、餐廳甚至辦公室，這些夾岸的美麗建築，都是政府永久保護的古蹟，運河兩旁也有馬路，路旁才是各種房子，17世紀時，法令規定根據房屋的面寬來徵稅，所以運河旁的建築物，都有狹而高的山形牆來偽裝房屋，房屋頂端都有一突出鉤子，那是搬家時吊運東西用的，也許是沙質地基，有些房子呈不明顯傾斜狀態，不過荷蘭沒有地震，應不礙事，在運河上還有一件比較奇特的事，便是有無數的船屋，據説阿姆斯特丹有900戶以上，大多停靠在 Geldersekade 運河，靠近中央車站，這些船屋原是二次世界大戰以後，因一時住處不夠，很多人搭建的臨時住處，如今時間久了，也無法拆除，變成了運河上一景，有些船屋還佈置得美侖美奐，更使河道顯得繽紛而熱鬧，運河的水本有點污濁腥臭，但當遊艇進入中央車站後的大海灣阿姆斯特丹港時，則水變青綠色，然波濤也變洶湧，港灣內還停泊著一條300年前的古老帆船，阿姆斯特丹港曾是世界上最重要的港口之一，直到十七世紀時，荷蘭巨大的商業帆船還是經此海灣通向北海，如今海灣開始淤沙，鹿特丹已取代阿姆斯特丹。

運河之旅後，我又回到大街，碰到一家名叫「黃河」的中文書店，還頗有規模，令我稍感訝異，會有生意嗎？由於聽說有的咖啡店也賣大麻甚至是嗎啡，在阿姆斯特丹我不敢亂喝咖啡了，於是選擇了一家西餐飲食店，荷蘭人不純喝咖啡，總要喝點啤酒，荷蘭人是世界上屈指可數愛喝啤酒的國家之一，Heineken 聞名全世界，法國人常認為北方人野蠻，因不懂喝咖啡及紅酒，一昧地只知飲啤酒，這是沒有文化的，我沉醉於阿姆斯特丹美麗的夜景中，我沒喝啤酒，只是灌了好幾杯咖啡，深覺荷蘭人的咖啡並不差。

在荷蘭的第三天（4–8）週三，上午我偕友人訪問來頓大學（Leiden University），來頓大學是歐洲著名大學之一，有學生三萬多人，以歐洲的情況而言，這是相當具規模的大學了，它尤以醫學院聞名全世界，來頓大學與來頓鎮是一体的，是一個 College Town，學校建築穿插於各類民房之中，它沒有牛津、劍橋大學那樣地氣勢磅礡，也沒有巴黎大學那樣地深具古典與藝術，它只是一座有一點古意盎然的大學而已。荷蘭人舉國好騎腳踏車，馬路上除汽車道、人行道之外，還有特定的腳踏車道，逛來頓騎腳踏車是最好的交通工具，車站也有特定的地方出租腳踏車，來頓大學也像荷蘭各地一樣，校區圍繞著縱橫交錯的運河，沿著運河騎腳踏車，不僅心曠神怡，也是我原先來荷蘭時的計劃及想法之一，那就是應該在荷蘭的鄉下騎一次腳踏車，當進入來頓校區運河旁，矗立一龐然巨物，就是一座有七層樓高的巨大風車（Windmill），這是來荷蘭後所看到的第一座風車，據說這也是全國現存最大的風車。來頓大學的校區很大，且分散各地，我遊覽的重心只能擺在圖書館、漢學中心、及一些主要建築物一帶，來頓的漢學中心很具規模，管理良好，藏有中文書籍達二十萬冊，這種規模即令是在美國的名校也不多見，我曾問漢學中心的負責人，是否中文書籍藏量為歐洲第一？她謙虛地表示可能法蘭西學院的三十萬冊居歐洲之首，不過來頓在努力中。來頓大學相當國際化，有非常多的外國研究生來此就讀，他們可以用英文來寫論文，荷蘭人從小就接受雙語的教育，在歐洲除英國之外，荷蘭是說英語最多的國家，他們的觀念是荷語為地區性語言，只有一千五百萬人在用，而英語則是國際性的，荷蘭決不能鎖國，努力學習英語絕對符合國家的利益。

在來頓半日遊之後，我坐電車去僅十幾分鐘車程的大城海牙（Den Haag），海牙不是首都，阿姆斯特丹才是首都，但女王、荷蘭國會及政府都在海牙，有一種說法是荷蘭第一大商港鹿特丹（Rotterdam）自恃也是大都市，不服阿姆斯特丹作為首都，於是地居中間的海牙乃脫穎而出，事實上海牙的街容也確有一國之都的氣象，街道寬闊，與阿姆斯特丹一樣，也是以路面電車為交通主力，王宮、國會大廈等建築皆古典而雄偉，市內也是到處運河交錯，海牙有一處馬德羅丹小人國（Madurodam），以設計精緻而聞名於世，馬德羅丹小人國將荷蘭全景，縮成25分之1的模型，放在一塊兩萬平方公尺的平地上，製作精緻，有一處來頓大學校景，除了大幅縮小之外，竟跟我上午在來頓所看到的一模一樣，值得讚賞，在小人國走一趟，等於繞荷蘭快速地走一圈。我又到海牙的Chinatown去，不大，但有固定的區域，很多中國人都在此購物及活動，我偕友人吃了一頓粵菜，口味不錯。住在來頓的人往海牙只要十五分鐘，但去阿姆斯特丹則需三十五分鐘，故生活上是以海牙為中心。

在荷蘭的第四天（4-9）週四，也是我的最後一個全天在荷蘭了，因明天的（4-10）晚上，我就要搭晚班飛機由阿姆斯特丹飛回台北了，我必須快速而完整地再看一遍阿姆斯特丹。我先計劃到阿姆斯特丹的近郊，看荷蘭的鄉村及附近小鎮風光，尤其是我要尋覓有名的荷蘭風車，聞說昔日荷蘭風車曾高達9,000座，但如今已不到1,000座了，我選擇了一個離阿姆斯特丹不遠，刻意保存的荷蘭傳統鄉村，名叫贊斯堡壘（Zaanse Schans），村子靠近海邊，仍保有六、七座風車，其中有的風車還在運作，從中央車站坐往北行列車，約二十分鐘後在庫贊代克（Koog Zaandijk）下車，再步行十五分鐘，就到達贊斯堡壘了，沿途風景美麗，贊斯堡壘村除了風車之外，還有古老風味的各式商店、木鞋工廠、做乳酪的工場、牧場羊群等不一而足，有一台風車油坊，正在壓製花生油，在付了四荷盾（約合兩美元）之後，可以進這一個風車內爬上爬下。贊斯堡壘是一個觀光的地方，一車車的觀光客由公路方向坐大巴士行駛而來，但我卻喜歡循鐵路，踏小徑，沿運河漫步而來，此正謂發思古之幽情。下午，再回到阿姆斯特丹，參觀博物館，由於時間的限制，我只選擇了兩家博物館，首先到阿姆斯特丹歷史博物館（Amsterdams Historisch Museum），這裏收集了從1275年阿姆斯特丹建城，以迄今日的各種資料，也有一些阿姆斯特丹昔日街景的繪畫，事實上除了展覽物頗為貴重外，歷史博物館這一棟建築物本身也是頗有價值，這是一棟建於1420年，有文藝復興時代風格的古老建築。然後我到有名的國立博物館（Rijksmuseum），這是一棟1885年所建，非常雄偉的哥德式建築，藏品豐富，光是繪畫就超過5,000件以上，是荷蘭最大的博物館，以林布蘭（Rembrandt van Rijin）顛峰時期的作品及17世紀荷蘭繪畫為主，林布蘭生於十七世紀（1606-1669），不獨是荷蘭代表性的畫家，也是世界繪畫史上偉大的畫家之一，他出生於來頓，也曾一度在來頓大學就讀，十七世紀初期的荷蘭畫壇，正受義大利畫風的影響，崇尚浪漫主義，特別是明暗對照所產生的效果及特徵。1631年，林布蘭移居阿姆斯特丹，聲名大噪，之後十年是他的顛峰時期，1642年，他運用獨特的明暗效果，大膽嘗試，完成了「夜警」這幅令人讚嘆的曠世鉅作，諷刺的事卻是當時的人對於如此完美的繪畫效果，並不十分理解，之後林布蘭由於過份忠於自己的藝術生命，經濟陷入困境，先後兩任妻子又相繼去世，1669年他在猶太區的破落家宅中，孤苦潦倒而逝世，阿姆斯特丹尚有林布蘭故居（Rem-brandthuis），藏有版畫250幅，可惜我未能抽出時間再去觀賞，不過林布蘭的名作多已在國立博物館，除夜警外，還有織布商人、林布蘭自畫像等，當時荷蘭畫風亦有崇尚寫實主義趨向，喜以生活背景、風景、航海船隻等為繪作對像，甚至林布蘭還有外科醫生解剖人体的寫實作品，除了繪畫之外，陳列品也包括了雕刻、家具、玻璃工藝品、陶瓷器、金銀細工等珍藏品。

阿姆斯特丹夜景不僅美麗，而且旖旎，它的紅燈區（Walletjes）是舉世聞名，而阿姆斯特丹的Chinatown與紅燈區是隔鄰而居，甚至於可以說Chinatown就在紅燈區內，從中央車站沿Damrak路向前走，在Beurs大樓前左轉，右旁高聳的哥德式大教堂便是有名的「舊教堂」（Oude Kerk），這是阿姆斯特丹最大、最老的教堂，卻是紅燈區的入口，教堂前運河兩旁的「櫥窗」最多，所謂「櫥窗」就是阿姆斯特丹的妓女，她們不會上街拉客，而是以商品形式陳列在「櫥窗」裏，入夜每個櫥窗之上都有一盞紅燈亮著，以資區別，櫥窗內燈火通明，女郎半裸地穿著內衣或站或坐地在櫥窗內，人群看她們，她們也打量顧客，如果雙方都中意，她們會打開櫥窗的門，讓顧客入內談價錢，下一步便是拉下窗帘了，在參觀過程中，凡是拉下窗帘的櫥窗，都表示在交易中，櫥窗內的女郎相當國際化，白人、黑人、印度人、黃種人等應有盡有，有一件禁止的事便是不可以錄像或是攝影，在旅行指南中雖然提醒逛紅燈區務必小心，以及女客避免進入，其實沒有這麼嚴重，如果治安很惡劣的話，那他們還做什麼生意呢？入夜紅燈區的觀光客絡繹不絕，因尚有許多其他商店，不一定全是為了紅燈區而來，運河兩旁燈火通明，亦有警察巡邏，比較令我不順眼的是，有很多說華語的人帶著小孩子來逛紅燈區，實在不妥當，可能他們剛自Chinatown飯店吃過晚飯出來，或是一個Tour不好散開，但我總是以為兒童實在不宜來此區。至於Chinatown

為何在紅燈區之旁呢？我以為這跟港口有關，紅燈區的興起歷史也是跟阿姆斯特丹港有關。Chinatown 房舍古老，但範圍還不小，我對其餐館手藝評價尤在倫敦之上，有一家叫「西藏四川」的川菜館，及一家叫「食為先」的粵菜館，都是我此次歐洲之行最滿意的兩家飯店。

在荷蘭的第五天（4–10）週五，也是這一天我就要離開阿姆斯特丹回台北了，但飛機要到晚上七點多才起飛，基本上我還有一整個白天的時間可資利用，對阿姆斯特丹作最後之巡禮。一早我離開來頓，先坐電車到史基浦機場（Schiphol Airport），兩個禮拜前雖然我也經過此地，但那一天並未踏出機場半步，今天終於仔細看了這一個機場的外貌，非常現代化，就像一座小城市，云在歐洲是僅次於德國法蘭克福的大機場，整個機場利用海埔新生地，機場跑道低於海平面五公尺，而電車車站更在機場大廈的地底，其工程之浩大及技術之先進，可想而知了。我把大件行李先寄存起來，然後輕身再前往阿姆斯特丹，我選擇了早上十點才開門的梵谷美術館（Van Gogh Museum），這可能是全世界擁有最多梵谷作品的美術館。梵谷（Van Gogh）（1843-1890）生於荷蘭北部，是一位貧困牧師的長男，曾當過畫廊職員及書店店員，24 歲立志當一名牧師，但飽受挫折，1880 年他終於選擇了繪畫之路，可能由於本身的貧困、失戀、病痛等種種折磨，當時梵谷描繪多為勞動者、農民等下層人們的悲慘生活，1886 年他隻身前往巴黎，受到印象派的畫風及日本浮世繪的啟蒙，使他的畫風大變，一躍而轉變成明朗的獨特畫風，並且喜好描繪自畫像，1888 年他搬到法國南方阿魯魯居住，不久，他的好友高更（Paul Gauguin）搬來與他同住，此後兩年半他畫了「向日葵」等兩百多件嘔心瀝血的曠世之作，但也就是這一段與高更共處期間，他開始精神異常，甚至於用刮鬍刀割下自己的耳朵，後來病情時好時壞，經常出入精神病院，1890 年出外寫生時，突然舉槍自殺，結束了他戲劇性的藝術生涯。我到達梵谷美術館時，隊伍排得很長，顯見梵谷之威名了，這位生前只賣出一幅畫的窮畫家，死後的知音竟是如此之眾，頗為諷刺，入內檢查非常嚴格，所有的攝影器材都不准攜入，比羅浮宮及奧塞均要嚴格，館內展覽品雖是以梵谷的作品為主，但也同時展出了莫內、高更等印象派名家作品，也可能是碰巧，有兩幅風景畫，一為莫內所繪，另一則為梵谷所繪，兩幅畫隔鄰而掛，我於仔細觀覽之餘，起了比較之心，看梵谷的畫是比較吃力，感覺上莫內的畫比較平和，寫實性較強，向日葵是梵谷的代表性之作，令人眩目，有人說梵谷不止畫過一幅向日葵，故前幾年日本人以天價買了另一幅向日葵，很多人懷疑日本人上了當，我暫不討論此事，日本人喜愛梵谷也是事實，如今我已找到一部份原因了，因梵谷酷愛日本藝術浮世繪。美術館展示了幾幅他親自收藏的浮世繪，我還看到六幅梵谷的畫像，其中有五幅是他的自畫像，另一幅是 Roussel 所繪，我覺得 Roussel 所繪的可能比較接近梵谷原貌。在梵谷美術館內，一直有喘不過氣來的感覺，天才很難去瞭解。離開美術館之後，我還有一點時間，我決定追尋一下那個可憐女孩安妮的蹤跡，在達姆廣場西側，皇帝運河（Keizersgracht）與王子運河（Prinsengracht）之間有一棟宏偉教堂，就是有名的西教堂（Westerkerk），它尖塔高 85 公尺，為阿姆斯特丹之最，前有一尊小女孩銅像，就是可憐的安妮（Anne Frank），著名的安妮之家（Anne Frank Huis）就在其旁，安妮是一個當時才十四歲的猶太少女，為了躲避納粹，全家四人潛居於此屋內的暗室中，寫下了有名的安妮日記，後來不幸仍被發現，安妮死於集中營，但這本日記出版了，有五十個國家譯本，出書達 1,300 萬冊以上，成為世界上最暢銷的書籍之一。我瞻仰此屋，也可憐這一位女孩。

回到中央車站前，我再喝了一杯咖啡，定了一下神，回想著過去四天來不停地進出阿姆斯特丹，這是高雅抑是低俗的城市呢？我還是不很清楚，但我可以確定的是阿姆斯特丹不同於倫敦，也不同於巴黎，阿姆斯特丹就是阿姆斯特丹，它有其本身的特性，以後如有機會的話，我一定會再來阿姆斯特丹，繼續看未曾看完的地方。

再回到史基浦機場（Schiphol Airport），KLM 航空公司的 check in 場所佔了整個一層樓，迅速辦完出境手續，十六天的歐洲之旅已近尾聲，甚感疲累，坐在椅子上休息時仍彷彿是候機赴倫敦時的情況。前思後想，對於這一次的荷、比之旅，尤其是荷蘭之旅，感慨甚多，茲分述如下：

一、荷蘭、比利時均是小國，一比台灣稍大，一比台灣略小，然兩國政治民主，經濟進步，國民所得均為台灣兩倍以上，荷蘭在許多經濟方面的表現，甚至凌駕德國，目前荷蘭失業率只有百分之5.5，1997年的預算赤字只有國民生產毛額的百分之1.4，然兩國人民皆崇尚節儉，國民不開大汽車，多騎腳踏車，或是坐大眾化交通工具。

二、荷蘭人從小雙語教育，故人人能說英語，從未聽他們說「本土化」三個字，他們咸認為說英語的人多，英語有國際性，而說荷語人不過1,500萬人，文化需要開放與吸收，而不是封閉與自大。

三、不知是否食用乳類食品的緣故？荷蘭無論男女平均的高度，均居世界第一，而現在荷蘭年輕人的身高，仍有增長趨勢，此事甚為荷蘭當局所苦。

四、荷蘭跟英、法等其他國家一樣，在充分國際化之後，居民變得多元化及多民族化了，最近的阿姆斯特丹毒品泛濫，顯與其他外來人有關，在 Chinatown 及紅燈區遊晃者，以非洲裔居民為多，此事荷蘭人也已想到，但無計可施。

五、「人定勝天」這一句話不對，但人的努力是可能克服自然障礙的，荷蘭即為明顯的例子，把低於海平面的海埔新生地，化為牧場、花圃、甚至於機場，荷蘭值得所有小國的學習。

返程時再停曼谷，卻是白天，曼谷氣溫直逼攝氏三十度，當時阿姆斯特丹仍春寒料峭，但曼谷已炎熱若夏，回到台灣也是炎熱異常，我實已達到古人仰慕神仙的「朝遊北海，暮宿蒼梧」境界。歐遊之行，收穫豐富，再套兩句現代人的話，旅行真是一件愉快事，但回家的感覺更好。

我去過歐洲兩次，1998年是第一次，故本文是1998年時的印象，第二次赴歐時又大大地不同了，當另文敘述。友人巫永平教授，當時尚在來頓大學唸博士，他們一家盛情款待我，友誼難忘。巫教授現任教北京清華大學，我曾兩次再訪北京，我們有過愉快的再聚，對他們一家甚為感謝！常常思念。

十六、從學生到教授（二）

1972年我應聘進入臺大歷史系，曾擔任很短時間的講師，就升任副教授，當時尚無助教授這一級，這個副教授我待了四年。開始第一年我安心教書，並編寫講稿，但1973年有了一點變化：緣由是葳的大學好友王唯民來找我，王時任職國民黨中央黨部海工會，云黨史會有一總幹事職缺，需一具有博士學位專業歷史者，可以兼任。初步我弄清原委是原總幹事趙林兄因調職美國芝加哥，他的業務是由黨史會三位副主任之一的袁觀賢先生督導，袁先生不願內升人員，向外求才。我經過短時間考慮之後，乃答應去兼任。我必須要承認這種事情在今天是不被容許的，但那時候是權威時代，沒人敢管國民黨的，何況我是不支薪的兼職，對國民黨的解釋是屬於人民團體，當時是小事。我先見過趙林兄，再見袁觀賢副主任，袁先生對我的印象很好，晤談愉快，於是事情就這麼決定了。當時我年甫過三十歲，企圖心是有的，我也弄不清我是否應該接下這個職務？但進了黨史會之後，我才逐漸弄清了一些事情。黨史會也是國民中央黨部幕僚單位之一，除主管庋藏檔案圖書之外，也有研究的工作。當時主任委員是杜元載先生，杜曾任師範大學校長，三位副主任委員是袁觀賢（曾任僑務委員會副委員長）、梁興義（國大代表）、許朗軒（曾任軍史館長）；還有三位纂修劉紹唐、李雲漢、蔣永敬。黨史會設有五室，以總幹事主領，專門委員（位階同總幹事）、幹事、助理幹事等，我主管第二室，是徵集史料及對外交涉等事情，我只是兼任，領車馬費，除每週開一次會報之外，沒有固定上班的時間，但我除了出席會報外，每週至少都會去黨史會三次，主要是處理一些公文，大多是中央委員會交代的事情。我必須感謝專門委員郭易堂先生、幹事林泉兄的幫助，使得我這個沒有經驗的人，能夠順利接軌。郭先生是先父的朋友，林泉是師大歷史系畢業，期別大概跟我先後。

在黨史會兼職了約近四年之久，學了不少東西，也認識了不少中外的學者友人，記憶中有幾件事情值得一提：(1)國父孫中山的小女兒孫婉晚年寓居澳門，生活艱困，放言有國父遺物要賣，大陸表示有意收購，中央委員會秘書長張寶樹指定黨史會處理此事，於是我約了國父嫡長孫孫治平先生來黨史會一敘，我們聊談愉快，我並在能力範圍內，簽請中央財力補助；(2)鄧元忠博士（後出任師大歷史系主任）來會申請閱讀有關復興社的資料，我與之聊談良久，交換意見也甚愉快，不過復興社資料在當時是很敏感的問題，引起高層的注意，副秘書長秦孝儀先生特來關心，當時仍健在的鄧文儀先生也來會拜望袁觀賢先生，故我也見過鄧先生，最後很簡單地解決了此問題，我簽説鄧元忠根本沒有到台中草屯（當時資料庫）去看過資料，這也是事實；(3)黨史會也模仿中研院近史所，設立了口述歷史，由我的二室主持，因而拜訪了很多的黨國要人，文稿是秘書作業，但我仍需做最後的定稿；(4) 1975年四月五日蔣中正總統逝世，黨史會也參與了治喪會的秘書作業，當時已故總統停靈國父紀念館，我們在瞻仰遺容時是走在第一排，看得很清楚，在當時是很不容易的事；(5)蔣經國接任國民黨主席，他的辦公室就在我的辦公室對面大樓，兩個窗口遙遙相對，所以我奉指示永遠不得開窗，且須放下窗簾。蔣經國就任國民黨主席之後，曾招集中央黨部幹部訓過一次話，他巡視過一次黨史會，我跟他有過近距離的互動談話；(6)李石曾先生去世時，喪事也是由黨史會主辦，我對李石曾一直頗有興趣，他是清同治皇帝的老師李鴻藻的小兒子，如此貴戚，居然參加國民黨革命，他的姪兒臺大歷史系教授李宗侗是我的老師。李石曾信仰無政府主義，年輕時創世界社及勤工儉學，弄出了一批共產黨，周恩來、鄧小平能留法就是拜其所賜。他的晚景淒涼，過世前棲居在台北市中華路致美樓飯店樓上，只有約四坪大的房間，簡陋竹床，四圍都堆滿了書籍、文件，我們接收時先做成檔案，雇了兩位中學女生抄寫，做了一套簡單目錄。我也見到了李石曾的漂亮與年輕太太田寶田，田早已離他而去，是聞其死訊而過來看看。有一件附帶事情要敘説一下，李石曾有過一些東西交給蕭瑜收藏，都帶到阿根廷了，蕭是毛澤東的同學，曾寫過湘西行乞記一書，記述年輕時偕毛澤東一同到湘西旅行之事，當時湘西非常窮困與落後。於是我們以主任委員杜元載的名義寫信給蕭，因此我跟蕭通過信，不過直至蕭死後，東西才海運寄回台北，當時主任委員已是秦孝儀，他請新聞界也出席，公開開箱，但文物很少，只有一些印章；(7) 比較重要的一件事情就是我參與了編撰「蔣總統秘錄」的秘書業務，原委是這樣的：日本產經新聞有意編寫蔣總統回憶錄，日本人也做了相關的準備工作，他們先成立研究室，收集了很多資料，他們希望台、日方面能夠共同合作編寫，日方先找上了張群，張群推給秦孝儀，當時秦雖只是中央黨部副秘書長，但當年炙手可熱，因蔣介石的晚年身體不好，臥病在床，不能在公開場所露面，連蔣經國也是一週只能見蔣一面，但秦卻是天天能見，蔣的書面指示都出於秦之手，且秦深得蔣夫人的信任。開始是我方婉拒共同編寫蔣總統回憶錄，但日人改變方式，全部用蔣的文稿文字，以蔣本人說的話為經，輔以他人的補充說明為緯。於是事情就這樣敲定，當時蔣經國並不是很贊成此事，但也未阻止，只是告訴秦跟日本人合作要小心，我想秦的膽子再大也不敢一個人就下此決定，可能夫人及張群都同意了，當時的情勢國民黨需要國際宣傳，這種寫秘錄方式是可以接受的，有一次從秦的私下談話中，秦也感到有一點忐忑不安。當時產經新聞推選的執筆者是名記者古屋奎二教授，他第一次訪台時，我曾陪他遊覽台北，我們交談互動良好，若干年後我們又在東京的一次餐會上再度見面，同席尚有桑田壽二教授，曾談及初次見面之事。我曾陪他訪問過張群，應是日人所謂的表敬訪問吧，那一天我是生平第一次踏進張岳公家，後來又去過一次，容後再說。那一天黨史會及新聞局都派了人，主要擔任翻譯是中央黨部的李文哲先生。我記得開始的訪談，張群全部用中文回答，後來訪談到一個段落，古屋奎二提議想參觀岳公的花園，於是這一群人在岳公引導下，到院子散步，這時候沒有記錄，岳公全部用日語開懷暢談，大致的內容是他跟日本政要互動的一些事情，他還不諱言他家有一條小徑，直通士林官邸，他可以隨時晉謁總統！我印象中岳公的後花園精緻美麗。當時「蔣總統秘錄」每天在日本產經新聞連載，中文版則晚一天在中央日報連載，我們也趁此機會徵集了不少日本人蒐集的資料。

張岳公與蔣公年輕時同在日本振武學校唸書，振武是日本士官學校的預備學校，當時岳公的學名就是張群，而蔣公則是蔣志清。兩人關係密切，1927年在北伐中途，蔣公第一次下野，曾偕岳公一同訪日，蔣公曾面見當時日本首相田中義一，田中很給面子，在私邸宴請蔣，蔣以門生蔣志清名帖呈田中，這次會面只有四個人，蔣帶張群，田中則帶一少校翻譯，這一次會談很重要，1929年9月29日田中去世，聞是張作霖被炸死，昭和天皇怒斥田中，導致田中驚懼，而心臟病發作而亡！

在黨史會兼差的工作大體上是愉快與輕鬆的，我一共經歷了三位老闆，我剛進黨史會時的主任委員是杜元載先生，杜先生是法國巴黎大學社會學博士，曾任師範大學校長及黨史會副主任委員，杜先生是一位教育界的老好人，統御方面不太強勢，做他的部下壓力較小，但1975年春天杜先生病逝了！繼任者是蕭繼宗（幹侯）先生，蕭先生被人稱為「湖南才子」，自幼即睿智出眾，初中時即以一篇作文為湖南省主席何鍵所賞識，主動擔負其中學學費。蕭後來畢業於政治大學法律系，因其文字俊逸，工於詩詞，而擔任青島市宣傳局長兼某報社社長。1949年大陸易幟後逃抵香港，並在香港調景嶺難民營裡度過一年的艱苦日子，但就在那失去家園，精神上感到極度苦悶的難民營中，蕭先生仍能糾集同好，成立詩社彼此唱和。後來終於獲得入境台灣，在陸軍總部任孫立人總司令的中文秘書。1955年東海大學在台中創校，蕭先生應曾約農校長之聘，擔任東海大學教授，之後再任中文系主任及教務長職務，人尊為中文學界台灣之「詞宗」。蕭先生能詞、能詩、能畫，其行書更是飄逸非常。嚴家淦總統曾託人求其墨寶，而其駢體文及白話文也受世人讚賞，我曾聞東海友人告知，起初他跟徐復觀先生相善，但後來鬧翻了。蕭繼杜出掌黨史會之後，他與部下相處多笑容少言語，他頗具學者與文人氣習，他來黨史會共有一年四個月。我的第三位老闆是秦孝儀先生，我們背後尊稱他為孝公而不名，孝公字心波，湖南衡山人，受其兄長影響，自幼與典籍為伍，毛筆字更屬工整，因梁寒操先生關係入國民黨中央黨部秘書處，由幹事、編審而成為議事室秘書，負責中常會之記錄工作。因其八分書字體大小甚得總裁蔣公之欣賞，後來調入蔣公官邸擔任記事，並為蔣公與夫人貼身之侍從秘書，成為蔣公與夫人之左右手，特別是最後五年，蔣公因年老體衰已變得深居簡出，一切政務要令多由秦代為轉達，後來秦雖然已擔任中央黨部之副秘書長，但蔣公與夫人仍以秦秘書稱呼。蔣公最後十年的文章、講稿、文告，大都出自秦的手筆，我在黨部也親見一些黨國要人，在秦面前的恭維奉承備至，有一次產經新聞邀請孝公、李煥等聯袂訪問日本，每有行走時，李煥都是慢一步跟隨在後。但一般大眾口中卻有相反的批評聲音，特別是學界、文化知識界都有負面的看法，孝公是聰明人，自然早有警惕。當蔣公逝世之後，孝公因遺囑及紀念歌的問題，遭社會撻伐之際，乃毅然自動選擇到黨史會擔任主任委員位置。1976年11月，秦跟蕭繼宗對調，蕭去接秦副秘書長的位置，這樣避開鋒頭，並可保持其與繼任黨主席蔣經國的友好關係。巧的是三位主任委員都是湖南人，但秦是積極想做事的人，黨史會雖是冷衙門，但秦懂得冷官要熱做的道理。

孝公的點子多，弄得幹部們壓力大增，我突然萌生去意。最後導致我向孝公提出辭呈的理由有四：(1) 這個兼職我已待了近四年，確實學了不少東西，我想時間夠了，在那個時代黨部的兼職多是進入政界的預備位置，我無意做官，留在學界符合我的個性，繼續跟在秦的左右對我並無意義；(2) 前一年我在臺大申請升等失敗，恩師方杰人先生告訴我，我在黨部的兼職已有人批評，應設法離開黨部，不然升等仍有問題；(3) 1976年我曾到美國短期進修，我覺得那次在美停留的時間實在不夠，乃思再赴美作更長時間的停留，黨部的兼職妨礙我的赴美進修計畫；(4)「蔣總統秘錄」的秘書業務已告一個段落，我選擇此時離開於己於人都不會有太大的影響，在人事上孝公或已有另外的想法，我如果自動離開，皆大歡喜。我的總幹事職務由孫子和兄接任，孝公聘我擔任黨史會的研究員，這是名義，事實上從此我就完全離開黨史會了，這一年我在臺大歷史系正式升任教授，當年我三十五歲。

80年代台灣的教授待遇，跟當時國外的行情來說算是微薄的，我們做教授的跟中學老師不同，我們除了授課之外，尚須研究寫論文，赴國外開會，甚至赴國外短期進修，在臺大教書的人這種壓力更大。最簡單增加收入的方法便是兼課，但兼課太多便妨礙研究，我們最好的方法便是申請各種學術補助，對我們學習人文社會科學的人來說，國科會及美國哈佛燕京社都有學術補助，當時我能雲遊四方到國外訪問、開會，我們名之為充電，便是有這些補助支持。

根據記憶，有些事情是很有意義的：(1) 我曾兩次到日本長野縣的野尻湖參加國際阿爾泰學會議，野尻湖位於東京之北，是一個風景甚美的度假勝地，這種會議輕鬆而不嚴肅，學會開三天，全日本有關研究阿爾泰學的學者，無分老少都群集此地，他們也會邀請國外的學者參加。能參加這次會議，我是叨了葳的光，葳時任職台北故宮博物院文獻處，她是廣祿老師的學生，跟隨學習滿文，專長滿文正屬阿爾泰學，故宮博物院跟日本東洋文庫合作，日本東洋文庫派了三位滿文專家來台做研究，即神田信夫教授（前台北帝大東洋史教授神田喜一郎之子，後任明治大學文學院院長）、松村潤教授、岡田英弘教授（東京大學東洋史科畢業，英語流利），大家合作愉快！他們邀請葳的頂頭上司故宮文獻處長昌彼得先生及葳共同出席會議，順便也邀請我出席與會，但我們三個人都提了論文。大會除了發表論文之外，還有一個節目叫「Confession」每個人都要發言，希望能說英、日語，但使用母語也可以，其實就是自我介紹及交換學術情報（information），大家都說得很精彩，他們説是學古代蒙古人的「庫里爾台」，我記得葳是用英語説，我則使用日語，贏得大家不少的掌聲。在這次會議上我也難得見到了一些權威的老學者，像東京大學的江上波夫、大阪大學的山田信夫、治蒙古史的小林高四郎、青木正男等，不一而足。第一次會後我和葳到附近的戶隱市去拜訪鄭欽仁的老師西嶋定生先生，西嶋先生曾是東京大學東洋史主任教授，西嶋先生治中國上古史及秦漢史，師承加藤繁，我曾先後多次拜訪過他，他視我為忘年交，當時他在戶隱市避暑休假。1987年他到美國開會，會後先到佛羅里達看復旦大學的退休教授楊寬，他們是朋友，繼而專程來西雅圖看我，我招待他住了一個禮拜，參觀華大及遊覽雷尼爾山勝景。第二次會議後我與葳陪昌先生到京都訪問遊覽，專程拜訪平岡武夫先生，並介紹林宏作認識昌先生。在京都時訪談了不少的學者，見到宮崎市定、三田村泰助，今西春秋、萩原淳平（寫征服王朝一書田村實造的女婿）等教授，暢遊京都、奈良，並拜訪天理大學。

(2) 1977年夏天，杰人師初當選中央研究院院士，教育部請其赴韓、日開會，杰人師先赴漢城，時春惠兄正留學漢城，他也是杰人師的政大學生，當然義不容辭，春惠兄曾在他的回憶錄中記述此事：「方豪老師以中研院新院士的身分，應邀到檀國大學出席東洋史學會議，雅書兄從臺灣大學來信囑我在漢城要善盡照拂老師的責任。方師抵韓後的第一個問題，乃是腸胃不適問題，每天均希望能吃到一碗粥，而韓國酒店的早餐多半是不供應粥品的，為解決此一難題，我特別要求大使館韓籍的『阿久媽』」為方師準備一罐粥及小菜，想不到在旅次中得到方師頻頻説:『春惠是一個好學生』遲來的讚譽。為了讓方師盡興，我和呂凱兄及辛勝夏教授特陪侍方師作了一次愉快韓國南部慶尚北道的慶州之旅。」

方師離開漢城後，前來東京開會，當時我也正在京都大學訪問研究，所以特別從京都趕來東京迎接方師。時學弟張勝彥在京都大學唸博士，勝彥跟葳是同班同學，故勝彥跟我同來東京迎接杰人師，杰人師下榻新橋第一 Hotel，查時傑也適時從漢城來到東京，我與勝彥已擠在高明士兄的租屋（當時明士正回台北），故不得已，時傑暫時擠在杰人師 Hotel 房間。杰人師訪問東京甚受敬重禮遇，桑田壽二教授親自都到機場迎送。方師開完會後，我們四個人（我、張勝彥、查時傑、和不期而遇的張曼濤）陪同赴東洋文庫，張曼濤是專程來探望方師的。接待我們的是東洋文庫庫長榎一雄教授（曾任東京大學東洋史科主任教授），若干年後榎一雄教授曾在追悼「哀悼方豪神父」一文中，回憶這一次的見面：「回想到1974年8月22日（案應該是1977年），在東洋文庫與方豪神父見面時，所留下的短軀精幹的風貌，以及他在學問上的優異成就時（尤其是對明清時代基督教為中心之中西文化交流史的許多研究成果），令人不勝悲痛。」聊談全程由勝彥擔任翻譯，雙方都非常愉快。中午榎一雄教授盛情款待我們，據勝彥的回憶：「第一道菜是一盤珍貴的大龍蝦，杰人師因吃蝦會過敏，這盤大龍蝦就由我們幾個學生給吃光了。後來我們又陪杰人師赴了幾次宴會，所以在那次東京之旅，我們這幾個學生沾著老師的光，吃了不少山珍海味。不過這也顯示杰人師在國際學術界的崇高聲望，否則不會到處受到日本學術界的熱烈歡迎。」由於緊湊的行程，杰人師一度感到身體不適，我們帶他去看日本醫師，醫師說他的心臟有擴大及積水現象，我們幾個學生商量之後，建議老師取消關西行程，並儘速返回台北。本來宮崎市定及佐伯富兩位先生都已在京都等候他的到訪，最後我親赴宮崎先生家代表送上杰人師的贈書。

(3) 1977年的夏天，我接待胡春惠兄來京都訪問，這是他初次來日本，當時他已是政大歷史系主任及兼正中書局總編輯。這一段他在回憶錄中寫得很清楚。我盛情款待他，安排住在曉學莊，並導覽京都，我要補充說明一下他當年的行程：京都東海書店的金濤大哥曾盛情款待我們，我曾為之介紹林宏作兄，兩人同畢業自屏東中學，可惜政治看法有異，兩人談得並不相得！後來我陪春惠到東京遊覽，他才感到比較愉快。我們下榻傅宗元兄處，並為之介紹張亨道兄，這一下子大家情投意合，聊談愉快，我們也接受盛情款待，春惠忙中並拜訪了海風書店，我必須要說明一下，京都東海書店與東京海風書店是姊妹店，當時都屬台北正中書局管轄。接著有一個重頭戲，我們正式拜訪馬樹禮大使，我跟馬是熟識的，因前一年我跟葳就去見過他，都是馬的親信陳燕南安排行程，陳有一個哥哥陳唐山，做過台南市長及陳水扁時代的總統府秘書長，不過兩兄弟的政治立場並不一樣。

(4) 1975年的夏天，我去日本時，曾道經香港，這是我的初次訪港，我定位為學術之旅，因我見到了多位心儀已久的學者，首先我訪問中文大學，見到了全漢昇先生，全先生原在臺大經濟系教中國經濟史，也治中國經濟史，是大師級人物，我能與之交往，不獨是一種榮譽，也使我感到非常興奮，全先生非常親切，陪我參觀中文大學，我也能夠有一個難得的當面請益機會，隨後我帶著杰人師的名片去看了余英時先生，余先生的夫人是陳雪屏（曾任台灣省教育廳長）之女，也畢業於臺大歷史系，見過余先生之後，我又拜訪了孫國棟先生。最重要的行程是拜訪了徐復觀先生，我心儀徐復觀先生已久，我非常欣賞他的文章，記得在大學時吳相湘老師在盛讚梁啟超的文章後曾說，梁的文章可以說出你心裡想但手裡寫不出的事情來，我不清楚梁啟超是否真的如此，但我的感覺徐復觀先生是有此種能耐與功力的。我去美孚徐公館拜訪，先談中國文化，再談易經，最後談鹽鐵論，徐先生博學多言，令我受益良多，晚上徐先生還到館子擺下盛宴上海菜招待我，王曾才教授也同席。那一天的聊敘著實令我難忘！我要說一下談鹽鐵論的事。鹽鐵論是徐先生晚年旅居香港的力作，徐先生認為賢良文學顯然是來自社會的平民，因而顯出豪富與平民兩階級在利害上的尖銳對立，徐先生跟當時大陸官方的看法是不對調的。西嶋定生跟徐先生的看法不同，西嶋定生在其所著「秦漢帝國」、「中國古代的社會與經濟」、及〈武帝的死－鹽鐵論的政治背景〉一文中，提出了霍光想因此次會議而與地方豪族提攜，同時西嶋先生更進一步認為賢良文學自身也可能是這種地方豪族層之出身。兩人未曾見過面，但彼此應該看過對方的文章，徐先生早年負笈日本，他是日本陸軍士官學校畢業，應嫻熟日語。後來我到達東京，曾和西嶋先生討論過徐先生的看法，故西嶋先生也知道徐先生對他的批評，但徐先生不知西嶋先生的回應，因後來我一直未再見過徐先生，兩位都是我所崇敬的大師級學者，我佩服他們的風範與氣度，也尊敬他們的主張與堅持。後我到香港大學，又見到羅香林先生，也是我所尊敬的大師級學者，我們聊談很久，多是集中在宋史方面，他談及南宋最末二帝，曾駐蹕香港，這是香港與南宋史的扯上關係。羅香林先生過世之後，我在台北曾巧遇羅先生的公子 Winston W Lo，他也治宋史，送了一本他寫的「An Introduction to the Civil Service of Sung China」給我。我也往訪饒宗頤先生，但未遇，不過前一年，饒先生訪問京都大學，我適時也在京都，因林宏作兄的介紹，得識饒先生，我記得當時饒借住在廟裡，饒先生博學健談，詩、詞、歌、賦全精通，是典型的中國文人，當時已不多見，當年我們三人聊談愉快，宏作兄跟我同年，留學京都、大阪，1971 年我赴京都時即已相識，宏作精通日文，過往華人無論美國趙元任、香港饒宗頤，無不與其交遊，受其幫助。

我雖然轉治中國古代史，但對中國近代史並未放下，印象中在我任臺大副教授期間，我也幸運見到幾位西方學者：第一位是史卡拉匹諾教授（Scalapino），當代著名的政治學教授，是一位中國通，熟悉中美外交關係史，據傳康隆報告即其執筆，我聽他演講後，曾有短暫交談，他當時是加州柏克萊的教授。若干年後，摯友魏萼教授訪問大陸，曾見鄧小平，有三位教授推薦與介紹，史卡拉匹諾即其一，另兩位是田長霖校長及冷紹詮教授；第二位是馬丁韋伯教授（Martin Wilbur），他有一個中文名字韋慕庭，是哥倫比亞大學教授，曾主持傅爾布萊特計畫研究獎金（Fulbright Act Fellowships），他的門生遍布台灣，師大歷史研究所及中研院近史所許多前輩多出自其門下，臺大學長李祐寧教授也是他的學生，韋慕庭專攻中國共產主義運動，《孫中山：壯志未酬的愛國者》（Sun Yat-Sen：Frustraled Patriot）是其代表作，其實他也是研究中國社會史的學者，他的博士論文是《前漢時代中國的奴隸制》（Slavery in China during the Former Han Dynasty），他訪台灣時曾以此題目做過一次演講，我曾在場聆聽，並提過問題向其請益；第三位是史丹佛大學胡佛研究所的雷蒙邁爾斯教授（Raymond Miles），胡佛研究所是專門研究中國近代史的，我認識邁爾斯教授是杜元載先生的介紹，我們在台北見過面，我也曾到過史丹佛大學拜訪過他，他是對台灣學者相當友善的一位美國學者，我記得我們之間有好幾個交叉點，我們同治農業經濟史，懂日語，我們有共同的好友東京大學斯波義信教授。曾有一次亞洲史學會，三人共組一個農業史的 Panel，可惜未獲通過，臺大農學院院長吳聰賢，也曾說過意外與可惜。

所謂教學相長，兩者相輔而成，有密切的關係。在早期擔任副教授時，我的授課支援外系的多是中國通史、中國近、現代史等共同課程；在本系方面，我都是授中國經濟史、中國農業史、甚至中國近代經濟史等專史，所發表的論文也都在此範圍內。及升教授以後，所開課程就比較寬廣多了，除了專業中國經濟史、中國農業史外，我先後還開了宋史、五代史、本系的中國通史（歷史系中國通史有四個學分，外系的中國通史只有兩個學分），甚至於在研究所開斷代史與專史的各科專題研究，我開始指導碩士研究生，專題研究課程是必須的。我教的學生不僅是歷史系的，還有不少外系生來選修，除了有興趣之外，由於制度上有輔系的選擇，像不少圖書館系的學生，他們的輔系都選擇了歷史系。後來通識課程成立，我更開了「認識日本」、「日本研究導論」等全校性的課程，每次都有近百位的選修學生，有一次電腦出了錯，還弄成了有四百多個學生來選修。開課太多是影響研究的，我們常羨慕中央研究院及一些研究機關的朋友，他們寫論文的時間，比我們充裕多了。

平心而論，老師有寒暑假，拿錢有假，表面看來有福利，其實對大學教授來説，尤其是對在臺大執教的人來説，不盡公平，因我們的壓力太大，假期都是我們充電的時候，我們發表論文都在眾目睽睽之下，文史界的學術論文，都需時間蒐集資料及完成，後期還有評鑑制度，在我退休前，我們已開始接受學生的評鑑了。升等有一套制度，我們沒有考核，但有榮譽上的考評。以臺大的標準來説，博士學位已漸由充要條件變成必要條件，文史界修得博士學位，平均都已近四十歲，升成教授或已近五十歲，而六十五即屆退休之年。古人云「萬般皆下品，唯有讀書高。」此言已不合今日時宜，如果人生能再走一遍，我要再考慮年輕時的規劃，可以「樂道」，但為何要「安貧」呢？

十七、我的第一次赴美

1976年以前我沒有去過美國，但美國一直是我憧憬的地方，身為臺大人都是以留學美國為第一目標，如果申請不到獎學金，當時保證金美金 $2400.，不是一個小數目，我雖有心，但客觀的環境及條件不允許，故只有伺機而動了。終於機會來了，我申請哈佛燕京社的基金，做一個中國農業史的專題研究，當時我仍兼職黨史會總幹事，為徵集史料及對外聯絡，長官也同意我到美國作短期訪問及研究。第一步需有邀請單位，於是當時哈佛大學東亞所主任 Professor Dwight H Perkins 出具邀請函，Perkins 著述「Agricultural Development In China（1368-1968）」，他的專業是農業經濟史，研究跟我相近，我非常滿意他的邀請，因為我實在也想去哈佛看一看。當年幫我忙的人很多，但以駐台美國新聞處長柯約瑟最為重要，他是葳的好友鄭淑敏的夫婿，美國耶魯大學出身。作為哈佛大學的訪問學人（Visiiting Scholar），我取得 J-1 的身分訪美，哈佛大學是發出 DSP-66，而不是一般的 I-20。由於學妹崔晃子在韓航服務，我訂了比較便宜的韓航行程，沒有想到的是一路上卻出了很多的麻煩與問題，從台北出發相當順利，由於我在東京出境辦事，等到我再登機時卻無法登機，明明我已在東京的韓航辦了 Confirm 手續，但他們不認帳，事後很久我才了解，因韓航的作業是多賣票，往往發生超賣，我訂的票就是這種超賣票，這是一種很糟糕且不誠實的管理方法，我當然很生氣，在羽田機場的韓航櫃台前，我說明自己的日本過境簽證已到期，必須離境，不然就變成非法居留了，韓航櫃台不得已才把我簽去泛美航空（那時還有泛美），我對泛美的服務很滿意。當時無論韓航及泛美都是在夏威夷入境美國的，全部乘客都要下機辦理入境美國手續，但等到登機時又出了問題，因我是手持韓航的票，必須再簽，最後因泛美仍有空位，故泛美接納我再度登機，化險為夷，我雖是買了韓航的票，卻是坐泛美班機到達美國洛杉磯，韓航與泛美的飛機差不多先後時間到達洛杉磯，故沒有影響前來接機的朋友。我第一次來美，亟需朋友的幫忙，接機的是呂正雄兄，臺大土木系畢業，葳在臺大代聯會時的朋友，我去的時間很不湊巧，呂正準備結婚，故分外忙碌，但呂很熱情地接待我，呂當時是住兩房一廳的公寓，停留洛杉磯期間我就住在他的公寓了，一路上他告訴我一些在美的生活經驗。呂已修得碩士，在洛杉磯找到工作，weekday 須上班，無法陪我，我說無妨，我自己可以走看，他曾問我想去何處看看，我毫不猶豫地回答說狄斯耐樂園，他說不意外，因他當初抵洛杉磯時，第一個也是選擇狄斯耐樂園，本以為機會難得，將來未必再有到洛杉磯的機會，卻沒有想到如今在洛城工作，竟去過狄斯耐樂園數十次，於是約好他會接送我去，但我需自己去玩，他並且說洛杉磯好玩的地方還多得很，果然讓我大開眼界，但當時我並不快樂，因妻子小孩都不在身邊，我暗暗發誓一定要帶他們再來狄斯耐樂園。我還去了環球影城、老中國城，中國戲院等地⋯ 不一而足，但我印象深刻的卻是一些文化之旅，我看了 UC L.A.、南加大、Huntington Library Art Gallery 等地。在 Pasadena 的 Huntington Library Art Gallery 是一個非常值得參觀的地方。1910年左右，當時的鐵路大王杭亭頓（ H.E.Huntington ），在名利雙收之後，希望能夠澤被後世，他斥資興建了一所私人莊園，包含圖書館及藝品廊，他收藏了六十多萬冊稀有圖書、三百多件西方知名作家的手稿，和很多精美的畫作及藝術品，我記憶所及包括了德國古騰堡的活字版印刷品，畫作有名的藍童、紅女以及許多珍貴的緙絲畫。除了欣賞這些精美藝術文物之外，在圖書館的旁邊還有一座150英畝的花園，這座規劃良好的花園，共有十五個主題園區，其中以仙人掌園區，日本花園內的紅木橋和莎士比亞花園內的兩排白色大理石羅馬雕像最為吸引人。

葳的另一位大學好友江文里及其未婚妻正在洛杉磯唸書，他們邀我到 Hollywood Bowl，這是一個好萊塢露天劇場，過去在電影中曾常常看到，那天我記得當天是演奏柴考夫斯基的1812，終場有開炮場景，使用真炮，當然是空包彈，這場交響樂演奏使我終生難忘。洛杉磯的高速公路令我難忘，呂正雄説這是全世界最好的公路，有一專門名詞叫 Free Way，當時台北尚無此種公路，日本及韓國雖有，但規格差多了。我在臺大歷史系的同班同學王宜山及其夫婿朱鴻斌也住在洛杉磯，我們已多年不見，他們盛情款待我，令我感動，我跟朱兄雖是初次見面，但一見如故，聊談愉快。來美的第二站是舊金山，也稱三藩市（San Francisco），葳的好友劉琳及其夫婿陳可接待我，劉琳臺大商學系畢，陳可臺大土木系畢，當時陳可正在 UC Berkeley 唸博士，陳可全程陪著我，也熱誠招待我，我們很談得來，迄今我仍常懷念這位朋友。在舊金山該看的地方都看了，印象比較深刻的是參觀了史丹佛大學及 UC Berkeley 這兩所名校，當年陳永發在史丹佛，石錦在 Berkeley，都見面了。臺大歷史系學妹葉文心，還請我吃飯，非常感謝！那時崔晃子及夫婿秦成周都居住舊金山，秦成周是韓航駐舊金山的經理，若干年後他成為韓航總公司的總經理，他們夫婦熱情招待我，並為我 confirm 韓航回程的機位，不會再有煩惱了。第三站我飛 Minneapolis，我是訪友，當年黃長風在 Riverside 的威斯康辛唸書，而張哲郎則在 University of Minnesota，都在中西部，因而我有一個機會在中西部走了一趟，這是一個極為寒冷的一州，幸虧我是在盛夏時到達。從舊金山飛 Minneapolis 途中鄰座有兩位日本商人，我們聊談愉快，當時日本開放工人出國觀光，有些工人舉止不文雅，在機上脱襪赤腳，兩位商人一直向我道歉，此事也使我印象深刻。我參觀了他們唸的大學，看了密西西比河的上游，Minneapolis 是一座雙子城，密西西比河從中穿過此城，另一半名聖保羅。長風特別為我安排了去了杜魯斯，並看了五大湖的第一大湖蘇必略湖，在去蘇必略湖的途中，遇到大如棒球般的冰雹，這還是我的初次經驗。張哲郎安排盛宴，使我意外見到了趙寧、趙靖兄弟以及林宗文等。第四站是芝加哥，趙林兄是海工會駐芝加哥代表，他來接機並盛情款待我，循例我去參觀了有名的芝加哥大學，有點失望，校區被黑人區包圍，治安很糟，但芝加哥博物館收藏豐富，我很滿意，尤其是看到許多西藏的文物，彌足珍貴。趙林的夫人小鳳帶我參觀了當時世界第一高樓 Sears Tower，小鳳親切而健談，可惜若干年後他們到英國旅行時，一次搭火車的意外，小鳳不幸逝世。在芝加哥我還看了一場青少棒賽，在蓋瑞城比賽，那一場中華擊敗強敵而獲勝。好友闞至正的妹妹培正也住在芝加哥，她及夫婿接我到他家作客吃飯，剛好天正姐也來芝加哥，那時正值盛夏，那天晚上我們還在密西根湖邊散步。聞芝加哥夜間治安不好，但那晚騎警不停的巡邏，一切平安無事。在芝加哥又遇到王唯民，他就是介紹我到黨史會的朋友，他是被派接趙林的人，因趙林要調僑委會，王唯民陪我坐電車及公共汽車逛芝加哥，所以我能徹底認識了芝加哥城。

離開芝加哥之後，我終於飛到波士頓，這是我此行最主要的目的地 —— 哈佛大學，葳的同班同學劉元珠開車來接我，元珠是臺大歷史系學妹，獲哈佛大學歷史學博士，他的夫婿林楷也是臺大土木系，後攻建築。元珠非常細心，她開車先載我到劍橋鎮繞了一圈，讓我先看了哈佛大學，隨後帶我到劍橋鎮上離哈佛不遠，她預先替我租了一間 Rooming House，房東是一位老太太，環境不錯，前後院種滿了花，五分鐘步行即可以走到哈佛大學，我很滿意這一間租屋，也住了短時間，後來因為遭小偷，不過損失不大，因我的大部分錢都存放在同班同學林錦雲家，後來林錦雲建議我乾脆搬到她家去住，林是我在臺大歷史系的同班同學，她夫婿陳義雄也是臺大土木系，哈佛博士，他們在波士頓郊區擁有自己的房子，夫婦倆對我很照顧，我記得從哈佛大學到她家要換兩條地鐵，從紅線換綠線，不過並不費時，交通方便。在哈佛大學我常去的兩個地方一是哈佛燕京圖書館，另一則是威德勒總圖書館；館長吳文津先生是中央大學歷史系畢業，美國西雅圖華盛頓大學歷史系博士，我們算是同行，也是舊識，因他多次訪問過黨史會，故我在哈佛時也常到他的辦公室坐坐，威德勒總圖書館藏書豐富，超過一千萬冊，聞是僅次於 DC 的國會圖書館。我正式拜訪了 Professor Dwight H Perkins，並去拜訪楊聯陞先生，楊先生是我們歷史界前輩，佐伯老師寫了一張名片為我介紹，楊先生曾到日本京都大學擔任客座教授，與佐伯老師是莫逆交，楊先生很親切地接待我，我們聊談愉快。

哈佛大學幾乎跟劍橋鎮是連在一起的，其中心處名哈佛廣場，有兩家中餐館子，一名燕京餐館，老闆聽說是龍雲的媳婦，我不能算認識，但她去過日本京都的東海書店，當時我也正在書店內，金濤大哥曾為我正式介紹過。另一家名故鄉的餐館，劉振世的弟弟是餐館大廚，劉是葳的臺大同學，當時是波士頓的海工會派駐代表，他告訴他的弟弟，我以後中午來吃飯時，點快餐可以不必付錢，給女侍一點小費即可。哈佛廣場有很多小店，但我注意的是哈佛 Corp，也就是哈佛大學代表的書店，規模相當大，這也是我經常流連的地方。由於哈佛廣場也是地鐵站，去波士頓市非常方便，我常去波士頓的中國城，主要是去吃中國菜。哈佛大學成立於1638年，創辦者 John Harvard 的銅像矗立在校園中，不過有人說銅像是憑想像雕成，John Harvard 是否是這個樣子？誰也不清楚！哈佛確是有點模仿英國劍橋大學，哈佛旁是有一條查爾斯河，只是河面比康河寬多了，冬天極冷時河面會結凍，靠近哈佛校園一端，有古橋橫跨河上，當時我每天清晨去散步，增多了甚多的想像。沿 Mass. Ave. 走不遠，便是有名的麻省理工學院（ MIT ），我常常會信步走到 MIT 校園。哈佛大學本身就已經是一所學術寶庫了，校區內另外幾座博物館的收藏也相當可觀，有名而全世界絕無僅有的玻璃花（ Blaschke glass flowers ）博物館，還有一座 Busch Reisinger 博物館以及全世界大學中擁有豐富收藏的 Fogg 藝術博物館。在每天去燕京圖書館時，我碰到一件「 他鄉遇故知 」的驚喜事情，Professor Des Forges 年輕時曾在臺大留學訪問，他專攻中國近代史，博士論文是錫良傳，我們年齡相若，當年很談得來，也合作過，我跟他的夫人也相識。這次在哈佛意外重逢，大家都很高興。我除了到他家作客之外，還跟他家庭共同做了一次郊遊，他駕車帶我去麻州中部，名 Old Sturbridge Village 的莊園，有兩百畝大，回到美國過去的生活，等於是一個美國生活歷史的簡介。

在哈佛的短暫生活大體上相當愉快，我抽空向南走了一趟，第一站是 Connecticut New Haven 的耶魯大學，因為臺大的同學、同事查時傑教授也適時在耶魯進修，我記得是坐灰狗巴士去的。耶魯也是大學城，校舍古典而雄偉，只是 New Haven 的治安彷彿比劍橋鎮差一點，不過耶魯大學也給我留下深刻及良好印象。短暫停留之後，繼續南下，我的運氣很好，找到居住在康州臺大外文系好友李瑞祥，他特別請假開車陪我南下紐約。紐約也是我的響往城市，記憶中曾是世界第一大城，劉寧、張博志、陳順英、李瑞祥、林宗文曾是我們在臺大時常來往的朋友，劉寧、張博志、陳順英三人恰恰都住在紐約，我們五個人劉寧、張博志、陳順英、李瑞祥和我著實好好聚敘了一番，吃飯後他們陪我到處走走，我吵著要去 Time Sq，因為看過一張二次大戰勝利日的浪漫照片，他們都笑了，我不知所以然，去了之後才知 Time Sq 已變成一條淫街，全賣黃色物品。好友黃大昀也在紐約工作，黃是臺大機械系畢，哥倫比亞大學博士，當年已結婚，但還未有孩子。住在 New Jersey，他們夫婦帶我去西點軍校參觀，高中時我曾看過西點軍魂電影片，存有相當浪漫的印象。又見到涂經詒二哥，在他家住了一宿，特別介紹我到無線電城看了一場秀，順便也看了有名的林肯中心及聖派垂克大教堂。涂二哥是我深所佩服的人，他也是台中省二中畢業的，記憶中當年他唸高中，我唸初中，他是模範生，所有的學業比賽都是第一名，他後來唸臺大外文系，1976年時在 New Brunswick 的新澤西大學教書，他的兩個弟弟涂劍詒及涂書詒也都是我的好友及同學。記憶中紐約重要的地方都去過了，有深刻印象的有三處，一是帝國大廈，上到頂樓了；二是大都會博物館，我對東方的藏物看得特別仔細；三是聯合國大廈，參觀途中還碰到熟人胡步洲（我岳母的乾兒子）。

紐約之後，繼續南下到 Washington DC，在 DC 的熟人是居蜜，她北一女出身，臺大圖書館系第一屆畢業，輔修歷史，哈佛博士，我們在中國史方面有互動，那時她的先生 Wiens，也是哈佛博士。他們接待我的 DC 之行，Wiens 來接我，我印象中他非常熱心與和善，我一直用英語跟他交談，但一段時間之後，我才發現 Wiens 的中文非常好。他們家離 DC 有一段距離，且 Wiens 需上班，所以一早我搭 Wiens 的便車到 DC，下班我再按約定的地點，隨他的車回家。我在 DC 的活動大體上是搭捷運，我記得每天 Wiens 送我到五角大廈的前一站，下車後先吃個早點，然後到 DC 各處走動。重要的景點像林蔭大道兩旁的白宮、國會大廈、Washington Monument、Lincoln Mem.、Jefferson Mem… 等，還有各類博物館也是逐次地參觀，印象比較深刻的：有國家畫廊（ National Gallery of Art ），此館收藏了從十三世紀到現代的歐洲繪畫與雕刻；Smithsonian Institution 所擁有的自然歷史博物館，所展示的項目，包括了恐龍、各式各樣的礦物、美國印地安文物、海洋生物等，總數高達 5,400 萬項的蒐藏品，幾乎是無所不包，巧妙地討論了「到底什麼是自然歷史？」其二是美國國家歷史博物館，就在自然歷史博物館的旁邊，展示的文物以美國在科技與文化上的成就為主，其中包括了汽車、婦女的流行服飾、十八世紀的藥品、愛迪生的留聲機等。最醒目的還是原子彈模型及橫跨連接東西兩岸的巨大火車頭；還有位於第十二街與傑佛遜大道上的佛利爾畫廊（ Freer Gallery of Art ），蒐集了亞洲、印地安的藝術作品及史前古器物。由於昌彼得先生的介紹信，我見到了該館館長 Loton，他曾經在台北外雙溪故宮博物院做過研究，我們聊談愉快，靠著他的幫忙，他把該館的鎮館藏物之一，元代程棨繪作的「耕織圖」拍照片給我，我欣喜萬分，因我正在研究宋版耕織圖。除了博物館之旅，我還忙中偷閒去看了馬利蘭大學及維吉尼亞大學，在 DC 都是很好的學校。在 DC 還蒙胡岡生一家盛情款待，岡生兄跟我在成功嶺時曾同一連，他的弟弟胡平生教授是我的台大同事，葳的同班同學，當年胡伯母健在，也一同餐敘，以後我多次訪 DC，曾多叨岡生兄。

我坐火車從 DC 回到波士頓，時間已進入十月，秋景已現，我雖已向臺大請了假，但算一算是該回台灣了。離開波士頓往西部飛時，我彎了一下匹茲堡，短停數日，是去探望許倬雲老師，他當時是在匹茲堡大學任教，沒有想到的是彭先進來接我，真是意外，因我與彭已失聯多年，這真是他鄉再遇故知了。由於阿彭的接機，使得我的此次匹茲堡之行意外收穫豐盛。據阿彭說許公家正在修房子，所以我改住阿彭的公寓，而吳健雄又跟阿彭合住，這一來我吃、住的問題都引刃而解，老吳跟阿彭都是烹飪高手，回憶那幾天是我此次來美吃得最好的幾天。阿彭帶了兩位朋友來接我，一位是車主及駕駛（我已忘了其名），另一位名言心剛，成大畢業，在卡內基學院唸博士，他們開了一部破車來，為何云破車呢？因當時這部車子不能熄火，只要熄火就不能再發動，所幸一切順利，他們順利把我及行李送到了阿彭跟老吳住的公寓，這就夠了！匹茲堡之行非常愉快，由於他們都還在唸書，所以分批陪我到處走，當晚許公請我、阿彭、老吳三個學生到他家吃了一頓豐盛的晚餐，由曼麗親自下廚，曼麗應該叫許師母，但她跟阿彭是同班同學，所以我們各叫各的，我們習慣還是叫曼麗直呼其名！在匹茲堡看了兩所大學，也就是University of Pitt. 和卡內基學院，卡內基學院是一所理工學院，但它卻有一所很好的歷史人文博物館，那一天是言心剛陪我去的，他說鋼鐵大王卡內基有魄力，熱心教育，但他也是一個極端資本主義的代表，他厭惡工人罷工，甚至組織行刑隊來對付工人罷工。老吳帶我去匹茲堡的 downtown，他帶我吃麥當勞，記憶中是第一次吃這種美國速食，我高中時所唸的外國地理，知道匹茲堡是美國的鋼都，也是卡內基的老巢。1970年代刮左翼的風，很多台灣留美的學生都向左轉了，但阿彭、老吳都堅持反共，如今老吳業已作古，思念他們熱情招待我的那一次聚敘，我衷心常為感懷！在 UP 除參觀大學外，並拜望了東亞圖書館郭館長。

離開匹茲堡後，經過洛杉磯搭機返回台北，這一次雖然搭上了韓航，但又出了狀況，我記得飛機起飛後，貼海飛行，並未拉高，我不經心地往窗外看出去，發現有一個飛機翅膀不斷地冒白煙，當時並未感到害怕，只是覺得奇怪，於是韓航班機又飛回洛杉磯機場，大概修了兩個多小時，可能下機又登機，最後順利起飛，平安到達東京，再轉機後回到台北，但不愉快的經驗，使我對韓航有不信任感，原則以後不再搭韓航飛機了。這一次的美國行，大體順利，增加我很多的見聞，讓我知道了到美國是怎麼回事，改變了我的一些想法。

在東京轉機時曾短暫停留時，亨道兄招待我下榻他家，第一次感到時差的問題，因清晨三點就睡不著，這是前所未有的經驗，為何去程在洛杉磯時無妨呢？我事後回想起來，或是因心情興奮及忙碌緣故，而回程停東京時，因歸家在即，心情已放鬆緣故。追念好友亨道兄、麗華嫂一直對我的照顧，如今亨道已作古多年，心中無限感慨。還追念一位欽仁兄的好友岡野老先生，他是一位畫家，常來台灣作畫，文質彬彬，談吐不俗，因欽仁兄的介紹，他來台時我們曾有來往，這次兩度經東京時，他曾安排飯局迎迓我，可惜聯絡人誤事，未曾轉告我，當回程我停經東京時，他已回九州，等次年我再來東京時，岡野老先生已去世。

1976年時的美國總統是福特，這是美國歷史上唯一沒有經過民選而就職的總統，因水門一案導致前總統尼克森下台，彼時美國正、副總統都出缺，福特隸屬共和黨，是當時的眾議院議長，根據美國憲法而就任新總統。1976年越戰甫結束，我的印象是當時美國的經濟還不錯，物價平穩，油價遠低於台灣，如果自炊，不上館子，生活指數相當的低，我與葳的美國夢又興起了。

十八、我的兒孫們

我與葳育有一子、一女，男名趙亦晨（Edward I-chen Chao），生於1969年。中國人的觀念是「不孝有三，無後為大。」傳宗接代是大事，尤其是頭胎就生了個男孩，當時給父親帶來了極大的喜悅，我們趙家一向單傳，人丁不旺，直到我們這一代，父親才育有我們三兄弟。亦晨誕生於臺大醫院，當晚我包了一部計程車，分赴趙、張、寇三家報喜訊。接著是坐月子一個月，我們回到嘉興街的租屋，母親、岳母都來幫忙，但我備嚐辛苦，尤其是洗尿布，那時沒有紙尿布，尿布都是用較軟的布料，諸如舊汗衫、舊衣服等，髒尿布必須用開水煮過消毒，那時家中也沒有洗衣機，都用手洗後再放到外面晾乾，遇到陰天則放在屋內風乾及用電熱器烤乾。在月子中最令我感動的一件事，便是葳的祖母寇家老太太，有一晚上摸索來到嘉興街，說是要幫我們忙，我們非常感動，曾祖母抱著未滿月的曾孫照了一張頗具意義的紀念照。當時我仍在唸書，葳也需上班，我們無法再逍遙地過小家庭生活了，月子過後仍搬回南勢角，特別雇了一位歐巴桑專洗尿布及葳與亦晨的衣物。滿月後我們在台北車站附近的「狀元樓」請滿月酒，寓意男孩要做狀元。亦晨的名字是葳取的，出自唐詩「渭城曲」中的「渭城朝雨浥輕塵」，取「浥塵」二字，但筆劃不順（「亦」是他們這一代的輩份），加之他屬雞，公雞司晨，故取同音字「亦晨」為其名字。

亦晨深得老太太、祖父、祖母喜愛，我的父親在晚年得此開心果，是他在病中最大的安慰！父親去世後，在墓碑上除刻有我們三兄弟的名字之外，亦晨也以嫡長孫的身份列名於上。之後我們從中和搬到臺大長興街宿舍，長興街有很大的庭院，所以亦晨成長時的環境很好，他曾讀過慈愛幼稚園與信友堂幼稚園，後來進入銘傳小學，唸到五年級上學期肄業，我們就帶他到美國來了，因葳在西雅圖華盛頓大學唸博士學位，而我也在華大擔任客座教授。1980年他們兄妹兩人於元月來美，西雅圖三月份時下了一場大雪，兄妹倆都非常興奮，一片白茫茫雪景，他們興奮地堆了一個雪人，在台灣是看不到這樣雪景的。兩兄、妹在西雅圖唸書的過程大致相同，曾唸過 Latona、View Ridge 兩個小學，Eckstein 初中，Roosevelt 高中等。亦晨後來順利申請進入華盛頓大學就讀，他選擇了建築系，畢業後又繼續唸華大建築研究所。在唸研究所時又獲獎學金去了義大利唸了一學期，期間遍遊歐洲，也是他第一次赴歐，增長了不少見識。華大建築研究所畢業之後，經過了一段艱辛時期，學建築的人都需經過此歷程。他先在西雅圖的幾家小規模建築公司工作，後來進入 MG2 工作一段時間，最後被派到上海，再換到 Gensler。2001 年亦晨跟陳惠真（ Jennifer Chhen ）結婚，Jennifer 也畢業於華大。他們育有一女二子，長女 Ashley（趙立嫄）生於 2002 年，嫄是周朝的祖先后稷的母親，取寓意聖人之母；長子 Dylan(趙立民)生於 2006 年，取自宋代大儒張載的：「為天地立心，為生民立命，為往世繼絕學，為萬世開太平。」次子 Tayden（趙立新）生於 2008 年，名字是取自大學的：「苟日新，日日新。」三個孩子都活潑可愛，而且聰明，他們成長過程中，帶給我跟葳很大的快慰，才使我明瞭當年亦晨帶給我的父親是何等的快慰。Jennifer 是一個好媳婦，她勤勉向上，相夫教子都很了不起，持家成功，使得亦晨能全力在事業上打拼，她的英文好，在上海生活期間，努力練中文，目前中文也朗朗上口，不可同日而語。同時受洗皈依基督教，熱心教會的事工奉獻。如今亦晨已是上海 Gensler 的 principal，也就是副總裁位置。圓圓、Dylan、Tayden 三個孩子在上海都唸國際學校，中、英文都有長足的進步，學校教育雖以英文為主，但也有許多中文的課程，如今他們都能說流利的中國話，使我非常欣慰！我一直都有一個觀念，那就是當你的中文很好時，你的英文好，才有價值。三個小傢伙都有藝術的天分，喜歡畫畫，中國字都寫得秀氣。圓圓長於文學，作文寫得非常好；Dylan 重思維，長於數理邏輯，我看過他所寫的作業報告，能從網上下載英文資料，再翻譯成中文，井井有條，超過一般小學生的能力；至於 Tayden 雖然年幼，智慧尚未完全啟迪，但肯勤於做事，能吃苦耐勞是其優點。

我的女兒趙亦曼（I-Man），曼字是修長姣好的意思，小曼出生於1972 年，也是誕生於臺大醫院。在醫院剛出生時，我父親曾偕麟書至臺大醫院探望，稱讚小曼是個大美女，只是甫滿月，她的祖父即去世，由於葳需上班工作，故兄妹倆都是由母親幫忙照顧帶大。來美國後，小曼跟哥哥大致唸同樣的小、中學，小曼有音樂的天分與興趣，我曾請名師教其彈鋼琴與拉小提琴，在西雅圖唸羅斯福高中時，參加西雅圖市立及學校的少年交響樂團，有一陣子曾榮膺第一小提琴手。其後進入華盛頓大學唸大眾傳播系，副修美國亞裔研究系。亦晨在華大畢業時，也正是小曼高中畢業的那一年，我為了慶賀他們兄妹的畢業，曾帶他們到美東去旅行了兩個禮拜。遍遊紐約、DC、波士頓等美東各地。小曼是一個虔誠的基督徒，在西雅圖有一個美國教會，曾按立她為牧師，後到夏威夷傳教，結識上田智（Wesley Uyeda），也就是我的女婿，他是日裔美國人，但不會説日語，世居夏威夷，已是第四代，上田智畢業於夏威夷大學，專業系統分析。兩人育有二女，長女 Chloe（上田立美）生於 2007 年，次女 Isabella（上田立華），生於 2009 年，兩人寓意一美一華，兩個女孩個性不太一樣，Chloe 個性沉靜，會唸書，功課好；Bella 外向，個性活潑，人緣很好。小曼頗有豐富的人生歷練，19 歲時參加選美，獲西雅圖華埠小姐第一名，繼而在舊金山獲全美華商小姐第一名，全美華埠小姐第二名的雙頭銜，最後在香港獲得國際華裔小姐第三名。對於她的參加選美，我一直持負面態度，內心是很不贊成的。唯一正面的是她增長許多見識，並且她獲邀赴台灣及大陸訪問及旅行。2005 年 12 月她跟 Wes 在夏威夷結婚，我跟葳及亦晨、Jennifer、圓圓一同到夏威夷參加，我主持他們的婚禮。我曾去過四次夏威夷，這是第二次，第一次純是去觀光，遊遍 Honolulu，從未去過外島。第三次是 Chloe 出生滿月時我們去探望外孫女。小曼婚後一直居住夏威夷，後來為了傳教服事，他們一家還到泰國清邁宣教三年，服事當地的孤兒院及難民營，備極辛苦。服事聖工與持家有時不能兼顧，小孩漸長，需要良好教育環境，而服事需靠各地捐款，無米之炊，難再維持，所以我建議他們可以回美國了。他們一家先回夏威夷，2015 年元月為了鼓勵他們，我們曾第四次到夏威夷專程去探望他們。

2015年12月他們舉家搬來西雅圖定居，夫婦兩個人都在西雅圖找到新工作，恢復過正常的生活。我是一個重視教育的人，我相信教育可以改變人的屬性及所處社會階級。我們趙家既非巨商大賈，更非豪門縉紳，勉強說來書香門第，故我們必須注重教育。我一直相信好禮就是一種富足，我們身為華裔，如不懂中文是一種缺失，現在亦晨一家住在上海，小孩子唸國際學校，故中英文俱佳，我感到非常滿意；但兩個外孫女目前則只能說英語，這減少了未來的競爭力，故我認為小曼一家需要努力！忠孝傳家固是一種美德，但現今已不流行此道，或許孝悌傳家還能做到。五個孫子看樣子都能唸書，做一個社會上有用的人，是我對孫輩們的期望。

我寫此文時年已77歲，我當然希望能看著孫輩成長，但人生無常，有些話早點說出來比較好，我們家沒有習醫的人，我希望五個孫子中至少有一個人能習醫，當然愈多愈好。Dylan 聰明細心及 Chloe 聰明好學都是唸醫的好材料，盼能朝這方向努力，圓圓想唸牙醫或心理學甚至藝術我都贊成，Tayden 或可以唸法律甚至工程也可，Bella 或可以唸大眾傳播甚至新聞都可。我是想多了，其實學什麼都好，但要持之有恆。Chloe 跟 Bella 因有日裔背景，我希望她們也能多少唸一點日語！還有私心作祟，我盼五個孫兒都能唸成博士。

圓圓及Dylan年齡漸長，所謂「道心開啟」，兩人均熱心教會事奉，圓圓參加團契，從不缺席；Dylan 有一次參加少年夏令營活動，深受感動，曾主動舉手，決志皈依基督。我心深慰！我像他們的年齡時，尚弄不清楚基督教是什麼？

十九、第一次訪問大陸

1989年海峽兩岸是一個動盪的年代，1987年台灣有重大的政策改變，蔣經國宣布解嚴，並且開放老兵返鄉探親，兩岸開始互動，進入一個嶄新的局面。期間大陸雖有1989年6月4日的民運事件，但大體上兩岸互相開放的趨勢已成，我們終於也有機會能到大陸去看看了，甚至能訪問居留，這在我們從小受反共教育教導下成長的一代，是不能夠想像的事。從1949年元月我隨父母離開上海之後，1990年終於重新又踏上大陸國土，不過當年的近鄉情怯，興奮與迷惘兩者兼而有之！

1990年的去大陸訪問是由李東華教授發起與安排的，李教授曾任臺大歷史教授、主任及文學院院長，是杰人師的學生，也是我的師弟，他治宋史及中西交通史，可惜李教授因病英年早逝，至今我仍常懷念這位師弟。當時的原委是李教授曾去過普林斯頓大學訪問研究，適時中國社科院考古所所長徐苹芳教授也在普林斯頓，徐先生表示願意出面邀請我們臺大歷史系同仁訪問大陸，我們當然表示願意，於是東華招兵買馬組團，大致是由臺大歷史系為主幹，當然也有其他系及他校的教授參加此團，我已記不清楚確實人數，但連同家眷浩浩蕩蕩，坐滿一大巴士，我們決定利用暑假的時間，訂於1990年7月出發，我們選了當時臺大歷史系主任孫同勛為領隊。那時台灣到大陸的手續尚不是很方便，還需先到警備總部去報備一聲，出發時我人已在美國，所以我是個人單獨從西雅圖飛北京，再跟大夥會合的，那時北京仍是舊機場，加之猶有六四天安門事變的嚴肅氣氛，旅客並不是很多，大陸海關除了看我的台胞證之外，也看了我的中華民國護照，旅行社派人接機，送我到達大夥下榻在金魚胡同的和平賓館。在北京停了約有十天，這是我們此次大陸行最重要的第一站，當時我們對北京也是充滿了好奇心。在北京的行程大致是分成下列幾點：其一是官式方面，我們訪問了中國社科院的考古所、歷史所，近史所等單位，我記得是社科院的李副院長出面接待我們，考古所選擇了王府井大街的東來順涮羊肉店及前門的全聚德烤鴨店（總店在和平門）來宴請我們，其後我們也選擇了北海的仿膳回請他們，考古所還請我們到吉祥戲院聽了一場京劇，這是梅蘭芳登台的老劇院，那個時候還沒拆，我記得當晚的主要戲碼是譚延壽的打魚殺家。其後雙方在故宮內開了一次討論會，中央研究院史語所所長管東貴先生也適時率領一團前來參加，我記得場面很大，還上了報紙及電視，考古所還讓我們直接坐汽車從東華門駛進了故宮，這實在是有點囂張了。在討論會中我遇到大陸研究中國農業史的陳文華教授，素所景仰，杜正勝特地為我介紹，我記得那一個時候，杜正勝跟大陸學者的關係弄得很好；其二是我們遊覽了一些北京市內的名勝古蹟，諸如孔廟、國子監（是在一塊兒），我們都是教書的，在孔廟特地向孔子牌位鞠躬行禮，再雍和宮、天壇、大鐘寺、鐘樓、鼓樓等不一而足，最重要的景點當然是故宮博物院，我們花了一整天的時間去參觀故宮，從前門開始步行，走過天安門廣場、穿過天安門、端門（中途看了太廟）、午門進入故宮中心，太和、中和、保和三大殿及內殿等等，最後出神武門，看到崇禎吊死的那一棵樹（我想是那棵樹應是杜撰，因老樹早已枯死，新植的樹只是標明位置而已），然後登景山，最後走到白塔，逛了一下北海公園，我們每個人都感到新奇，我去過北京不只一次，去故宮更是無數次，但以第一次最為新鮮，印象也最為深刻，我還帶了攝像機全程錄影，故宮是百看不厭的。次於故宮的便是遊頤和園，行程包括圓明園廢墟，我們想順便進入北京大學及清華大學參觀，但是未獲准，而被阻於校門外，云是六四之後局勢緊張，我們不宜進入校區；其三是我們遊覽了北京郊區，包含昌平明十三陵，我們大概只看了萬曆的定陵，進入地宮觀看，十三陵建築不用木料，全為磚瓦，故李自成無法燒明十三陵，我當年是接受此種說法的，但若干年再遊長陵時，發現長陵稜恩殿四十八根楠木巨大柱子，都獲保全，可見李自成並未燒明十三陵。再講個笑話，在進昌平的路上，遠處見有一座銅像，大家都在猜此為何人？眾說紛紜，只有我大聲說：「李自成！」及接近銅像，果然為李自成，大家都驚佩，我說這有何稀奇，因我正在用攝像機，早已用 zoom 看到銅像下有「李自成」三個字！昌平之外，我們還看了盧溝橋，橋下已乾涸，云是上游水庫攔住了奔騰湍急的永定河。盧溝橋一端有一石碑書盧溝曉月，面對宛平城，橋為石製，兩旁都是石獅子，但數不清，不過當年日軍並非從此橋進攻宛平城，而是從不遠的鐵路橋進攻宛平城。還有香山，又名西山，是北京近郊避暑勝地，近代史上的西山會議也是在此召開，我們到香山看碧雲寺，有國父孫中山先生玻璃棺的衣冠塚，於是全體又向國父的衣冠塚行了三鞠躬禮，碧雲寺曾是明末權宦魏忠賢的生祠，有五百座真人大小的羅漢。最後高潮便是遊八達嶺長城，後來我曾多次去過八達嶺長城，但以第一次最為震撼，我們從鄰旁的居庸關遊起，一直到京張鐵路的詹天佑紀念館，1990年時尚無纜車，我們硬是用爬山方式，登上了八達嶺長城的最高處。社科院考古所徐苹芳先生對我們極為照顧與禮遇，我們的北京行也極為愉快，如今徐先生已作古，我們也常懷念這位長者及前輩，一位了不起的歷史學者。離開北京之後，徐先生還一直派了一位杜先生陪同我們完成此次全程旅行。在北京的最後行程是到北京附近房山縣周口店看北京原人遺址，北京原人距今約有四、五十萬年，屬舊石器時代，對我們學歷史的人非常重要，同一山洞還發現三萬年前名為山頂洞人的真人，能實際看到這個遺址，非常珍貴。

北京之後，我們的行程是西安，這個歷史古都也是我們這次旅行的重點，從北京搭飛機到西安，1990年時尚是螺旋槳老舊飛機，但天氣很好，一路飛行平順，我們跟1900時慈禧太后從北京跑到西安是同一路線，只是她坐騾馬大車，我們搭飛機罷了。在機上往下看到黃河壺口瀑布及黃土高原的惡劣地形，當時西安尚是小機場，降落時看到很平整四方的西安城，時近黃昏，想起唐李白的詩：「長安一片月，萬戶擣衣聲。」從機場到西安要跨過渭水，渭水一片乾涸，我們無法想像這是姜太公釣魚的河，也無法想像當年劉裕北伐，率千艘艨艟在灞上登陸的盛況！西安城是明代所建，長安古城已不復見，現今西安城只有隋、唐的宮城大小而已，漢代的長安偏居隋、唐長安的西南角，約為八分之一大，我們去看漢長安時，土城猶在，未央宮遺址也在，四圍一片農田。在西安的遊覽，大致依歷史順序而下，從半坡開始，這是一個完整的新石器時代遺址，時間約在5000年前，是種小米的農業文化，我們在上課時都會講到半坡，當時非常感慨先民的文化進步。繼而秦都咸陽，在西安之北，我們看了咸陽博物館，然後驪山麓秦始皇陵，當然兵馬俑是我們參觀的重點，靠考古所的安排，我們在近距離看了兵馬俑，館長為我們特別做簡報，大家近距離地互相討論。之後我們特別去看漢長安城，及漢武帝的茂陵，曾聚集二十萬戶的茂陵，如今四方一片農田，霍去病陵隨侍在側，已開發整修，相當值得看。然後再看乾陵，這一個唐高宗與武則天合葬的陵墓，氣勢雄偉，無字碑及六十一個沒有頭的賓王像，留下了許多歷史謎團。再來到臨潼華清池，有三件歷史時空交錯，旁邊驪山上有西周的烽火台，周幽王在此被犬戎所殺，這兒有溫泉，白居易的長恨歌：「溫泉水滑洗凝脂；」楊貴妃的浴池在此，山腰又有五間聽，西安事變時，蔣介石居此處。我們還趕上了當時熱門的考古發掘，章懷太子李賢及永泰公主的陵寢，有數百幅墓室壁畫出土，對於瞭解唐人的生活狀況，是非常重要的資料，在考古所的特別安排下，我們得以入墓室參觀。西安之旅是重要的，但第一次赴西安稍嫌倉猝，以後我又多次來西安，但這一次我們參觀碑林，挖到很多寶，我買到了蘇東坡、米芾，黃庭堅的拓本，以及明萬曆出土的大秦景教碑，彌足珍貴。西安的飲食獨具一格，餃子宴、拔絲、泡饃都使我念念難忘，還看了一場仿唐歌舞，想像盛唐時宮廷聲色華麗景象。唐代的長安城約有今日西安城的十倍，從西安城的西門，往西車行二十分鐘才到古長安城的西門，也就是絲路的起點。大雁塔唐代猶在城內，但今日已變城外，我們登上七層的大雁塔，特別紀念玄奘大師，也欽佩他西行求經的毅力，及譯經對於佛教的貢獻。從西安城南行，我們特別去了馬嵬坡，看楊貴妃墓，再唸白居易的「長恨歌」中詩句：「天長地久有時盡，此恨綿綿無絕期。」悼念這位歷史上的美女！

西安之後，繼續向東，我們坐隴海線出潼關到洛陽，當年隴海線已完全電氣化，經潼關時，火車停了數分鐘，我們未下車，遠眺終南山，但對潼關的險要，一時卻感覺不出來。進入洛陽周遭已看到水稻，不像在關中時都是玉米田，洛陽像關中一樣，也是古都，看資料洛陽城區比西安稍小一點，但周秦洛邑、漢魏洛陽、隋唐洛陽、甚至宋金以後的洛陽，位置都有所不同，周秦洛邑稍西，今日的王城公園就是西周的王城，隋唐洛陽在今日的城區，所以考古所安排我們去看武則天的明堂遺址，就在鬧區。我們從南邊的關林看起，關林就是關陵，關羽的墳墓，根據歷史記載，孫權獻關羽首予曹操，操以王侯禮葬羽於洛陽南，但考古所方面認為這不是真正的關羽陵，大墓真正墓主是東漢的馬援，關林的香火很盛，當時聽說香客多來自台灣。洛陽有名的白馬寺是中國第一所寺院，郊外的龍門石窟是中國四大石窟之一，除洛陽龍門外，其餘三座是大同雲岡、甘肅麥積山，敦煌莫高窟，若干年後這四大石窟我都去遍了。龍門旁伊水，又名伊闕，是一個古戰場，戰國時代秦將白起於伊闕大破魏軍，坑殺魏軍二十四萬，龍門石窟大小佛像無數，但最有名的還是盧舍那大佛，在武則天時代開光大典，傳說佛像面容即是武則天。龍門對面山上有白居易墓，白逝世於洛陽，我非常喜歡讀白居易所寫的詩。洛陽雖近黃河，但黃河無漕運，最大支流洛水有漕運，洛陽因居洛水之北而得名，洛陽之北有邙山，多帝王陵墓。洛陽之東是鄭州，鄭州再東是開封，三大城市連成一線，鄭州是新興都市，工業城及鐵路中心，但周圍還是有許多歷史古蹟，偃師可能就是商湯的都城，其旁二里頭就是傳說中的夏墟，發掘出許多夏代的遺物，王國維曾說古代周伐殷的重要性遠過於殷伐夏，看看地理位置我們立即明白了，從偃師到二里頭非常近，而周從關中出潼關過黃河到安陽則非常地遠，考古所立時給我們作簡報，給了許多新的觀念及資料。我們又看了敖墟，這也是一座商城，或許是商代往北遷徙到安陽的過渡都城。我們注意到中國「家」這個字，河南鄉下農村家家養豬，豬舍就在大門口，「豕」在門下就是一個「家」字，故家應是象形字。鄭州之東就是開封，這是北宋的首都，我是治宋史的，故來到開封時特別有感覺，龍亭是我們來到開封後的第一個景點，這是僅存的宋代皇宮遺址，宋代城牆尚存，但也殘破不全，左近是有名的鐵塔，呈八角形，始建於北宋皇佑元年（1049），至今已有900多年的歷史，因為它的顏色外觀是鐵色，故稱鐵塔，其實並不是鐵做的。因黃河氾濫，塔基已掩埋於地下，遊人可以登塔，但我們只是經過塔下攝影。來到包公祠時正值中午，開封夏季炎熱，氣溫升至攝氏38度，我突然大笑，人問何故？我說當年耶律德光滅晉攻破汴京，為何終於撤兵？且身死中國，蓋天氣太熱受不了也！宋代包公包孝肅是白面，跟民間傳說黑面包公大不相同。最後來到大相國寺，水滸傳中大大有名的地方，大相國寺始建於隋文帝時，我們來到開封時所見的相國寺應是清代所修建，四圍廟市，仍有北宋宣和時的味道。有名的張擇端「清明上河圖」是北宋的寫真，我常讀孟元老「東京夢華錄」，這次來開封完全無此感覺，考古所說正根據「清明上河圖」及「東京夢華錄」重修宋代汴京，若干年後我再來開封時，終於看到新修的宋城。

離開開封之後，我們渡過黃河，前去安陽，這就是中國考古學上有名的殷墟，甲骨文出土的地方，我們經過鄭州坐火車北上，1990年時的火車速度很慢，我算了一下，當時火車行駛黃河大鐵橋上約走了11分鐘，首次看到滾滾東流的大黃河，心中頗為激動。安陽也是古都，整理得很好，他們重建了殷商古都，我們還看了侯家莊、武官村等大墓，盤庚遷殷後，殷商國勢強盛，武丁時代達到最高峰，武丁的墓最大，有名的婦好墓也在近旁，婦好是武丁的王后，根據歷史的記載，她能帶兵打仗，婦好墓旁有一塊石頭，考古所的人告訴我們說當年毛澤東於參觀婦好墓時，曾坐此石休息過，於是我們大家都輪流坐坐此石。袁世凱也是安陽人，他的墓地也在安陽，拗不過導遊建議，大家也勉強去看了一下袁世凱墓。安陽旁湯陰也是岳飛的故鄉，有岳廟，我們特地去參觀。鄰旁羑里傳說是商紂王囚禁周文王的地方，有文王演算八卦的碑，旁有石屋，導遊說文王曾被囚禁此處，我看石屋是建於清代。

安陽是此次旅遊北方最後一站，我們全體就繼續坐火車經徐州南下，清晨經過淮河，被廣播叫醒，淮河也是滾滾黃水，僅比黃河小一號，但過淮河之後樹木漸多，已有南方綠意盎然景象。經過南京短停未下車，繼續到蘇州，才下車遊覽，蘇州是旅遊勝地，1990年以前我從未去過中國北方，但蘇州卻是我的舊遊之地，1948年時祖母及病中姑母曾居住蘇州，當時我在上海唸小學二年級，每逢假日常來蘇州，記憶中虎丘及西園寺是我來過之地，這次來蘇州我們就首游虎丘及西園寺，虎丘是蘇州有名古蹟，西園寺古剎，是江南四大名寺，另三座是楊州大明寺、杭州靈隱寺、常州天寧寺。蘇州以中國庭園出名，應該去的庭園都去了，但其中拙政園及網師園念念不忘，因拙政園最大，且鄰旁有太平天國忠王府；至於網師園曾在紐約大都會博物館有過印象，因大都會博物館模擬過網師園一角，我們是有一天晚上夜遊網師園，還聽了一段蘇州彈詞。在蘇州我們曾租腳踏車逛市區，還看了建於南宋的玄妙觀。有名的寒山寺，當年未整修，比較原始，寺前是江村橋，稍遠則是楓橋，張繼的楓橋夜泊：「月落烏啼霜滿天，江楓漁火對愁眠，姑蘇城外寒山寺，夜半鐘聲到客船。」確是絕句。後來我去過很多次蘇州，但1990年時的蘇州人少，我們遊覽的興緻比較高！

離開蘇州後，再沿大運河坐汽車到杭州，我們在杭州住了五天，去了五次西湖，次次景觀不同，西湖確是我們在杭州的主要景點。1948年時父親及母親帶我來過杭州，故對我也是熟識之地。西湖當然是一般旅遊最重要的景點，從宋代起定為西湖十景的新橋殘雪、平胡秋月、三潭印月、雙峰插雲、曲院風荷、蘇堤春曉、花港觀魚、南屏晚鐘、雷峰夕照、柳浪聞鶯，我們正好繞湖一周。其間還包括岳王廟，六和塔、蘇堤、白堤、西泠印社等。印象深刻的當然是乘船到三潭印月，這個島是湖中島，島中又有湖，湖中又有島，島上再蓋一小亭，意境深遠；還有淨慈寺的濟公運木古井神話，因我八歲時隨父母遊過西湖，印象深刻。大家興致高，在西湖邊的「樓外樓」名店，點了數席，飽餐一頓，當年蔣介石、毛澤東都曾在此請過客。我們又飲龍井茶配藕粉，過足了癮。遊靈隱寺又是一個重點，經過飛來峰，與彌勒佛石像合影，我八歲時也曾在此拍過照。又參觀虎跑泉，此天下名泉，李叔同在此出家，有紀念館。我們還出了一個大笑話，人云龍井配虎跑泉水飲，為天下美味，阮芝生兄懂得飲茶，他買了上好的龍井，又買了虎跑泉水，回旅館請大家飲此虎跑龍井茶，沒想到不知是那位老兄（已忘何人），竟燒自來水來配，真是暴殄天物，大煞風景。我們在杭州時氣溫又高達攝氏38度，我又發表玩笑謬論，說當年金兀朮攻下杭州，無法據守，而急於北歸，都因天氣太熱緣故。很奇怪的是正當熱極之時，突有一個颱風來襲，八月雖多颱風，但能吹到杭州亦屬少見。我們參觀了浙江大學，又看了浙江博物館，因河姆渡遺址已回填，所有的遺物都移至浙江博物館，這是中國最早的稻米文化，約在七千年前，我們能有機會仔細地看，非常難得，出土文物細緻，顯示七千年前中國即有此種進步的文明！

我們騰出時間去了一趟紹興，古稱會稽，要跨過錢塘江到浙東，走過非常長的錢塘江大橋，當年杰人師於抗戰逃難時也走過此橋。會稽名勝很多，首先登會稽山，有大禹廟及「禹」字碑，一看就知是假的，夏朝是新石器時代晚期，怎麼會有楷書的碑文，當是東晉時代的東西；王羲之的蘭亭倒是真的，遊陸游的唐園，釵頭鳳詞猶在，明徐文長的青藤書屋也在此地。紹興是秋瑾與魯迅的故鄉，魯迅所寫阿Q正傳的場景，就是那時的紹興，紹興的孤蓬船是手腳並划的一種小船。

紹興之後，我們經杭州坐滬杭甬線（甬是寧波，當年鐵路是到寧波）到上海，上海是我們此次旅遊最後一站，我在上海唸過小學二年級，1949年元月隨父母，就是從上海坐船到台灣，故上海是我熟識之地，真有點近鄉情怯。在上海的記憶之地都去了，南京路已分成東、西路，路面有軌電車都撤了，國際飯店及大光明電影院都在，跑馬場改成人民公園了，外灘的勝利女神像已拆了。我們去城隍廟，廟在但沒有神像，城隍廟變成商場了，廟建築都在，九曲橋依舊，我們進入豫園參觀，鯉魚彷彿通人性，追著人要食物，豫園精緻，不輸蘇州庭園，這是上海的庭園代表，然後我們參觀上海博物館，展覽物甚多，且有水準。1990年時，遊客不算多，上海的新建築多未興建，我仍可以追尋1948年時的情景。在上海時，由於旅行即將結束，大家都忙於採購，準備回台灣了。我跟大家稍有不同，因我正進行一場會親，我分成兩天跟親友們見面，第一天是跟母親方面的親友見面，由於事先都有聯絡及安排，我在住宿的虹橋賓館房間內跟親友們見面，母親有兩位妹妹，三姨楊杏年及小姨楊春年都來了，春年小姨比我還小一歲，二舅的孩子，我的大表弟楊愛誠、表妹楊愛華及其夫婿趙承榮都來了，晚輩的人很多，我已不太記得清楚，旅行中我無法帶禮物，一律致送紅包，當然兩位姨母包得較大。話敘衷腸，當天我確是甚為激動。第二天是父親這邊親戚，姑母有兩個孩子，我的表弟楊基真、表妹楊基蘭，這是父親臨終前念念不忘的兩個孩子，他們兩人的命運特別乖舛，聊談中知道他們1949年以後的悲慘生活，基蘭很早就出嫁，是嫁給農民，基真結婚較晚，育有一子。我約他們第二天再見面，並請他們到南京路的揚州飯店吃飯，又到咖啡館喝咖啡，我們又一起到外灘及豫園走了一下，我把姑父及姑母的相片送了一份給他們，我也留下一些錢給他們，我離開上海時他們來虹橋機場送行，基蘭個頭小，但幫我背著大箱子健步如飛，我們照相留念，但此後未再能夠見面，聞基蘭已去世，我甚感懷！不過母親與麟書同年稍後也曾到大陸一趟，見到過兩兄妹。

離開上海經東京回西雅圖途中，由於太過疲累，在東京整整休息了三天，從1990年以後，我大致每年都至少會去大陸一次，或開會、或遊覽，我的感想是大陸硬體建設神速進步，相反地台灣卻在慢慢退步，這使我非常憂心！在亂世親人需互相照顧。

二十、1979 年再到美國

我們在臺大唸書時大都修習過一門課，那就是黃祝貴老師的「國際組織與國際現勢」，這門課雖只有二學分，且只上一個學期，但是黃老師口才好，當時的台灣比較封閉，即使是大學生對於外面的世界，也是一知半解，年輕人只有通過留學，跑出去才能解放自己及真正了解這個世界，不過我不是說這個，黃老師說過一句話，曾轟動一時，並上了報紙，引起劇烈討論，那就是黃老師曾說：「來來來，來臺大；去去去，去美國！」這一句話有反諷意味，意味臺大幾乎變成了留美的預備學校，這雖離事實不遠，但畢竟並不是每個臺大的學生都是如此的！我與葳雖都是學歷史，但在那時的氛圍下，出國上進，繼續深造，當然是我們的志願與想法，但出國談何容易，條件不許可，美金 $2,400. 的保證金拿不出，自父親去世後，我們又要顧家，一切只能放在心上，積極地做準備工作而已。1976 年我自己雖能夠短暫赴美，但已知美國居不容易，不過我已大致瞭解我們如何赴美讀書的路途了，於是積極計劃！1979 年終於機會成熟，我跟葳終於能夠連袂赴美進修，原本我們的計劃很單純，唸完後就回台灣，沒想到的是計劃跟不上變化，這次赴美竟改變了我們整個人生，竟走上了另外的一條路，人生不能再回頭，我們常想如果時光倒流，或許我們會做出不同的決定，葳常說她在美生活的時間已超過在台灣的生活了。我大致把在美的生活分成兩個時期，從 1979 年到 2004 年（我退休的一年）這 25 年為前期，2004 年以後則為後期。

1979 年我考上教育部的公費留學，同時我也申請到美國西雅圖華盛頓大學的訪問學人，華大對我很客氣，他們特別給我 Visiting Professor 的身分，來華大做一年的博士後研究。同時葳也申請到華大的東亞系唸博士，她是申請到 F1 的學生簽證，我是 J1 的訪問學人簽證，當年我已 38 歲，葳已在故宮博物院宮工作十年也已 34 歲，作為留學生來說，我們的年齡都已稍微大了一些。不過有志不在年高，我們是出國充電的，學一些新的東西。一切都很順利，先談葳的部分，她通過TOEFL考試，故宮圖書文獻處給她留職停薪，她通滿、蒙、藏文，專攻歷史語言學，這是冷僻的學問，當時美國只有哈佛大學、華盛頓大學、印地安那大學等少數能提供這樣的研究環境，我們仔細考慮之後，選擇了華盛頓大學，當時華大教授Professor Jerry Norman可以擔任她的指導教授，我們的朋友日本外語大學教授岡田英弘曾在華大做過訪問教授，他也極力推薦這所大學，最後華大接受了葳的入學。葳是夏季班入學，她夏初即飛美，熟悉環境及學習英語，葳的親生父親Ga Ga還寫了介紹信給此間證道堂沈保羅牧師就近照顧。至於我則因教書關係，必須等放暑假時方能成行，沒有想到在臨行前卻發生兩件不太愉快的事，第一件是有一個美國女孩子剛訪問過大陸，回美國時順便經過台北，打電話給我說她是在紐約花俊雄的朋友，花介紹她來看我，我彷彿記得此女有個中文名字叫孔智慧，於是我跟她約在臺大見面，一談之下發現她思想及談話都相當地左，此事在今天已是無所謂的，但1979年時的氛圍是有一點不妥，這時蔣孝瑀兄打電話給我說有此位女士也來看過他，後來我才知道她也見了張哲郎兄，我回答孝瑀兄說我們先見面商量一下，但孝瑀兄速度太快，他向臺大安全室主任孔服農先生舉發有此女曾來看我們，我跟孔先生是熟識的，孔先生打電話給我，約我到教育部一談，當時孔先生也兼教育部的顧問，我應約赴教育部，當時有兩位年輕的調查局人員也在場，孔先生為我介紹，大家談了一下，也沒什麼，我敘述了一下與孔女見面緣由，及大致談話內容，事後我想了一下，彷彿感覺有一點不太對勁，因為我出國在即，我怕有點無事生事，乃找系主任王曾才商量一下，他為我介紹張豫生，王是好意，張當時任青工會主任，且是蔣孝勇的好友，我把此事原委也向張說了一遍。過了幾天孔先生以教育部長朱匯森的名義寫了一封壓驚信給我，大致是說美國統戰份子孔智慧探訪兄，吾兄大義凜然，力斥謬論，朱部長並表示對於我甚為欽敬。我對這封信哭笑不得，但總是感到有點不愉快；第二件我是教育部公費出國的，當初教育部也說可以留職留薪，但公文一到臺大，校長閻振興卻不同意留職留薪，只同意留職停薪，出國臨行前夕出此狀況，我一時愕然，但也無奈，閻校長是國民黨的中常委，並未把教育部長放在眼裏，後來曾才兄幫忙，跟臺大文學院長侯健先生商量之後，移用哈燕社補助金給了我一部分，阮囊羞澀，總比沒有好，此事對我刺激很大，有實質的損失，超過了心情不愉快。

暑假開始，改完考卷，我即出發，我深刻記得胡春惠兄及辛勝夏兄（當時正在淡江擔任客座教授），連袂請我吃飯。出發前美國已與大陸建交，一連串不愉快的事情，台灣固然陷於低潮，我個人也是在一種古怪的氣氛之下離開了台北，飛往一個未知的未來。我在東京短暫停留，李海天先生特別請了我及張亨道兄、楊作洲兄三個人一同到磯子，一個風景很好的地方吃飯，作洲兄說當年李海天先生也是在此地宴請中國國民黨秘書長張寶樹先生，我感到相當榮幸。我來美第一站是舊金山，葳也放暑假了，我們約在舊金山會合，Ga Ga 與嬸嬸也剛搬到舊金山，我跟葳已數月不見了，大家都很愉快，Ga、嬸在教會的事情很忙碌，但忙中偷閒，招待女兒、女婿不手軟，我記得他們帶我們去金門大橋、金門公園、漁人碼頭等所有舊金山該去的地方，又去了 Monterey 有名的 Scenic Drive 17 Miles，風景秀麗。當然我們也去了 LA，朱鴻賓、王宜山夫婦熱情招待我們，我們又去了狄斯耐樂園，葳感到新鮮，但是我們並不快樂，因為孩子們還在台北，不能帶他們來，總是缺憾！隨後我們買了便宜的機票到美東去玩了一趟，美東之行，首站是 Rochester，我的同班同學潘寧及其夫婿朱墉章住在那兒，我們到她家作客，她特別帶我們去看 Niagara Falls，我們很興奮，但最後失望而歸，因拿中華民國護照必須先取得入加簽證，我們只看到較小的美國瀑，未能入加看到雄偉的馬蹄瀑，若干年後我們才終於如願，當時我們獲准走上彩虹橋，在橋上可以自由行走，葳說她曾讀過一本名為「彩虹橋」小說，說一對戀人只能在橋邊遙遙相望，我們到了實地，方知小說太誇張了，在橋上行走還是自由的。第二站是普林斯頓，因葳的頂頭上司故宮圖書文獻處處長昌彼得先生正在普林斯頓訪問研究，我們在 Newark 機場降落，昌先生請了歷史系的學妹周蘇英女士來接我們，一切都已講好，暫住她家幾天，按常理，這沒什麼了不起的事，但她把我們送到昌先生住的地方後就不管了，昌先生的房間只容一人居住，當時若住旅館時間已嫌太晚，而且我們又沒有車，寸步難行，昌先生一再地抱歉，最後我們打電話求援，葳的同學孫健樸來接我們，以及王淑敏、夏鳳英分別安排我們的住處，窘境方才解除。我們到紐約去玩，麟書剛好也在紐約，我們兄弟見面，再加上昌先生，在紐約吃、玩都非常愉快，因在紐約的朋友多，原本我們還計劃到 DC，但遇到颶風來襲，向南的交通中斷，這次葳未能去成 DC，這一耽擱就耽擱了三十年，結果三十年後葳才去成 DC，當時我們改向北走，去了波士頓，主要是到哈佛大學，這次美東行大體上還算愉快！葳的同班同學劉元珠及我的同班同學林錦雲還有劉振世都盛情款待我們，也去了哈佛鄰旁的 MIT，臺大歷史系的學妹康綠島也曾宴請我，但已不記得是1976年或1979年。臨回西雅圖時昌先生送了一台電動打字機給葳，並約定昌先生返台時會經過西雅圖。往還波士頓之際，我們在紐約停的時間稍久，與老友劉寧、張博志、陳順英、黃大昀等重聚，相當愉快，要提一下，在涂經詒二哥家見到涂伯父母，意外欣喜，並赴長島紐約大學石溪分校同學及好友涂書詒家作客，我們這一次見面非常難得，因為我們再見面時已在三十年後，諾貝爾得獎人楊振寧也曾在石溪分校執教過。

美東行程結束後，我初次到達西雅圖 Sea-Tac Airport，陳少禹兄來接我們，少禹兄政大東語系畢業，精通阿拉伯文，甚早就留學美國，改唸圖書館學，當時任職華大總圖書館，我們是舊識，成功嶺受軍訓時在同一連，上下舖之誼，少禹兄為人熱誠，對我們夫婦一直都很照顧。他送我們到校區，葳預先租妥的一間公寓房，所謂 one bed room，就是一間臥房、一間客廳，再加上廚、廁，公寓名 Lee and Lee，離學校走路約五分鐘。次日，我到華大歷史系正式拜訪系主任屈來果（Donald W. Treadgold）教授，他是俄國史權威，他很高興為我介紹了一些其他系內教授，並為我安排了一間研究室，系內中國史教授陳學霖還在美東，尚未回西雅圖，但他介紹了另一位杜敬軻教授（Jack Dull）剛好在系上，杜治秦漢史，我們聊談愉快，立即成為好朋友。華大的校園非常美麗，除了研究室之外，東亞圖書館是我常去之地，館長盧國邦，副館長吳燕美我們相處愉快，對我們都很照顧。學弟黃俊傑正在華大歷史系唸博士，他有一次帶我去見蕭公權先生，能見到蕭先生我感到非常興奮，印象中似乎不久蕭先生即去世。

在華大我們交到不少的新朋友，有一些跟我們一直頗有關聯，第一位是謝園與詹勳次夫婦，謝園原本跟葳是二女中的同學，他們夫婦都畢業於中原理工學院建築系，也是很晚才出國深造，他們育有一子詹皓，比亦晨、小曼稍小一點，原本就認識，加上背景相同，很快兩家就變為莫逆之交，互相來往與照顧，謝園外向，積極參與學生社團活動，她曾當選華大中國同學會會長，她對我們家第一件重大的影響，便是建議我們必須把孩子接來美共同生活，這些話我們聽得進，後來果然依了他們，當年十二月葳就趁返台開阿爾泰學會議時，把亦晨、亦曼用 F2 簽證帶來了美國，在亦晨的成長過程中，深受他們夫婦的影響，亦晨也走上了建築這一條路。第二位好朋友黃偉彥與黃素貞夫婦，黃比我們年輕很多，黃偉彥臺大物理系畢業，賓州大學物理博士，非常優秀，當時在華大博士後研究，黃素貞當時正在華大唸歷史系，受 Professor Jack Dull 指導，我們常來往聊敘，互補知識，1980 年夏季我們兩家還一齊開車南下加州遊玩。當時大陸已派留學生來美國了，黃偉彥有兩位好友，都是在華大修物理，我仍記得他們的名字叫陸坤泉及蘇權興，陸來自北京，蘇則來自蘭州，我們跟大陸留學生來往便是自此開始。黃後來回臺大擔任教授，並擔任物理系系主任，我們一直有來往，但黃偉彥不幸於年前去世。第三位楊熒，她跟葳年齡相仿，同時來華大唸書，修習英文在同一班上，有一次作文時談到世界上最偉大的博物院，葳寫台北的故宮博物院，楊熒則寫北京的故宮博物院，教授間互相傳閱，一時傳為美談。楊熒的父親楊憲益是著名文學家，早年負笈英國，娶妻英國人 Gladys Yang（戴乃迭），紅樓夢的英譯本就是由兩人合作完成，傳説戴乃迭曾擔任鄧小平的翻譯，文革時期這個家族受盡了苦痛，一旦開放，楊憲益就送兩個女兒來美唸書，並云永不要回來了，為了躲悲劇，但後來卻發生更大的悲劇，當時楊熒一個人來美，丈夫與孩子都留在大陸，我們常照顧她，並約至家中吃飯聊敘，她並受我們的影響，買了一本聖經經常研讀。有一次她帶了一個朋友名華棣來家，華棣的年齡比我們大，很世故，口才也好，根據當時的側面了解，他留學俄國，是一個彈道專家，當時我就覺得此人不太簡單，我們彼此都很好奇想瞭解對方，我對他有興趣的是他的家世，他的父親是北京故宮博物院的院長，新四軍出身，他有一個姐夫名溫玉成，林彪的部下，曾擔任北京軍區司令，後被江青整肅，故華棣一定是高幹子弟，我對他有興趣還是在純學術方面，由於雙方都有興趣，他是言無不盡，談話風趣，我覺得他城府並不深，據説後來他被美國政府吸收，美國給他永久居留權 PR，還讓他到史丹佛大學去深造，當年暑假我去舊金山時還跟他見過好幾次面。但玩火者必自焚，是否因為常識不夠？他僅有 PR，竟然敢回大陸，我從報紙上看到他被逮捕的消息。後來楊熒離開西雅圖到東部發展，1991 年亦晨進華大唸研究所，小曼進華大唸大學，在開學前我帶他們兄妹到美東去作一次見學旅行，在哈佛大學竟遇到正在教中文的楊熒，但工作是不穩定的，自此未再有聯繫。

當時華人的同學會主要有兩個，一為中國同學會，會員包括台灣、香港及在美唸 Under 大學部的華人學生。另一則為勵治社，以台灣出身的唸研究所的研究生為主，我們都參加了，亦晨唸華大時，甚至成為中國同學會的主幹成員，團體活動一方面互相照顧，另一方面諸多的活動亦解留學生思鄉之愁，過年、過節、郊遊、旅行及一些益智活動，帶給我們一些豐富的回憶。

1980年1月，葳把孩子接來美後，我們一家人能在一起生活，是為欣愉之事，除了近程的旅行之外，我們還去了一些稍遠的地方。當時我又買了一部Nova舊車，這部紅顏色的通用八缸車陪伴了我們許多年，南征北討，首先我們選擇溫哥華，一個比西雅圖大，但味道不一樣的城市，到加拿大去是新鮮的經驗，我們辦了簽證，愉快的出發，我的記憶似乎短時間內去了兩次，一次在 Kingsway 上找了一家 Motel 住了一晚，僅吃了幾頓飯，溫哥華的中餐館比西雅圖的好太多，大致在溫哥華的景點隨便看看，第二次因學弟古偉瀛正在 UBC 唸博士，他一家住 UBC 學生家庭宿舍，古兄接待我們，當時我們特別到溫哥華島上的維多利亞半島玩了一趟，印象最深刻的便是美麗的布查公園及維多利亞港的歐式建築。暑假時我帶孩子們還有兩次壯舉，一是開車南下加州，除探望岳父母之外，便是帶孩子們遊狄斯耐樂園，這次我們才感到真正的快樂了，因孩子們感到快樂。我們還從 LA 西行初次到 Las Vegas，甚至到亞利桑那州的鳳凰城及吐桑，最後還玩了有名的大峽谷，這些景點我們不止去過一次，但以初次最為令人懷念！我去過黃石公園三次，但以初次最為愉快與新鮮，我十二歲時才知美國有個黃石公園，但亦晨十二歲時就能來黃石公園了！昌先生回台北時，依約經過西雅圖，剛好麟書學成返台也經過西雅圖來看我們，他比較辛苦，坐灰狗巴士，由紐約來到西雅圖。我們招待昌先生暢遊西雅圖，昌先生特別為了葳宴請 Professor Jerry Norman 及陳恩綺老師、楊牧等，席開一桌，特請 China First 孫樂瑜的父親掌廚，做了一桌福州菜，賓主盡歡，Norman 會福州話，他跟孫老先生還能短暫交談。

1980年四月，我曾到 Washington D.C. 第一次參加亞洲研究學會的年會，不過事實上我也只參加過這一次，美國亞洲研究學會的年會實際是一個學術市場，新得博士的人來找機會，看一看有沒有大學或研究機構想聘新人，資深教授則來看一看能否發掘一些新人。會場在 DC 的希爾頓 Hotel，我碰到許多老朋友，也認識一些新朋友，譬如我首次見到唐德剛教授、熊玠教授、吳天威教授等，我還跟唐教授聊胡適，唐教授是安徽人，安徽的口音很重。在這一次亞洲學會的年會上，我選擇了一個 Panel 旁聽，是由 Professor G William Skinner 所主持，Skinner 的名氣不小，他編過一本《Modern Chinese Society An Analytical Bibliography》的書，學弟劉石吉對 Skinner 有特別的研究。我記得我旁邊有一位老教授，似乎對 Skinner 很有意見，頻頻跟我咬耳朵敘說，我下意識的也頻頻點頭，後來老先生起立提出相反意見，我也覺得此老必有來頭，後來我才知他是鼎鼎大名的哈佛大學教授 Professor Benjamin Schwarz，思想史泰斗，學長林毓生的指導教授。

我在西雅圖待了一年多，搬了三次家，換住過四個地方，第四次葳才申請到結婚學生宿舍，是三房兩廳的學生宿舍。我買了一部二手車 Malibu，當時不諳美國開車習慣，是不能借車的，因牽涉到保險問題，我們糊里糊塗地把車竟借給別人，第一次就出了車禍，把車撞毀了，朋友跟他的太太也受了輕傷，結果用我的保險都 cover 了，我們從此在美不再把車借給別人，也不向別人借車。我們生活單純，葳及孩子們上學，我則每天到學校，有時到研究室，有時到圖書館，不過大部分都是到東亞圖書館。次年秋天必須回臺大上課了，當時有一種廉價的四海包機，我的印象中，往返台北只要美金四百多元，但往亞洲飛時必須先經香港，但回美國時可以直飛西雅圖，且可以免費停東京，故我利用這種特別方式，差不多每次回西雅圖時，都會經東京。重回臺大之後，我已心繫西雅圖妻兒，一心努力賺錢。由於我是用 J-1 居停美國，按理我在一年之內不能來美國，但也有在法律上的漏洞，我是一個學者，如果是開會則可以再來美國短停，運氣很好，我順利取得 B2 簽證，此後我於每年寒、暑時就均可以去西雅圖了。

1980年我在美的這一段期間，華盛頓州發生了一次震驚世界的大事，5月18日華州南部的聖海倫火山（Mt. St. Helens）發生一次大爆發，這是美歷史上死亡人數最多，經濟損失最為慘重的一次爆發，也是繼1915年加州拉森火山爆發以來唯一的一次重大火山爆發。影響所及是57人死亡，250座住宅、47座橋樑、24公里鐵路、300公里高速公路皆被摧毀，財產損失有11億美元，造成火山側翼局部塌陷，火山灰在11個州沉積。我記得5月18日那一天天氣原本晴朗，萬里無雲，我們跟友人謝園一家到華盛頓湖邊野餐，突然南邊冒起一簇巨大菌狀黑雲，頗似原子彈爆炸，但不是白色菌狀雲，而是黑色菌狀雲，不久天空就變色，變成烏雲密布，並且開始下細雨，這是我當時目睹的現況實情。以後幾天西雅圖都是間歇陰雨天，清晨時可以看到汽車上覆蓋了一層薄薄的火山灰，由於西風幫忙，西雅圖本地落下的火山灰並不算太多，華州東部落下的火山灰較多，甚至還可以遠飄到紐約。火山灰不是原子塵，是無毒的，但影響汽車引擎，也有一些敏感的人造成呼吸道的毛病，當然也不是完全負面的，火山灰肥沃，那一年華州東部的農產品居然豐收。幾年後，我們曾特別遊覽聖海倫火山，看到當年火山爆發的遺跡，冷卻後殘存的黑色岩漿，大片被燒毀的森林，有一座湖泊整個被抬高了數百英尺，顯見大自然的爆發力。但恢復得也很快，很多地方恢復青蔥，有一株巨木面對爆發的方向，四周樹木多已倒下，但此株巨木仍然孤零零地屹立著！

二十一、1996年及2014年的香港之行

我去過香港很多次，但多半是短期觀光停留，或遊玩、或買書，從沒正眼看過香港，但1996年的香港之行，由於身分是香港中文大學的訪問學人，終於能夠有一次機會仔細地觀察了香港。當時臺大有一個program，就是有一個基金送教授們短期赴香港考察與進修，主要是中文大學跟臺大相互交換教授，我記得是在1996年的12月去了香港，可能這一年我正輪值休假，是一個理想的訪問機會。由於1997年香港即將回歸大陸，英國殖民統治即將結束，我選擇此時去香港，也是見證英國最後統治香港的情形。

接待我的是香港中文大學的新亞書院，香港的學制是仿效英國，一個大學包含了若干書院，而不像台灣的大學是分成文、理、法、商、農、工、醫等學院，英國的劍橋有三十幾個書院，牛津就更多了，竟達四十幾個書院，中文大學沒那麼多，我記得至少有新亞、崇基、逸夫、聯合等四個書院，那一年新亞歷史系的主任是陳學霖教授，他本是美國華盛頓大學歷史系教授，我們是舊識，他大概是被借調，在香港短期停留。新亞安排我在它們經營的校內旅館住宿，但要自己付錢，不算貴，我們這次訪問有一萬港幣的零用，所以足夠使用。當天我去拜訪時，陳學霖曾請我吃飯，並介紹一部分的系內教授，我可以自由利用他們的圖書館，我完全自由。中大在新界的山上，除了在校內活動之外，出門需搭巴士下山，山下有廣九鐵路車站名大學，但通常我都喜歡搭到沙田站，那兒的商店多，有一家日本超商名八百伴是我經常流連的地方，我第一次品嘗龜苓膏就是在八百伴，同時由沙田搭計程車回中大也比較方便。

許倬雲老師當時也在中文大學新亞書院客座教授，我常到他住的地方去聊天，許夫人曼麗為了照顧他，買了一部二手車，馳騁在山上，有

時聊晚了，曼麗也會開車送我回住處，我跟許先生常談及1997年香港大限的事情，當時他很樂觀，不認為會出什麼事，後來的發展大致也完全在他的意料之中，他曾勸我應到香港郊區走走看看，1996年我的香港之行也是逐步分區地慢慢去觀察，我首先選了香港島南邊的赤柱，據許先生說是一個近似南歐（我沒有去過南歐）的地方，我只覺得風景尚可；在香港島的南區 Aberdeen 香港仔，是一個港口，為何叫香港仔？我猜想或許跟地形有關，因為有一個小島在香港之南，有一點像新界跟香港之間的關連，像迷你的新界與香港，令我印象深刻的是港口中央停了兩個海鮮舫，一名「珍寶」，另一名「太白」，這兩個海鮮舫停在名為「深灣」的海中，提供晚餐服務，到這兩家海鮮酒家是要先預約的，沒有交通工具可以到達，要搭一種名叫「Wala Wala」的小船，才能到得了海鮮舫。舉凡香港島的勝景太平山、香港大學、上環、中環、銅鑼灣、灣仔等我都跑遍了，我還搭了一程有軌雙層的老電車，繞香港島。我去了頗富盛名的「蘭桂坊」，我為何要去呢？因頭一年新聞報導，新年時人潮洶湧，發生擠壓死人的事情，蘭桂坊是酒吧最集中的地區，小小的一條巷子裏，全都開滿了酒吧，是外國人喜歡來的地方，表面上「蘭桂坊」的名字相當雅致，其實原意並不好，廣東話原叫濫鬼坊，以前廣東人都稱洋人為鬼，「蘭桂坊」取其音，實有諷刺的意思。

我最常去的地方，還是在九龍的旺角、尖沙咀一帶，因搭廣九鐵路出門，一下子就到了九龍鬧區，吃、買都方便。九龍跟新界相連，有許多跟歷史有關的景點，例如三棟屋博物館，一棟非常大的古宅，客家人的建築；宋王台其實只是一塊大石頭，傳說南宋最後兩位皇帝宋端宗及衛王帝昺，在逃避蒙古兵的追擊時，曾在該石頭上休息，帝昺曾在九龍城居住了半年左右，後來又經水路逃往海南，1975年我訪問香港時，拜望過羅香林教授，他曾跟我談及宋王台的事；我是不相信怪力亂神的，但香港黃大仙廟太有名了，在盛名之下，我還是抽空去看了一下，我不求籤，但注意到一件事，很多老人手持空罐頭，不知何故？像是在要錢吧！在新界的東邊還有一座小漁港名西貢，從北越統一全越南之後，把南越首都西貢改成了胡志明市，香港西貢已是世界上獨一無二的了，以吃海鮮聞名，只是價不廉但物尚美。

我曾坐廣九鐵路的火車進入深圳，從羅湖進入大陸，在大陸改革開放前，這裡是陰陽界，當我緩步走在橋上時，確有此感覺，不過時光錯易，當然已大大不同了！我的初體驗是1996時的深圳也是高樓林立，表面相當進步，馬路寬闊，汽車靠右走，物價便宜，尤其是書價僅及香港的二分之一，甚至三分之一，我看小人國模型及民族歌舞表演，甚至於還在深圳住了一夜，當時就聽說有很多人住在深圳，但每天到香港上班。我也去了澳門，坐船去的，也是初體驗，約一個小時到達澳門，澳門在珠江口，明顯地看出江水是黃的，海水是藍的，故澳門不是好港口。我對澳門並無特別印象，中學時曾看過一本小說「賭國仇城」，這雖是江湖小說，且帶有反共性質，但書中很詳細地介紹了澳門，我對於澳門的印象僅此而已，但這次親臨其境，覺得大大不同。澳門不大，比起香港相差甚遠，我全程走路，不到三個小時就走了一圈，我把澳門分成兩個方向，第一是在歷史文化方面，大三巴雖然只剩下一面牆，一個門面，但畢竟是一個教堂古蹟，也是旅遊澳門的象徵，大三巴附近的市政廳不但是澳門的政治中心，周圍充滿了古典建築，也是觀光景點；第二是賭場，1996年時澳門賭場的規模尚不是很大，我選擇了葡京酒店，由於我多次去過美國拉斯維加斯，那時的澳門與之差距甚遠。後來我曾多次進出澳門，今非昔比，1997以後澳門煥然一新，澳門賭場的每年收入竟超過拉斯維加斯數倍。由於孫中山先生曾在澳門行醫，我特別走到舊址去看了一下，國父的小女兒孫婉曾住過此地，現場保持得很好。

由於1997年將屆，香港與澳門也先後將回歸中國，我的1996年香港、澳門行也是做了一次巡禮，我同意歷史的巨輪轉動是無法阻擋的，但香港人是否情願呢？很難說！ 1996年時的觀察應是不情願但無奈！

我離開香港時，中文大學要我寫一個短報告，我記得其中有幾句話是：「台灣有民主，但無制度，香港有制度，但無民主，大陸則民主與制度俱無。」當時的基本法已出來了，我不願、也不能去批評，以大勢而論香港人必須接受。廢除不平等條約及收復失土是我的歷史價值觀，我們從小就是受這樣的教育，這與共產主義與共產制度無關，基於這一立場，我只能祝福香港人了。1997以後我又多次去過香港，我的看法是香港還是一個有制度但無民主的地區，至多是鳥籠內式的民主，英國人從來沒有給過或教過居港華人民主。不過我也羨慕香港，教授的待遇是台灣的兩至三倍，由於被英國統治過，比較西化，英文能力高於台灣，辦事按規則，人們比較守法。

回憶1996年的香港行，居港時每天生活相當輕鬆與愉快，我遍嘗香港美食，我曾多次到香港半島酒店去喝下午茶，非常愉快，通常是下午去，客人非常多，經常要排隊等候入座，有機會看到許多電影明星，我記得有一次鄰座是邵氏電影公司老闆邵逸夫，很多漂亮的女明星眾星拱月地坐在他旁邊，我唸中學時看過不少的邵氏電影，對邵逸夫這個人印象深刻。我的好友胡春惠教授後來擔任珠海書院文學院院長，他曾多次邀請我到香港，有時過境，有時參與研究生考試，但都是蜻蜓點水，不及1996年這一次訪問香港深入與詳細。

2014年的11月，我們再去一次香港，做了一次較深入的觀察，我偕葳先由美國飛台北，再到香港。當時香港「佔中」運動到了高潮，雖說是年輕學生的反體制運動，佔領中環，街邊搭滿了帳篷，我們住在旺角的窩打老道城景酒店，但旺角也是一個學生搭帳棚的中心，九龍滿街上貼滿了標語，兩句話：「打倒共產黨，解放全中國。」口氣蠻大的！在初步體會了這個政治運動後，我們參加香港一日遊的Tour，都是我曾經去過的地方，印象比較深刻的有三點：(1) 年輕女導遊的英語流利，使我深覺台灣的英語落後香港甚遠；(2) 坐船夜遊維多利亞港，這是我的初次體驗，燈光美麗，似乎香港的繁榮不減；(3) 短時間迅速逛了一趟香港，感覺比1997之前的建設有過之而無不及。這次香港之旅，我們計劃到國父孫中山先生的故居翠亨村做一次表敬訪問，台灣有一群皇民瘋子拉下孫先生的銅像，已忘記先賢對於國家民族的貢獻，孫中山曾多次來過台灣，從未得罪過台灣人，蔣渭水生平最佩服孫中山。我在痛心之餘，乃決定無論如何要去一趟翠亨村表敬。我們的路線是先到澳門，當天就趕到珠海過夜，因珠海的旅館相對較澳門便宜得多，李毓中介紹了一位澳門大學的研究生李慶在澳門接我們，送我們坐船到珠海，李畢業於浙江大學，談吐不俗，程度不錯，他一直送我們到珠海預先訂的旅館華僑賓館。珠海是一個不錯的城市，我們是初次來此，市區相當地大，感覺比澳門大多了，海邊很美麗，有美國加州海岸的味道。馬路寬闊，十字路口多數無紅綠燈，汽車比行人更不守交通規則，即便是走斑馬線道，我們也走得戰戰兢兢，因車不讓人。到翠亨村的方法很多，有計程車來兜生意，價錢非常高，要人民幣一千元，我冷靜下來之後，才知根本不需如此，因旅館華僑賓館的門口就是公共汽車站，翠亨村又有停靠站，公車票一張只有人民幣三元，公車慢慢行，走了一個多小時，但我們也順便逛了大半個珠海市，翠亨村現已改成博物館，原先的老房子早已拆掉，現存的一棟故居房子是中山先生的大哥孫德彰先生出資所建，其實孫先生也只住了兩三年而已，就因為第一次廣州起義失敗而流亡海外，辛亥革命後，孫先生也不常住此地，聞孫科出生於此地，我們瞻仰故居，走了一圈，外面還有一棟較大的建築物是博物館。參觀的人絡繹不絕，門庭若市。

珠海之後，我們遊澳門，在珠海這邊拱北關閘隊伍排得極長，差不多走了兩個多小時，人多一片亂，毫無秩序，明明是外國人的走道，最後都是中國人在走，65歲以上人的走道都擠滿了年輕精壯、孔武有力之士，最荒唐的是外交人員禮遇道，也擠滿了不相干的人在闖，最後太不像話了，很多插隊的人都被公安人員趕走。但進入澳門之後，幾分鐘就出關了，顯見資本主義的管理方式還是較好，澳門雖小，因為有賭場，人潮洶湧，我們住在一家名京都的酒店，無 Casino，新的 Hotel 大都在 Taipa 島上，像威尼斯、金沙、Galaxy（銀河）等硬體建設都不錯，不遜 Las Vegas。聞賭場營業額已是 Las Vegas 的三倍，但澳門物價高，也幾乎是 Las Vegas 的三倍。澳門忌諱「賭」這個字，所有的 Casino 這個字都翻譯成「娛樂區」。澳門賭場主要以港幣計算，但美金、港幣、人民幣、澳門幣都通用，感覺相當亂。

自港、澳回歸中國後，中共宣布一國兩制，頒布自治法律，行政權歸特首，特首由甄選產生，不過實際上是中共間接統治港、澳。雖然在經濟上香港依然繁榮，但在政治上港人認知有落差，故香港的大、小動亂一直未曾休止，澳門的情況較好。這是雙方在認知上有差距，港人希望直接民權，中方則認為要按步驟來，不能先跑後走！從歷史角度來看，統一是必須的，中國受帝國主義的荼毒已逾百年，恢復漢、唐盛世，振興中華正在今日。中共對港、澳的軟性統治，對台灣是有示範的政治作用！台灣自然關心今日的港、澳，「九二共識」、「一國兩制」、「一中各表」迄今爭論不休，以大勢所趨，分裂是過程，終究是要統一的，和平方式也是必須的，「一國良制」才是根本之道。

二十二、2002年突然提早申請退休

2001年母親去世之後，我似乎陷入了一段低潮與倒楣時期，人也相當失魂落魄。2002年時，臺大又有一種program，就是讓我們可以到大陸的大學去短期教書，雙方有交換計畫的大學，臺大可以留職留薪，另外向僑委會再申請一部分補助，我表示有相當的興趣，因前一段時間我剛好訪問過復旦大學、中山大學、廈門大學等，我對之都有興趣，尤其是復旦大學，一方面杰人師臨終前的一個禮拜我適巧去探望他時，我們師生間曾有過一段談話，杰人師說當他離開大陸時，最後一個停留的大學，便是上海復旦大學，時間雖短暫，但印象深刻難忘，因胡適建議他到台灣，並寫推薦信給傅斯年校長，介紹他到臺大教書，杰人師說他今生可能已無望再回復旦，但他說我一定會有機會去復旦看看，所以1990年當我初回上海時，便曾到復旦大學走了一圈，當時臺大與復旦兩邊的歷史系互動頻頻，復旦大學歷史系主任吳景平教授曾來過臺大歷史系客座訪問，大家相處融洽，所以我也很想去上海復旦客座一番，不過我的想法與計畫稍有不同，由於2003年的學期我即將休假一年，所以我很想趁此機會到大陸去，我的想法是先去香港珠海學院，再到廣州中山大學，然後到廈門大學，最後到上海復旦大學，也有點遊學性質，在廈門大學認識了許多朋友，我也喜歡廈大的環境，對中山大學也有興趣，跟陳寅恪先生有關，我特別參觀了他的居所，簽名致意，當時中山大學歷史系系主任林家有教授是陳晚年的學生，林主任當年正巧住醫院，但他安排了三位年輕教授跟七位研究生跟我餐敘，我非常感謝及深具印象。我拿了表格，也準備開始向僑委會申請了，我對自己的臺大課程也預先做了一些安排，宋史請徐秉瑜代，中國經濟史請陳家秀代，中國通史則請童長義代，都是我的學生，沒有想到的是四月份時，我突然心臟病發作，住入內湖三軍總院，先是做心導管支架，但手術失敗，做手術時我一直是清醒的，可以凝視電腦螢幕，當時是張大威陪伴我，一直守候在外。曹醫師說必須改做By Pass，也就是心臟血管搭橋手術，此事非同小可，當時我也沒有什麼觀念，但我曉得必須再諮詢另一組醫師，比較保險，於是我請榮總的朋友王石補醫師來商榷，王時任榮總心臟內科主任，在國防醫學院的輩分很高，當時三總的醫師多是他的學生輩，他仔細看了我的電腦資料及手術錄影情形，最後告訴我說曹醫師的決定是對的，當時決定是由三總心臟外科的蔡建松醫師來動刀，我側面也打聽了一下，從魏崢離開三總帶走了心臟團隊到振興醫學中心之後，他的助手蔡建松醫師就成為三總心臟外科的第一把手，且蔡醫師經驗豐富，動刀紀錄良好，魏崢始建三總心臟科搭橋手術，名氣甚大。由於我不是緊急住院治療，對於動刀醫師及手術時間有選擇性，於是我打電話給在西雅圖的葳，請她立即返回台北，心臟動手術是大手術，直系親屬必須在場。我繼續住院，並做了一些手術前的檢查及準備工作，我記得曾跟一位資深的女醫療人員作了一些心理談話，她告訴我說：以當時的心臟醫療技術，做 by pass 的成功機率都很高，當清醒時會發現全身插滿管線，但不必驚慌，正常情況，很快都會拔掉，有些人會短暫失憶，一般清醒後記憶也會跟著很快回來，她還跟我談及吃鈣片對骨骼疏鬆的幫助不大，要經常曬太陽才行。

葳回到台北之後，立即跟蔡建松醫師見面，蔡說手術也有危險性，但他的經驗是有百分之五的失敗率，手術採傳統方式，也就是心臟會暫時停止跳動，但手術完畢之後，以電擊方式使心臟重新跳動，我問如果心臟不重新跳動怎麼辦？醫師說會不停地試，直到心臟重新跳動，不過正常情況都是一擊就跳，我表面鎮靜，如果說不緊張那是矯情與騙人的，手術前一晚麻醉師來跟我談了一下，了解是否有過敏的情形？麻醉是非常重要的事，我要提一下這位麻醉師相當棒，我跟葳交代了一些財務上的事，我唸了一段聖經文句，我記得是選了「詩篇」名句23篇：「耶和華是我的牧者，我必不致缺乏，祂使我躺臥在青草地上，領我在可安歇的水邊。祂使我的靈魂甦醒，為自己的名引領我走義路。我雖然行過死蔭的幽谷，也不怕遭害，因為你與我同在，你的杖，你的竿，都安慰我。在我敵人面前，你為我擺設筵席，你用油膏了我的頭，使我的福杯滿溢。我一生一世必有恩惠慈愛隨着我，我且要住在耶和華的殿中，直到永遠。」我非常喜歡這一段聖經的話，的確使我雜亂的心情感到平安！第二天清晨七點我即被推入手術房，有兩組醫師，一組是蔡建松醫師他為我的心臟動刀，另一組則取下我腿下的靜脈血管，要同時進行，靜脈血管要補在心臟上。在確認病人的身分之後，麻醉師即為我全身麻醉，大概幾秒鐘之後，我即完全失去知覺。

隨著時間，我已經逐漸忘却手術昏迷時的記憶了，隱約是沒有聲音，一片黑暗，但感覺有很多人在路上走，年輕時讀張系國的「超人列傳」有一段記：「然後開始有了光，他狂喜非常，奮力向光亮處前進。光照到黑暗裡，黑暗卻不接受光，反逐漸退縮到一角。有光明，有黑暗，世界便有了形狀，他又聽到有人呼喊他的名字。」我終於醒了，我辨識出蔡建松醫師站在我的旁邊，他低頭對我說了兩句話，便離開了，我似乎記得是：現在是下午兩點鐘，手術很成功！我全身插滿了管子，無法講話，但都聽得到。我逐漸辨識出葳、岳母、弟弟及朋友們，我被推到加護病房，由於一切順利，當晚便拔管、我開始聆聽葳的敘述。我的手術長達七個小時，麻醉師的技術進步，幾乎手術一完畢，我就醒了，當天有四個人動手術，我是最後一個人被推出來，因久久不出手術房，岳母還一直追問護士。算來我的心臟幾乎有七個小時停頓了，手術所以長是蔡醫師給我換了五根 by pass，而不是原先預計的三根，新科技不再用線縫，而是像釘書機一樣地打釘子，我全身有一百五十七根小釘子、胸口則有三、四根大鋼釘。我恢復得很快，次日即可下床行走，只是點滴架要跟著我人走，兩個禮拜後，就先出院，以後門診時我再拆釘子。住院是相當無聊的，不過可以看書，我當然會找一些書讀來安慰自己，我記得看一本榮格的書，他也得過心臟病，在那個時代他也活到八十幾歲。

在心臟手術前我已萌生提早退休的意思，在那時的氛圍之下已經不太想繼續再教書了，我已感到人的生死只在須臾之際，我應該還有其他的事要做，「述而不作」是不夠的，應該留一點東西下來，不少朋友勸我等休假之後再說，因馬上我就要輪到每七年一輪的休假了，系內同仁都很幫忙，新學期我只排了兩門課，一門是研究所的課，另一門則是同仁們共同負擔的中通。但我又出了問題，因醣尿病的緣故，我胸口的傷不易癒合，崩裂了，這是非常危險的，因有感染的問題，且在心臟附近部位，當時我恰好人在美國，陳一仁醫師給我作了緊急處理，我立即回台北三總醫院再次住院開刀，這一次我住院較久，住了一個多月，蔡建松醫師用大針縫合我的胸口，總算平安無事，上課怎麼辦呢？因三總醫院是與國防醫學院連接的，蔡建松醫師願撥出一間教室，讓學生來醫院上課，我想這個有點太囂張了，於是折衷一下，醫院准我每週請兩次特別假，每次四個小時，暫時離開點滴，這一年台北又流行 SARS，人心惶惶，報載對獨居老人甚不利，這一下子我鐵了心，準備提前退休。

2003 年台灣一片 SARS，美國也對台灣設防，抵美旅客入境後須隔離兩個禮拜，不過執行不嚴格，我休假一年已獲臺大同意，我在這樣的氣氛下到達西雅圖，沒有人來接我，我單獨叫了一部計程車送我到 Everett 家中，我們自動隔離，我一個人居住家中兩個禮拜，葳則住到鄰旁亦晨家，圓圓當時還未滿一週歲，但已能行走，他們抱著她隔着一個窗子來看我，寬慰我心。身分上我仍是臺大在職教授，但我已不再排課，算是退休了，這一年我是62歲，從我19歲進臺大當學生起，我竟在臺大待了43年，次年我正式退休，名義上我是63歲退休，如不提前退休，我們可以教到滿65歲，我辦妥了一切手續，退還了宿舍，搬出研究室，留下了一部分需用的書約有100紙箱，用小貨櫃運到西雅圖。養病、讀書、寫書是我退休後的生活，不過退休之後，身體反而變好了，當年秋天我居然去了一趟黃山，測試自己，徐霞客曾登過兩次黃山，留下了：「五嶽歸來不看山，黃山歸來不看嶽。」的絕句！

在2003 年以前我居住的重點是放在台灣，說句老實話我需在台灣教書，我在台灣有地方住，雖然每一年至少我會去美國兩次，但對於居家的觀念，還是在台北，西雅圖只是客居；但2003 年以後，看法變了，我在台北已沒有地方住了，雖然每年我至少會去台北一至兩次，但大部分時間我都會待在西雅圖。但我念念不忘台北，2008年馬英九初次當選總統時，由於我覺得台灣的政治環境已變，我在興奮之餘，居然又再搬回台北租屋居住了四年，後來馬有一些令人洩氣的行為，使我一怒之下，再度搬回西雅圖，這次東西稍少，大約有半個貨櫃，從此死心踏地，準備在西雅圖養老、終老了。每年至少回台北一次，原計畫不變，西雅圖的優點是空氣新鮮、水質良好、房子寬闊、一切生活機能方便，缺點則是地處高緯度，寒氣太盛，夏季雖是涼爽，但有時質疑是住在南半球；冬季漫漫，晝短夜長，偶有積雪。心臟病與醣尿病兩疾夾攻，使我晚年的生活，憂鬱中帶著警惕！ 2015年我曾試著再做一次心臟手術，住三總醫院的結果，是不能做支架，而再做 by Pass 有高度危險性，故蔡建松醫師改以繼續服藥治療，如今我是一直帶病延年，好友榮總退休心臟科主任王石補大夫安慰我說，類似我的病例，好好注意，有再拖過十年以上的例子，晚年虔誠信仰基督，就把一切交在神的手中。

記得唐詩有云：「昔年戲言身後事，如今都到眼前來。」暮年應有所規劃。年輕時喜歡居住美國，大房子、寬廣的庭院，空氣好，出門有車，一切方便，但年齡漸長，思慮則改變，厭煩做家事，視開車為辛苦之事，身體老化，毛病百出，跟醫生常打交道，雖然居美也有醫療保險，但總不如居台時方便，所謂倦鳥知還，年老思故鄉了。雖然我痛恨馬英九的一些懦弱行為，但還是再思返台常住，但修正為五、七分，也就是五個月住台，七個月居美，秋天返台，避開暑熱的台灣，冬天及過舊曆年皆在台灣，春天回美，整個夏季都躲在涼爽宜人的美國西北地區。趁還能走得動時，多看看這個世界，也就是旅行各地，兒孫分居西雅圖、上海兩地，他們不來看我們，我們就去看他們。我們過去從事學術工作，老來要儘快做整理，能集結成冊，藏之名山，也算成就一生的心願了，給後人一點紀念。如果一日倒下或是失智，那是天命，儒家所謂的「求仁得仁。」我們信仰基督的人，就是求神憐憫！求神安慰了！

二十三、第二次赴歐旅行

我去過歐洲三次，第一次是在1998年我單獨赴歐訪問旅行，2004年也同樣是在四月，我終於有機會跟葳一同赴歐洲旅行，我必須要說明這跟我的心臟病治療有關，2004年我已退休，也想考驗一下自己的身體狀況，旅行是一個很好的test，測試體力。正逢我們買到budgetfare tickets，乃訂定當年的春天四月偕葳一同去歐洲旅行，我們採自助旅行方式。我記得我們是搭UA的飛機從西雅圖Sea-Tac Airport出發，在芝加哥稍停，未換飛機，逕飛英國，第一站是Heathrow Airport，由於我已是第二次來英，一切駕輕就熟，英國是說英語的國家，歐洲國家的語言繁多，我們選擇先飛英國自是按照一般旅遊習慣，第一站選擇說英語的國家。下機後我們先搭地鐵到預訂的旅館check in，旅館的名字已忘，我只記得附近地鐵站的名字有一個「Park」，好像是大站，不是小站。由於葳是第一次來倫敦，所以我們旅遊行程跟1998年那一次很多是重複的。稍有不同的是這次我們遊倫敦時，終於進入了歐洲繪畫殿堂的國家藝廊（National Gallery），仔細參觀了這間畫廊，也進入了西敏寺（Westminster Abbey），教堂裏都是墳墓，歷代英王、英后以及一些名人都葬在寺內，事隔六年也有些變化，聖保羅大教堂後面那一家名叫Nippon的日本書店不見了。大英博物館已修竣，新館很漂亮，是這次到倫敦來的新收穫。號稱歐洲最大的倫敦中國城，我們也多次去享用美食，只是感到有點不對勁，滿街游手好閒的華人太多，報載多是偷渡客。葳對Harrod's百貨店頗感興趣，但時代已變，已不再是帝國的珍珠，百貨店除了古典建築尚能吸引人之外，所賣的東西已沒什麼了不起，只是貴而已。

劍橋大學及牛津大學仍是我們不可或缺的行程，我們先去劍橋，這次仔細看了國王學院（King's College），及宏偉的國王教堂（King's Chapel），可以說那是劍橋大學的代表性建築，教堂內有許多名人的雕像，我們有深刻印象的是牛頓及培根兩人的雕像，聽說王曾才的結婚典禮就是在此教堂舉行。劍橋跟牛津有點不同，劍橋有一股神秘氣氛，在遊劍橋途中，我們見到一對父女，女兒長得很漂亮，父親文質彬彬，操一口流利英國腔的英語，我們交談之後，他還能說流利的中文，直到他的女兒開口，我們才知道他們是法國人，女兒也能說英語，但不地道，我們來劍橋確是碰到了能人，我不禁想起當年林長民帶女兒林徽因同遊劍橋的故事了。回倫敦的路上我們順道去看了溫莎古堡，可惜跟上次一樣，時間太晚，無法進入，只能看看外觀。隔天我們去牛津大學，一下車我就注意到車站旁的那一家中菜館「東方不敗」已經不見了，當然先去最大的基督教書院，他們管理得很好，還有導遊解說，由於看到張貼在外的菜單，我們走到餐廳去看看，大吃一驚，看餐廳甚為眼熟，我問導遊這不是電影哈利波特中的大餐廳嗎？導遊立即答說是的，電影是在此地拍的，但場所已經電腦處理，使電影上的餐廳看來更為宏偉及寬廣，牛津大學都在城市之中，幾乎沒有校園，而五十多個書院更無法一一細看，除了三一書院之外，我們曾走馬觀花看了一下，因劍橋也有三一書院，我們只有坐觀光巴士大致逛了幾圈。然後下一站趕到莎士比亞的故鄉史特拉福（Strafford-upon Avon），這次是專程去，且準備住一晚。從牛津到 Strafford 的車次很少，要到 Lemington 站，再換支線才能到達，顯見 Strafford 地處偏僻了，Strafford 是舊遊之地，下車後瞄了一眼，發現那一家叫「麒麟閣」的中國菜外賣店也已不見，遵行上一次行程，我們先到鎮中心看莎士比亞誕生的地方（Shakespeare's Birthplace），是一棟已有 400 年歷史的兩層樓小屋，再步行到另一條街去看莎士比亞晚年時的居所，以及他孫女住過的房子（New Place & Nash's House），又轉到他女兒蘇珊娜住的（Hall's Croft），美麗庭院及都鐸時期的裝潢，於門外向內看時猶可見到，再走到亞芬河（Avon River），這一條非常美麗的小河，寧靜、安祥，黃昏時小船划行河上，構成一幅美麗圖畫，大凡出偉人處，必山靈水秀得其一，如無亞芬河，莎士比亞出生於此地一事得不到解釋。這次也碰到一件怪事，我們看到兩個中學生大小的東方女孩在公園奔跑並大聲用中文交談，我們甚感詫異，乃用中文問她們，原來是來自大陸的小留學生，她們說鎮上有不少中國人居住，並有一家新開的中國式 Buffet 店，於是當晚我們享受了一份美好的中餐。夏季白天長，晚上七點依然有白晝陽光，鎮上看到很多有情調家庭式 B&B，每一棟都掛牌 Vacancy，我們在一家日本主婦主持的 B&B 門前，正猶豫時，一個日本女人跑出來了，她很高興與我們用日語交談，於是立即談妥，態度親切，房價公道，她並說次日將做日本早餐給我們吃，我們也見到她的先生，是一個英國白人，客房乾淨、雅致，葳覺得很滿意。次日，我們享受了稀飯、醬菜、小魚乾等日本早餐，當然也有咖啡，早餐後繼續行程，去安妮小屋（Anne Hathaway's Cottage），莎士比亞於十八歲時與較他年長的安妮．哈薩維結婚，育有三名子女，安妮小屋便是她的娘家，距鎮中心有 1.5 公里，安妮小屋真是美極了，房舍氣派，花園萬紫千紅，可以看出 16 世紀英國的農村鄉下小地主的住所，這所小屋像極了童話世界中的屋子，我們這次看得很仔細，我還用 Viedo 拍了房子內部，我們感到心滿意足，不虛此行。回到鎮上又看了 John Harvard 銅像，跟在哈佛大學所看到的一模一樣，因 John Harvard 也是 Strafford 人。

結束英國之旅後，我們坐歐洲之星高速鐵路到歐洲大陸，跟 1998 年不同的是這一次我們不先到巴黎，而是去布魯賽爾，從英國滑鐵盧站出發，有兩條線到歐洲大陸，一條是駛向巴黎，另一條則是駛向布魯賽爾。布魯賽爾是比利時首都，也是歐盟總部，如果歐洲像一個國家的話，布魯賽爾就是歐洲首都了，所以它愈形重要，經濟也愈為發達。我們事先已與葳的北二女初中同學蔣曉明聯絡過了，她為我們在布魯賽爾訂了旅館。蔣曉明的祖父大大有名，就是蔣百里先生，蔣曉明初中時就出國到比利時了，我們這一次對布魯賽爾的印象不太好，感覺歐洲比美國亂，下車後就有人對我們吐口水，想趁亂搶行李，所幸我們鎮定未為所逞，跟往常步驟一樣，我們先到旅館 check in，然後到大廣場去玩，大廣場的景觀非常精緻，最重要的建築首推國王大廈（Maison du Roi），這是一棟十六世紀的哥德式王宮，現在已是一座博物館了，國王大廈的對面就是市政廳（Hotel de Ville），是十五世紀哥德式建築，其高聳尖塔是大廣場上最高建築物，尖塔頂端立著布魯塞爾的守護神「大天使米歇爾」的雕像，最有名的雖是這兩座古典建築，但大廣場其他古典式建築也很協調，科克托説大廣場像是絢麗的劇場，當指每年八月中旬，廣場堆滿盛開花朵，像是鋪上一層光彩奪目般的地毯，非常美麗。尿尿小童雕像就在市政廳左側的巷中，葳看了之後，大失所望，覺得宣傳過了頭，雕像太小，根本看不清楚。蔣曉明下班之後，跟我們在大廣場見面，我跟蔣曉明在台北見過一次面，但葳跟她則是已多年未見。蔣曉明開車帶我們遊覽布魯賽爾全市，由於作為歐盟總部，布魯賽爾提高了重要性，一如巴黎、倫敦一樣，已成為都會型城市，由於坐車子，所以看得多、走得遠，布魯賽爾是一個東西傾斜的城市，有很多的古典建築，類似巴黎。蔣曉明談及她的一些私事，她晚婚，與丈夫恩愛，但有一次丈夫出門慢跑，途中因心臟病突然發作，人就這樣過去了，我們聞之不勝唏嘘，不過日子總要過的，她已逐漸走出傷痛，目前在一家旅行社工作。晚飯她請我們在一家溫州人開的中餐館，菜餚豐富，布魯賽爾跟巴黎一樣，有很多溫州人居住，飯後她又帶我們試搭布魯賽爾的地鐵，很奇怪的是地鐵沒有進出口，用刷卡方式上下車，其實這是榮譽制，不過我懷疑這是否有效果？據我所知在歐洲跑票很兇，在巴黎時我就曾看過很多年輕人，不買票就直接跳過進出口。蔣曉明知道我是學歷史的，她説她的大姑仍在，高齡且健康，她表示願意為我們安排引見，我當然願意這難得機會拜訪蔣百里的女兒，可惜事先不知道，而次日我們就要離開布魯賽爾，甚感遺憾與可惜。

離開比利時之後，我們繼續前往荷蘭，我們住在阿姆斯特丹，行程跟1998年那次差不多，只是「食為先」中餐館沒有了，但西藏川菜館仍在。這次荷蘭之旅我們拜訪老朋友張小月，她當時是中華民國駐荷蘭代表，張小月曾任駐西雅圖處長，她跟葳是好朋友，我們打電話給她，她很高興，親自開朋馳車來接我們，並在北海邊一所豪華飯店設宴款待我們，聽說清朝李鴻章曾住過此飯店，我們在行經來頓大學的路上，還碰巧遇見江樹生教授及其夫人，於是拉上車，並為我們介紹，其實我們認識江教授，他是台灣史專家，精通荷蘭文，東海大學畢業，與我的好友鄭欽仁教授是同學，1970年代我訪問日本時，有一次到天理大學，江教授也在那兒研究與工作，這次在他鄉與故人相遇，當然分外高興，大家吃飯與聊談，非常愉快。但是樂極生悲了，我們當然也有責任，就是大意與疏忽，事情是這樣的：很多朋友遊歐洲都有過不愉快的經驗，歐洲的治安比美國差很多，賊太多！葳誤把歐洲當成美國，像在美國一樣，把皮包放置在椅子上，我們事後的回憶，時值夕陽，北海的落日非常美麗，大家一陣忙亂，爭看落日，也許離座兩分鐘，夠了！拿一個皮包幾秒鐘就夠了，我們猜測有一個男性侍者嫌疑很大，但事情已經發生了，能怎麼辦呢？皮包內有我的中華民國護照、葳的美國護照，美金旅行支票，都未簽名，相當糟糕，所幸信用卡、一部分美金現金，我的PR卡放在我的身上，雖倒楣，但未到頂，於是報警，拿了一份用荷蘭文寫的遺失報告，江樹生教授幫我們翻譯解說報告內容，我的護照容易解決，張小月立即幫我補辦護照，用最速件，次日下午就拿到了，那一份荷蘭文報告就代替申根簽證了，證明我們是合法入境；葳的部分我們次日到海牙美國領事館申請補發護照，也很快，當天拿到，遺失護照的人很多，有一位美國青年在海牙出差一個星期，正準備滿載而歸，也在史基浦機場（Schiphol Airport），因詢問事情，僅離開身邊行李十秒鐘，於是護照、行李都被小偷迅速拿走，實在可怕，雖然感到懊惱，但行程還得繼續向前走。以前在Seattle時，每逢四月時，我都必去看郊外的鬱金香花田，可能是荷裔美人帶去的花種，使得Seattle附近是美國最大的鬱金香花種植地，在荷蘭觀賞鬱金香花首推庫根霍夫（Keukenhof）公園，荷蘭人跟美國人種花的態度不太一樣，荷蘭人是在種花，注意周遭的配景，而美國人把花當成農作物，一大片紅，一大片紫…種花量多，但欠缺美感。我們暢遊阿姆斯特丹，雖是荷蘭的政治與經濟重心，鄰近史基浦機場（Schiphol Airport），歐洲的第二大機場，是進出荷蘭的主要門戶，但阿姆斯特丹其實是一個小城市，比台北還小，我的感覺是它的文化性更高，我們遊阿姆斯特丹的重點其實是在參觀各個博物館，儘管在1998年時我大都已去過，但這一次還是又詳細地再走一遍。

我們帶著懊惱的心情下離開荷蘭，搭火車前往巴黎，在巴黎我們有兩位朋友，第一位是雲中君，他曾為駐西雅圖僑務主任，非常聰明與優秀，臺大外文系畢業，夫婦倆均留法，且都獲得博士學位。我們抵達巴黎後，先 check in 旅館，然後跟雲中君聯絡，他們請我們吃晚飯見面，並導覽夜遊巴黎，方式非常奇特，差不多是午夜十二點時刻，他們夫婦開車帶我們去看巴黎鐵塔，時值深夜，香榭麗舍大道上車、人都少，巴黎鐵塔周圍遊人也少，停車不成問題，這時巴黎鐵塔全部亮燈，光彩耀目，非常美麗，連雲夫人都說她從未看過此景，用這種方式欣賞巴黎鐵塔，讓我們留下非常深刻的印象。我們遊巴黎期間，每天清晨雲中君都會發一張 FAX 至旅館，建議我們當天在巴黎的行程，如途中有問題，可以隨時打電話給雲詢問，所以我的第二次遊巴黎，既有步驟，也更豐富了遊覽內容。第二位是吳其昱教授，吳教授是抗戰時西南聯大畢業，法國巴黎大學國家文學博士，長期居法，吳教授，博學廣聞，精研敦煌學，我們結識於東京，當時日本政府邀請他擔任訪問學人。吳教授是一位傳奇人物，他年邁結婚，娶了一位日本太太，她也精通法語，吳教授不諳日語，吳夫人也不會講中國話，兩人是一直是用法語溝通，吳教授六十五歲得女，2004年我們訪巴黎時吳教授已九十歲，吳小姐25歲，已獲博士學位，且結婚生女，吳教授九十歲親睹孫女。之前有一年吳教授來台北參加學會，我見過吳夫人及尚是六、七歲的吳小姐，我跟吳夫人是用日語交談。1998年我第一次訪巴黎時，也是吳教授接待我，代訂旅館，並在巴黎北站親自迎接我。2004年我們再度見面，他請我們吃飯並喝了一些紅酒，整晚都在談學問，主要是波斯人對歐洲文藝復興的貢獻，他直嚷很久沒有這麼痛快的談話了，晚飯後他跌跌撞撞地搭車回家，我很不放心，次日清晨立即打電話過去，沒有事，老先生的精神好得很！吳教授親自帶領我們遊巴黎大學及校區附近，他帶領我們到一家號稱最好的咖啡點心店，當然不差，可惜我已忘記店名，只記得好像是在盧森堡公園旁，他還帶我們到一家 Campus 附近的中餐店，並為我介紹餐館的老闆，並說我是方杰人教授的學生，原因是當年杰人師訪問巴黎時，曾在此飯店擺了一桌，設宴款待一些法國漢學教授，當時吳教授也在席中，所以這次吳教授就在同樣的飯店款待我，在同樣的位置圓桌坐下，我心中充滿了感懷與感觸。由於我認得哈佛大學的已故楊聯陞教授，吳特地還為我講了一個故事，就是當年楊教授曾被法國巴黎大學邀請擔任訪問學人，條件優厚，回報也很簡單，就是要發表一篇學術演講，楊教授也認為這是當然，也不是什麼了不起的事，很早就用英文寫完演講稿，直到演講前，法國當局通知楊必須用法語演講，這一下子立即難倒了楊教授，吳教授立即仗義幫忙，把英語翻成法語，到時楊教授只要唸法語演講稿即可，可見法人驕傲，根本不甩美國人！幾天的相聚我們三個人都很高興，我邀吳教授赴西雅圖作客訪問美國，他猶豫了一下回答我說：他很樂意，也願意成行，如果是在20年前的話，但現今他已九十歲，他自己也覺得九十歲的人還出門旅行，實在有一點過分，他說謝謝了！由於我學了一年法語，葳在華大也通過法語考試，但這次來巴黎，發現完全不管用，我在巴黎大學附近自助洗衣店洗衣服時，必須看英語說明才行，有一位法國太太很熱心要幫我忙，但我還是聽不懂她的法語，後來了一位年輕學生，說是略通英語，但他說英語，可能跟我說法語差不多，最後靠說單字，才勉強溝通。僅在咖啡店與侍者講的簡單法語，彼此都無問題，有一天，我與葳在馬固咖啡店（Aux deux Magot）吃早餐時，看到一個老頭（像是老教授）跟一群年輕人在聊天，像是在做節目，因有電視台在拍，我雖然還是不懂，但了解他們在討論一個文學論題，這就是法國，在美國不會有這樣的場景。

在羅浮宮與奧賽博物館我們花了兩個整天，看得非常仔細，這一次發現了有一個問題，就是在羅浮宮見到一巨幅拿破崙稱帝加冕圖，我們這一次除去了羅浮宮，也去了楓丹白露拿破崙宮，也看到同樣大小的拿破崙稱帝加冕圖，我曾請教過專家孰真孰假？答案卻是令我驚訝，兩幅都是真跡。拿破崙稱帝後，放著法國那麼多的皇宮都不要，卻獨鍾楓丹白露，想來楓丹白露的氣質征服了拿破崙，在楓丹白露皇宮中住過的歷代帝王，以拿破崙最著名，也以他留在楓丹白露的故事最多，楓丹白露也因拿破崙成為馳名的地方，從巨大的鐵柵門走進去，首先看見的，是一個倒凹形方院，是拿破崙校閱禁衛軍的地方，在方院的正前方是主建築，石建、不高，三、四層樓，最顯眼的是一對合抱的馬蹄鐵型的樓梯，很好看，是十五世紀的作品，這種露天樓梯設計在法國少見，但在台北許多日據時代的西式建築都採用這設計，譬如總統府、臺大醫院、我曾唸過的東門國小也有一排老教室都有馬蹄鐵型的樓梯。拿破崙在楓丹白露邂逅約瑟芬，來比錫戰敗後逃回楓丹白露，並在此簽遜位詔書。楓丹白露皇宮現在已是博物館，藏物豐富，值得一看，楓丹白露有一個角落，特別闢為中國博物館，展出的是中國明、清瓷器，數量多且精緻，這些國寶大約都是庚子八國聯軍之亂時，被法國人搶掠。我們去楓丹白露是雲中君事前替我們雇了一部計程車，司機是華人，他先帶我們去附近一個小鎮，我已忘名，可能是巴比容（Barbizon），因為有一所有名的美術館在此，鎮上有很多畫廊，此鎮很有味道，古典法式建築，司機說這是一個觀光小鎮。

跟1998年那次相比，我們多去了幾個地方，譬如先賢祠，俗稱萬神廟，原先是一座希臘式建築的教堂，後來國家的偉人紛紛入住，變成墓園了，伏爾泰、盧梭、雨果都居住在此地，先賢祠在拉丁區，巴黎大學旁，巴黎勝景盧森堡公園、聖母院、塞納河、羅浮宮等，都在一箭之地的距離。凡爾賽宮、聖心堂、凱旋門等當然是必去之地，但這一次由於雲中君的再三推薦，我們還去了畢卡索在巴黎的居所，畢卡索死後已改為博物館，對於印象派畫我們尚稍能欣賞，但對抽象畫派則完全不懂了，但畢卡索的名氣太大，還是不得不去看看。

離開巴黎時，我們請旅館的老闆娘用法語替我們叫了一部計程車，直駛戴高樂機場，這次我們從巴黎離開歐洲，由於在荷蘭遺失皮包的事，使得我們的這一次歐洲之旅很難十分愉快，雖然自我安慰，不經一事，不長一智，畢竟這種經驗不是好事。回美路上，在空中鳥瞰，經英國、冰島上空，跨過大西洋，再經加拿大上空回到西雅圖。回美後一直在思考這次歐洲旅行，覺得歐洲比美國亂，物價更高，我們去的地方還算是富裕之區，人們的步驟慢，容易滿足，勤奮心差了些，外來移民太多，是歐洲的隱憂。

驚聞巴黎聖母院於法國時間2019年4月15日的下午突然大火，850年的古蹟，付之一炬，竟然全部燒燬，這是全人類最傷心的一天。憶兩次去巴黎，都曾去過聖母院，尤以第一次時，因住巴黎大學附近，幾乎每天都會到聖母院散步走動，今後再也看不到聖母院了！雖然法國總統宣言要將之修復，但歷史只有一個！我感到難過與遺憾。

二十四、我對日本的認識

我在日本京都大學唸過書，至少有兩次在不同的年份註過冊，我在臺大時曾開過「認識日本」及「日本研究導論」的通識課程，每次都有近百人來選修，曾有一次因電腦程式發生錯誤，還引來近五百個學生選修此課程。我曾為地球出版社編寫過一本「日本」的書，所以我對日本是有一定程度的認識。戰後的日本國力大減，世界情勢已變，中國確實崛起，日本不能再予取予求地欺侮中國，而且日本已變成民主政體，自衛隊不能干政，首相需受國會牽制，沒有無限大的權力。

從1973年以後，差不多每年的暑假我都會去日本，1979年到美國以後，雖然不一定是專程到日本，但每年的寒、暑假我都會去美國，由於班機都會在日本轉機，而且可以出境，不加額外費用，所以幾乎我每年都可以短期停日本兩次，甚至多次。直到2004年退休以後，我才逐漸地不再每年去日本，算起來這三十年間我經過日本竟超過六十次以上，對我的裨益至少有兩點，一是我的口說日語很有進步，二是的確使我能夠更加認識日本。

我跟日本的關聯，大致可以分成三方面來說明：第一我要談一些我在日本所見到與交往的日籍師長與友人，首先我要談我的老師故京都大學東洋史科主任教授佐伯富教授，佐伯老師治宋史、中國經濟史，宮崎市定教授的傳人，傳說佐伯老師是日本歷史名人空海的後代，因空海俗家姓佐伯，1970年我去日本時，佐伯老師正是京都大學東洋史科主任教授，因逯耀東的引薦，我拜在佐伯老師的門下，佐伯謙謙君子，講話慢條斯理，初見面時我們師生彼此的印象都很好，當時他送了我很多書以及不斷地贈與論文抽印本（日語稱拔刷），並把尚未出版的引得稿供我參考使用，這對於我撰寫博士論文很有幫助。我跟他比較密切的互動是我畢業以後在臺大任教時，當時哈燕社有基金支持臺大歷史系，可以聘請外籍教授來系內客座，為了報師恩，也相對增加臺大歷史研究所的師資陣容，我說服系內同仁，通過聘請佐伯老師來臺大客座一年，由於老師需用日語講課，我商請鄭欽仁兄擔任即席翻譯。臺大在基隆路三段與長興街附近提供了一棟客座教授宿舍，因我也住在長興街，離我家不遠，我可以就近照顧老師的起居生活，這一年我跟老師頻密互動，我的日語進步很快，而且可以講很典雅的日語。我記得老師旅台的生活非常愉快，我還帶他到過獅頭山旅遊，並到新竹城隍廟參觀，小吃攤嚐美味，又和老師、師母一同遊覽淡水紅毛城、淡江大學、淡江中學等，在多少年後老師還念念不忘這些事。一年之後，只要我經過京都，一定會拜望老師，有時甚至會住到老師的家，他退休之後，在鄉下琵琶湖畔買了一塊地，蓋屋養老，有很大的院子，前院種花草，後院種蔬果，我曾經在他家題毛筆字「晴耕雨讀」四個字，有一年日本夏天鬧旱，有四十天不下雨，我還跟老師開玩笑，「晴耕雨讀」一定累壞了！師母也是畢業於京都大學，主修化學，彈得一手好鋼琴，在老師旅台期間，師母也曾來台陪老師住過一段時日。大概1996年我最後一次到京都去看老師，臨行告辭，他還特別叫他的大孫女開車送我到車站，老師也上車親自送我到車站，之後我因母親去世，自己心臟做了 by pass，身體也不好，也聽說老師失智，故一直到他去世，沒有再見面！第二位我要談的是天野元之助教授，他是京都大學農業史教授，是世界知名的農業史大師，我在京都唸書時並不認識他，我跟他訂交是因一篇文章而起，我在食貨雜誌寫過耕織圖文章，提到清版耕織圖是清康熙時宮廷畫家焦秉貞所繪，畫風受到西洋的影響，天野老師深感興趣，寫信跟我討論，他說焦秉貞或曾受到郎世寧的影響，我回信說郎是在乾隆時代，焦秉貞是在康熙時代，焦秉貞與郎世寧不可能有關聯，明末利瑪竇時即已傳入西洋畫風，德人佛郎開、法人伯希和都已提到此事，天野老師回信認錯，第二年我經京都時特別去看他，他驚訝我很年輕，我也尊他為老師，從言語中我們全是師生的用語對話，他送了我很多他所寫的文章，後來我們多次見面，我們每次餐聚，他只吃一碗蕎麥麵，非常簡單，這或許是他長壽的原因吧！我們見面時他已八十多歲，我治中國農業史，深受他的影響，我在臺大開中國農業史的課程，是以他所寫的書為主要藍本，他對我所寫的文章也很重視，曾影印分送許多日本的學者，他應該是老病而逝，有一年經過京都時，我約他出來餐聚，他說已無法出門，當時我因需立即赴美，無法久留京都，於是約他秋天返台時再經京都去看他，但後來他卻過世了。第三位是西嶋定生教授，他不是我的老師，他曾是東京大學東洋史科主任教授，是好友鄭欽仁教授的老師，我也尊敬西嶋先生為老師，但我們可稱為忘年交的朋友。他治中國經濟史、中國上古史、秦漢史等，我們訂交是欽仁兄的介紹，1973年欽仁兄獲得東京大學博士學位，我與葳因也參加學術研討會，正好在東京，我們陪欽仁兄到達位於東京郊外一個名為我孫子的小鎮，到西嶋先生家拜訪，聊談愉快，我們一見如故，天色已晚，由於地處鄉下，趕回東京比較困難，西嶋先生及夫人居然邀請我們過夜，初次見面，日本人通常不會這樣招待客人的，西嶋先生的家很大，與二兒子及媳婦、孫子住在一起，西嶋夫人個性奔放、好客，媳婦能說英語，故與葳能談話。第二年夏天我們去野尻湖開會，當時西嶋先生在附近的戶隱市避暑，日本教授有此避暑的習慣，會後我們去旅社探望他，他招待我們留宿一夜，我們首次嚐到鯉魚生魚片，非常美味，我記得戶隱市涼爽，有一個大神社，西嶋先生帶我們遊覽當地勝景，他對於各種植物常識非常豐富，相當了解，一路上詳細為我們解說。之後我每經東京，必抽時拜訪西嶋先生，1987年夏天西嶋先生來美國開學會，會後他先到佛羅里達楊寬先生家作客，楊寬是復旦大學教授，當時正值改革開放，大陸的教授已能來美國，我未見過楊先生，但慕名已久，他所寫的戰國史四種版本我都有收藏，當時楊先生已退休，住在佛羅里達的女兒家，當年的約定是西嶋先生會從佛羅里達直飛西雅圖專程來看我，由於時差的關係，班機從東部飛過來時，按行程已近深夜12點，我做了一些必要的準備，要親自到Sea-Tac International Airport接機，但去機場前，突然接到從佛羅里達打來一通操上海口音的電話，云是因班機延誤，日本教授必須深夜兩點以後才能到達，我答以不礙事，我會晚兩個小時去接機，深夜我順利接到西嶋教授，我方知發話人是楊寬教授。西嶋先生在我家住了一個禮拜，我當然盛情款待，我陪他到 UW 參觀，陪他到東亞圖書館，介紹盧國邦館長，並由日文部門負責人導覽介紹，西嶋先生並簽字留念，我宴請西嶋先生，並請甲凱教授及夫人、張秀容教授作陪，甲教授是我好友，曾任台灣輔仁大學歷史系主任，甚為欽佩鄭欽仁兄，一聽是鄭兄的老師，分外高興，張秀容到美東適時經過西雅圖，在我家作客，席上我擔任翻譯，賓主盡歡。我陪西嶋先生遊覽西雅圖，特別去看了 Mt. Rainier，西雅圖近郊有名的雪山。當年冬天我由美返台經東京時，再訪西嶋先生位於我孫子的家，住了兩天，西嶋先生也盛情回報我，不過自此以後我們未再見面，不久西嶋先生去世。第四位是斯波義信教授，斯波先生跟前三位不同，我跟斯波先生是平輩朋友。斯波義信是戰後東京大學新制第一個歷史博士，他治宋史，日本宋史名學者周藤吉之的學生，而周藤吉之又是名學者加藤繁的學生，斯波義信的博士論文是「宋代商業史研究」，他是日本新一代的學者，中、英文俱流利，頭腦非常清楚，1973年我去日本訪問時，他在大阪大學任教，臺大歷史系學長魏美月是他的學生，通過魏的介紹，我們在大阪大學初次見面，他知道我治中國農業史，當天帶我去參觀大阪一所農業博物館，他知識淵博，談話風趣，給我留下深刻的印象，由於後來我介紹魏美月進入故宮博物院工作，斯波還特別寫了一封信感謝我幫助他的學生。此後我們常常來往，他也常來台灣，我印象比較深刻的是有一年，大概是1988年左右，他已轉到東京大學任教，並擔任東京大學東洋文化研究所主任，我正巧路過東京，那一次是到東京大學附近的舊書店買書，我順便到東京大學隨便走一走，居然在他的研究室不期而遇，他說那一天他也正好沒事，於是我們到校園散步，並喝咖啡，他帶我到東京大學的出版中心參觀，那一天整個下午我們聊了很多問題，我記憶中是我們談話最久的一次。2010年曹永和先生90歲生日，斯波已是日本東洋文庫的主任，他以特別代表的身分來臺大向曹先生致意，並發表特別演講，那一天我們曾短暫再聚敘。第五位教授是渡部武教授，我們的年齡差不多，他是早稻田大學的博士，在日本東海大學任教，治中國農業史，很了不起，很有成就，他應該是陳明玉教授的老師，學生比老師年齡大，是因為陳明玉負笈東瀛時間比較晚，陳明玉先在早稻田，後到京都同志社大學唸博士，她專攻藝術史，在臺大藝術史研究所任教，是故哲學系主任洪耀勳老師的大媳婦，洪耀勳老師二公子洪伯元醫師是我在西雅圖的朋友。我跟陳教授是同事，又同有日本教育背景，所以談得來，應該是通過陳明玉教授，我得識渡部武教授，2000年我出席在東京召開的域外漢籍會議，發表有關耕織圖的論文，渡部武也親來聆聽，次年，渡部武來台訪問，洪家大哥、陳明玉及我熱烈接待他，到故宮、到臺大，賓主盡歡，大家都能說日語，渡部武非常滿意。暑假時我赴美再經過東京，渡部武也熱烈回報，招待我訪問早稻田大學及東海大學，甚至於介紹他的家人，與其妻兒見面一同吃飯，我印象深刻的是有一天我跟渡部武單獨吃飯及喝酒，一頓晚飯竟吃了四個地方，讓我見識到典型的日式招待。我們不僅吃飯及喝咖啡，也討論許多學術上的問題，我獲益良多，他對我幫助很大，至今我還常懷念這位朋友，應該是2002年一場心臟病，我不常去日本了，後來我們竟然失聯。

在日本時期，我也認識了許多中國人朋友，他們都對我多所照顧，但我感懷很深的，並要提一下的有四位，第一位是張亨道。張亨道是東北丹東市人，個性認真、熱誠、爽朗，早年從軍來台，政工幹校畢業，海軍服役，八二三炮戰受傷退役，努力向學，考上公費留學日本，進入日本教育大學，攻讀歷史博士，師事酒井忠夫教授，酒井忠夫教授跟鄭欽仁兄是好友，可能通過這層關係，張亨道得識欽仁兄，亨道自認半路出家，故常向欽仁兄請教。1973年暑假，我在東京，欽仁兄為我介紹亨道，由於緣分，我們非常談得來，從此我們密切來往，成為極好的朋友。日本的學制是先取得博士課程修了，然後寫完論文之後才能拿博士學位。亨道兄當時屬教育大學博士課程修了這一級，亨道兄先在台灣駐東京辦事處打工上班，後來轉到日本華僑總會擔任秘書，張大嫂許麗華習會計，在會社（私人公司）上班，育有一女小玲，跟亦晨差不多大。我跟亨道幾乎有談不完的話，有幾次我甚至住在他家。亨道有一習慣就是喜歡品咖啡，他說東京的咖啡店他已去過上千家，並不為過，確實去過，我常想我嗜飲咖啡恐怕是受到他的影響，他的願望是在東京能開一家有格調的咖啡店，可惜直到他去世時，仍未開成咖啡店。三十年來我赴美經過東京，都是他安排我的住處，我的行李都存放在他的辦公室，他不但請我吃飯，甚至我的朋友、親戚經東京時他也都招待，我想就算是我的親大哥也未必能做到。2002年我住三總醫院做 by pass 時，他還來過醫院探望我，我動完手術後，他已回到東京，但我立即打電話給他報平安，2004年夏天我飛美經東京短停，還曾跟他見過面，但這是最後一次，次年他因病突然去世，9月我曾趕赴東京出席他的告別式，我甚為傷感，此後不再停東京，甚至多年不去日本，或都跟他有關。第二位是楊作洲大哥，楊跟亨道是好友，也是政工幹校畢業，但楊畢業以後考上臺灣大學政治系就讀，楊大嫂梁金麗是他的政治系同學。我們三個人互為好友，但張、楊兩位個性不太一樣，張內斂，楊外向，張思慮單向，楊則考慮周全，但兩人都古道熱腸，與朋友講義氣，由於楊機敏多謀，張也相當服膺楊。楊住橫濱，除開了貿易公司之外，也擁有三家名為「青葉」的飯店，楊是華僑身分，先後出任過台灣的國大代表及僑選立委，有一次 APEC 會議時，楊及大嫂曾來過西雅圖，我每次經停東京時，都會跟兩位兄長見面，而亨道去世後，楊更以兄長身分特別照顧我。2013年我因赴美，再度經東京，出發前曾電話連絡作洲兄，但電話一直無人接聽，經不斷連繫之後，方知作洲兄因病住入林口長庚醫院，我連忙趕至林口長庚醫院病房，發現作洲已昏迷不醒，由於作洲身體一向硬朗，我感詫異，詢問之後，方知原委：金麗嫂因癌病，返台住入林口長庚醫院，作洲兄陪她來長庚，也作了身體檢查，結果發現了攝護腺癌，當時作洲兄的身體情況很好，而我們也知道攝護腺癌是可以拖一段時間的，醫生作結論是如不醫療，可以拖五年，如治療則可以拖十年，甚至更長，當時作洲兄已八十五歲，他回答醫生說想往一百歲走。因是初期，手術不難，一切順利，出院後需靜養，他選擇了鄰近的長庚養老村，這是合邏輯的事，長庚養老村有護士，本就是照顧老人的地方，而且離長庚醫院近，回診方便，但作洲兄忽略及大意了一件事，那就是老人聚集的地方，本就是傳染及感染的媒介場所，想不到不到一週，作洲兄竟被感染了病菌，於是再度進入醫院，卻昏迷了，迄未醒過來，一個月之後，我在東京聽說作洲兄因病過世。第三位是企業家李海天先生（亨道的老闆），愛國僑領，船公司老闆、橫濱 Holiday Inn、重慶飯店擁有者，我曾用「富而好禮」四個字來形容他，他也曾擔任過僑選立委，虔誠的基督徒，也是我岳父的好友，每次我經過東京時，他一定厚餽及請我吃飯，並且見面聊天。第四位是金濤大哥，他也是政工幹校畢業，留日負笈東京明治大學，我第一次到京都大學時就認識他了，他在京都大學旁經營東海書店，也是像兄長般地照顧我，只要我經過京都，一定會跟他聚敘，他常識豐富，見多識廣，閱歷甚多，日語也好，我常在他那兒學到不少東西，金大嫂也熱誠、健談。我去美國後，就很少去京都了，金大哥後因癌病去世，我在舊金山還有一次機會偶遇金大嫂。

我在日本的居停雖然多數是在東京及京都兩地，或是以東京關東地方，及京都、大阪關西地方為主，周邊的一些城鎮或是名勝，都是我熟悉的地方。記憶中值得說的是我曾有九州之行，日本 JR 鐵路公司發行一種 Pass，即是在一定的時間內可以自由不限次數地使用，但需在國外購買，且需具有外國人身分，我去九州的動機是因為九州大學歷史系教授越智重明的邀請，越智曾來過臺大歷史系客座，我們很談得來。那一次九州之行，我先從台北出發，再由東京坐新幹線高速鐵路，一路京都、大阪走下來，到了下關時，我突然下車，主要是想看一個國恥的地方——馬關春帆樓，原是一座面臨關門海峽的日式旅館，不過現已改建成西式旅館，僅簽訂馬關條約的會場仍保持原狀，我環繞旅館一週，甚至還看了李鴻章被日本浪人行刺的地方，以歷史的角度來看，這一槍未打中李，中國方面得到立即停戰，賠款減為兩億銀兩，稍差強人意。隨後我到對岸門司及北九州小倉看了一下，小倉原是該挨原子彈的，只因那一天小倉多雲，所以改投長崎，我看了一下覺得小倉人都長得漂亮，長相反而類似中國人，能躲過原子彈也是命運。晚上抵達新幹線終點博多，這也是一座歷史城市，元軍曾攻克此城，但回船上夜宿，當晚遇風，結果全軍覆沒，未能征服日本。越智教授親自來接我，並云已在福岡訂好旅館，我以為要坐計程車去，沒有想到在車站對面過馬路就是旅館，原來福岡與博多是雙子城，兩個城市連在一起，福岡城市很有味道，不似東京、大阪，倒有一點像台灣的台中。越智教授盛情款待我，並引導參觀九州大學，旅館附近有很多賣陶器的，這就是有名的有田燒。次日我坐火車到長崎去，這個有名而令人憧憬的地方，我記憶中有兩個想先看的地方，第一個當然是原子彈爆炸之地，被炸的是東長崎，原是工業區、港口等，不幸的是還包括了長崎大學，爆炸區雖保留一些廢墟以供人們憑弔及參觀，但環境大致已復原；西長崎則是文化區，有名的蝴蝶夫人故居即位於西長崎，房子位於山上，風景秀麗，有電梯直通山上，不需攀爬，我聽著浦西尼蝴蝶夫人歌劇的錄音，甚為感動，在故居前徘徊良久，可惜故事是假的，真正的蝴蝶夫人十七歲時出嫁英國船長（浦西尼改成美國船長），生了七個小孩，生活幸福美滿，浦西尼的玩笑開大了。我小的時候在台灣喜歡吃一種名為「長崎蛋糕」的蜂蜜蛋糕，我到長崎之後遍尋不著，最後才弄明白，日本人不叫長崎蛋糕，而稱 castilla，這是一個葡萄牙字，原來長崎蛋糕是葡萄牙人傳給日本人的，從長崎傳入的。長崎這個地方除了跟荷蘭人結緣之外，譬如石板路；也有許多中國文化的影子，長崎有許多中國式的廟宇，有觀音寺，媽祖廟、孔廟、關廟等，長崎的拉麵是類似閩南的油麵，最奇特的是它的日語發音是「甲崩」，長崎曾有許多閩南人居住，顏思齊、鄭芝龍都以長崎起家，鄭成功出生於附近的小島平戶，我觀察附近有名唐人村的地方，那兒的日本人都貌似中國人的樣子。

在日本福島大地震前，我曾到仙台作過一次旅遊，之前我從未去過仙台，在日本屬東北地方，戰國時代大名（諸侯）伊達正宗的根據地，伊達正宗獨眼龍，但多謀、勇猛、有力，仙台在古時屬邊陲地帶，有名的東北大學在這兒，魯迅曾留學此地。比起東京、大阪來，仙台像鄉下，以牛肉食品出名，牛排相當好，而且便宜，我還跟當時在美國的葳說下次將帶她來仙台吃牛肉，我想今後不太可能再來了，因鄰近的福島核廠已遭汙染，我們不會再來日本的東北地方了。仙台之旅前，我還和葳有過廣島之旅，那一次友人楊啟樵還在廣島大學教書，我對廣島的印象還停留在原子彈爆炸之地。原爆地區原是廣島鬧區，由於完全破壞，現已改成公園，並設立一座博物館，「悽慘」二字可以形容，我們未見過地獄，我想原爆後的廣島就是地獄了，我們知道美國為何向日本投擲原子彈的理由及說法，但不知二戰後期美國為何選擇廣島？聽來的說法是：廣島是長州軍閥的根據地，參謀本部的指揮中心，明治天皇曾駐蹕此地，七七事變後日軍源源由此開往中國，美國選擇在廣島轟原子彈，正是對日本軍閥最致命的打擊。我跟葳還看了有名地歷史古蹟 — 宮島神社，古代平源之戰的最後戰場，在海上的宮島神社非常美，我對這次的廣島之旅，至今猶印象深刻。

雖然我去過京都的許多地方，但我對京都之再深入了解，卻是從修學院及桂離宮這兩個地方開始。日本庭園是日本文化的一個重要指標，在京都有無數的日本庭園，只要花錢都可以看到，只有修學院及桂離宮這兩所庭園例外，德國有專門研究日本庭園的學者稱修學院及桂離宮是日本最精緻的庭園，想要參觀修學院及桂離宮必須先申請，由於每一天只能安排約二十人入內參觀，日本人申請排隊常需經年排隊等候，只有外國人憑護照申請，可以跳過排隊，不需太長的等候時間，即可輪到。我跟葳就是通過此種方式，先後參觀了修學院及桂離宮。這兩所庭園的內涵不盡相同，修學院的庭園美，而桂離宮的宮闈美，當年我入內拍了許多相片，我的感想是從來未曾見到這麼美的日本庭園，到過日本遊歷的朋友很多，但大多數都未曾見過修學院及桂離宮，我也鮮少能夠跟朋友分享對修學院及桂離宮的感想與經驗。

2014年的秋天，我在上海，兒子為我買了一張赴京都來回的budgetfare機票，我終於再訪京都，雖只停留一個禮拜，但我是去欣賞紅葉勝景的。從大阪關西機場入境，在京都去了一些舊遊之地，如龍安寺、金閣寺、銀閣寺、京都大學、哲學小徑、南禪寺、永觀堂、嵐山、相國寺等地。京都依然古意盎然，變化不大，只有京都車站大樓重新翻蓋，大大變了個樣！我看了資料，當年去京都最多的遊客竟是大陸人，韓國人排名第二，台灣人排名第三，京都公車上播音只有三種語言，即日語、英語、中國話。

2018年12月，因好友沈烈昌的安排，與失散多年的好友呂昌平夫婦再度餐敘見面，昌平兄是我留學京都時的好友，我們回溯了年輕時在京都愉快的少年遊。在京都時我曾經擁有很多的良師益友，為何都逐漸失去聯絡呢？這跟我在2002年生一場大病有關，2002年4月29日我因心臟病，做了by pass的手術，徘徊在生死邊緣，大病初癒，其後休養良久。因為與呂昌平相逢，再度思念當年的一些旅京都時，照顧我的林宏作、楊合義、林傳芳、張勝彥、陳財崑等京都好友。也想起了有三位京都的日籍學術界朋友，第一是竹內實教授，印象中他最後是京都大學人文社會科學研究所的主任，他出生於青島，在中國成長，中文流利，口語非常標準，他治中國近、現代史，據說鄧小平訪問日本期間，他曾擔任過日方的翻譯。我結識他緣由於他訪問台北時，行政院主任秘書侯家國兄的引薦，我曾陪同他至國史館拜訪李雲漢先生（中國近、現代史專家，曾任黨史會主任委員），後來我到美國，有一次道經京都時，曾至京大人文所再拜望過他。第二是京都清涼山一位佛學院教授，他的姓名是靜慈圓，是林宏作兄介紹的朋友，我們結識於台北故宮，我幫過他忙，印象中似乎他是當時清涼山住持之子，他對我友善，我到京都時，他曾專程從清涼山來看我，聊談愉快。第三位是諏訪，金濤先生介紹的朋友，諏訪是日本大姓，惜也忘其名，我也幫過他忙，我曾帶過他拜訪當時仍在台北擔任臺大客座的佐伯老師，聽口氣大有來頭，他住諏訪市，他的通訊地址就是「諏訪市」三個字，後來我與葳經過京都時，他在京都北面一個叫貴船的地方宴請我們，場所高雅，晚上大家身穿日本和服，餐座設在一條清溪之上，燈火通明，時值盛夏，清涼無比，即時在溪中撈魚烹飪，魚鮮美無比，直到今日我仍記憶深刻。在京都的一些生活回憶，仍常留在我的腦海之中。

近、現代的中、日關係並不太好，我是成長於仇日的歷史教育中，從九一八至七七事變，中日經歷了十四年的抗戰，中國幾乎亡國，中國死亡人數幾達三千萬，即以台灣而言，五十年的殖民統治，台灣人也有被殺四十萬的紀錄，可說是血海深仇。但仇怨宜解不宜結，歷史總要往前看，故我是以正面的態度，來詮釋我所認識的現代日本，仇日、親日都要得乎中，知日、理日或為未來方向，現在畢竟已不是三十年代。

二十五、再回神州遊

我1949年八歲時，隨父母離開大陸，當1990年第一次再回大陸時，我已六十歲，感慨良多，時空已大不相同，隨著大陸改革開放，我終於有著更多的機會重新踏上大陸這一塊土地，再回神州遊！我回大陸旅遊大致可以分成三種方式，第一是開會兼旅遊，第二是純粹旅遊，第三則是探親兼旅遊（2010年以後因亦晨赴上海工作，舉家遷往上海，以後差不多每年我們都會到上海短期停留）。

第二次南京之旅

好友魏萼兄跟大陸建立了特殊的友誼與管道，我再次回到神州便是通過他的推介。1999年我跟葳受邀到南京參加由民革所主持的一次討論孫中山為題目的研討會，民革原是國民黨的左派，1926年清黨後，失去在國民黨的主導地位，但宋慶齡、李濟琛等依然是國民黨內有影響力的領袖，1949年國民黨退到台灣，但左派國民黨卻被中共允准繼續存在，以中國國民黨革命委員會之名，作為參政黨，李濟琛是第一任主席，他們有一個特色就是繼續尊崇孫中山先生。我們先飛上海，當年葳的好友張元及其夫婿羅致道住在上海，我們下榻他們家，大會為我們買了去南京的火車票，我記憶中上海總車站仍破舊雜亂，火車也是舊式的，搭快車到南京也需近五個小時。到達南京後我們被安排在鄰近明孝陵的「國際會議廳」居住，會議也是在這兒舉行，這是一座五星級的Hotel，我們從未來過南京，1990的那一次我僅路過南京而已，以前曾唱過冬夜夢金陵的歌，石人、石馬，我們居然來到了南京了，心中不勝感慨！由於自美飛來有時差，每天我們都起得很早，在早餐七點以前大家多到外面散步，附近名勝古蹟相當多。有一天我們到明孝陵，清晨五點鐘，杳無一人，天色昏暗，只有些微曙光，賣票亭尚未開，所以免費入內，陵區相當陰森，作為開國帝王的陵墓，明孝陵的規模相當地大，石人、石馬、石像都比昌平明十三陵大，陵旁有孫權墓，原本大臣們認為先人該讓後人，建議遷孫權墓，但朱元璋說孫權也是一條好漢，願與並存，故明孝陵建在孫權墓旁。明孝陵進口處有一小山名梅花山，汪精衛曾葬於山下，但墓被炸掉，現山下有小屋，存有一些汪的遺物資料。風水寶地，蔣介石也曾選擇在中山陵與明孝陵之間小山經營陵墓，當然事與願違，有一天清晨我們爬山至正氣亭，這是蔣介石生前相中的墓地，大陸失守，他當然無法葬於此地，亭子仍在，有孫科題字的碑，下山我們經過紫霞湖，湖水清澈，夏季炎熱，清晨湖中擠滿了早泳的人，估計超過百人，湖旁矗立一個木牌「禁止在此游泳」，但戲水者無人理會此牌，使我印象深刻。到中山陵謁陵是大會的安排，有正式儀式，雖然天氣炎熱，艷陽高照，但我們著正式服裝，我穿西裝打領帶，我們懷抱肅穆心情，沿石階步行而上，石階分八段，共290級，每兩段之間有一平臺，登上最高平臺，回首一看，一個石階也看不見，如同平地。進入祭堂是一座融合中西建築特色的仿木結構宮殿建築，我們只鞠躬行禮，但令我感動及驚訝的，卻看到許多大陸人對孫中山跪下，行三跪九叩大禮。我們還特別到後面的藏經樓看了一下，是一座中西合璧仿喇嘛寺風格的宮殿，收藏孫中山先生經典著作和石刻，同時也展覽許多珍貴的歷史圖片。

在會議完畢之後，我們參觀了南京的一些景點，包括了明城牆、秦淮河、夫子廟、玄武湖、莫愁湖等，當然我們也懷著肅穆的心情看了南京大屠殺紀念館，悼念被殺的三十萬同胞冤魂，南京大屠殺紀念館建於江東門，當年此地被日本人用機槍掃射，就殺了近四萬人，我們在參觀過程時，看到在一座魚池中挖掘出一座新墳，有二十幾具骸骨，其中還有一個孩童的頭骨，頭骨上有一彈孔，大概是當時小孩子哭鬧，日軍不耐煩，我們可以想像槍聲一響，哭聲停止的一幕泯滅人性悲劇。我們又去看國民政府，這個清朝時的兩江總督府、太平天國的天王府、民初臨時大總統府、國民政府、現在的江蘇省政府，數度易手，不勝感慨！魏萼的好友南京大學孫晗教授，請魏萼吃飯，我們作陪，孫是政協委員，曾是江蘇省政協主席，也是農業專家，我記得劉偉達兄也在座（劉已故去），其公子劉宇揚哈佛建築系畢業，在上海工作，與亦晨是好友。席間有一道菜印象深刻，菜名地球儀，其實就是一個像地球儀般的大麻球團。

民革特別安排我們參加會議的外地學者，作了一次江南遊，我記得第一站是揚州，我們坐大巴士從南京出發，過長江大鐵橋到揚州，在揚州遊瘦西湖（其實是一段故舊運河），我們搭船遊湖，風景秀麗，五亭橋是代表性勝景，傳說乾隆下江南時曾到過瘦西湖，又看了有名的大明寺，最後從揚州坐渡船過長江至鎮江，這就是有名的瓜洲渡，我幼年時曾隨父母在揚州住過一個短時間，也曾走過瓜洲渡至鎮江，回憶當時猶歷歷在目，我仍有一些模糊的記憶。在鎮江看了兩座名寺，一是長江邊的焦山寺，宋代時金兀朮北上渡江為韓世忠所阻就是在這兒。我們到焦山寺當時長江正發大水，整個寺門都為水所淹；不遠處還有金山寺，傳說白蛇傳裡的白娘娘水漫金山寺就是此寺，不過金山寺不在江邊，離長江還有一段距離，金山寺的規模很大，但原寺已被燒毀，現在的金山寺是新蓋的。原有到同里的規劃，但水勢太大，於是到常州，常州離鎮江很近，但已屬吳語區，跟鎮江話大不相同，再到無錫，有一座紫銅大佛像，然後蘇州，從高速公路下來，有標語兩句話：「笑迎天下客，滿意在蘇州。」印象很好也深刻，我們在蘇州停留的時間比較久，除暢遊蘇州各庭園外，還有西園寺、寒山寺、虎丘等，又嚐美食糯米藕等。我們在拙政園停得最久，有專人解說，還看了名建築師貝聿銘的老宅在獅子林旁。最後到上海解散，我們再單獨遊上海，這次印象跟1990年時不太一樣了，上海已慢慢改變中。2019年9月28日因表弟王台貝的安排，招待我們夫婦偕遊同里水鄉，業已晚了20年，但終能暢遊同里古鎮，並坐小船沿運河繞了一圈，已無遺憾。

北京、銀川之旅及上海會議

2000年的夏季，我跟葳再度應民革之邀前赴大陸，我們的行程是先飛北京，拜會民革總部，我們住在民族大學旁的一個官方會館，有幾天私人的行程，西雅圖好友王珂珊的弟弟王重慶接待我們，我們是初次見面，他們夫婦盛情款待我們，請我們在北京王府井大街的東來順吃涮羊肉，非常美味！

北京之後我們飛往銀川，魏蕚組織了一個醫療訪問團，是由羅東聖母醫院領頭，院長呂道南帶隊，院長是一位義大利神父，團內有各類專家，我算是歷史專家，同行除魏蕚外，尚有好友向子平、余傳韜（陳誠的女婿，曾任教育部政次及中央大學校長）等多位朋友。由民革中央安排，我們訪問的地區是銀川，銀川地處寧夏內陸，黃河邊，秦時就是蒙恬駐守的河南地，宋時是西夏的國都，素有塞外江南之稱，有稻米，更盛產枸杞，我們更喝到新鮮的枸杞汁，枸杞汁的顏色像鮮血一樣，但甜美無比，岳武穆「滿江紅」詞有：「壯志饑餐胡虜肉，笑談渴飲匈奴血！」我們把它改成：「壯志饑餐綿羊肉，笑談渴飲枸杞汁！」因此間都吃綿羊肉。我們在銀川參觀了西夏博物館及西夏王陵墓，並參觀了特有的高廟，一處在銀川附近，另一處在中衛，所謂高廟就是廟往高處蓋，一般的廟是一進一進的往後蓋，而高廟則是一進一進的往高蓋，高廟供奉的神，往往是佛道儒一併供奉，佛像、三清、孔子都分別在各層。我們遊賀蘭山，特別在賀蘭山闕照了一張像，應了岳武穆「踏破賀蘭山闕」的話，賀蘭山很奇怪是南北走向，跟黃河平行，因中國的山一般都是東西走向的，賀蘭山旁有明長城，西側有森林，東側幾乎都是石山，有岩畫，是古遠的遊牧民族所繪，山麓有西夏雄主李元昊所建的別宮，並有寺廟及石塔，寺廟已毀，但兩座石塔猶存。我們最南到靈武，唐代郭子儀朔方軍的總部在此，宋夏對抗時靈武仍屬宋，我們到黃河邊仍看了幾個景點，一是登黃河沙山遠眺；

二是遊沙湖，沙湖很奇怪，四邊都是沙漠，範圍很廣，水量約有西湖的二十倍，與黃河無關，應是賀蘭山的地下滲水；三是坐羊皮筏，未渡黃河，只是沿黃河邊按鋸齒形走了一下，這種羊皮筏可以搭載五至六個人。

我們這個醫療訪問團還有一個重要任務，便是捐贈醫療器材，民革為我們安排了兩個點，每個點各捐台幣一百萬，但捐器材，不捐錢，在那一個時候，算是大數字了。第一個是額爾多斯高原上的高砂村，屬貧窮地帶，環境不好，當地的醫院，僅能算是台灣的衛生所等級，醫生是高醫，也就是高中畢業，但那一個時候卻有兩件事令我驚訝！一是唱卡拉 OK 的設備遍全村，二是使用手機相當普及。第二個點是回民居住的地方，回民也是漢人，只是穆斯林而已，他們為我們作了簡報，很熱誠地接待我們，我問羅東聖母醫院院長，答以他們的醫療條件很差，怕他們不會使用這些醫療器材，必須要培訓，甚至怕他們可能會賣掉這些器材，更需以後不斷地追蹤。民革自己在銀川也有一間名為中山醫院，算是較好的，當時跟台灣的醫院仍有相當的差距，我們的捐獻相當有善意。我們在銀川每天都吃羊肉，吃得有一點怕了，接待單位體恤我們，最後一天招待我們吃大肉，所謂大肉就是豬肉，銀川物價相當便宜，加之氣候好，有許多養老院，接待單位建議我們可以退休後來此養老，主意很好，不過有野人獻曝之嫌，因我們的觀念是老人需良好的醫療環境，以當時的寧夏條件而言，可能不是我們認為的理想養老環境。在銀川時我們還嘗鮮，每晚都請瞎子按摩，臨別時瞎子還請求跟我們合照留念。

離開銀川之後，我們搭飛機飛上海，參加另一場由上海民革所召開的學會，查時傑兄也與會，他到虹橋機場迎候我們，上海的飲食及生活完全不同於銀川，恍若隔世。大會曾招待我們在南京路上一家名珠江的廣東飯店吃飯，這家飯店建築很有特色，一問才知原是唐紹儀的故居，席間頗多前國民黨高官的後人，不過有一位王姓老人最令我注意，他是孫中山先生的外孫，老人身世辛酸，他的母親孫婉是孫中山的幼女，旅美時與一王姓留學生同居所生。這次上海之會開得輕鬆、愉快，大會還招待我們夜遊黃浦江。

淮安之旅

我跟民進的結識，也是魏萼的引薦，當時民進的主席是許嘉璐先生，民進也是參政黨，又名葉聖陶研究會，許先生也是當時中國人民代表大會的副委員長，許是學者，江蘇淮安人，但一口京片子，應是長期在北京唸書，北師大出身，曾任北師大校長。2004年九月，我應邀出席在江蘇淮安召開的第二屆海峽兩岸中國傳統文化與現代化研討會，我是初次跟民進打交道，我記憶中是一個人出席，葳未同行。先飛上海，再坐車到南京，王珂珊的姐姐王柯崙及姐夫劉大愷教授在南京接待我，他們都是河海大學的教授，為人非常親切，盛情款待我，南京有一家規模非常大的海鮮店「向陽漁港」，寧波人開的，無論在美國、台灣、日本、香港我都沒有見過這樣的規模，我也見到他們的公子一家，也是學建築。次日，民進派人接我，坐小車由南京到淮安，經由高速公路，穿過安徽省，經安徽省的這一段高速公路，修得很差，中午在洪澤湖附近小停，品嘗了剛上市的大閘蟹。

在淮安除開會之外，大會也安排我們遊覽淮安名勝古蹟，淮安為淮楚之地，古名淮陰，漢代韓信的故鄉，跨下之辱及乞食漂母的故事，我們都親臨其地，又看了大運河及清代漕運總督治所。淮安因離我的故鄉興化很近，所以會後我特別到興化走了一趟，我停了一夜，興化不大，昔日稱縣，現今已改成興化市，兩位表弟王建及姚建陪同我逛了興化一圈，我家老宅已完全被拆除，改建公寓，但東門大街仍保留下來，所謂大街跟今日巷道差不多寬，上池齋中藥店仍在，老宅旁東嶽廟建築也在，但內部已改變，變成辦公室，已無任何供奉，我們看了鄭板橋故居及冷欣先生老宅。聞基真人在泰州，而基蘭業已去世，心中不勝唏噓。中午興化市國台辦主任朱存旺先生請我吃飯，王建及姚建作陪，晚上與二姨母楊香年見面，一家人團聚吃飯，我未帶禮物，故送姨母紅包一千人民幣，小時曾見過香年姨母，故我仍有印象，大家相談愉快。次日，他們請我到飯店吃興化式早餐，就是粥與小菜，特別是干絲，早飯後，表弟送我至興化汽車站，搭車經由高速公路去上海，過長江時已有橋，經江陰與靖江，這是當年共軍渡江之所，我匆匆看了地形，直覺這是守不住的。先到浦西約三個多小時，再到浦東不到四個小時，1990年母親偕麟書返興化，同樣的路線走了十多個小時，這次回興化，沒有近鄉情怯的心情，但故鄉落後，即使老宅仍在，我也不可能回鄉常住，時至今日，那裏能安居，那裡就是故鄉了，在浦東下榻另一位表弟王台貝家。

重慶、成都之旅

2007年6月我出席民進的五屆海峽兩岸中華傳統文化與現代化研討會，開會地點在重慶，這次是我一個人前往，我從未去過重慶，但非常嚮往這個抗戰聖地，曾是陪都的城市。唸歷史時，宋代地合州城就是這兒，有名的釣魚台城也在這兒，蒙古大可汗蒙哥在城下受砲擊傷而陣亡，臨安失手後，釣魚台城還撐了三年才投降，總總故事不一而足。我從西雅圖出發，經上海轉機飛重慶，但中途出了一個嚴重差錯，因行李未能同時到達重慶，我有醣尿病，胰島素加心臟病等藥，都放在行李中，這非常嚴重，大會緊急派醫生來看我，但很多美國的藥品在中國都沒有，我説胰島素最重要，於是醫生每餐定時為我測血糖及注射胰島素，所幸三天後行李到了，從此每逢旅行，我必定隨身攜帶相當數量的重要藥品。

重慶是個山城，新重慶比舊重慶大得多，建設得很好，大樓依山而建，入夜燈光閃爍，非常美麗，遠看頗似香港，重慶臨長江及嘉陵江，正似維多利亞港。重慶市委書記汪洋第一天以宴席款待國內外出席會議代表，重慶菜餚麻辣，是正宗川菜。我在會議發表的是宋代余玠，本期望能去一次釣魚台城遺址，可惜因時間緊湊，大會迄未能安排此行程，但我們參觀了抗戰時指揮中樞— 蔣介石居住之所、夜遊長江、看了一場川劇，最重要是去看了大足石窟，這是宋代的文物，年輕時聽楊家駱演講，知道四川有彌足珍貴的大足石刻，終能一見。在重慶會議上，並與東京來的楊作洲大哥歡敘。會後我按計畫再到成都一遊，我也是初次到成都，陳鎮兄及華洲嫂盛情款待我，我下榻其家。在成都市我看了有名的諸葛武侯祠、杜甫草堂、錦江及其旁的望江樓，這是紀念中國唐代名女詩人薛濤，薛濤被負心名詩人元稹所拋棄，我同情薛濤的悲慘遭遇，又到都江堰市（原名灌縣），看了有名的都江堰，戰國秦時蜀地太守李冰所建，這一個分水堰到今日都還管用，是灌溉成都平原的主要輸水道，但也有一些錯誤的記載，如李冰父子督民建都江堰是錯誤的，李冰只有女兒，沒有兒子，二郎廟供的主神是楊戩 — 二郎神，所謂二郎並非李冰之子。川震時二郎廟被震毀，因為是主要觀光點，似應及早修復。成都菜相當好吃，雖同是麻辣川菜，我的感覺似乎蓉菜（成都菜）更勝渝菜（重慶菜）一籌。

鞏義的河洛會議

2008年9月，我應河南河洛學會的邀請，前往河南鞏義出席，並提出論文，這一次到大陸我也是一個人前往，葳未同行。鞏義是丘陵區，詩聖杜甫的故鄉，河洛文化的搖籃，在會議之外，大會也安排了一些參觀活動，譬如參觀杜甫陵園，主體建築有大門樓、杜甫大型雕像、雙層亭、詩聖碑林、杜甫墓、吟詩亭、望鄉亭、草亭、獻殿等，整個陵區種植花木三千餘株，奇花異草點綴，綠樹成蔭，松柏輝映，巍峨莊重。其次，石窟寺創建於北魏孝文帝時期，是北魏皇室開鑿的大型石窟之一，有點像平城雲岡的移植，只是規模稍小一點，我印象深刻的是「帝后禮佛圖」，栩栩如生，孝文帝在前，皇后隨後，如果是寫真的話，我算是看到了孝文帝的真面目了。鞏義是宋陵所在，北宋皇家墓葬區在此，鞏義學校頗多，台灣育達商職創辦人王廣亞在此創辦了一所大學，頗具規模，會後我們曾去參觀，中午他請我們在洛陽一家很有名的飯店 —「真不同」吃洛陽水席，所謂水席就是湯湯水水，真不同有一張昔日周恩來在此宴請國際人士的照片。飯後我們遊白馬寺及龍門石窟，這是我第二次舊地重遊，這一次我最後從鄭州搭機離開大陸。

天水及麥積山之旅

這一次開會的地點在天水，時間已記不清，我因早到數日，先下榻咸陽，西安的機場在渭水北岸，接近咸陽，我偷空去了西安一趟，記得當時空汙嚴重，從咸陽到西安籠罩在一片黑霧之中，在西安吃泡饃及逛回民街，買了許多陝西大紅棗。西雅圖朋友 Ted 在西安的好友吳秦川盛情款待我。從咸陽到天水是搭火車，我記得大會為我們安排的是夜車，彼時隴海線早已通過天水到達蘭州，但天水火車站與天水市有一段距離，不在一個地方。會後招待遊覽不在話下，我記得重點在登麥積山，麥積山是中國四大石窟之一，山高約有一百公尺，石窟沿90度石壁而鑿，登高需靠棧道蜿蜒而上，棧道雖已改成鋼骨水泥，但攀登依然困難，彼時我已六十出頭，體力尚可，故能登頂。傳說天水是伏羲氏的故鄉，有伏羲氏廟，我們曾往祭祀，又往西行看渭水上游，傳說中伏羲氏制八卦的地方。天水是中華民族的起源地，傳說黃帝馬家窯文化亦在此，李唐龍興之地，我們趙家也是起源於天水。彼時天水至寶雞已有高速公路，但尚未完工，公路所有標誌尚未完全設置，為趕西安的飛機班次，大會破例用警車開道，直接護送我們至西安機場。一路上沿渭水而行，高山林立，我終於明白三國時諸葛亮雖能攻佔天水，但終究還是打不進關中的原因了。因秦嶺在天水之南，天水氣候較潮濕，可以種水稻。

第一次到福州

葳出生於福州，這一次到福州開會是福州民革秦友蓮主任相邀，我是首次訪問福州，而葳則是自兩歲離開故鄉，五十六年後首次回福州。大會招待我們住西湖賓館，即福建省政府招待所。孫中山先生在民初臨時大總統卸任之後，曾特別訪問福州，因革命時福建人犧牲最多，有謂福建人賣命，廣東人出錢，浙江人坐天下的説法，我們參觀了當年國父演講的禮堂。福建文風甚盛，自宋以後，考中進士特多，全國或僅次於江浙，福建名人也特多，林則徐、嚴復等等不一而足。寇、何兩家親戚多居福州，會後我們就是會親，八十七歲高齡五舅仍健在，步行來西湖賓館看葳，表弟何新等會同親屬還擺了一桌宴請我們，店名「聚春園」，聞當年岳父母訂婚時，喜宴就是擺在這個飯店。另外我們還見了四大爺家的寇智之跟他的太太陳淑琦，聞淑琦跟林語堂家有親戚關係。

廣西雲南之旅，第二次福州之旅

2004年我們到廣西、雲南走了一趟，我們在美國參加一個由洛杉磯出發的旅行團，行程是先到廣州，由於是大陸的航空公司，飛行路線跟往常不同，我記得未經過日本，而是沿日本北部先進入俄國，再經東北一直南下，清晨五點就抵達廣州白雲機場，這是我們第一次到白雲機場，這是改建的新機場，機場之大使我相當震撼。我是第二次來廣州，在暑熱的中午天候下，初次去了黃花崗七十二烈士紀念墓園，我發現了西雅圖所敬贈的舍路（Seattle）墓碑。離開廣州之後，先到桂林，再搭船遊漓江到陽朔，方悟：「桂林山水甲天下，陽朔山水甲桂林。」之語。離開廣西到雲南，先到昆明及滇池，最後到了重點大理及洱海。看了玉龍雪山、山下張藝謀的麗江印象秀、大理白塔（宋代所建）。雲南地處高原，夏季不熱，但陽光強烈，有害眼睛！

雲南之遊後，我們曾到武夷山一遊，印象深刻有二事，一為坐竹筏，另一則為岩壁上的懸棺葬。看到了大紅袍茶原木、飲大紅袍茶、參觀朱熹故居及講學之地五夫。再赴福州開紀念林白水會議，林白水是民國初年的一個報人，為奉軍殺害，我曾發表了一篇論文。會後返程時突然發高燒，住入福州市立大學的附屬醫院協和醫院治療，取消香港之行，直接飛台北，但一回台北病就痊癒了。

馬尾之旅

我還曾去了馬尾一趟，馬尾位於閩江口，是海軍基地，有造船廠，為瞭解中、法海戰失敗的原因，我們還攀爬閩江口看山上的長門砲台，我得了四點結論：⑴ 閩江口有南、北兩水道，南水道水淺不能通行軍艦，僅北水道可以通行，但水道狹窄，而長門與金門設有兩尊巨砲，正對準北水道入口。當時法國海軍司令孤拔率領11艘軍艦欲從北水道駛進閩江，朝廷和戰政策不定，指揮官不敢下令開火，反而孤拔駛近時，先下令轟掉兩尊巨砲；⑵ 福建水師以相同的兵力，大概12艘軍艦擺陣迎戰，戰場不在海上，而是在閩江內，清方犯了常識性的錯誤，清方居閩江上方，因水流關係，變成所有的軍艦頭朝內，軍艦的大砲是朝向前方，尾部是小砲，交戰的結果，福建水師軍艦全部遭法艦擊沉，法艦僅有一艘因在南水道擱淺，失去戰鬥力，馬尾的總指揮官張佩綸（李鴻章的女婿，近代名女作家張愛玲的祖父）逃跑，離開戰場；⑶ 最後仍有一策，便是有人建議，用敢死隊沉船（我猜用漁船）於北水道口，來困住所有的法艦，我看過現場後，覺得是可行的，可惜當時未能採行；⑷ 水戰結束，法軍已無阻攔，法艦集中火力將馬尾轟成廢墟，馬尾造船廠原是由法人所建，法人造之，法人毀之。福建水師官兵死亡七百多人，有忠烈祠，我曾往祭祀行禮。這一仗打得糊里糊塗及莫名其妙，雖然歷史是不能假設的，但我還是要說，如果壯大的福建水師繼續存在，十年後的甲午海戰或將是另外一個結果了！馬尾造船廠在清代末期已逐漸恢復，今日仍能造出中型船，而聞名於世。

當年16歲的孫中山適在香港，擔任加拿大牧師加加樂的助手，在街頭發放傳教單，聞清軍敗，失望已極，他本想赴福建習海軍，後在牧師安排下改至廣州博濟醫署唸醫，十年後，甲午戰爭清廷再敗，孫中山憤而去檀香山創建興中會，起而革命。

絲路之旅

2008年的夏天，我們作了一次絲路之旅，這次是由高雄貝迦旅行社所安排，成員多是我們家族，記憶中有小丹、文鴻夫婦，家蘭、毓麟夫婦、叢伯父、母、肇廷以及還有多位朋友等，這次旅程中納入許多我跟毓麟的意見。我們從台北出發，第一站是西安，由於多次來過，西安是我們熟識之地，到達西安已是晚上，一再的變換旅館，但能吃到百年老店德發長餃子宴，次日遊西安看兵馬俑、始皇陵、乾陵、回民街、西安城樓、陝西博物館等一切該看的都看了，並吃到羊肉泡饃美食。第二站是蘭州，這是按我的意見由西安坐火車前往蘭州，坐夜車清晨到達蘭州，出了一點狀況，很多人的箱子被打開過，多少丟了一點東西。蘭州的導遊陳亮十分優秀，是一個唸歷史的小夥子，他很虛心，每事必問我，我答以但說無妨，如需補充時，我會開口。蘭州，是甘肅省會，也是絲綢之路的重要城市，古稱「金城」，原屬隴西郡，西漢設治，取有「金城湯池」之意，黃河穿過市區，沿河景點包括黃河鐵橋、白塔山公園，水車園和黃河母親石雕像等，沿岸步道有搭乘羊皮筏子的地點，姨妹夫黃文鴻好奇搭羊皮筏子到對岸，再由汽艇送回原地，蘭州的河水仍是黃泥混濁，但上游不遠處有一劉家峽水壩卻是河水清澈，我們遊炳靈寺，便是在壩堤坐船前往，劉家峽水壩把黃河上游一段形成了一個堰塞湖，我們行船其上，方信唐人王之渙詩：「黃河遠上白雲間，一片孤城萬仞山。」確然！炳靈寺石窟始建於魏晉時代西秦時，也著有盛名，其建於唐代的大石佛高27公尺，矗立山間，由於河水上漲，我們很容易登臨石窟。黃河水位上升，現在看炳靈寺石窟已不必攀山了。蘭州是大陸煉石油的重鎮，但由於兩面夾山的地形，便得空氣汙染的問題十分嚴重。

離開蘭州我們繼續向西行，祁連山在我們左手邊，綿延而西，時近時遠，下一站到第一個綠洲武威，古稱涼州，在涼州參觀了文廟，廟內山門、大殿等，保存完整，最重要的是文廟藏有唯一一塊西夏王朝的西夏文碑，西夏文失傳已久，此碑文是研究西夏王朝歷史相當珍貴之文物。我們對武威的印象欠佳，原因之一是我們的車子在公路上被阻隔了兩個小時，竟然是為了等候一個有長官通過的車隊，武威是河西走廊最大的一個綠洲，主要產業是農業，延滯時導遊跟我們講了一個諺語，那就是:「累死老子，害死兒子，樂死孫子！」原委是這樣的，因河西走廊缺水且土地不肥沃，有一種特殊的沙田，需第一代辛勤經營，但第二代卻不能耕作利用，需到第三代，地力恢復，水源蓄集，方能耕作，而有收穫。第二個綠洲是張掖，我們對之印象很好，無工業故空氣好，產稻米，素有金張掖之稱，有一條小溪貫穿市內，名黑水，往北流至沙漠便是有名的黑水城廢墟，我們停宿一夜，次日清晨，我們參觀有名的大佛寺，此寺是甘肅省境內最大的西夏建築遺存，寺中大佛殿內的釋迦牟尼的側身像，即大臥佛，為木胎泥塑，金裝彩繪，全身長34.5公尺，肩寬7.5公尺，光耳朵就有2公尺長，是中國最大的室內臥佛像，我曾問不是說西夏的文物與建築都被蒙古人毀滅了嗎？答案是因忽必烈出生於此寺，故得以保全，又聞馬可波羅東來中國途中，亦曾在張掖停留過一段時間。我們繼續西行，在張掖附近看一個奇特地形「丹霞地貌」，由於土質含特別的礦物質，成七彩地貌，尤其雨後特別明顯，而我們去前正好下了一陣雨，因絲路乾燥，很難得碰到下雨，我對這個美麗的地貌印象非常深刻。第三個綠洲是酒泉，酒泉可能是河西走廊上最大的城市，西漢驃騎將軍霍去病征討匈奴，曾打到此地，漢武帝賜其一車美酒，霍去病傳諭天子賜全軍美酒，那裡夠呢？於是全部放入泉中，這是酒泉地名的由來，明代大將馮勝西征，本有意繼續西進，取哈密，一舉收復漢、唐西域之地，但明太祖突然敕令明軍就地設關，於是建嘉裕關，酒泉設衛支援嘉裕關，關前是一峽谷，地形險峻，我們參觀了非常雄偉的嘉裕關，真正的天下第一關，遠眺祁連山，山巔積雪，風景非常美麗，但祁連山連綿到此，也就結束了。嘉裕關旁有一鋼鐵廠，酒泉之北有一重要軍事基地，都是現代的建設，在酒泉我們參觀夜光杯工廠，買了紀念品夜光杯，唐王翰有名的涼州詞：「葡萄美酒夜光杯，欲飲琵琶馬上催，醉臥沙場君莫笑，古來征戰幾人回。」第四個綠洲就是有名的敦煌，也是我們此次絲路之旅最重要之地，莫高窟、月牙泉、鳴沙山等，我把參觀莫高窟列為最重要點，此窟始鑿於西元四世紀，今存洞庫492個，壁畫45,000平方公尺，彩塑像2,415尊，是中國現存石窟藝術寶庫中規模最大、內容最豐富的一座，現已被聯合國教科文組織列為世界文化遺產。我們當然只能看到極少部分。敦煌之西有兩個關卡，北是玉門關，南是陽關，漢代人走玉門關，唐代人走陽關，如今都已成廢墟，我們未去，離開敦煌就向北走，一路泥濘路很不好走，過星星峽之後轉西，就進入新疆省了，有高速公路，第一個大站是哈密，是入疆的兵家必爭之地，首先去看哈密回王陵，這位回王實際上是一位維吾爾族番王，其轄地為除今巴里坤以外的哈密全境，並含今之鄯善，回王陵是1819–1930額拜都拉家族七到九世成員的墓葬，這個回王親清朝。哈密之西就是鄯善，這個樓蘭人遷徙之地，如今樓蘭故地已成廢墟，但鄯善仍是人口聚集的大鎮，班超曾在這兒襲擊匈奴使者，所謂「不入虎穴，焉得虎子。」鄯善再西便是吐魯番盆地，這個中國最低窪之處，俗稱「火洲」，途經「西遊記」中被神化的火焰山，綿延100公里的赤砂岩，真有如被烈焰無情地燒煉過，這個奇景被吳承恩寫得神乎其神！不過當天並沒有高達攝氏40度的炎熱天氣。我們穿過吐魯番市，一個大而普通的城市而已。終於來到有名的交河，這個唐朝安西都護府的治所，如今也是一座廢墟了，唐李頎詩：「白日登山望烽火，黃昏飲馬傍交河。」言猶在耳邊！在交河也看到坎兒井，天山的雪水融化，伏流地下而出，這是灌溉的來源。離開交河經過達板城，王洛賓一曲達板城的姑娘，唱紅了達板城，最後終於到達了我們此次絲路之旅最後一站——烏魯木齊，新疆的省會，舊稱迪化，烏魯木齊的建設相當進步，這個屢經戰火的城市，已聞不出過去歷史氣息，目前城市居民漢人略多於維吾爾人。在停留烏魯木齊期間，我們遊覽了天山天池，千里迢迢來此，頗感意外的是天池不大，沒什麼神秘感，有一座王母娘娘小廟，現在天山天池的知名度，遠不如另一個在北疆的喀納斯湖，喀納斯湖比天池大十倍，且有水怪傳聞。在烏魯木齊的最後一個節目是參觀新疆省博物館，目前常設的展覽有：(1) 新疆少數民族民俗展覽，系統介紹新疆12個少數民族在服飾、起居、節慶娛樂、婚喪、禮儀、飲食、宗教及其他方面各俱風姿的民情風俗；(2) 新疆歷史和出土文物展覽，展出了自四、五千年前直至近代從絲綢之路發掘及收集的一千多件珍貴文物，包括錦絹、陶瓷、泥俑、錢幣、碑帖、文書、典籍、兵器、器具等；(3) 新疆古屍展覽，有距今3800餘年的樓蘭女屍、3200餘年的哈密女屍和距今3000餘年的且末女屍，並繼續前往國際大巴箚遊覽，這裡可自由選購維吾兒族和其他少數民族的紀念品，及新疆特產。新疆廣闊有三十六個台灣大，但人口僅兩千三百萬，約與台灣相當，目前維吾兒族約一千萬，多數居住南疆，漢人次之，但也有九百萬，其餘為各族，有民族糾紛，不是很安定。在回程中，我們先飛西安，再停一日。轉飛上海。

張家界、湘西之旅及世界博覽會

2010年我們遊覽了有名的勝景張家界，這次旅遊也是我們的家族之旅，還是由高雄貝迦旅行社所安排，葳未參加。我們先去長沙，搭船遊湘水，湘水是一條由南向北流入洞庭湖的河流，秦始皇曾行經此河，他還命人鑿了一條運河「靈渠」，連接珠江與湘水。在長沙我們參觀火宮殿，有一家餐館也名「火宮殿」，是長沙的美食。其後我們也去了湘西，遊覽了有名的「鳳凰城」，沈從文曾有名著「邊城」一書，敘述此此一少數民族聚住城市。之後我們到了張家界，搭遊覽車看壯麗的天門山洞，非常有趣！在遊覽張家界後，還有一個壓軸節目，便是看當時在上海舉辦的世界博覽會，最有看頭的是中國及歐美各國館，其他就屬可看或不可看，都無所謂了，中國館紅色建築，蓋得非常雄偉，可用一首唐人王維的詩來形容：「九天閶闔蓋宮殿，萬國衣冠拜冕旒。」可以看出中國一直上升的國力。旅行社安排我們到上海城隍廟聚餐後，就解散返台了！

贛州及固始之旅

2012年也是河洛學會的會議，這一次舉行學會的地點在江西贛州，我從未去過江西，故抱持很大的興趣，清朝的兩江總督，很多人是以為都是江蘇、浙江兩省，其實是錯誤的，清朝兩江總督管江蘇、安徽、江西三個省，浙江則另有閩浙總督。贛州古稱虔州，是一個客家人的大聚落，據說將近有一千萬客家人住在贛州，我跟葳一同出席此學會，大會對於我們的出席很重視，還派了記者專訪我，我跟他們談了使節路，因古代外國使節如經由陸路，多是從廣州上岸，越大庾嶺北上進入中原，贛州也是蔣經國年輕時施展政治抱負之地，贛州不大，不到三萬平方公里，比台灣略小，所以有算命的人說，蔣經國的王侯之命就是這麼大了，我們去參觀他居住的舊址，建在城牆旁的一棟小洋房，保存得很好，牆上掛了一張蔣方良跟章亞若年輕時的合照，據說當年章亞若不但是蔣經國的秘書，也常來家中教蔣方良中文及但任蔣孝文的家庭老師。贛州古城歷經滄桑，我不但登上城樓，還在城基看到一塊磚石，上有文字熙寧年號，熙寧是北宋神宗年號，大概磚是那時燒製的。

贛州建設得很好，我還喝到便宜而好的咖啡，我常以喝咖啡來品評地方居住的品質。我在贛州開會所發表的論文是「開漳聖王陳元光」，陳元光本籍在河南固始縣，唐高宗時他率固始子弟兵在閩南平亂，後受朝廷任命漳洲刺史。固始縣派人來贛州招徠與會學者，前往固始開會，我早就想到固始看看，故欣然表示願意前往，由於陳元光論文已經發表了，故再寫一篇「開閩聖王王審知」。固始地屬偏僻，雖棣屬河南省，但鄰近安徽。我跟葳從上海出發，先坐高鐵至合肥，我們初次來合肥，合肥方面有接待人員請我們吃中飯，飯後有專車送我們至固始，但司機路不熟，花了半個小時才找到高速公路的入口處，往固始先走一段高速公路，再換走普通公路，約走了三個小時，我們想若不是有專車，真不知如何才能到達固始。固始是農業城市，古楚地蓼，唐時屬光州，但現在固始反而比光州大，據說現在的固始是全中國最大的縣，接待單位很客氣，派了文物局長一位年輕的歷史學者，專門拜訪我，我們聊談愉快，晚宴中見到市委書記一位女士，年輕而漂亮，談吐不俗，市長也是一位年輕男士，因座位鄰近信陽市委書記，有機會能聊天，信陽產名茶毛尖，是我喜歡的茶，我們聊談愉快。次日，開幕式露天舉行，王審知的金身回故鄉，不巧的是天降傾盆大雨，等到放龍升天，雨勢才止，五代時王審知始建五代閩國。大會招待我們去陳元光的故居，固始的語言不是閩南話，但許多用詞卻流入閩南，譬如父稱「唄」，太陽稱「日頭」等。大會完畢回上海時，又出了狀況，因司機從未去過合肥，一直找不到合肥高鐵車站，弄得我們五分鐘前才趕到車站，一分鐘前終於趕上開往上海的高鐵車！

從洛陽到平城

2015的六月，我到上海復旦大學，參加一個學會，這是由復旦大學與美國史丹佛大學胡佛研究所合辦的「宋氏家族與二次大戰」的研討會，我提出一篇1942年宋美齡訪美的論文。會後我們北上作了一次歷史之旅，我定名為「從洛陽到平城」，靈感來自逯耀東所寫的「從平城到洛陽」，我們反向而行，第一站是鄭州，我們已去過鄭州很多次了，這次是應好友陳惠松及其夫人李富美的邀約，乃再度來到鄭州。鄭州東邊是開封，西邊是洛陽，葳只去過洛陽白馬寺及龍門，從未去過洛陽市區，西雅圖友人王化鵬介紹他的弟弟王化鵾，在洛陽社科院工作，因此我們有一位歷史專家來專門導覽，使得我們這一次的洛陽行，變得很有意義。北魏孝文帝從平城遷都洛陽，這是歷史上的大事，我們從洛陽反向往北走，再到平城，這種歷史之旅相當有趣。但我們的運氣不太好，抵達洛陽時碰上滂沱大雨，但幸運的是王化鵾找了一位朋友開車來接我們，並且為我們準備了雨傘。我們先去關林，俗稱關公廟，1990年我曾去過，但葳是第一次參觀關林，是重要景點，其領導也就是主任，是一位歷史學者，親自接待我們，中午化鵾兄以洛陽有名的水席招待我們，聊談愉快，賓主盡歡。下午我們參觀洛陽博物館新館，這是一棟宏偉的建築，2009年3月竣工，我也是第一次見到，是洛陽唯一的一座綜合性歷史博物館，為國家一級博物館，收藏豐富，值得一提的有北魏的武士俑、舞踊、泥塑人面像、石翁仲、北魏元擇墓誌、泥塑世俗服裝立像等，由於我即將要去平城，所以特別注意北魏的文物，我跟王化鵾討論了許多歷史問題，由於雨勢不止，我們只有留待下一次再來洛陽了，我們坐車大致逛了洛陽市區，然後回鄭州。在鄭州我們又專程去了鄭州博物館，也是藏品頗豐，但這次我的重點是放在宋代文物方面。離開鄭州之後，我們坐高鐵到達北京，北京是我多次居停之所，這次好友魏兆林夫婦接待我們。1990年初次訪問北京時，我曾停留十天，以後多次來北京，最長的一次我竟停了一個多月，然距上一次2009年也已六年沒來過北京了。這次我住的地方附近有兩所大學，一是北京傳媒大學，魯豫是該校畢業生，大陸電視上有許多美女都是出自該校，我們有一天黃昏時信步往訪，兆林及弟妹陪同，碰巧有一科系舉行畢業演出，我們見到幾位盛妝美女，多出生在1996，正是香港大限的前一年，該年我正在香港中文大學訪問，我跟她們合影留念，並談及他們的學長蘇曉康（河殤的作者，也是傳媒大學畢業），我說在90年代時，曾與這位故友相聚於西雅圖，共同主持過座談會，座談當時的時局，我信筆在她們的壁報上留下「青春無醜女」五個字；另一所是中國第二外語大學，我曾去過東京外語大學，兩所大學有一點相似，日語是二外的強項，出了很多政法名人，聞外交部長王毅即畢業自該校，我到學生中心喝了一杯咖啡，不錯！我們又去參觀了國家劇院，是與世界一流齊名的劇院，他們也號稱是世界十大劇院之一。北京的市區有相當多的改變，我們到王府井大街走了一趟，從東堂走到東安市場，我曾多次去過東安市場，有很大的變化，變得有點像香港的金鐘商場，經過老舍故居，到北大紅樓（原京師大學堂），這是老北大，今天的北大反而是以前燕京大學的校區。隨後我們再到民革總部訪問鄭建邦副主席，鄭是老友，當年鄭訪台北，通過魏萼的介紹得識，有一年我在洛杉磯還曾與鄭副主席不期而遇，鄭是前國民黨名將鄭洞國之孫，當晚鄭宴請我們，我印象中陪客尚有政協委員李藹君（李濟琛的孫女，民革聯絡部長）、蔡永飛（民革宣傳部副部長）、陳君婷（中國傳媒大學畢業）等，聊談愉快，賓主盡歡。

次日，我們在雨中離開北京，一路下西南行到太原，坐高鐵整整三個小時，從宋史的觀念來說，這是從幽州到太原，也是當年慈禧太后在庚子之亂後逃命的路線。太原之南有晉水，故太原又名晉陽，蓋山之南，水之北皆為陽，晉陽跟我們趙家有一點淵源，春秋末期，趙襄子據晉陽滅知氏而三家分晉，北朝皆以晉陽為重鎮，唐以晉陽興，宋太宗滅北漢，建太原新城，今太原新區適在汾水北岸，我們遊覽太原重要景點是晉祠，供奉的聖母是周武王的王后，唐叔的母親，也就是姜太公的女兒，晉祠的大殿是宋朝的建築，但歷代修繕過。離開太原之後，坐車往五台山，據說中國五大佛教山寺，以五台山排首位，這跟清朝皇家有關，菩薩頂是清代皇家寺院，故黃瓦，有小布達拉宮之稱，康熙來五台山五次，乾隆來六次，嘉慶來三次，皆下榻菩薩頂，傳說順治在五台山出家，此說不確，順治未曾來過五台山，真相是順治寵愛董鄂妃，但董鄂妃死後，順治萬念俱灰，曾有往五台山出家之意，為孝莊太后所阻，其實順治死於天花，順治有三子，康熙居次，湯若望曾說此子已出過天花痊癒，終生免疫，故孝莊立即選擇立康熙，當然非常正確。五台山主供文殊菩薩，殊像寺是文殊菩薩主寺，滿州人也特別尊崇文殊菩薩，五台山多密宗，藏傳寺院特多，廣化寺是章嘉活佛主寺，白塔是五台山的標示，有五爺廟，御五龍，因迷信我們未參觀。五台山的景象出乎我的意料之外，四面青山翠谷，寺院圍繞山麓，谷地有小鎮名台懷鎮，商店林立，夜晚氣溫甚低，燒煤！且為大塊媒。

離開五台山後，繼續往北行，晉北甚窮，先到應縣木塔，建於遼初，是中國保存至今最早的木造建築物，以前上課時我曾多次跟學生提起此木塔，有奇景，群燕繞塔飛舞，燕子吃蟲，這是木塔不蛀的原因，加之有避雷效果，故能保持千年。應縣之後，再經北嶽恆山懸空寺，這也是一個建於山腰的奇景，建於北魏孝文帝太和十五年（1495），唐李白與明徐霞客都曾到此。終於來到大同，雖是山西省，但大同距離北京車程只有三小時，大同人一切補給多來自北京，故認同北京人的生活方式，而不同於太原。明代盛時大同曾有駐軍三十萬，就是保衛北京，歷史上李自成就是先攻取大同，然後回師再取北京。北魏的首都平城在大同東北角，有平城遺跡，而雲岡則在大同西北角，歷史上稱燕、代之地，燕是北京，代就是大同，大同雖一片空曠，但無河流，故平城無漕運，本不適合建都，故北魏孝文帝遷都至洛陽。雲岡是中國四大石窟之一，其餘是敦煌莫高窟、洛陽龍門窟、甘肅麥積山窟，我都去過了，感覺上雲岡的保存最為完整，始建於孝文帝，有一座代表性佛像云是開國皇帝拓跋珪的面像。我們回程經高速公路南下再到太原，約走四個小時，途經雁門關隧道，走了十八分鐘，相當地長，左側山上有漢長城及明內長城，山上的城樓即雁門關，以大雁從上飛越而名，雁門關非常重要，若被敵人攻佔，南下太原，東進北京，即無屏障，明代在太原也曾駐兵十三萬。

次日向太原南行，我們先去喬家大院，喬致庸的居所，我們曾看過電視劇「喬家大院」，喬致庸不是虛構人物，清末喬家盛時的當家人物，晉商典型，山西票號在清末時遍天下。在「大紅燈籠高高掛」電影中，張藝謀就採此屋為主場景，傳説慈禧太后庚子之亂逃西安時，曾去過喬致庸家，喬活到八十多歲，是一個傳奇人物！下午再遊平遙古城，雖是縣城級，但城樓及城內房舍保存完整，我們在城內逛了四個小時，從南門進，北門出，主要是看古城牆、城樓、平遙城縣衙及晉商代表性票號日昇昌票號等。我們對這樣的一個重要景點，印象並不太好，城內雜亂，保護不力，有人公然抽菸，聯合國已申遺，但人們不愛惜，遊客太多，大家都無觀念，我們對於這一座中國僅存的完整古城，相當失望！再次日，從太原搭飛機回上海，古人云朝遊北海，暮宿蒼梧，我們作到了，孝文帝從平城到洛陽是多艱難的事，而我們瞬息之間就完成了一次歷史之旅！

烏鎮

2015年我們去江南六個水鄉中最大的一個烏鎮，截止目前為止，六個水鄉中我已去過周莊、西塘、南潯(湖州)、烏鎮、加上六個之外上海近郊的朱家角。以烏鎮的印象最為深刻。整個烏鎮重建規畫最完整，範圍最大，水渠船行，兩旁古屋，我認為烏鎮在江南六個水鄉中是最好的。我看過多種版本的「清明上河圖」，也在開封見到仿「清明上河圖」所見的宋城，但都不如烏鎮更為相似。這一次烏鎮遊我偕葳坐船循運河進入古鎮中心，再坐電聯車出鎮外，大致走了一圈，彷彿走進時光隧道，重新回到了宋朝。

九寨溝

2016年10月我偕葳往九寨溝一遊，九寨溝是大陸的熱門景點，風景秀麗素所嚮往，所以一直未能成行，緣因九寨溝超過海拔三千公尺，傳聞聽多了，因不少人確死於高山症。經過各項評估之後，我們決定在身體尚能走得動時毅然成行。為減少各種旅行上的麻煩，我們參加了一個華僑旅遊團（事後證明相當失策，因為這也是一個旅遊採購團，反而更增加了我們不少麻煩）。我們搭飛機到成都，這是出發點，聽說是走南線，沿著岷江西行，古代人弄不清楚，一直以為岷江是長江的上游，直到明代大旅行家徐霞客走了一趟金沙江，方才確定金沙江才是長江的上游，岷江跟金沙江在宜賓會合。不過我們還是去看了一趟岷江源頭，是一塊溼地，海拔約3,800公尺，所以一路上岷江水流湍急而下。沿路修得很好，經過汶川，2008年四川大地震，損失慘重，都已大致恢復，我們經過羌人聚集的茂縣，據說有二十萬羌人住在附近，唐詩：「羌笛無須怨楊柳，春風不度玉門關。」我終於首度聽到了羌笛聲！經過松藩高原的松州城，聽說唐文成公主經此入藏。十月的九寨溝仍是人山人海，聽說是景色最好之時，因葉子已變色。九寨溝的美景在看水，諸多瀑布非常美麗，眾水之源是一個大湖名長海，海拔約3,600公尺，我們未去黃龍，因高度已達4,200公尺，按導遊的建議及規定，我們每天按時飲用紅景天，不過我覺得只是心理因素，因紅景天須及早飲用，臨時用則功效不大。

回到成都又多停了兩天，主要是再去都江堰、武侯祠、杜甫草堂、金沙遺址、寬窄巷、錦里等地，我是舊地重遊。遊罷都江堰之後，我們來到岷江下游，有名的三江匯流之處，看樂山大佛，這是中國最大的石佛像，始鑿於唐代。我們未登岸攀石佛，而是坐船，在江上遠眺樂山大佛。在成都曾與老友陳鎮一家再聚。

無錫寄暢園

2018年4月19日我們來到無錫，主要目的是看寄暢園，這是江南的名園，清康熙與乾隆各六次下江南都曾駐蹕此園。90與99年我兩次經過無錫都失之交臂，這一次下定決心終於來到此園。寄暢園最具代表性的一景，便是水池邊的榭，造景非常美，國民政府時代曾有一張當時郵局出的明信片，即採取此景，我年幼時曾看過及擁有此明信片。寄暢園旁有宋代古寺惠山寺，大雄寶殿旁尚有一株千年古樹。惠山寺始建於宋代，寄暢園則建於明武宗正德年間。惠山寺旁有天下第二泉，自宋代開始聞名天下，第一泉則是山東濟南的趵突泉！無錫臨太湖邊尚有勝景鼋頭渚。這次遊無錫也是從上海當天來回，時間匆促，稍感遺憾的是未能去徐霞客的故居，徐霞客是無錫人，明代旅遊、地理學家，一生不出仕，留下了偉大著作「徐霞客遊記」，他兩次登黃山，留下名句：「五嶽歸來不看山，黃山歸來不看嶽。」他北遊恆山懸空寺，西南入雲貴藏緬，西探金沙江，第一個提出長江上游是金沙江的人，明代以前的人都認為岷江是長江的上游，我一直都在追尋徐霞客的腳步，徐是我深所欽敬的明代偉大學者。2018年的無錫遊有兩處未去，是為遺珠之憾，今年2019年9月27日終有機會再遊無錫，去了蠡園、蠡湖，聞是春秋時范蠡退隱之所。其次終能去了無錫江陰徐霞客的放居，徐（1587—1641），李約瑟對其非常讚譽，他評徐霞客的工作及遊記：「讀起來不像是17世紀的學者所寫的東西，倒是像是一位20世紀的野外勘測家所寫的考察紀錄，他不但在分析各種地理上俱有驚人的能力，而且能夠系統地使用各種專門術語…。」

奉化溪口旅遊

2018年9月27日我們開始了蔣介石的故鄉奉化溪口旅遊，我們定位「表敬訪問」，台灣的台獨政府做得太過分，除了不斷清算、侮辱老蔣之外，甚至於把蔣銅像的頭都砍下來，莫此為甚！蔣對台灣絕對是功大於過，如今大陸對蔣也都有一些正面評價，我的心甚有感慨！看到溪口到處都以蔣為榮，各處古蹟也都保存得很好。溪口建設得相當進步，很多的觀感都出乎我的意料之外！我在溪口住了兩宿。奉化已有高鐵經過，從奉化到溪口還有一段距離，故需住宿。我們在溪口參加 Tour，第一站是雪竇山，有名的妙高台、千丈岩都在這兒，兩位宋朝皇帝北宋仁宗即南宋理宗都推崇雪竇山，有御書停、浙東第一瀑、七座石浮屠等景。雪竇山有雪竇寺，是東晉時古剎，其規模之大完全出乎我的意料之外，這座當年蔣介石常去的古寺，絕不亞於常州的天寧寺。雪竇寺主要供奉彌勒佛，彌勒佛在佛教屬未來佛，現有六十米高的銅雕彌勒佛像。寺分新、舊兩寺群，左側為舊寺群，右側則為新寺群。

溪口舊區是古鎮，蔣氏故宅在鎮上，從武嶺門進入，秦孝儀寫的「武嶺蔣公」由此而來，武嶺門的正門是于右任題字，背後才是蔣介石的題字，聞是蔣謙虛，因于是書法名家，故放在正面。武嶺門旁就是蔣介石辦的武嶺中學，進入武嶺門的左側，有高地大小洋房，大洋房文昌閣為蔣介石、宋美齡居住，小洋房為蔣經國、蔣方良居住，都在剡溪之旁，剡溪寬闊，溪水清澈，也是溪口鎮民的水源。宋美齡不習慣飲用剡溪水，蔣介石曾在文昌閣旁建一自來水塔，現今仍存，也是溪口鎮的現代化措施。再往前走，就是蔣氏故居豐鎬房，王太夫人及毛夫人曾居此，蔣介石曾為王太夫人建新樓房，但屋竣工，王太夫人已去世。再前是玉泰鹽鋪，是蔣家的起家事業，也位於剡溪旁，蔣介石出生於此。玉泰鹽鋪有照片明言蔣出生時有接生婆、家有奶媽，「金陵春夢」一書言鄭三發子的事完全胡說。溪口鎮新區已全部現代化，鎮上有星巴克咖啡店，我還進入喝了一杯。記憶中還去了不少地方，如廣州南越文王遺址、黃埔軍校、國父孫中山觀音山蒙難之地等等不一而足。

二十六、退休後定居美國的生活（一）

2004年我退休來美，我把自己的藏書做了一次大整理，將一些文學及可能不再需用的書，分送朋友或捐獻，留下了九十箱，仍需使用的歷史書籍，再加上一些家居雜物及衣服等，全部用貨櫃海運運到西雅圖，我大約花費了台幣二十幾萬，貨櫃是與別人共用，不計重量，但算面積，當時我的想法是從此就長居異域，定居美國了。但2008年當馬英九當選總統時，我突然覺得台灣有了一點希望，為了表示支持馬，我毅然決定搬回台北居住，我是有原因的，因年紀老大病痛多，在美國雖也有醫藥保險，但畢竟在台灣看病更為方便。我們在新店捷運線終點站旁的碧潭有約，租了一棟兩房一廳一衛的公寓，有電梯，交通非常方便，附近生活機能非常好。我們前後住了近四年，直到馬的第二任期，我們才再搬回西雅圖。

說實話台灣居跟美國居各有利弊，在台灣生活機能方便，看病也方便，在美國則是居住環境及空氣好，由於台灣的夏天太熱，所以每年的七、八、九月時我們還是回西雅圖，短住避暑！西雅圖的夏季，除少數幾天特別炎熱之外，平均多在攝氏二十度以內，甚至於早晚外出還得穿毛衣及外套，西雅圖夏日的理想天氣，遠近遐彌，朋友們喜歡來西雅圖，我們回來接待朋友也是一件樂事。當時我們返台居住還有一個原因，就是葳任職WPI房產管理太過辛苦，很多房客難伺候，譬如有房客不繳房租，葳就得上法院訴訟，甚至於半夜發生火警，警局打電話來通知，有些不好的區域，租客多非孝子賢孫，我們年齡大了，不勝其擾，因此葳決定退休，離美回台灣居住是個好理由。在台北的生活基本上是愉快的，但馬英九的第二任期，有些基本政策上的錯誤，導致我很不愉快，也造成我在實質上有損失，最後我再搬回西雅圖長住，再用貨櫃搬了一次家，雖然還是會常往台灣走，但僅是短期停留了。

退休之後的生活除了家居之外，便是抽空到各地去旅行，年輕時我曾有兩大想法，其一是駕車環繞美國一圈，其二是駕車從陸路經加拿大來回西雅圖至阿拉斯加，然而年齡與身體健康的限制，無法完成此壯志，只有退而求其次了，2013年我又作了一次黃石公園之旅，這是第三次黃石之旅，這一次跟前兩次的不同點在於首次越過了落磯山，去了更多的地方，我跟葳偕同好友李辰雄、蔣維瀾夫婦同行，租了一部車子，我們四個人都能開車，也做了一些準備工作，在黃石公園的西口之外有一家 Motel 訂了兩間房，由於我已超過七十歲，駕車進出黃石公園不需購買門票，人與車皆可自由進出公園。

我們沿90號 Freeway 向東行，越過 Washington、Idaho 兩州，來到 Montana，通常從西雅圖出發，即使經 Freeway，也需兩天的車程，才能到達黃石公園，我們選擇在 Missoula 過夜。次日，繼續東行，終於抵達黃石公園西口，我已去過黃石公園兩次，一切駕輕就熟，休息後第三天進入黃石公園，公園面積九千平方公里，差不多有四分之一個台灣大。黃石公園是舊遊之地，我們活動的中心大致以老忠實噴泉為中心，老忠實賓館（ Old Faithful Lodge ）是黃石公園最大及最好的旅館，建於老忠實噴泉（ Old Faithful Geyser ）之旁，東為峽谷、瀑布，南為黃石湖、溫泉等，中央則是高原，繞行一圈。黃石南邊是大堤頓公園，高原上突出的雄偉群山，最高峰有三千多公尺，有纜車登山，最南有一西部式的傑克遜小鎮，在小鎮上我們吃了午餐。再從北口離開黃石公園，繼續東行，越過落磯山，到達 South Dakota 的 Rushmore Mt. 四個總統雕像，即華盛頓、傑弗遜、林肯、西奧圖 . 羅斯福，這些都是美國的名總統。Rushmore 附近也是古戰場，當年西部開拓時，有名的印地安酋長坐牛，曾殲滅卡士達將軍，卡士達是西點軍校畢業，當時是美國最年輕的將軍，如不陣亡，有人認為他有可能成為總統。有名的瘋馬酋長石雕也在左近，離完工期尚遠，只有臉的輪廓出來了，這是美國的愚公移山。

回程經過魔鬼岩（ Devils Tower National Monument ），這一奇景，位於懷明州東北角，原是印地安人視為聖地，1906年熱衷野外生活的年輕總統西奧圖 . 羅斯福（ Theodore Roosevelt ），引用古蹟保存法案將它設為美國第一座國家紀念區，屬美國國家公園體系。這裏主要景觀是一座火山岩柱或稱火山頸，高度約386公尺，海拔1,558公尺，頂部面積5,000平方米，它的周圍遍布松林、落葉林與草原。每年約吸引了四十餘萬觀光客參訪，魔鬼塔陡峭岩壁寸草不生，成了攀岩者的聖地。賣座電影「 第三類接觸 」在此拍攝，更吸引無數遊客到此。

兩次多倫多之旅

1979年的夏季我偕葳到 Rochester 探訪大學同學潘寧，她帶我們到 Niagara Falls 一遊，由於事先我們沒有取得入加拿大的簽證，所以只看了美國境內的美國瀑，而無法入加拿大看到更雄偉的馬蹄瀑，一直引以為憾。終於三十年後有了機會，我們跟定居多倫多的葳摯友鎮健常、雷瑞燕夫婦取得聯絡，他們邀請我們到多倫多作客，這是我們首次來到多倫多，我們除了看馬蹄瀑之外，並特別到聖羅倫斯河，看河中的小島及島上一些漂亮房子，這就所謂的千島湖。除冬季外，五大湖可經由聖羅倫斯河進入大西洋，河水碧綠清澈，水深可行大輪船，那天我們還看到一艘約有兩萬噸的大貨船行於河上；第二次遊多倫多是訪友，與友人歡聚，從紐約至多倫多坐灰狗巴士約走了十個小時，我們與馬難先、彭俐夫婦同行，一路上聊聊敘敘，倒也不覺搭車勞累！在多倫多又是鎮健常、雷瑞燕接待我們，見到老友王立成、柴柏林、陳來成與大嫂們等，還有一些新朋友。

美東之旅

其實在第二次多倫多行之前，我們先遊了美東紐約、費城、華盛頓 DC 等地，葳是來美後第二次遊美東，這一晃就隔了三十多年。葳有一好友夏鳳英（二女中同學，後唸臺大圖書館系），1979年曾在紐約接待過我們，後來失去音訊，但多年後輾轉聯絡上，所以我們美東之旅第一站就飛紐約。老友多年不見，欣愉之情不在話下，夏鳳英盛情款待我們。跟老友們劉寧、張博志、闞立滇、陳順英再度重聚，大家都已老矣！同班同學花俊雄幫我們報名參加一個旅行團到費城及DC觀光，在費城與涂書詒再敘，最後到DC，葳從來未去過DC，於是到國會大廈、白宮、並選了少數博物館走一圈。

加州駕車之旅

我曾多次駕車到加州，2015年這一次決定駕車南下，是因要到岳母家搬運一些書籍，當時岳母已不會再回美，房子需要整理，葳的好友文長徐正來西雅圖我家作客，她下一站到波特蘭探女兒及外孫，我們順便送她南下，也順便再作一次俄立岡之旅。之後先到舊金山，我有一個學術目的，便是到史丹佛大學胡佛圖書館閱看蔣介石的日記。之後，再沿五號公路到洛杉磯，奇怪的是這條路本極乾燥，我曾走過無數次，從未碰到下雨，但這一次竟日大雨，天氣奇怪，尤其是從舊金山到洛杉磯這一段逢暴雨，逼得我們數度駛出高速公路，躲進休息站。這一次長途跋涉身體感覺疲累與不妥，今後我不宜再作長途駕駛了，那年在台北三總醫院，再作了一次心導管檢查，主治醫生蔡建松認為我不宜再作長途駕駛了。

吳哥窟之旅

吳哥窟雖在亞洲，但那時我已搬回西雅圖，所以從美國出發經台北參加雄獅旅行社所組的團，吳哥窟（Angkor）是一個西方世界所認為神秘的地方，通過各種報導，我們對吳哥窟已有一個初步的了解，一個值得去旅遊的地方。1992年，聯合國教科文組織將吳哥窟古蹟列入世界文化遺產，世界各地來吳哥窟觀光的遊客持續增加，從1993年不到一萬人次，迄至2007年已達二百萬人次，吳哥窟已成為旅遊勝地。

我們從台北搭華航出發，先飛金邊（ Phnom Penh ）舊譯百囊奔，是柬埔賽的首都，我們稍事停留，就換小巴士直奔吳哥窟，差不多開了九個小時，一路上的感覺就是：(1) 落後與貧窮，建設極度落後，公路顛簸不平整，聞大陸要為其建高速公路，但錢還未下來；(2) 殘障的人特多，缺臂斷腿者比比皆是，聞是內戰後遺症，鄉下地雷未清除乾淨；(3) 廟宇特多，都金碧輝煌，抵吳哥窟時已近天黑，一路上鮮少燈光。吳哥窟的街道整潔，Hotel 相當好，有夜總會及賭場，都以美金計算，但小費可用柬幣。

來到吳哥窟之後，所謂準備功課完全不是那一回事，弄不清楚的，大致上分大、小吳哥窟，也就是大、小圈，大圈就是有名的吳哥城，小圈則是有名的塔普倫寺等。宋趙汝括「諸番誌」、元周達觀「真臘風土記」所提到的真臘就是今柬埔賽，那時國勢強盛，領土遠超過今日十倍以上。這座曾經被叢林覆蓋近500年，直到十九世紀才被法國生物學家亨利．穆奧（ Henry Mouhot ）無意中發現，才得以破土重生，為世人所驚嘆！

回程我們再度到金邊，參觀了王宮、金邊市容等地，柬埔賽不似越南，建築等文化倒與泰國接近，過去柬、泰邊境地雷密布，如今已大致清除，公路暢通，吳哥窟市的居民每有醫療，都是到曼谷去診治。柬幣價值較低，台幣一塊可抵柬幣一百多，記得有一個小孩賣明信片，我們將之全部買下僅花20柬幣，小孩立即收工回家，可見民間貧窮之一般。

阿拉斯加之遊

2018年的6月1日至6月8日在好友吳肇均夫婦的安排下，我們作了一次八天七夜的 Alaska Cruise ，我們選擇搭 Celebrity's 郵輪，排水量

12萬噸，是德國人所製造，看起來龐大與堅固。我從未去過阿拉斯加，久所嚮往，年輕時甚至想開車取道加拿大，由公路駕車來往阿拉斯加，如今年齡大了，倍增困難。其次，我也怕搭船，年輕時曾在日本伊勢海灣搭過渡船，經驗不是很好，但這一次終於下定決心，搭船作了一次阿拉斯加之遊。

我們在西雅圖登船，循海灣北上，都是內海，並非太平洋，所以一路風浪不大，感覺船行速度甚快、平穩，船上伙食很好，早、中餐都是Buffet ，晚餐都是正式西餐，基本上我們都很滿意。我們同行尚有五對牧師夫婦，我們每天都有靈修課程及討論，故精神生活相當充實！

一路上每逢港口都短停，可以下船登岸，遊覽及觀光。我記得第一站是 Kentchikan ，雖是初夏，但感覺得出阿拉斯加的寒氣，港口很小，但頗有味道，以後每個港口大同小異，小店購物、喝咖啡、簡介開發史等；第二站近距離看大冰河；第三站似乎是 Junean 朱諾，較大的鎮市，但也不過人口三萬人而已；最北到 Skagway 也是小鎮，回程到加拿大的維多利亞市，這才是大城。這次雖是走馬觀花，畢竟是到了阿拉斯加一遊，阿拉斯加是美國最大州，但尚未開發，即以最大城安克拉治及雄偉的麥金萊山都有待另一次安排了！

二十七、追念我的兩對岳父母

套用孩子們的話，他們分別稱我的兩位岳父為張家外公及寇家外公。亦晨誕生的時候，福分很大，竟有三位祖太，即我的祖母、寇家祖太、葳的外婆；三位祖父，即我的父親、張家外公、寇家外公；三位祖母，即我的母親、張家外婆、寇家外婆。為何如此複雜呢？原因一言難盡，簡言之，葳生於寇家，養於張家，嫁到趙家。先談張家，我的岳父張迅齊先生是上海縣閔行人，現在已無上海縣，都是上海市了，我跟葳曾多次到上海閔行一探究竟，但到處大廈林立，上海地鐵紅線有一站閔行，與上海市鬧區早已連成一片。張岳父生於1904年4月16日，早年負笈日本，在東京的日本大學唸經濟，他的同學陳秋帆當年也在東京，我與葳結婚時，陳伯父也曾來祝賀。岳父的日語造詣頗高，佐伯富老師在臺大講學期間，我曾安排過一次他們見面餐敘，餐敘愉快，佐伯老師盛讚岳父的一口東京口音日語。岳母張左群生於1918年6月14日，兩人相差13歲，據葳說他們是1940年在遵義結婚的，當年岳父35歲，岳母22歲。抗戰時期他們多生活在湖南一帶，岳父曾在武岡中央軍校第二分校任教少校教官，也在長沙長郡、武岡等中學授課，岳母執教武岡小學。抗戰勝利後，岳父來台任職於台灣省訓團，訓練台灣公務員，因岳父能說一口流利的日語，在二二八暴亂時期，他們不敢外出，多虧一些熱心的台灣朋友、學生按時送米、菜來，方度過難關。省訓團結束後，因為岳父的文筆很好，他曾擔任過台灣公論報、經濟時報主筆，平日靠譯稿、寫作營生，後來到市立大同中學教書，直到退休。根據我與他聊天的聽聞，他對日本近代文學家夏目漱石頗為欽佩，他曾最早翻譯過夏目代表作「少爺」一書，他跟我談話內容，很多都是在文學方面，可惜我不專精文學，故多聽而少互動。我覺得以他的才識，應該在大學文學系授課方為適才適所。他對國民黨的印象不是很正面的，因國民黨對他這樣有才華而內斂的知識分子並不是很尊重！岳父非常寵愛葳這個女兒，我們曾計劃陪岳父再遊日本，甚至於陪他到美國走走，可惜直到他去世時我們都未能做到這一步，在他去世後的第二年，我們才接岳母來美，並駕車陪同岳母南下加州舊金山、洛杉磯，整個美西繞了一圈。

1979年我們赴美唸書，次年兩個小孩亦晨與小曼也接來美國，我還記得當時亦晨、小曼在美用簡單的中文寫信給張外公時，外公還曾回信給他們，稱讚他們中文寫得好！葳到美國西雅圖華盛頓大學攻讀博士學位，岳父深以為榮。尤其1982年內弟繼昊與耿立群結婚，生長孫張天曜之後，岳父心情更是快慰！但人生起伏無常，1986年初姨妹張君菡突因病去世，白髮人送黑髮人，哀痛心情可以想見，同年12月末，岳父清晨刷牙時突感不適，應是腦溢血，送醫不治，立即辭世。葳當時正坐移民監，無法離美回台奔喪。我以女婿身分代妻披麻帶孝，三跪九叩行大禮。岳父堪稱他們這一代的代表人物，一生奉公守法，安貧樂道，社會中堅，他的人生觀境界是我們子孫應效法的楷模，我深以他為榮。

葳的生父寇世遠先生，祖籍瀋陽，是滿州白旗人，祖先於乾隆時派駐福州，原姓庫伯特。我曾看過他們的家譜，是由葳的曾祖父明玉所抄錄：「吾族庫伯特氏，先本長白山西拉穆楞籍，自始祖隨龍進關，世居京都，隸白旗滿州第三甲喇、第十六牛彔，迨雍正三年（1725），薩公（一世祖薩嗎哈？）由京移駐天津，乾隆三十二年（1767）余太高祖雙公昆仲三人由天津遷駐關防，攜有家譜，因年久遺失無存，殊以為憾！余於咸豐十年間，追考前代冊籍，編造世系，以倉卒急就，粗具規模，中多未妥，欲改而迄無暇日，今忽四十餘年，環顧族中無有能知其詳者，余老矣！後人於木本水源，竟忘其所自初，致有數典闕失之憂也。今秋退居餘暇，因復溯其源、探其本，重為修輯，裝潢成帙，懸諸堂皇，使仰瞻焉，庶昭穆支序，粲然在上，更冀吾族人，世傳無替，瓜瓞緜緜，永垂久遠，是則余修譜之意也，爰題諸首，以詔來茲，是為序。宣統元年（1909），歲次己酉秋下澣。明玉敬書，時年六十有八。」

根據資料，曾祖父明玉曾任塔爾巴哈台參贊大臣、福州副都統（即副將軍）、閩海關監督等職，祖父名額勒登武，元配吳氏（吳漱芳）曾與隆裕、珍妃、瑾妃同時參選秀女，同受教於文廷式老師，文廷式曾東渡日本遊京都，與當時重要日本學者那珂通世、內藤湖南、桑原騭藏等人交遊。我們稱吳氏為捷太，捷太才學兼備，尤長書法，曾侍候慈禧太后，擔任宮中女官，其後不願待在宮中，按規矩出宮需服一種藥，以斷生育。捷太出宮後下嫁祖父，祖父納妾潁太（楊春），生岳父及姑母寇世瑄，捷太教養岳父，岳父深厚的中文根基全為捷太所奠定，據說葳生於福州老家，幼年時捷太常抱葳。辛亥革命後祖父改漢名寇雲汀，曾任長汀、南安等縣長，並任福建省稅務局局長。岳父生於1920年陰曆五月二十四日於福建福州，三歲失怙，少年時期心路歷程遍嘗滄桑之苦，也琢磨出自修苦讀勵志向學的決心，十七歲時，以一篇「反侵略運動的回顧與前瞻」獲得福建全省徵文比賽第一名，名噪一時。十八歲考取福建省「戰時民教訓練所」特種考試，結訓後，取得大專同等學力資格，分發福建武平縣擔任戰時指導員。

岳父逝世後，我在充滿聖靈感動之下，曾為文「懷念岳父」：寇世遠監督是我的岳父，由於這一層關係，使我有幸能從一個普通的教友，進而與這一位現代中國基督教會傑出的牧者，有較密切的來往。回溯四十多年前的大學時代，就開始聆聽岳父講道，不僅是他有恩賜的口才，條理分明的講章，深為我所感的，還是他那精闢的講道中，能把基督教義與中國文化的特徵融和在一起，岳父深為我們那一個時代的年輕人所欽慕。

五十年前，又是福氣也是緣分，我成為他的女婿之一，除了有更多的機會聆聽福音之外，並常能私人聊談，但比較奇特的是，我們卻較少在教義與靈恩方面交通，反而是經常討論一些世俗的學問，不過，也因而認識了岳父在另一方面充實的內涵。

岳父壯年才開始慕道，早年由於家學淵源，他接受過很完整的中國傳統教育，經、史、子、集都有涉獵，文學與史學方面的造詣尤深，他熟讀「資治通鑑」，並深有見解。年輕時曾擔任師範學校國文教師，抗戰軍興，他又擔任中央社駐閩記者，在在都展現了他在新文學方面的素養，他帶有感情的文筆，可能受到魯迅的影響，掛在牆上有魯迅所題的：「橫眉冷對千夫指，俯首甘為孺子牛！」他的書房中除了有關基督教的書籍之外，文史書亦多，而「資治通鑑」與「魯迅全集」這兩部大書，使我留下深刻印象。

他常說福音是全人類的，他對近代中國仕紳對於基督教的專題，非常關注，他認為像中國這樣一個人口眾多，領域廣闊的國家，怎麼可以長久拒福音於門外呢？受到他的鼓勵，我曾在台北基督之家造就班，以「基督教在中國的傳播」為題，作過一次專題演講，他親臨班上，不僅使我深受感動，也體認到未來華人教會使命的重大。1992年的夏季，岳父的大陸之行圓滿，不僅實現他多年的夢想，向大陸傳播福音，事實上也給基督教重回中國奠立了一個新的里程碑。他離開中國大陸後，曾在台灣作短暫的停留，幾乎每一個週日，我都到台北實踐堂去聆聽他的證道，以及分享他在大陸的見聞，我們有喜樂，也有感恩。1992年夏季他回舊金山之後，我們再去探望過他，1993年冬季1月30日，小曼在舊金山選美，我們再赴舊金山，只是這是我們最後一次相聚了，原來還約好當年我們再赴舊金山詳敘的，只是萬萬沒有想到，竟是去參加他的安息禮拜。在基督徒而言，他是回到天家，將來我們會在天上再相見的，不應悲傷。但是我們的心中無法完全脫出「憾」與「惘」的感覺。

還有一件使我深印腦海的事，一九八九年夏季，為祝賀岳父、母七十雙壽，我們兄弟姐妹好幾家一共廿七人，聯袂陪同岳父母到「黃石公園」作七日旅遊。當時岳父因有心臟痼疾，健康狀況並不是很好，但接觸大自然有益身心歡暢，他當時欣愉的神情，猶歷歷在目，我感覺到那時，他真的是很快樂。這是我的第二次遊黃石公園，所以成為我們這一團的當然導遊，介紹湖光山色，岳父他是第一次去，但他對黃石公園之瞭解，比我還熟悉，他的見聞廣博，一直使我無法忘懷。含淚追念，更加孺慕之情，相信主來之日，必再相會。

摯友查時傑教授，亦為岳父忠實聽眾，彙集岳父一生為主盡忠資料，送交國史館存檔，作為這一代基督教界一位值得紀念的歷史人物，但願榮耀歸給天上的父，阿們！

2003年岳父安息十周年感恩禮拜時，我再度為文「追憶岳父—談心臟病後感懷」：岳父在世的日子，就有心臟病，他一直都是帶病在事奉神，我印象中，每當他的精神與體力甚為衰弱的時候，只要一登講台，傳揚神的道，就立刻精神百倍，他的信念就是：只要為神做工，神必帶領我，賜我力量。

從1979年我們搬來美國後，差不多每年的暑假，我們全家都要開車南下加州，從西雅圖去舊金山探望岳父母。因此常有寶貴的私人談話機會，雖然我們並不完全是談基督教，從文學、哲學、歷史、時事，我們無一不談，當然我不會放棄寶貴的請益機會，也會談一些聖經上的問題，他曾建議我要多讀聖經，因為聖經都是神所默示的話，我曾問過他保羅身上那一根刺的問題，他說這是神要人謙虛，不可自高，每個人身體都有軟弱的問題。他談及他的心臟很不好，以及種種的徵候，說一句老實話，當時我真不明白他的話，後來他終於做了心臟開刀 By pass 手術，那一年的暑假，我又去了加州，欣喜他的康復，但卻完全不能體會他面臨心臟手術時的心境與感受。

時光荏苒，我也早過了耳順之年，2002年4月29日我因心臟病，在內湖三軍總醫院，接受了一次 By pass 手術，做了五根血管的搭橋大手術，手術時間長達七個小時，經歷了死亡的邊緣，大病初癒，感想甚多，方悟岳父當年曾告訴我的一些話，也能體會他當日的心情及感覺。

在我手術時，感覺時間似乎是靜止的，心理學家榮格在他六十九歲時，有過一次心臟病發最作，曾瀕臨死亡邊緣的經驗，那一個時代尚無做 By pass 這種救命的手術，他幸運的痊癒了，從他事後的追述，我就有彷彿相同的感覺，但無法用語言很完整地講出來。當病中休養時，我常讀聖經詩篇的一段話，喚起了我在那八個小時心臟停止跳動時的記憶，詩篇第二十三篇1-6節，是我喜歡的章節：「耶和華是我的牧者，我必不至缺乏，祂使我躺臥在青草地上，領我在可安歇的水邊，祂使我的靈魂甦醒，為自己的名引導我走義路。我雖然行過死蔭的幽谷，也不怕遭害，因為祢與我同在，祢的杖，祢的竿，都安慰我。」在手術時，我彷彿是靈魂出竅，走入了一個沒有光的地方，我不知道這是否就是死蔭的幽谷？我需神的杖與竿。

手術完畢後，一切順利，但還是沒有生命，必續借助電擊，恢復心臟的跳動，這是手術中最重要的過程，因為若成功，人就活過來，不然就一切白費。我相信神賜人復活，是真有其事，是一剎那就使人活過來了，不是在未來，而是現在的復活，我讀了很多章節的聖經，愈加明瞭當年岳父的心境。

以西結書三十七章1-10節：「耶和華的靈降在我身上，耶和華藉祂的靈帶我出去，將我放在平原中；這平原遍滿骸骨，祂使我從骸骨的四圍經過，誰知在平原的骸骨甚多，而且極其枯乾。祂對我說『人子阿，這些骸骨能復活嗎？』我說：『主耶和華阿，你是知道的。』祂又對我說：『你向這些骸骨發預言說：枯乾的骸骨啊，要聽耶和華的話。』主耶和華對這些骸骨如此說：『我必使氣息進入你們裏面，你們就要活了。我必給你們加上筋，使你們長肉，又將皮遮蔽你們，使氣息進入你們裏面，你們就要活了；你們便知道我是耶和華。』於是，我遵命說預言。正說預言的時候，不料，有響聲，有地震；骨與骨互相聯絡。我觀看，見骸骨上有筋，也長了肉，又有皮遮蔽其上，只是還沒有氣息。主對我說：『人子啊，你要發預言，向風發預言，說主耶和華如此說：氣息啊，要從四方而來，吹在這些被殺的人身上，使他們活了。』於是我遵命說預言，氣息就進入骸骨，骸骨便活了，並且站起來，成為極大的軍隊。」

以西結書三十七章13-14節：「我的民哪，我開你們的墳墓，使你們從墳墓中出來，你們就知道我是耶和華。我必將我的靈放在你們裏面，你們就要活了。我將你們安置在本地，你們就知道我耶和華如此說，也如此成就了，這是耶和華說的。」

馬可福音五章36節：耶穌說：「不要怕，只要信！」

馬可福音十章27節：「耶穌看著他們說：『在人是不能，在神卻不然，因為神凡事都能。』」

馬可福音十四章36節：耶穌說「阿爸父啊！在你凡事都能。」

路加福音十二章16-20節：耶穌說：「有一個財主，田產豐盛，自己心裏思想說：『我的出產沒有地方收藏，怎麼辦呢？又說：我要這麼辦，要把我的倉房拆了，另蓋更大的，在那裏好收藏我一切的糧食和財物，然後要對我的靈魂說：靈魂哪，你有許多財物積存，可作多年的費用，只管安安逸逸的吃喝快樂吧！』神卻對他說：『無知的人哪，今夜必要你的靈魂，你所預備的要歸誰呢？』」

路加福音二十四章1-7節：講耶穌復活「七日的頭一日，黎明的時候，那些婦女帶著所預備的香料來到墳墓前，看見石頭已經從墳墓滾開了，她們就進去，只是不見主耶穌的身體，正在猜疑之間，忽然有兩個人站在旁邊，衣服發光。婦女們驚怕，將臉伏地，那兩個人就對她們說：『為甚麼在死人中找活人呢？他不在這裏，已經復活了，當紀念他還在加利利的時候怎樣告訴你們，說：人子必須被交在罪人手裏，釘在十字架上，第三日復活。』」

路加福音八章49-55節：「還說話的時候，有人從管會堂的家裏來，說：『你的女兒死了，不要勞動夫子。』耶穌聽見就對他說：『不要怕，只要信！你的女兒就必得救。』耶穌到了他的家，除了彼得、約翰、雅各，和女兒的父母，不許別人同他進去。種人都為這女兒哀哭捶胸，耶穌說：『不要哭，她不是死了，是睡著了。』他們曉得女兒已經死了，就嗤笑耶穌。耶穌拉著她的手，呼叫說：『女兒，起來吧！』她的靈魂便回來，她就立刻起來了，耶穌吩咐給她東西吃。」

路加福音十八章27節：「耶穌說『在人所不能的事，在神卻能。』」

路加福音七章12-15節：「將近城門，有一個死人被抬出來，這人是他母親獨身的兒子，他母親又是寡婦，在城裏的許多人同著寡婦送殯，主看見那寡婦，就憐憫她，對她說：『不要哭！』於是進前按著槓，抬的人就站住了。耶穌說:『少年人，我吩咐你，起來！』那死人就坐起，並且說話，耶穌便把他交給他母親。」約翰福音五章21節：「父怎樣叫死人起來，使他們活著，子也照樣隨自己的意思使人活著。」

約翰福音六章63節：「叫人活著的乃是靈，肉體是無益的。我對你們所說的話就是靈，就是生命。」

約翰福音八章12節：「耶穌又對眾人說：『我是世界的光，跟從我的，就不在黑暗裏走，必要得著生命的光。』」

約翰福音十一章23-26節：「耶穌說：『你兄弟必然復活。』馬大說：『我知道在末日復活的時候，他必復活。』耶穌對她說：『復活在我，生命也在我，信我的人雖然死了，也必復活；凡活著信我的人必永遠不死。你信這話嗎？』」

約翰福音十一章40節：「耶穌說：『我不是對你說過，你若信，就必看見神的榮耀嗎？』」

詩篇四十六篇1節：「神是我們的避難所，是我們的力量，是我們在患難中隨時的幫助。」

人是渺小的，算不了什麼，當年我們同是患心臟病的人，如今我也日漸衰老。更加懷念岳父，及他在世的日子。 他曾囑咐我應多讀聖經，必能明瞭一切。從聖經中以及實際的體驗，使我了解到什麼叫「復活」？我之所以引證這麼多聖經中的話，除了見證也是感懷！在我的心臟病手術後醒來之時，我確有一種復活的感覺！

1993年6月29日，岳父因膽囊手術，住入舊金山史丹佛大學附屬醫院，因麻醉手術，導致心臟衰竭而病逝。舊金山與台北都舉行了追思禮拜，我都參加了，美國方面由吳勇長老在史丹佛教堂領會，台北方面由李秀全牧師在實踐堂領會，哀榮備至。我是用充滿聖靈的感覺來寫我的岳父。

我的岳母寇何荔璇師母，生於1920年陰曆六月十六日，旅世的年齡98歲，應屬長壽，這是神的恩典，身體大致健康，子孫滿堂，承歡膝下，她是一位很有福氣的老太太。岳母個性十分達觀，虔誠愛主！猶記得岳母常叮嚀我與葳要做禮拜，常讀聖經及禱告，深怕我們沒有做到，可見岳母是多麼的愛我們，而我們也銘記於心。我與葳長年居住西雅圖，當岳父仍在世時，每年夏天我們至少會去一趟舊金山探望二老，其後，當岳母一個人仍住舊金山時，我們也是會常去探望她，以敘天倫，每次我們都會開車帶她到處走走，或到 Chinatown，或觀賞附近風景名勝，甚至到星巴克喝咖啡聽音樂。岳母來過西雅圖很多次，早年是岳父來西雅圖講道，岳母也聯袂來。在1993年之後，岳母也曾有過數次再來西雅圖看我們，記憶中，有兩次岳母來西雅圖的印象深刻，都是在夏季，因西雅圖夏季涼爽宜人，一次是由可謙陪同她同來，那時我們還住在 Lake Forest Park 森林裏，我們陪她遊覽奧林匹克國家公園，坐渡船等；另一次，我們已搬到 Everett 新房子，我們先到舊金山，然後陪她一同來西雅圖，當時岳母已88歲，但是體力好，健步如飛，葳帶她到室內恆溫游泳池游泳，很多外國人過來打招呼，非常佩服岳母。七月四日正逢美國慶，我們帶她到孫樂瑜所開的湖南海景樓吃晚飯，臨 Lake Union，觀賞放煙火，非常美麗，我記得那天岳母非常高興，記得同席尚有洪善群夫婦、證道堂長老胡維榮、吳肇均夫婦、孫樂善夫婦等教會人士。岳母回舊金山是獨自一個人搭飛機回去，我們送她至 Sea-Tac Airport 叮嚀空中小姐，安排岳母坐輪椅，並打電話，跟宜榮嫂聯絡好準時在舊金山機場接機。

岳母晚年常住台北之後，我們每回台北，都在第一時間前去探望她，在她身體尚可之時，有一次我們還曾陪她搭捷運，到淡水看紅毛城古蹟、真理大學及淡水老街等地，在淡水河岸喝咖啡，觀賞落日美景，雖是唐李商隱所說：「夕陽無限好，只是近黃昏。」但要看朱自清的：「但得夕陽無限好，何須惆悵近黃昏。」那一刻岳母是快樂的，我們似乎也抓住了永恆！

亦晨是孫輩中最長的，深受岳母的寵愛，他曾多次帶小孩到台北或舊金山探望太婆，Ashley 與太婆有單獨的合照，岳母從來沒有叫錯他們的名字。每次見到葳，除問及亦晨一家，也提及長年居美的小曼全家，尤其是外孫媳 Jennifer 在上海信主受洗，岳母最感欣慰，岳母提到他們的名字，從來沒有搞錯，岳母的記憶力都是正常的。我們都對岳母有無限的懷念，更有太多的回憶，基督徒不講來世，要永住天家，我們終會再見面，見到岳父、岳母，同沐主恩。阿們！

2009年6月8日是岳母90大壽，為了感謝主恩，我們兒女婿媳16個人為母親在台北基督之家做了特別感恩禮拜，齊聚一堂，有數百人參加，並有愛宴招待，我們著戲裝彩衣娛親，家蘭獻唱麻姑獻壽，小恩獻唱四郎探母。次日6月9日我們一齊陪母親赴瀋陽尋根，參觀清故宮，之後再到北京參觀故宮及明十三陵，長陵的稜恩殿，並登八達嶺長城，因已有纜車，岳母興緻很高，還跟大家一同登長城。

二十八、退休後定居美國的生活（二）

我退休之後在西雅圖的生活規律，Weekday 每天上午讀書，下午則到附近的 Mall 散步，Weekend 時才有自由活動。參加社區活動，我曾擔任過兩個社團的會長，一是蘇浙同鄉會，另一是鄭和學會。蘇浙同鄉會由鄉長王仲權所創，原是一批由台灣來美國居住在西雅圖的江蘇、浙江人（包括上海人）組成，後來條件放寬，大陸出來的江、浙人也能參加同鄉會，最後只要是由台灣出來的鄉親都可以參加同鄉會。我們聯誼重於組織，冬季的重點在於農曆年團拜聚餐，及每年固定的一次年會；夏季的重點則是在公園野餐及旅遊，加拿大的溫哥華及華州東邊的 Leavenworth（俗稱德國城）都是我們多次去遊覽過的地方。帶給同鄉們快樂是同鄉會的宗旨，在我擔任會長期間，還舉辦過一些學術活動譬如演講等，我也能夠藉此交到許多新的朋友。鄭和學會則是稍微帶有學術性的一個社團，參加成員稍有限制，最重要是需有興趣，很多退休的教授及工程師們都是成員。西雅圖鄭和學會的成立緣起於2004年吳京訪問西雅圖，吳京是旅美學人，曾任台灣的成功大學校長及教育部長，吳京跟西雅圖波音工程師田長焯是舊識，乃由田大哥出面宴請吳京，我跟一些朋友忝列作陪，席間吳京即席演講鄭和事蹟，吳京專長理工，但他對鄭和素有研究，且任世界鄭和學會會長，乃在他的促成之下，西雅圖成立鄭和學會，由田長焯擔任第一任會長，之後我則出任第二任會長。記憶中我們做了不少事，每年至少開一次年會，大家都有論文發表，並互相討論。

在美國所交的一些朋友，也都是興趣相投的，我要分成兩批來說，就記憶所及，第一批多是我的師友兼朋友，很多都已故去：

杜敬軻教授（Jack Dull）1930-1995

他是 University of Washington 教授中國史的教授，專治秦漢史，UW

的 Ph.D.，1979年我訪問 UW 擔任訪問教授期間，通過當時 UW 歷史系系主任屈萊果（ Donald W. Treadgold ）教授的介紹而認識。我有一間研究室，在其隔壁，所以我們有機會不時見面聊敘。記憶中我跟他有五件有緣的事：(1) 學弟黃俊傑在 UW 唸博士的指導教授就是杜敬軻，據黃說杜最佩服中國的孟子，所以他取中國名字「 敬軻 」兩字，而黃的博士論文就是寫孟子；(2) 摯友黃偉彥的夫人黃素貞的指導教授也是杜敬軻；(3) 我在臺大是陳家秀教授的指導教授，陳曾考取教育部公費留美，陳在 UW 的指導教授也是杜敬軻；(4) 杜敬軻在年輕時曾在台灣遊學，他的兒子小時在台灣生活過一段時間，能說流利的中國話，甚至還開玩笑對他的父親說：「 你們外國人！ 」1979年我們初抵西雅圖時，曾在校外租房，後來葳配到結婚學生家庭宿舍，我們搬出租屋，後續房客居然就是杜的兒子，杜親自開車幫兒子搬入，我當天也在現場招呼；(5) 學弟劉石吉在哈佛訪問學人結束後，又來 UW 訪問一年，當年杜敬軻正是 Associate Director of the Jackson School of International Studies in UW，主導 China Program，劉石吉舉家搭火車自美東來到西雅圖，我開車到火車站迎接劉石吉，而杜敬軻也親自開車到車站接劉石吉，行李太多，幸虧我們兩個人同時去接，妥善安排劉石吉一家安居順利。還有四件往事，使我對杜敬軻念念不忘：(1) 許倬雲（ Cho-yun Hsu ）老師的英文著作 Han Agriculture（ 1980 University of Washington Press ）一書的序是由杜敬軻所寫，非常精采，在王曾才擔任臺大歷史系、所主任時，杜敬軻曾來臺大做訪問，曾正式作一次學術演講；(2) 1988年1月13日蔣經國總統在台北逝世時，美國時間當天上午，我在 UW 遇見杜敬軻，他主動告訴我此事（ 其實當時我已知道了 ），並談了一下今後的可能發展，可見史家的敏銳，以及他對台灣的關心；(3) 1990年夏季我首次去西安時，作為秦漢史的專家，我曾面見他談敘及請教，他是去過西安的，那個時候不似現在，大家對西安還是陌生的，我還記得他曾提醒我，西安的夏季炎熱及暴雷雨；(4) 陳家秀申請 UW 時，曾久無音訊，我當時在台北，請葳側面打聽，原因卡在無人指導，因陳的專門在宋代社會經濟史，我說杜敬軻適才適所，最後杜答應，我也說我願意幫忙，最後陳家秀順利入學。

平延賀教授

他是日籍美人，東京大學出身，也是葳的日語老師，當時亞洲系的博士班都必須通過兩種外語考試，葳是考的日語及法語。平延賀教授文質彬彬，談話風趣，雖任職美國，仍保有東方教授的親和力。因暑期時間，我大都住在西雅圖，每到 Campus 我都會到其研究室看看，他非常喜歡跟我聊敘，他博學多識，熟悉日本的文化及歷史，我們的交談多用日語，我勉強能達意，但他的日語漂亮、清晰，我能從他這兒學習到很多。文人體弱多病，他因吸菸過多導致癌症，英年早逝。

屈萊果（Donald W. Treadgold）教授

1979 年我訪問 UW 擔任訪問教授，就是他的邀請與安排，他是當時 UW 歷史系系主任。屈萊果先生專治俄國史，兩本名著 The West in Russia and China 1 Russia 1472-1917；The West in Russia and China 2 China 1582-1949

他曾經擔任過臺灣大學歷史系的客座教授，但年份久遠，我還沒有進臺大，有人譽他是一位自由主義者，與臺大哲學系教授殷海光先生是至交，在大一時我曾修過殷老師的邏輯課。屈萊果先生應是我的師長輩，在學問上我們沒有交集，在第一次見面時，他就曾對我說將來陳學霖教授應對我有較大的幫助（普林斯頓大學 Ph.D.，當時暑假他適巧在美東休假）。屈萊果先生是一位長者，他盡心盡力照顧我這位年輕的後輩學者無微不至，我相當懷念這一位老師輩的美國名學者。

羅杰瑞（Jerry Norman）教授

他是葳在 UW 的指導教授，加州柏克萊的 Ph.D.，師事趙元任，美國名語言學家，通中、英、法、俄、滿、蒙、福州話等數十種語言，他的夫人陳恩綺老師（臺大中文系畢）是我的大一國文老師。他年輕時曾遊學臺大外文系，跟廣祿老師學過滿文。在學問上我們沒有交集，但我佩服他的博學多識，雖然我們常聊過很多的問題，但記憶中卻是別的事留下深刻印象。有一年他在東京外語大學擔任客座教授，我適巧經過東京，乃去外語大學找他，我帶他逛東京，看東正教的教堂，並到東京大飯店（可能是東京最大的中國菜館）吃晚飯，我想那一天他是相當滿意的，因為事後他曾寫過一封信給我，除謝謝外，並稱讚我是知日的一把手；另一次是他主持在 UW 召開的一次世界語言學會議，我答應幫他忙，所以他正式邀我出席會議，我主要負責日本方面學者的接待，包括到飛機場接機再送至 UW，安排生活等細節；這時出現了一件麻煩的事，就是海峽兩岸的學者同時出席此次會議，那個時候兩岸的氣氛不太好，台灣方面堅持邀請函上一定要注明有中華民國，當年台灣學者多來自中央研究院，由丁邦新領隊，否則就不出席，而大陸方面也堅持不能有中華民國，否則也不出席，Norman 急得要命，找我商量，我則出主意，大會資料不宜改，但對台灣的邀請函單獨印，一定要註明中華民國，等到雙方學者都到了，不方便的事，一律用口頭，不用書面，如果大陸有抗議書，收下但緩處理，反正都講英文，三天會議一過，天下太平。美方盛情款待，酒酣耳熱之際，大家都講中文，所以平安無事，唯一出現的插曲是東京外語大教授橋本萬太郎的論文出現「雜種文化」的字眼，引起兩岸一致撻伐，其實橋本若用「多元文化」則無事，橋本的中、英文都很好，我認為橋本應是疏忽與無心之過。

盧國邦館長與吳燕美副館長

UW 的亞洲研究是不錯的，這得力於東亞圖書館，是我們常去的地方，盧國邦館長與吳燕美副館長這兩位是東亞圖書館的正、副主管，這兩位朋友都對我們非常照顧，盧出身香港，吳則是台灣出來的。每有台灣的朋友來西雅圖，UW 東亞圖書館是我們必帶的參觀之所，記得蒙藏委員會前、後兩位委員長董樹藩及吳化鵬都是由我陪同參訪，盧國邦館長親自盛情接待。東亞圖書館主要收藏中、日、韓及滿蒙藏等其他區域的書籍，約13萬冊，管理得很好，每年還不斷地有新增購及捐贈的書籍。

有相當多的中國學者在UW，但有過來往及印象深刻的則有四位：⑴蕭公權先生是一位名學者，是歷史人物了，抗戰軍興，蔣介石曾找張柏苓、胡適等學者討論，蕭先生也是與會者，我年輕時曾讀過他的中國政治思想史，1979年曾有幸見到他，是學弟黃俊傑帶至蕭先生寓所拜會，蕭的弟子滿天下，記憶中他的書法雄勁有力，當時蕭已高齡，不久蕭即去世；⑵張桂生教授是一位地理學家，羅家倫的女婿，曾有一次為寫鄭和事蹟，曾當面求教，獲益良多；⑶陳學霖教授是宋、明史專家，香港大學畢業，普林斯頓的史學博士，著作等身，在西雅圖期間常有討論，1996年我至中文大學新亞書院訪問時，他適擔任歷史系系主任，曾再交往；⑷王靖獻教授是加州柏克萊Ph.D.，名學者陳世驤的弟子，王教授也是詩人，筆名楊牧、葉珊，散文、新詩極多，他也是張葳的老師，在學問上我們沒有交集，但可以切磋，楊的夫人夏盈盈與葳在UW語言班曾同學。

孫運璿資政

西雅圖人文薈萃，來往有名人士極多，但能兩次見到孫運璿資政，是我極大的榮幸，我深有印象。他是探親，因其長公子夫婦適居住西雅圖。當時孫資政已發病退休，是坐輪椅接受新聞界的訪問，葳當時是世界日報常駐西雅圖的記者，我陪她前往見孫資政，報社記者很多，但只有我讀過楊艾俐所寫的孫運璿傳，當孫資政知道我是臺大歷史系教授時，就幾乎變成我們兩個人在交談了。葳將訪談新聞登在世界日報主要的版面，孫資政跟我們談了許多話，我記憶深刻的有三件事：⑴台灣與大陸的開放往來是故蔣經國總統的決定，解除戒嚴令及開放老兵回大陸探親，孫還曾疑問地覺得是否快了一點？蔣卻說要更快，時代已改變；⑵ 蔣原來的安排是要孫繼續擔任行政院長，要更重用他，但不是副總統，憲政方面有意往內閣制走、國安會歸行政院，院長及部會首長皆須有立法委員身分。孫的突然中風，打亂了蔣的計畫。楊作洲大哥擔任國大代表時，我曾看過內閣制的憲改草案；⑶ 文化建設非常重要，孫認為沒有做好，他有責任。孫曾邀我返台時能找時間再跟他聊聊，可惜我未能及時去，不久他過世。

第二批多是朋友們，我謹能以比我年長者來追憶：⑴ 王仲權是創立西雅圖蘇浙同鄉會者，他個性爽朗，有古孟嘗君之風，陸軍官校畢業，在軍中做到飛彈營連長，退伍後來美轉業商，開飯店致富，據他說原在賓州一小鎮起家，有一天來了一個大人物，原來是做過上海市長及台灣省主席的吳國楨，吳來美後，因有普渡政治學的 Ph.D.，改在一個小大學教中國歷史，正好王仲權的飯店開在學校附近，吳常來品嚐，讚不絕口，因而成為朋友，吳曾用英文寫過一本中國通史的書，應早已絕版，我無意間曾在美國一家舊書店購得，收藏在手。我曾戲言應早認識王兄，王仲權早年脾氣不好，加入幫派，據他說擔任過四海幫老大，幻想行俠仗義，晚年修心養性，以寫毛筆字勵志，我曾以古諺：「自古仗義多是屠狗輩，從來負心盡屬讀書漢！」相勉！仲權兄在政治上堅決反對台獨，身體力行。⑵ 陶錦華老先生原是世家子弟，陶馥記老闆陶桂林的長公子，陶先生一生傳奇，年輕時來美，唸過西雅圖 UW，中年在美從事政治，與老布希總統相善為至友，我忝為陶的忘年交；⑶ 田長焯年輕時任職波音公司，臺大機械系畢業，其弟田長霖曾任加州柏克萊校長。長焯兄為西雅圖重要僑領，熱心公益，創立西雅圖鄭和學會為首任會長，我繼之為第二任會長，長焯兄年長於我，經驗與見識俱廣，我身受教益頗多；⑷ 陳士翰為 UW 醫學院教授，德州 Ph.D.，世界級基因學權威，我常受教，士翰兄對歷史特別有興趣，常有歷史方面的權威之作；(5) 李湘渝波音公司工程師，臺大機械系畢，留美 Ph.D.，亦有論鄭和之作，也曾任西雅圖鄭和學會會長。夫人吳宗鳳留美化學博士，現任西雅圖蘇浙同鄉會會長，為 UW 作口述歷史，居功厥偉，宗鳳之姐吳小燕臺大社會系畢，亦為西雅圖重要僑領，曾任僑務委員，創立 WPI 房產管理公司，葳曾經在此公司任職，吳小燕曾是她的老闆；(6) 王建華校長成大畢，留美 Ph.D.，在美曾擔任過某大學校長，亦曾任西雅圖鄭和學會會長，我亦常受教，裨益良多。

二十九、退休後再回台北的生活

人老了身體健康日漸走下坡路，大小毛病不斷纏身，養老在美國是一件昂貴的事，雖然已再搬回西雅圖，但再返台養老治病的事，一直牽掛在我心頭，問題是自交還臺大的宿舍以後，我們在台灣已無固定的住所，年輕時沒能及早預備，面對極貴的台灣房價，再買屋已無可能！每次回台灣多是借住親友家或是住旅館、學校的招待所，短期或無問題，但長期則對彼此皆有不便。我曾想找養老所居住，但私人經營的也是太過昂貴，最後曾幸運地找到一家在台北市營的養老所，地點方便，環境良好，價錢公道，入住後可包伙食，我們已在仔細考慮之中，且已準備申請入住，這時住在上海美商公司工作的兒子亦晨，公司出差來到台北，他說願意在台北購屋供我們滯台時居住。

曾有兩次時機我計劃在台北購屋，第一次是2003年準備退休前，因退休後須交出原居住的學校宿舍，當時台北市的房價已非常昂貴，我看中了位於淡水的一間公寓大樓，當年淡水的房價算是公道的，當時捷運尚未通，淡水畢竟離台北稍遠了一點，我長年在臺大附近活動，生活方面都是以那一帶為考慮，加之當年我仍心繫在西雅圖，退休之後正規劃在美換新居，一錢不能二用，我乃放棄在淡水買屋計劃，現在思考起來，深覺當年的決定或許錯誤，欠仔細考慮；第二次是2008年馬英九當選總統，我確是想購屋遷台，仍選在淡水一帶看房子，彼時捷運淡水線已通，我也看中一棟正在興建而有電梯的大樓，已帶錢準備去下訂，建築公司職員告訴我說，從住家到捷運站僅需七分鐘，為了謹慎起見，我親自走了一趟，結果是需時四十分鐘，我當然不悅，指責職員不說實話，她回答得妙，她說是搭公車才七分鐘，當然這樁買賣吹了，加之，搭捷運淡水至臺大需二十幾站，而新店至臺大僅六站，所以就決定租新店的房子。

再度返台常住是2017年作的新計畫，我們還是選擇了住在新店，以大台北地區而論，當然也有空汙的問題，但情況沒有台灣中、南部嚴重，新店的空汙尚可，缺點是比較潮濕，所以家中購置了三台除濕機，住家附近交通便利，生活機能方便。最重要的是我們常去的醫院耕莘、三總、臺大、榮總都是一趟車即可到達，到其他的醫院也都很方便。

2017年發生一件大事，那就是岳母突然於3月30日辭世歸天家，那年我們三月份回台北，由於岳母已高齡，我們只要回台北，都是第一時間去探望她，那一天葳是一個人去小敉家，我則去內湖三總做身體檢查。據葳說當時岳母的精神很好，大哥也在場陪她，岳母笑容可掬，三個人聊得很愉快，不知不覺岳母竟睡著了。那一年葳有二女中同學會，我們到台灣南部去，本來預定一週後返回台北，再來陪岳母，詎料3月30日的深夜三點左右，應是週四的清晨吧！小丹緊急電話云岳母睡夢中去世，我與葳清晨叫不到計程車，當時下榻繼昊家，乃由他開車送我們至小敉家，岳母享年98歲。在台北4月9日有追思禮拜，亦晨帶Jennifer及孩子圓圓、Dylan、Tayden由上海飛來台北參加。遵岳母遺囑入殮後棺木送至舊金山，與岳父合葬百齡園，我們兒、女、媳婦、女婿十六人護靈搭華航飛舊金山，4月12日在舊金山也舉行了追思禮拜，小曼、Wes及兩個女兒、Chloe、Bella一家也由西雅圖飛來舊金山參加。由於我們當時已經回美國了，葬禮完畢，就直接回西雅圖，也取消了上海之行。

2017年是忙碌的一年，秋天我們搬回台北，住在新店，2018舊曆年時，亦晨一家也從上海來台北，和我們共度新年。

目前我們的情況是春末夏初的三月回美國住，夏末秋初的九月則返台居住。因為台灣的夏季炎熱，而美國的冬天多雨雪，我們選擇候鳥式的遷居生活，看似舒適與方便，但人都會老邁，來往美國與台灣之間需長途飛行，總有一天跑不動時怎麼辦？我們都還在思考中！目前還沒有做最後決定！因還有一些舊稿需處理，等大部分都出書後，或就不再兩邊飛了！

年輕時與年老時，考慮問題與方向是不同的。當年美國的國力是蒸蒸日上，但如今很多客觀條件都已改變，台灣已是非常適合居住，大陸也已改變，也是一個適居的地方，美國物價日漸高漲，已非唯一的考慮，「長安居，大不易！」

退休後的晚年生活，遇上一件極不愉快的事，就是公教人員的退休金被砍掉三分之一（實際上算來已接近百分之四十了）。人各有命，我們也無可奈何！但確有不平之心，在此回憶錄中，最後的話語想發抒一下。至少有兩點：其一是我們一直相信政府，年輕時我們選擇在公立學校教書，當時薪資並不優厚，我們是看中了退休後較有保障，如今說砍就砍，我們已年邁，毫無還手之力，年老生活尚在其次，醫藥、醫療才是花費！國家的長照迄未上軌道，我們教授尚未完全陷入絕境，但大部分同儕晚景頗淒涼。其二是語言欺騙，何謂年金？我們明明是領退休金！那來的年金？當年我們遵守法律，信賴政府，我們按規則領退休金，何罪之有？時光已不能倒流，如早知今日，我們年輕時會走其他的路，早作準備！我們還不算頂倒楣的，但我憐恤其他多數奉公守法，把年輕歲月貢獻給國家的一般公教人員！

三十、第三次歐洲行

聖經馬太福音10章34節：「你們不要想我來，是叫地上太平，我來，並不是叫地上太平，乃是叫地上動刀。」

24章6節：「你們也要聽見打仗和打仗的風聲，總不要驚慌，因為這些事是必須有的，只是末期還沒有到。」

24章7節：「民要攻打民，國要攻打國，多處必有饑荒、地震。」

有許多解經家認為這是對於世界史的預表，宗教戰爭多次出現，離主後時間最近的一次便是「三十年戰爭」(1618-1948)，這一場打了三十年的戰爭，其源起有很多種說法，德國名詩人席勒有一本「三十年戰爭史」詳誌始末，席勒也是貝多芬「快樂頌」的填詞者。無疑這一場戰爭與信仰脫不了關係，以神聖羅馬帝國為首率領天主教為一方的舊教，另一方則是新教諸侯及信仰新教的國家，幾乎全歐大部分國家都被捲入，戰場就在德國境內，戰爭激烈與殘忍，日耳曼各邦國的男性有將近一半陣亡，最後簽訂「西發里亞」和約而告結束，從此新、舊教各有信仰的自由，歐洲地圖大洗牌，近代歐洲民族國家的形成與這場戰爭是有關連的。

巴伐里亞也是主要戰場之一，2019年的一月我終於有機會赴德國巴伐利亞一遊。為了紀念金婚，我與葳參加了雄獅旅行社的Tour南德深度十日遊，我們從未去過德國，這個行程是我嚮往已久！ 1-24的晚上我們搭國泰航空從台北桃園機場出發，經香港赤鱲角機場短暫停留後，轉機再飛瑞士蘇黎世，本來預定飛行12個小時就可以到達，沒有想到機上有一位59歲的女性旅客突罹急病，經機上有醫生認為必須立刻住醫院，最後國泰383班機的機長決定緊急降落在莫斯科，所以我們又在莫斯科停了兩個多小時，當時機外氣溫是攝氏零下14度，除病人及家屬下機外，我們都停留在機上，從窗口看機場，除跑道外是一片白雪覆蓋。經過這一番折騰，總共我們飛了16個小時才到達蘇黎世（Zurich）。

從瑞士蘇黎世入境，當時氣溫是攝氏0度，蘇黎世是瑞士最大城市，也是歐洲金融業中心之一，我們未作停留，即趕往聖加侖（San Gallen），當時已經白天，我們是去吃中飯及參觀聖加倫修道院，西元612年即以歐洲的「學問中心」著稱，著名的巴洛克風格天主堂，內部彩色壁畫非常美麗，是奧地利女王瑪麗亞．德莉莎所支助建立，當時瑞士仍在奧地利統治之下。晚上我們趕到德國富森（Fussem），富森是德南小鎮，氣溫更低，高速公路兩旁積雪很深，但我們通行順暢，德國高速公路稱Auto Barn，無限速！富森小鎮在阿爾卑斯山麓，遠眺山景，清晰可見，非常美麗！整個小鎮積雪甚深，但我們抵達時雪已停。

富森是羅曼蒂克大道的起點，當年羅馬人修築軍道，本稱「傳奇大道」，後稱羅曼蒂克大道（Romantic Strasse）有寓意「Roma」之意，Romantic Strasse也是三十年戰爭的主要戰場。1-26在大雪紛飛中離開富森，西雅圖鄰旁的Leavenworth頗像富森，北行不遠便是新天鵝堡，山路難行，地上積雪，所以我們先坐馬車上山，然後踏雪步行，到達新天鵝堡（Schloss Neuschwanstein），巴伐利亞王路德維希二世（Ludwig II）所建，狄斯耐童話城堡的原型就是新天鵝堡！下午我們走傳統公路去慕尼黑（Munich），兩旁丘陵地都是積雪，夏季一片青蔥，風景應是甚美！到了慕尼黑已進入平原區，慕尼黑是巴伐利亞的首府及全德第三大城，人口135萬，經濟、文化、政治俱很重要，人口比台北少，但範圍大得多。信仰上屬天主教，最早本篤教派在此建立修道中心，整個巴伐利亞都是三十年戰爭時期重要戰區。德國有8,500萬人，巴伐利亞就佔五分之一，土地面積則佔四分之一，BMW的中心在此，舉世聞名的慕尼黑大學也在此。我們還參觀了BMW Welt體驗中心，也品嚐了正宗的德國豬腳餐配啤酒，非常美味！

下一行程是紐倫堡（ Nuremberg ），在希特勒時代，紐倫堡是納粹的大本營，當年納粹曾在此地大閱兵，戰後在此大審戰犯。我們先參觀神聖羅馬帝國皇帝駐節紐倫堡的凱薩宮，三十年戰爭的發動地。南面是市政廳及紐倫堡廣場，四圍是聖母院、古教堂、與紀念三十年戰爭時流行黑死病的死亡船雕塑。離開紐倫堡後，在大雪紛飛中抵達羅騰堡（ Rothenburg ），這是三十年戰爭的重要戰區，仍保有完整的古城牆。從富森到羅騰堡的 Romantic Strasse 雖是一線道，但那是鄉道，鄰旁仍有高速公路，所以我們走 Auto Barn 到羅騰堡，由於是高地，氣溫相當低，風也很大，市政廳與市議會宴會館分處廣場兩邊，這裏曾發生過一個故事，羅騰堡在三十年戰爭時屬新教派，一次天主教的法軍攻佔羅騰堡，法軍統帥本想將全市議員斬首，老市長出面求情提出：「如果我可以一口氣飲盡一大杯法蘭根葡萄酒，請饒過所有議員一命。」對方統帥亦為善飲者，願意打賭，果然老市長一飲而盡，但倒下大醉三日，因此也救了議員們的性命，為了紀念這一件事，每到整點時，市議會宴會館牆上的電動時鐘，故事的主角偶像都會出來報時。

中午在羅騰堡用中國飯，繼續經 Auto Barn 往法蘭克福（ Frankfurt ），終於離開巴伐利亞，途中一路下大雪。法蘭克福是德國大都市、門戶，歐洲最大機場所在，名詩人哥德的故鄉，神聖羅馬帝國皇帝在此選定、加冕。但我們僅在此過夜未有行程。次日，我們繼續往萊茵河谷地，重要的行程安排是坐船遊一段萊茵河，大致在羅蕾萊（ Loreley ）前後這一段河流，傳説羅蕾萊是女水妖，有巨岩，是此趟船旅的精華之處，此處河寬僅 90m，以往是航行船隻最難克服之處，需 90 度大轉彎，船行羅蕾萊巨岩時，船上播放「羅蕾萊」歌，是名詩人海涅所寫之詞。兩岸古堡林立，高山峽谷，一片青蔥，風景非常秀麗。中午吃鱒魚餐，下午繼續前進海德堡（ Heldelberg ），我嚮往已久，主要是年輕時看過一部電影

「學生王子」，印象深埋腦中！到達海德堡，我們先看內喀爾河（Neckar River）及卡爾．希奧多古橋（Korl Theodor Brucke），這是海德堡的象徵，海德堡大學就在河岸左側舊區，橋端有銅雕怪獸，有謂猴雕，但不太像，也是海德堡大學的象徵。我們登橋上向左遠眺海德堡古堡，向右則遠眺山上海德堡的哲學小徑，聞我所熟悉的京都大學哲學小徑，就是仿海德堡大學的，並聽云兩校也是姊妹學校。海德堡大學是世界名校之一，與歐洲四大名校牛津、劍橋、索邦（巴黎）分踞鼎足而立，學生約有三萬多人，人文社會科學與法律特別強，台灣名人翁岳生，施啟揚、朱高正、尤清等人均為海德堡的 Ph.D.，我的臺大老師徐子明亦曾就讀海德堡歷史系。循左岸小徑而行，就是小鎮與 campus 混雜的區域，我們首先看到的是一座哥德式聖靈大教堂，海德堡的信仰屬新教，故聖靈大教堂不是天主堂，教堂旁有一棟古建築是騎士樓，上有當年瑞典國王古斯塔夫的雕像，他是海德堡的守護者，三十年戰爭時，他是主要參戰者，他英勇善戰，援救新教，擊敗神聖羅馬帝國，方有西發利亞和約，爭得新教的信仰自由！再向前有一家咖啡或是啤酒店，學生王子電影中，那一位薩克森王子就讀海德堡大學時，與女侍談戀愛，當然悲劇收場，此咖啡店紀念此事！或為杜撰及影射？就不可得而知了！其旁有學生監獄，為犯校規者設，廣場四周都是教室、圖書館、博物館、行政大樓等等，我還進了廣場旁一座星巴克咖啡店，看看這些海德堡的大學生們。海德堡很大，我們過夜是住在新區。

1-30進到史特拉斯堡（Strasbourg），進入法境，現屬法國，歐盟議會的所在地，以前屬德國，被路易十四奪走，普法戰後，普魯士收回，一戰後法國又收回，及希勒勒又取走，二戰後經公投後才歸屬法國。胡適翻譯過法國都德名著「最後一課」，以前國文課本曾列入必讀，史特拉斯堡就是亞爾薩斯的首府。史特拉斯堡多工匠，歐洲最早的活字印刷谷騰堡就是史特拉斯堡人，但谷騰堡比北宋畢昇的活字印刷又晚了四百年！後來谷騰堡把活字印刷移到了海德堡，迄今世界最大的印刷公司就在海德堡！美國洛杉磯杭庭頓 Library 就藏有谷騰堡的活字印刷聖經。史特拉斯堡的聖母院是相當大的哥德式建築教堂，但史特拉斯堡也有一些奇怪的事情，譬如有一所新、舊教共用的教堂，又有所謂的肥胖罪，聖母院旁有一根狹窄的柱子，在古代專門檢查肥胖的人，若穿不過柱子，則需罰錢。離開史特拉斯堡後再入德國，目標是黑森林，德國森林的樹木茂密，但粗樹幾乎沒有，記得以前住長興街時對門鄰居鄔昆如教授（慕尼黑大學 Ph.D.）曾告訴我說：因為戰爭關係，只有黑森林才有粗樹木，但這次我到了黑森林，也沒有看到有甚麼粗樹！黑森林蒂蒂湖在夏季是很美麗的，但我們是冬季來，一片冰雪覆蓋，連蒂蒂湖都是白雪，黑森林以賣咕咕鐘出名，所謂瑞士表、德國鐘名聞於世。

黑森林之後旅行已近尾聲，我們到梅爾斯堡（Meersburg）小鎮，位於波登湖旁，波登湖（Boden）是德、瑞、奧三國的邊界大湖，是德語區最大的淡水湖，梅爾斯堡是一座保存良好的中世紀小鎮，有渡口，我們搭渡船到對岸的康士坦茨（Konstanz），就離開德國重新再進入瑞士了，在往蘇黎世途中，順道看了萊茵瀑布（Rheinfall），瀑布寬150米，是歐洲第一大瀑布，極具觀光價值。重回蘇黎世先在蘇黎世湖邊照相留念，走馬觀花地看了這一個歐洲最富裕的城市，當然也是物價極其高的城市，班霍夫大街（Bahnhofstrasse）是歐洲最長的購物大街，也是與紐約的第五街齊名，街道兩列，世界精品店齊集此地。2–1 我們搭機經香港回到台北，已是2-2清晨。

此次歐洲之行極具意義，由於跟團行，不比自由行，能隨心所欲地遊覽，但年齡已大，隨團行卻是智慧的選擇。總結有五點感想：(1) 這是我第一次去德國，雖是在局部的南德遊，但我能認識德國人的生活務實態度，德國人不花俏，極具實際性，Auto Barn（無限速高速公路）鋪得極好，車行平穩，即一般路雖不似美國寬敞，但也是整齊平實。德國人守法，交通秩序良好，不飆車，內線道絕無慢車。德國人精於製造，大、小產品都極精良，從藥品到鋼鐵製品等均信用著著！朋馳、BMW、奧迪等德製汽車暢銷全世界；(2) 古蹟的保存極具用心，二戰全德破壞極大，戰後已計劃性按原建築逐步地恢復，我們到巴伐利亞各個城市、鄉鎮，均能看到原貌，德國人是極用心的民族；(3) 羅曼蒂克大道與三十年戰爭是我此次旅行的主要觀察點之一，我終於弄清楚 Romantic Strasse 與 Roma 有關，而三十年戰爭是全面性的，幾乎當時歐洲大部分國家都被捲入，當年日耳曼人死亡過半，除了戰爭因素外，流行可怕的黑死病也是原因，戰爭起因確因與信仰之爭有關，同信上帝，竟如此兵戎相見，真不懂中世紀人的想法；(4) 冬遊歐洲固然有價格便宜及觀光客稍少等優點，但南德及瑞士俱以山水勝景著稱，春、夏、秋三季較適宜遊歐，像此次我們旅遊南德、瑞士到處都是冰天雪地，多增旅遊不便，幸虧未生病；(5) 心繫海德堡之行，主要是海德堡大學，跟我的想像雖有出入，但海德堡大學早已深著我的腦海中，「學生王子」影片更是印象深刻，能夠來到海德堡，一償人生宿願，我心中非常滿足。

結語

2019年我已滿77歲，兒、女皆已自立，孫兒們皆聰明好學，兩家都幸福美滿，我與葳均感欣慰！我們都信仰基督教，當常念神賜恩典。完成一些著述是我今後的心願，如有祈求，那就是神能賜我時間！我出生時是20世紀，如今已進入21世紀，我們都是跨過世紀的人，世界變化太大，科技進步使人生活水準提高，醫藥進步使人活得更久，交通工具的進步，使我們瞬間可至千萬里之外，遊覽更多的地方，古人雖能讀萬卷書，但我們真能做到行萬里路。PC及WIFI的出現，使我們不獨神遊古今，超過千里眼及順風耳，已與古代神仙無異。我們青少年時還沒有這些東西，1962年台灣的電視才出現，我在唸大學時，還在聽收音機，知識在爆炸，我們的學問在年輕一代看來已盡屬常識，我們要承認比上一代幸運的是我們生活在和平時期，世界雖然還有戰爭與動亂，但至少我們居住在和平之地。

未來不可知，但能把握現在一切，才是快樂！時光荏苒，韶華不再，李商隱有詩：「夕陽無限好，只是近黃昏！」稍消極一些，朱自清改成：「但得夕陽無限好，何須惆悵近黃昏！」積極多了。

中國有諺：「人生七十古來稀。」聖經詩篇亦有：「我們一生的年日是七十歲，若是強壯可到八十歲，但其中所矜誇的，不過是勞苦愁煩，轉眼成空，我們便如飛而去。」（詩90：10）即便今日醫藥進步，再多十年吧！但依然「世上少有百歲人，山中卻多千年樹。」在絲路旅行時，看到一種黃楊木，所謂：「千年不枯，千年不倒，千年不朽。」人似不如樹。事有本末，人有始終，我們總得為世上留一點東西才對！

摩西曾向神求告：「願主我們神的榮美，歸於我們身上，願你堅立我們手所做的工，我們手所做的工，願你堅立。」（詩90：17）我寫回憶錄，就是「工」。

附錄一

父親的自述

江蘇省興化縣四周環水，出外需船，東鄰東台縣，西靠高郵縣，南至泰縣即泰州，北近鹽城縣。我祖籍世居興化縣城內慕韓鎮靴橋巷三號，所謂靴橋係指宋代岳飛追金兀朮，途經此橋時，金兀朮之馬靴失落橋上，此為先祖父奏成公依據歷祖傳聞，並無確切古典可稽。

故宅從靴橋下沿右邊，後門靠一號薛家直到右轉彎，大門對天后宮小學右大樓，約有一千坪土地，房屋廿二間，除正屋、側屋三間為母親興建外，餘皆為遜清時古老舊屋，尤以中進一半為草蓋，上加瓦屋，抗日時為民國廿九年（1940），日軍轟炸興化，後門有三間為炸彈震坍，為母親修復。正屋、側屋三間，於民國二十四年（1935）春節，不幸為不知名所放焰火落在後院草堆上，深夜被大火燒毀，翌年，母親耗盡心力，東挪西借，重新興建三間，詎料民國三十七年（1948），興化為共黨竊佔，均被拆毀，所存衣物、字畫、古器、古書、木器用具等，都被搶劫一空，幸母親、妻、兒早已遷居上海，未遭迫害，然家中歷代所傳古書、古器、古物於二十四年（1935）春節遭火災後，剩餘數箱全部損失，至深且巨。

世代書香，祇有我既未以教書維生，更未埋首讀書，先祖父奏成公常以歷代祖宗皆為遜清秀才，甚而有中舉貢生者。直到先父孔吉公歷任興化縣立大垛（ ）、竹泓等區小學校長，勉勵我上進讀書，但我天性好頑，喜愛國術、平劇、國樂，中學時英文、數學、生物、化學、物理皆為赤字，讀小學時，在祖父溺愛下，讀開元、西寺二小學，讀初中一、二年級時皆留級，故我對二、三兒多讀二年不願責備，我留級之原因為不用功，而二、三兒皆肯用功讀書，其原因令人費解，惟有不可否認者，二兒讀書有衝勁，肯下苦功，但粗心大意，其意志不夠堅強，以致錯誤叢生，尤以考試時，小錯多變為大錯；三兒個性傲，自尊心強，不能虛心下問，自信能克服一切疑難，也是小錯多變為大錯，可喜者，大兒能讀博士學位，已為我家增光甚大，乃能繼承祖宗所傳書香之家。

先曾祖父殿卿公為秀才，曾祖母徐太夫人持家甚嚴。先祖父奏成公，字煥文，號家泰，終身館穀教書為業，清苦勞碌，身材矮瘦，留八字鬍。在我記憶中，初在東門陳伯良家教書，陳氏為錢莊老闆，全縣首富，以後受聘南門吳光國家教書，吳氏為當時國民黨縣黨部主任，係地方首要，全年收入約銀元壹佰伍拾圓，受業學生除首富、首要子女外，尚有其親友子女附從。先祖父教學認真，為人忠厚誠實，按當時地方學問道德高尚秀才，多為首富、首要聘為教館，即家庭教師，惟待遇微薄，全年束脩約銀元七十元左右，即學費收入為全家生活費用，平均月支銀元六元，因此在我未能擔負家計前，每日早晚喝米粉粥，中餐僅一菜，多為廉價素菜、白菜、豆腐類，有時為我營養，隔數日燉鴨蛋或煮小魚蝦，興化為魚米之鄉，除旱災、水患外，平日魚蝦最廉，祖母、母親信佛食素，祖父早出晚歸，飲食除晚餐回家外，早、中餐及下午點心皆由館東供給，因此家中每隔數日炒魚蝦或燉蛋，純為我與元鳳妹之需要。祖父束脩即學費，每年端午節、中秋節、年底寒假前，分三次收費，在我記憶中，吳光國父子嗜好鴉片，每次付學費最遲，而家中急需償還米店、草行、南貨店帳款，三番五次催取債賬，皆由母親再三向親戚張羅償付，以維信用。先祖母張太夫人亦瘦矮身材，滿頭白髮，平日寡言，極為忠厚，不管家務，亦不與人計較，冬季嚴寒不下床，由母親服事。祖父於民國廿九年（1940）十月廿一日深夜病臥牌坊舍劉長樂家，不幸故世，享年七十四歲，依照家鄉風俗，在辦理喪事前，我必須完婚，否則須待三年後，名為沖喜，故是日我在母親安排下，借用二姑母家，在三姨祖父孔穎叔公房屋，與琴年舉行舊式婚禮，坐花轎迎娶，翌晨，即到北城外坐船，至牌坊舍料理喪事，當時心情之惡劣苦不堪言，我由八十九軍一一七師七〇二團，調魯蘇戰區副總司令部政訓處上尉幹事，收入有限，而家中亦無積蓄，喜事、喪事所需之款，大部分多由大姑姨父黃文虎、二表舅父金培芝臨時挪借，得力甚大，同時劉長樂為祖父義子，雖為農夫，但極重道義，在勞力上如製棺木、船泊運送，全靠其父子兄弟，全村婦孺深夜不眠，誦經拜佛為祖父超渡，感人至深。當時江蘇省政府亦在興化，為蘇北軍政中心，鄰縣多為日軍攻陷，且時遭日機轟炸，故城內外居民軍避居四鄉，我家靠近省政府，房屋亦為駐軍佔用，因此婚禮借三姨父孔宅，其二媳為我二姑母，完婚後翌日，即到鄉村為祖父料理喪事，既未舖張，亦未驚親友，一切從簡，我居鄉間守孝四十九天，獨臥祖父棺旁，我因年幼喪父，而教我成人者祖父最力，回憶祖父臨終前二日，大便滿床，我為其洗擦，祖父連稱：「時中！我保祐你將來發大財，我窮了一輩子，你要發財。」但我並未能孝敬祖父享受老福，終身遺憾！祖母於卅三年（1944）十月十二日深夜無疾而終，享年七十六歲，當時我擔任敵後工作，為中統局興化縣、海門縣、啟東縣、泰縣負責聯絡工作，並任魯、蘇、皖游擊總指揮部中校軍職，興化縣雖為日軍佔領，但駐防偽軍師長、縣長、日軍翻譯人員，均為我在工作上運用之關係，同時家中經濟環境大為改善，因此祖母喪禮熱鬧舖張，七七佛事古式祭禮，全縣親友參加，尤以雅書已三歲，為第四代曾孫陪祭，亦為全縣少有，好似辦一場喜事，親友均表興高采烈，加以時局發展，太平洋戰爭日軍日趨下坡，勝利在望，我之地下工作身分已成公開秘密，同志友好藉以歡聚，甚而親友們在筵席酒後，邀我幾位有力助手表演氣功國術等餘興節目，這幾位多年隨我出生入死的助手陳亞武、夏德麟、吳通江，直到卅八年（1949）春節我來台灣前才分離，他們怕我負擔重，到海外謀生不易，故未同行，這般朋友最講道義而且武術造詣各有專長，輕功、氣功在台尚未見有，尤以敵、偽、共軍三面作戰環境中，與我生死共存，難得之奇才。

先父孔吉公，字洪昌，號正壽，曾隨曾叔祖父銘傳公至浙江青田任縣長（縣知事），在縣政府任職三年，嗣因曾叔祖父銘傳公病故上海，由先父料理其善後喪事，即轉任湖西、大垛（ ）等區小學校長，先父對我管教甚嚴，稍覺不當，即以面壁罰站，祖父若在旁，則可免罰，由於年幼無知，父親教訓只能一知半解。先父身材瘦長，居家時少，生於民前十八年（1894）元月十四日，忠厚誠實，負責認真，助人熱心，深為親友敬佩，民國十五年（1926）擔任興化縣湖西口小學校長時，由於親自運送學生桌椅，所乘木船途中遇大風，不幸患咳嗽，而演為嚴重肺病，臥床三年餘，家中變賣物品與向親友挪借，延請名醫以及服用土藥如幼兒童便，皆未見效，終於民國十八年（1929）六月廿七日不治病故，享年卅六，遺下年邁祖父母、寡母、弱妹與我，當時我十歲，元鳳妹六歲，日以繼夜陪母親哀泣，飲食不思，祖父母老淚橫流，幾乎病倒，是年地方鬧旱災，生活已苦不堪言，更遭先父去世，可謂禍不單行，幸親友幫助料理喪事，並勸慰母親振作精神，領老帶小，為求生而奮鬥，母親個性堅強，憑雙手繡花、織網、縫衣微薄收入貼補家用，並償還債務，五年後尚有積餘租押農田，家中食米已由農田供應，直到我十八歲考入江蘇省地政局派太倉縣地政局擔任測繪員，月入銀元廿五元，回憶第一次由農民銀行匯款二十元到家中，祖父將款取到，即在家中神櫃前供奉祖宗牌位，求神保祐，舉家歡騰，但祖父母、母親念及先父，又想到我在外謀生，舉目無親，年輕不能讀書，而感到傷心。尚不到一年，蘆溝橋七七事變中日戰爭爆發，我奉命留職停薪，祇好回家，一般親友見我這年青公務員打扮入時，皆表羨慕，而不知我已失業回家。斯時，各地救亡圖存抗日運動甚烈，於是我邀同學友好張壽眉、孫東元、王旌德、李遠炎、凌熙浪、吳應元、顧祖增、張奎等多人，組織抗日救亡宣傳隊，先在縣內展開宣傳工作。翌年，我與任壽年以私奔方式從軍，參加八十九軍駐蘇幹訓班，以後改為中央軍校蘇北分校，家中祖父母、母親日夜思念，焦急異常，約三個月後，徐州台兒莊一戰，我軍失利撤退，我派在一一七師為排長，隨軍調東台，途經興化，單旅長特准我回家省親，當時興化縣城已進入戰事狀態，我以全副武裝進城回家，沿途所遇親友均表敬佩、欣慰，興化縣城小，一件事很快傳遍全城：「趙時中回家了，戴鋼盔、穿草鞋、掛手槍，真神氣！」祖父母、母親見到我，以為從天而降，驚喜萬分，我吃完母親炒的一大碗蛋炒飯，表示要即刻離家回營，祖父母、母親不發一言，祇有元鳳妹説：「哥哥不要走吧！」其實當時我的心情又何嘗願意離開溫暖的家？我認識自己最清楚，學識平常，一無專才，文不能教書，武不能做工，家境貧窮，閒居在家，增加負擔，於心不安，何況抗日形勢演變，青年報國尚可出人頭地，另一方面我也想到內地去讀書，由於我一度從事地政工作，知道學歷的重要，事實上為貧窮所限，唯有眼淚往肚內流，忍痛離家回到部隊，不過每隔十天或一週，必有信回家，以慰祖父母、母親的思念，同時我也找機會常出差回家，甚而請調到副總部政工處，等於是回家工作。

元鳳妹是我唯一的親妹妹，年幼無知時常鬥嘴，但長大成人我在外時多，兄妹情感甚篤，尤以元鳳妹故世，更加思念。鳳妹於民國十二年（1923）六月九日出生，聰明活潑，能幹誠實，興化縣立高中生，英文、日文、國文均佳，尤以毛筆字秀麗端正，可惜已無遺筆存留，事母孝順，只要母親稍不如意，鳳妹必能消除其不滿，化煩惱為喜樂，由於鳳妹秀麗賢慧，不少親友來家提親，經先祖父生前認可，在母親選擇下，於卅二年（1943）秋後出嫁（卅一年訂婚）東城外後河邊姨弟楊本鉌，可稱親上加親，大姨父楊輯五為興化有名富商，經營油坊，大姨母與母親係堂姊妹，姨弟楊本鉌在上海立信會計學校就讀，家中富有，且為獨生子，但鳳妹仍以勤儉持家，深得親友嘉許。婚後翌年，生外甥基真，聰明可愛，母親最感興奮，長孫雅書、外孫基真左擁右抱，其樂融融，親友們皆羨慕，以為勞苦度過，喜樂降臨。然好景不長，卅五年（1946）共軍攻陷興化，舉家南遷，鳳妹與母親暫住江都（揚州）城內賢良街，未久生外甥女基蘭，逃難生活，變賣、典當度日，當時我因所屬部隊被整編調蘇州受訓，平日又無積蓄，形同失業，生活艱苦，詎料禍不單行，我唯一的女兒欣欣，在揚州突患肺炎、急性腸炎合併症，是年（1946）六月廿日不治病故，若非為窮所困決不易喪命，這女孩出世二年多，倘非逃避共軍迫害，仍在家鄉，亦不會送命，我與妻永遠不能忘懷這可憐、可愛的唯一女兒。卅六年（1947），我在上海擔任中統局兩路室上海實驗站長，兼營聯華貿易公司、申申土產公司，買賣興旺，生活大為改善，我與妻、雅書住上海百克路祥康里，母親以上海不寧靜，則與妹元鳳、真兒、蘭兒、女傭住蘇州，詎料卅七年（1948）八月一日，元鳳妹患傷寒症不治病故，享年廿六歲，遺下年邁翁、婆、年幼兒女，我與母親泣不成聲，妹夫楊本鉌遭此打擊，毫無主張，且元鳳妹患病時，經中醫治療，已漸轉癒，而本鉌硬性送到蘇州醫院西醫診治，以致病況轉惡，我在上海聞訊，連夜帶有名中醫到蘇州時，元鳳已告不治，我祇好忙於料理善後，其棺木為整塊楠木，極為名貴。卅八年（1949）初，我離上海時，元鳳妹棺柩仍寄存蘇州，真兒、蘭兒則隨其祖母，即我的大姨母，接回興化故鄉，記得在車站離別時，真兒一定要隨外祖母，直到現在我經常夢想真兒、蘭兒能有一天到我身邊來，我必善加撫養教導。又豈料卅八（1949）年上海未陷共軍前，我在台驚悉妹夫在上海立信會計學校與親共學生往來而喪命，未久又聽到大姨母以傷心過度，在興化亦故世，遺下真兒、蘭兒則由大姨父楊輯五之妾撫養，嗣後即斷音訊。母親不喜歡生女孩兒之主要原因，為元鳳妹故世太傷心所致，記憶中祖父會算命，早已説元鳳妹短壽，真靈驗也，家中仍存有元鳳妹遺照。先曾祖父殿卿公有弟三叔曾祖父式庵公生女適戎氏，即戎文國之祖母，三叔曾祖父母係由先祖父承繼，戎家姑祖母極為能幹，生有二男四女，常來我家，喜好打牌，先父故世後，常邀母親打紙牌，藉以減輕母親悲傷，戎家姑祖父未考中秀才，且好論人長短，為祖父所不齒，亦以館穀為業，並有田產，生活小康。

祖父嫡親之妹適鄒氏，生三男一女，家境貧窮，住草屋，鄒家姑祖父忠厚君子，亦以教館維生，且能行醫，但醫道欠佳，而祖父極為信賴，家中有病必往請教，愈醫愈糟，幸母親有主張，小病憑鄒家姑祖父所開藥方，親到東城外上池齋藥號請教金家三舅祖父，即母親之三舅父，經修正後配藥，完全免費，患大病則請名醫顧餘齋中醫師，或徐吉人中醫師，當時興化城內西醫戎明清、端木振宇亦為名醫，凡中醫無法治療者，才請教西醫。

祖父之親弟四叔祖父患霍亂不治病故，因其岳父母王家患此病，而被傳染所致，當時興化一度流行霍亂，死亡甚多，在我記憶中，東西大街、南北大街幾乎每隔兩家即見有忙辦喪事。四叔祖父擅於書畫，年輕能幹，四叔祖母王太夫人忠厚老實，身材矮小，生有大姑母適顧氏，姑父名顧朗，業商，為人油滑，嗜好鴉片，大姑母耳聾，生一女孩；二姑母適孔氏，即孔家三姨祖父孔穎叔之二子，營商，病故遺一男孩名孔繁英，我離上海時，繁英弟趕到上海，見人去樓空，未能隨我來台，嗣後我去信上海，欲接其來台，迄未見復，不知收到我之信與否？此為我終身所遺憾！四叔祖父病故後，四叔祖母生活無著，乃率二位姑母住入崇節堂，即寡婦、孤女救濟院，免費供應食住，平日母親或我與元鳳妹常帶食品、衣物前往探視，或接來家過兩天，家中有三間房屋出租，其租金則為四叔祖母零用金，二位姑母對我兄妹甚為喜愛，傳聞四叔祖母於四十年（1951）左右病故，可能年老無人供養所致，而我遠在台灣，未能盡孝道，且無法接濟，罪甚！罪甚！

先外祖父王公宇庭（雨亭），館穀為業，外祖母金太夫人生母親、舅父王公鈞善，三姨母適莊氏，大姨母適解氏，生第一胎難產早故，七姨母適顧氏，生男孩河喜。外祖父家原為富有，在城內東嶽廟橋下，有房屋七進，二十餘房間。外曾祖母原係我趙家五房老曾祖姑母，嫁與外曾祖父時，單以良田有九十餘畝為嫁妝，另外尚有金玉首飾現金，因趙五房最富有，詎料外曾祖父嗜好鴉片，外祖父用度欠節省，以及外祖母生七女二男，生活負擔重，以致田地房屋在母親手上變賣，償清債務，舅父未婚前患腹漲，不治病故。三姨父莊祖德營雜貨店，在城內北小街，家住店後，姨弟名高兒，姨妹名不祥，我離上海前，三姨父曾到上海，將三姨母之金戒指兩隻約二錢左右交給母親，請代為保管，誰知事隔廿餘年，迄今仍未能團聚，三姨父、母生死存亡亦無法知悉。外祖母病故後，七姨母即常住在我家，幫助母親照料家務，勤儉耐苦，心地善良，雖然其貌不揚，滿臉大麻，整日辛勞，時遭母責，毫無怨言，全家南遷後，家中交由七姨母管理，聞七姨母亦早已過世，但不知何年何月何日？諒姨弟河喜亦已長大成人。外祖父之弟三叔外祖父王公耀庭，忠厚老實，在農村教館維生，從未結婚，單身在外，每逢三節放假，即住我家，身體頗健，後以年邁病故。四叔外祖父不務正業，母親時予諫勸，其生活亦苦。在我孩童時記憶最清，外祖父因不滿祖父家教過嚴，而發生爭論，外祖父身健有力，而祖父矮小文雅，竟遭外祖父痛加毆打，從此表兄弟之間即無往來，按祖父與外祖父係表兄弟。

外祖母仁慈謙和，其大弟金伯言舅祖父為興化有名紳士，擅書畫花草，童年時代我常隨母親到其家中，欣賞金魚。大舅祖父、母生有三男一女，大舅父金培蓮為人忠厚，繼承父業；二舅父金培芝為興化縣黨部常務委員、縣中校長、二區區長，極為活躍，在學時我最怕二舅父，但我長大成人時，二舅父事父母不孝，每次大舅祖父母患病臥床不起，需款家用時，皆要我母親找二舅父索取款項，以濟急需，當時二舅父母住在岳母高家，整日打牌，屋簷掛滿火腿、風雞、海味，而大舅祖父母病中需要營養，亦未能送隻火腿或鹹肉、魚類，以示孝敬，更談不到床前慰問雙親，大舅祖父不願家醜外揚，養子不孝，有時在母親前泣不成聲，同時二舅父私生活不檢，喜好打牌，且有小老婆，親友間多表輕視不齒；三舅父金培萬與我同學，後讀師範，教書為業，自卑感表現自尊自大，欠母親借款迄未償還。卅七年（1948）元鳳妹病故後，我為寬慰母心，由上海陪往南京，當時二舅父母及其岳父母均逃難在京，三舅父亦在南京教書。抵達南京，二舅父見到母親抱頭痛哭，一以見我陪母遊覽旅行寬慰其心，而大舅祖母淪陷共區，生死不明，且大舅祖父在世時，二舅父從未陪雙親出外遊覽過一次，雖然往日在家鄉官居顯要，但在孝道上未盡人子之道，故而傷感；二以思念元鳳妹…

後記（一）

【父親未寫完此篇自述，即不幸於民國六十一年（1972）十二月十日（週日）因肝疾突發而病逝，我於辦理喪事完畢之後，在整理父親的遺物時，發現此稿，原文甚潦草，推斷是父親在去世前不久才寫的，父親未立遺囑，而此篇自述是其最後手筆文字，我整理後抄錄一遍，目的是一方面在紀念父親，追思他老人家的言行；另一方面，也是要後世子孫瞭解一些先人們的事蹟，以示不忘本之意。父親的自述雖未寫完，但姑母去世時，我已有記憶，故以後的事蹟，我計劃自己執筆，另文補敘。行文至此，更加懷念父親養育之恩，悲傷父親逝世，衷心哀痛至極。民國六十二年（1973）十一月八日記。】

後記（二）

【1990年的夏季，我出訪大陸，這是我自1949年離開上海之後，重新再回到上海，八歲時隨父親及家人搭中興輪離開上海之事，猶彷彿歷歷如昨，而重登大陸時，我已是半百近五十歲的人了。因事先聯絡，與基真、基蘭兩人在上海虹橋賓館會面，一時悲喜交集，替父親完成了他的心願。如今十年又過去了，我將父親的自述，用電腦打了一遍，並開始著手行文補敘其他事宜。2001年3月19日記。】

後記（三）

【2004年我去江蘇淮安開學會，會後曾順道回家鄉興化短暫停留，住了一宿，見了二姨母、表弟王建、姚建，表弟們陪我到興化老區走了一趟，老宅已遭拆除，東門大街雖保留，但非常殘破且狹小，唯看到父親曾

說過的老家旁東嶽廟，以及老中藥店上池齋藥號。興化縣已變成興化市，未見到基真，聞在泰州工作，又聽說基蘭已去世，心中悵然。興化無鐵路，但當時已有高速公路，我離開興化時經由高速公路，僅四個小時就抵達上海，1990年母親及麟書皆比我先去過興化，聽他們說當時由上海去興化搭汽車需時十多個小時。麟書更早還曾去過興化一次，當時老家舊屋尚未拆掉，寄住了三家人，據麟書說有一個寄住人是鐘錶匠，云見過我，並說河喜已亡故，河喜是我的表叔，是最後住在我家老屋的人。】

住上海百(白)克路(Burkhill Road, 今鳳陽路；另外Myburgh Road梅白克路為今新昌路)祥康里【注：祥康里(Xiangkangli)即新昌路87弄、119弄。在原公共租界，現黃浦區境西部，鳳陽路、南京西路之間。民國13~25年(1924~1936年)建。有樓房121幢。現居民2,100人。2012年3月12日趙亦晨補記】

【注：台兒莊戰役為1938年3月至4月中旬國軍在山東省南邊台兒莊與意圖由山東分兩路進攻徐州的大日本帝國陸軍進行的戰役。這場戰役是抗日戰爭中徐州會戰的一部分。因為是對日抗戰爆發後國軍首次於正面戰場取得的勝利,又稱為台兒莊大捷。故不知為何爺爺稱「我軍失利」。2012年3月12日趙亦晨補記】

附錄二

跟着他穿越歷史

趙雅書為現代中國人找一道平衡線

暮春，春雨激狂的飆灑着。

新生南路旁，臺灣大學側門邊一家瀰漫書香的咖啡室，臺大歷史系教授趙雅書臨窗而坐，街角的木棉花已凋落盡淨，細而油亮的葉子，在雨水中有著翠綠的反光。

趙雅書在淅瀝的雨聲裡，掀開塵封的歷史，鏗鏘有力的證述，中國必將統一，台獨不可能、不可取與不可行。話題中由趙雅書的研究範疇展開。

憂患意識・國祚之本

趙雅書在臺大教的是宋史、中國經濟史、中國農業史等。問他何以會對宋史感到興趣？有沒有特殊的原因？趙雅書以學者的立場，侃侃而談：

宋朝，在中國歷史上是十分特殊的一個朝代，一方面是經濟發達、科技進步；另一方面，宋朝也是我國首先開啟「萬邦平等」產生民主理念的轉捩點。由於印刷術、造紙業的發達，許多重要的記載都能保存至今；由於科技發達，煉鋼，陶瓷器、絲織業等很多手工業都獨步全球。卻也由於北宋、南宋先後被滅亡，證明了經濟繁榮不保證國力長久不衰。

趙雅書以他從事研究中國經濟史的角度，來看當時宋朝人民與世界各國之生活的比較。他提到，以貨幣的發行量來看，宋朝自太宗時代即有一百五十萬緡，至王安石變法時，更遞增至六百萬緡，紙幣還未算入。通貨發行擴增，顯示商貿發達，而鹽、鐵等之稅收，更是宋朝建立預算制度之根基。根據記載王安石變法時，宋朝一年鋼鐵產量等於是當時歐洲產量的總和。

儘管，社會是如此的繁榮、富庶，然而，人民卻毫無「憂患意識」，徵歌逐色，人心腐蝕，士氣消沉，雖然也有陸游以慷慨激昂之筆調寫出：「王師北定中原日，家祭毋忘告乃翁。」詩句；雖然也有岳武穆的「還我河山」悲壯殉國；雖然也有文天祥的「正氣歌」。但是，絕大多數人民都是「暖風吹得遊人醉，直把杭州作汴州。」因此，趙雅書沉痛地說：「讀歷史的人，讀到南宋偏安以致滅亡，鮮有人不感慨；宋室傾覆，外力只居十之一二，而人心渙散，國力腐蝕，實居十之八九。」

知恥奮發．勤樸精進

談到此，趙雅書忍不住要以目前台灣與當時宋室作一比較，他十分佩服故蔣經國總統生前昭示：「立足台灣，放眼大陸，胸懷世界。」

從中國的經濟史來看，中國人民生活得最自由、最富庶，除了現在生活在台灣的中國人外，幾乎沒有一個朝代能和今天的自由中國相抗衡！這份成就，趙雅書不客氣地指說：「這絕不是什麼『奇蹟』，這是全體國民知恥奮發，勤樸精進的必然結果。上天不會虧待勤奮的人，而歷史更一再證明：唯有記住歷史教訓的人，才不會重蹈前人覆轍。」

但是，對目前、對此刻，充斥在社會的奢靡之風，好逸惡勞的心態，巧取豪奪，企圖不勞而獲的惡習，趙雅書有著深沉的悲哀。或許是，上一代人飽嚐戰亂流離之苦；或許是，上一代人生活在物質匱乏的恐懼中，因此，在補償心理下，對這些「戰後嬰兒潮」的現代年輕人，儘量予取予求，導致現代的年輕人驕奢輕慢，過分自我膨脹；道德約束力式微，社會價值紊亂，人類倫常崩潰，終致法紀蕩然，公權力不彰。長此以往，趙雅書認為：不待外力侵凌，即可斷定前景！

找立足點．放眼大陸

因此，他懇切地說：立足台灣，不是立足在虛幻的「台灣錢淹腳目」裡而是要立足在滔滔的歷史巨流裡，要以歷史的宏觀來看今日所處的環境，更要以「後人視今，猶如今人視昔」的心情，來為今日所作所為，作一評價，就可以找到「立足點」，才能談「放眼大陸」。

提到「放眼大陸」，趙雅書語調堅決，肯定地說：「我堅決反對台獨！」但是，話鋒一轉，他繼續說道：「我不反對討論統、獨；不反對把台獨問題公開討論。」

趙雅書說：「『台獨』根本就是一條死路！從經濟層面來看，台灣地狹人稠，高山多、平原小，土瘠、資源缺乏，尖端工業不發達，一旦獨立發展有限，兼之，人口逐漸老化，青壯之輩好逸惡勞，即使甘冒成為民族、歷史罪人之大不韙，貿然獨立，不出三數年，必然會萎縮、會潰亡！因此，他堅決反對「台獨」！」

再從歷史角度來談，趙雅書指出：自二次大戰結束以來，世界上任何一個國家要想「開疆拓土」真是談何容易！而丟失的領土，想要重新收回，亦是困難重重！他以日本為例，北方四島（國後、擇捉、色丹、齒舞），日本屢以此向蘇聯索討，但蘇聯始終峻拒。再以東西德統一，波蘭也是堅決反對，理由是不同意歸還戰後劃歸的領土。如果「台獨」能成立，則西藏、內蒙、新疆也有理由獨立了！想想看，這是多麼不負責任的想法！這是多麼荒唐的行為！因此，他反對「台獨」不完全是感性的，而是純理性的，而是以歷史的角度、歷史的結論為基點來證明「台獨」之不可行與不能行！

「台獨」禍國．不能實驗

「真理只有一個」；「真理也是愈辯愈明的」，因此，趙雅書說：

「他不反對公開討論「台獨」，但是，他反對「台獨」行動化！畢竟，十一億中國人未來生存發展，繁榮壯盛的希望之根，是經不起任何不負責任的「政治實驗」！況且，於理論、於現實；由歷史、由經濟，均充分證明：唯有兩岸中國人同心協力，互濟所長，才是中國、中國人、中國文化、中國歷史永續長存的唯一法則！」

提起「中國統一」，趙雅書說：一部中國歷史，就是一部不斷從分裂歸向統一的歷史。分與合，是不可免的，但是，中國人深信：「統一」是常態，「分裂」是異態。而「統一」是時代之需要，更是歷史之必然。

對於少部分人認為政府目前的大陸政策步調「過於緩慢」，趙雅書頗不以為然。他說：「躁急冒進，往往臨事不周延。而國家復興統一的步子，必須要踩得穩、踏得實，絕不可以出現任何一步踏空的現象。即使，以二千萬台灣人民為賭注，亦得衡量一下對手的實力，何況，中共一直未放棄武力攻台，為何要試探砸玻璃杯於地，而期望玻璃杯不致破碎的假想！我們不能輸在歷史的誤判。

人類健忘·歷史重演

再從中國版圖而論，漢民族的綿延發展，以今日的版圖最大（次於元、清，元清另論），我們豈可以擁有台灣一隅便心滿意足？台灣固有強鄰，大陸更有強鄰、惡鄰圍繞。任何主政者都會重視邊境問題。因此，有立法委員主張裁撤蒙藏委員會，趙雅書期期以為不可，他認為，適度刪減經費是可以接受的，撤除蒙藏委員會，在憲法上是賣國行徑，也有礙台灣自保，無助自保維持現狀，台灣當局必須放眼看遠，從全中國的立場，來看子孫生存發展的空間。從全中國的歷史角度以觀，中國歷朝外患，皆來自北方南侵。雖然，中華文化始終將這些侵略者涵泳薰化；雖然，標舉「五族共和」，但是，往後的歷史發展，並不如此樂觀！因此，趙雅書主張「邊疆意識」猶應強化，「領土版圖」的教育有待扎根。

有人認為：人類是愚蠢的，歷史是不斷重複上演的。趙雅書說：「人們是健忘的，易犯錯的，所以，才會有不斷重複上演的歷史！」民國三十八年政府遷台至今，已過四十年，而今的人們卻又迷失在當年大陸淪陷前夕的環境裡。無憂患警惕，缺乏自我振奮的標的。在金權慾海裡浮沉的現代人，找不到一條「平衡線」，因此，才會有脫節、脫序、暴力、暴戾之現象產生。趙雅書認為：替現代的中國人找出一條「平衡線」，是知識分子的責任，是知識分子所當為、應為、能為的本分！而「胸懷世界」不應是口號，應該是由知識分子帶頭行動的目標，也就是古人所謂的「士當以天下為己任。」

沿著歷史的軌跡，循著時代的潮流，在東、西德統一，東歐、蘇共相繼放棄或改革共產主義的今天，趙雅書以歷史學者的立場指出：「不要妄想中共自行潰亡！而是要看我們能否真正『立足台灣』！唯有自救才能生存，進而完成全中國的統一大業。」

（這是一篇訪談稿，是別人寫的，應是我的談話，別人的字句。時間約在蔣經國1988年去世以後，台灣在思維上有一些紛亂。有一份「青年周刊」的雜誌，在「人物特寫」中訪談我，訪談人署名風信子（應是筆名）因時間久遠，幾乎離今已有二十年，細節我已記不太清楚了！今日重睹這一篇訪談，深覺時空變換，許多價值觀念也有改變。當年我才五十多歲，言語多衝，於今需作一些補充說明釋疑，但基本看法未變，我的歷史觀仍是站在中國〔或中華民國〕的立場上，我不贊成台灣獨立，我堅信分裂的中國將來必統一，但我相信是「和平統一」，和平而非戰爭也是我的期望。）

後記：

這是一篇由杏林子（劉俠）女士採訪及撰稿的採訪稿，發表於二十年前的青年週刊雜誌，20年後我有一些補充如下：

1. 我也曾年輕過，從前的年輕人已變成今天的老年人了，經驗不同、教育背景不同，當然有「代溝」，二十年前就有了，於今當然「代溝」更深。我以前言語衝，是愛之深、責之切，我長期從事教育工作，當然愛自己的子弟，但認識是有比較性的，譬如我多次來往兩岸之間，就會比較兩岸學生的讀書態度。我年輕時留學日本，看到學潮的可怕，自然對於學生運動就有一些負面的看法。

2. 我年輕時對大陸看法也是完全負面的，因那時確是如此，但改革開放後，大陸已漸漸改變，尤其在經濟方面，快速進步，台灣雖不至於大幅落後，但兩岸已逐漸拉近距離。台灣每年對大陸出超800億美金，經濟依賴愈來愈大，現行的對中政策當然需要改變，親中而能賺大陸的錢，有何不妥？

3. 大陸與台灣同文、同種，生活與文化都相近，沒有必要永遠對立，今天已是2019年，1949以前國共內戰時的觀念與思維已不適用於今日，兩岸需和平相處，是互利的。「解放台灣」與「反攻大陸」都是過期的口號，「和平統一」應是將來努力的目標，以現代武器之犀利，兩岸都經不起，尤其是台灣更是毀滅性的破壞。

4. 台灣也應該有邊疆意識，不是說台灣應保衛西藏、新疆，但守住東沙、南沙的太平島總該是台灣的責任吧！對收復釣魚島，台灣或力有未逮！但聯合全中國的力量則又是另一回事了！

5. 在教育上，台灣欠缺世界觀是事實，青年學子須認清「我們是中國人，也是台灣人」，我們的祖先與文化都屬中國，如果一時覺得刺眼，那就稱「中華」吧，從承認是「華人」開始。不要等「漢唐」了，因為現在就是「漢唐」！「立足台灣，放眼大陸，胸懷世界。」並不是空言。

6. 年輕時每過四月四日兒童節，都聽到一句話「兒童是未來的主人翁」，其實年輕人更是「未來的主人翁」，如無年輕人，何來納稅？

何來生產？為何社會老人化是一個嚴重的問題？我們養過去的老人，現在的年輕人養我們，未來的兒童將養現在的年輕人，代代傳承，這就是人生！年輕人整日到街上打殺，怎麼不使我們心驚！如何使「幼有所養，壯有所用，老有所安，」確是政府的責任！

金婚溯心路～我的回憶　*My Memoir*

作　　者：趙雅書
出 版 者：趙雅書
通訊地址：新北市新店區安德街 60 巷 1-2 號 2 樓
聯絡電話：0912-955-389
E m a i l：chaoyashu2016@gmail.com

製版・印刷：中茂製版分色印刷事業股份有限公司
通訊地址：新北市中和區立德街 26 巷 17 弄 5 號 3 樓
聯絡電話：02-2225-2627

初版時間：2019 年 11 月
I S B N：978-957-43-6923-2

金婚溯心路：我的回憶 / 趙雅書著.
新北市：趙雅書, 2019.08
面；公分
ISBN 978-957-43-6923-2（平裝）
1. 趙雅書 2. 臺灣傳記
783.3886　108013738